美　学

アレクサンダー・ゴットリープ・バウムガルテン
松尾　大 訳

講談社学術文庫

目次

第二巻

＊この目次は、原書では「梗概」として、第一巻及び第二巻の「序言」の後に置かれているが、本訳書では便宜上両者を合併し、「目次」として第一巻「序言」の前に置いた。なお、I・1・B・g及びI・2、3、IIについては、遂に執筆されずに終わり、表題のみが目次に残されている。これについては、第二巻「序言」参照。

凡　例

・本書は、Alexander Gottlieb Baumgarten, *Aesthetica*, Frankfurt an der Oder, 1750/58 の全訳である。
・原文には註は一切ない。従って、註はすべて訳註である。
・原文には、他の箇所を参照せよという指示がしばしば現れる。その表示方式は、『美学』については、書名なしに「§」の番号のみで、例えば「§387」のようになされ、『形而上学』、『倫理学』（著作の略称については後述）については、それぞれ「M」、「E」という略号のあとに「§」の番号を記すやり方である。これは訳文でもそのまま採用した。ただし、原文にはない（ ）に入れ、『省察』、『形而上学』および『倫理学』の「§」の番号については漢数字で表示し、『美学』と区別をつけやすいようにした。
・原文では引用部分はイタリックで書かれている。これは「 」に入れて表示した。
・原文では強調部分はスモール・キャピタルで綴られている。これはゴシック体で表示した。
・ギリシア語は訳語を〈 〉に入れることによって示した。
・バウムガルテンは、しばしば古典作家から引用している。その際、原文中にある指示によって典拠を特定しうる場合を除いては（つまり、バウムガルテン自身が出典を示していない場合、及び、たとえ示していても限定が不十分な場合や今日の標準的なテクストの表示法とは異なる場合には)、註で出典を示した。

・幾つかの引用が断片的に、つまり途中に地の文をはさんでなされる場合、それらが同一箇所からの引用である限り、出典を示す註は最後の引用部分にのみ付した。

・註、解説における文献の指示は、第一次資料については書名またはその略称で、第二次資料については略号で行なった。第一次資料の一覧は以下に、翻訳および第二次資料は巻末の「文献一覧」に掲げてある。

バウムガルテン (Alexander Gottlieb Baumgarten) の著作

・『省察』: *Meditationes philosophicae de nonnullis ad poema pertinentibus*, Halle, 1735（『詩に関する諸点についての哲学的省察』）

・『形而上学』: *Metaphysica*, Halle, 1739

・『倫理学』: *Ethica philosophica*, Halle, 1740（『哲学的倫理学』）

・『スケッチ』: *Sciagraphia encyclopaedia philosophicae*, ed. Johs. Christian Foerster, Halle, 1769（『哲学的百科全書のスケッチ』）（一七四一年頃執筆、著者の死後、フェルスターが遺稿より整理して出版）

・『アレテオフィルス』: *Philosophische Briefe von Aletheophilus*, Frankfurt und Leipzig, 1741（『アレテオフィルスの哲学書簡』）

・『一般哲学』: *Philosophia generalis*, ed. Johs. Christian Foerster, Halle, 1770（一七四二年頃執筆、フェルスター編）

・『美学』：*Aesthetica*, Frankfurt an der Oder, 1750/58
・『論理学講義』：*Acroasis logica in Christianum L. B. de Wolff*, Halle, 1761
・『講義録』：*Deutsche Kollegnachschrift der Ästhetik*, in Bernhard Poppe, *Alexander Gottlieb Baumgarten: seine Bedeutung und Stellung in der Leibniz-Wolffischen Philosophie und seine Beziehungen zu Kant, nebst Veröffentlichung einer bisher unbekannten Handschrift der Ästhetik Baumgartens*, Borna-Leipzig: R. Noske, 1907, S. 65-258（『美学のドイツ語講義録』）（一七五〇年夏学期または一七五〇―五一年冬学期に、『美学』に対応させつつバウムガルテンが行なったドイツ語の講義を、氏名不明の聴講者が筆記したもの）

周辺の著作（註、解説で言及されるもののみ）

・フォス『アリスタルコス』：*Gerardi Ioannis Vossii Aristarchus sive de arte grammatica libri septem*, Editit Carolus Foertsch, Halis Saxonum, 1833（『アリスタルコス、または文法学七巻』）
・――『修辞学教程』：*Gerardi Ioannis Vossii Commentariorum rhetoricorum sive oratoriarum institutionum libri sex*, 4 ed., Lugdini Batavorum, 1643（『修辞学、または弁論術教程六巻』）
・ライプニッツ『哲学著作集』：Gottfried Wilhelm Leibniz, *Die philosophischen Schriften*, 7 Bde., herausgegeben von C. I. Gerhardt, Berlin: Weidmannsche Buchhandlung, 1875-90
・ヴォルフ『考察』：Christian Wolff, *Vernünftige Gedanken von Gott, der Welt und der Seele des Menschen*, Halle, 1720（『神、世界、及び人間精神に関する理性的考察』）

・――『経験的心理学』：――, *Psychologia empirica*, Frankfurt, 1732

・――『理性的心理学』：――, *Psychologia rationalis*, Frankfurt, 1734

・ビルフィンガー（ビュルフィンガー）『解明』：Georg Bernhard Bilfinger (Bülfinger), *Dilucidationes philosophicae de Deo, anima humana, mundo, et generalibus rerum affectionibus*, Tübingen, 1725（『神、人間精神、世界、及び事物の一般的状態についての哲学的解明』）

・マイアー『基礎』：Georg Friedrich Meier, *Anfangsgründe aller schönen Künste und Wissenschaften*, 3 Bde., Halle, 1748-50（『すべての藝術の基礎』）

・――『論理学抜粋』：――, *Auszug aus der Vernunftlehre*, Halle, 1752

第一巻

序　言

一七四二年に、真理認識において下位諸能力(1)を嚮導するための助言(2)を幾つか新しい講義で示すよう求められたとき、私はいつもの習慣に従って、重要な定義と証明は聴講者が筆記するよう口述し、他のものを説明するのは、もっと自由な談話のためにとっておいた。私の集めたものは、その原稿を手に入れた何人かの学者たち――特に、尊敬すべきハレの教授である高名なゲオルク・フリードリヒ・マイアー(3)――の好評を得るところとなった。その結果、マイアー教授はハレのフリードリヒ大学における最近の講義でそれを注釈しただけでなく、同じ論題の書物を書くことに心を傾けることになった。極めて有益なその著作の二つの部分を私は既に見た。そこでは、私自身のものが巧みに自国語に訳されているという面もあるが、それよりもむしろ、最も優れた多くの事柄で私のものが豊かにされ、飾られているのを発見して、格別喜びを覚えた。さて、極めて親密な友人たるマイアー教授や、その書を読むであろう識者たち、そして私自身に対して、そのことの無言の喜びを心に抱いているうちに一年が経ち、極めて優秀で立派な同僚たちが、美学の講義を要請しようとして、今再び私のところにやってきている。極めて尊敬すべきこの要望に応える気はあるのだが、思い出すのは、前述したことを私が口述するとき、筆記する者たちの右手を疲れさせるのに、どれほど多くの時間を費やさねばならなかったかということである。けれどもこのままでは講義を依頼される成り行きである。そこで私はそれを印刷することにした。しかし、かつて私の仕事が——そんなものがあるとしてだが——これほどうまくいったことはなかった。その出来映えは、もう一度手を入れる必要がないほどであった。それ故、もしできることなら、八年前に抱いていた着想をも、新たな補遺と修正によって一層よいものにする気になった。この冬に書きおえることが許されたものを、今、小さいが十分な一巻によって公のものとしたい。将来時間の余裕が得られたならば、残りの部分を完成することに真っ先に捧げるつもりである。そのときは、もっと多くの序言を述べることができよう。ただし一つだけ私の感謝の心を明らかにしておくべきことがある。それは、特にヴェレンフェルス[4]とフォス[5]の書物、及び名声並びなきゲスナー[6]の辞書が、一旦書かれたものを再度省察する際、多くの助けをもたらしてくれたことである。このうちゲスナーの辞書は、少なくとも私の経験したところによれば、言葉だけでなく、真の美に寄与する事柄にも確かに富んでいる。この仕事も、また今後に残された仕事も、私が神の摂理によって引き受けた使命を果たすためのものである。それらの仕事を待ち受けているのがいかなる運命であるにせよ、本書を読む優れた人々——私のよりも一層美しく、かつ一層優れた省察によって天性を陶冶し、徳性に少なからぬ寄与をなしうるような人々のことであるが——に対し、何がしかの寄与をしたとしたら、私にはただそれだけで十分である。

一七五〇年三月二六日　オーデル河畔のフランクフルトにて

(1) 下位認識の学としての美学の規定。美学を、認識を対象とする学とするのがバウムガルテンの基本的前提である。しかし美学の対象は認識一般でなく下位の認識のみである。『講義録』の中でバウムガルテンは、「美学は、感性的認識、下位認識能力を自らの対象に持つ点で論理学と区別される」と言う(七一頁)。

「下位認識」とは何か。「下位認識」という概念の形成については、我々はライプニッツに発し、クリスティアン・ヴォルフを介してバウムガルテンに至る歴史的発展線を辿ることができる。バウムガルテンは『形而上学』§五一〇で表象に三種を区別している。「私は幾つかのものを判明に、幾つかのものを混雑に思惟する。何かを混雑に思惟する者は、そのものの諸徴表を区別してはいないが、しかし表象または知覚はしているのである。諸徴表を区別していないというわけは、もし仮に混雑に表象されたものの諸徴表を区別しているとしたら、混雑に表象しているものを判明に思惟していることになってしまうだろう、ということである。他方、諸徴表を表象または知覚はしているというわけは、もし混雑に思惟されたものの諸徴表を全く知覚していないとしたら、混雑に知覚されたものを、それらの徴表を介して他のものと区別することができなくなってしまうだろう、ということである。従って、何かを混雑に思惟する者は、幾つかの徴表を、曖昧に表象しているのである」。

表象の徴表を区別しうる場合、表象は判明である。これに対し、徴表を区別できないが、当の表象自体を他と区別しうる表象は、判明ではないが明瞭である。かかる表象は混雑とも呼ばれる。第三に、他と区別しえぬ表象は曖昧と呼ばれる。この区別自体は、「判明」、「明瞭」を哲学用語として導入したデカルト(『哲学原理』一・四五)を引き継いで、それらを再定義したライプニッツに由来する。

ヴォルフはこの区別を引き継ぎ、認識の上位及び下位部分の区別をそれに対応させる。「それによって曖昧及び混雑な個別概念、普遍概念を我々が手に入れる部分は下位と呼ばれる」(『経験的心理学』第五四節)。

バウムガルテンは『省察』§三では、これをそのまま継承し、こう語っている。「他方、混雑な表象は、曖昧な表象と共に、認識能力の下位の部分を介して与えられるから……」。

しかし、同じ『省察』の§一一五では、認識の下位の部分でなく、「下位認識能力」という概念が現れる。「そのとき、下位認識能力を洗練し、鋭くし、世界の福祉のために一層幸いに適用しうるための工夫をも探求する機会が哲学者たちに与えられるだろうし、これは大いなる利益を生むであろう」。

次いで『形而上学』の段階では、表象の種別を介した簡潔な定義が見られる。「従って、或る物を曖昧及び混雑に、言い換えれば非判明に認識するのが下位認識能力である」(§五二〇)。

以上は「下位認識能力」の内包的定義であるが、他方、『美学』の§30～37では、鋭敏さ、想像、明敏さ、想起、詩作力、趣味、予見、観念表示の力の八者が、下位認識能力の成分として挙げられている。これは外延的規定である。

下位認識についての学の存立の要請。　ところでライプニッツは、後に§1註(7)で述べる如く、理性より下にある能力が日常生活に占める割合の大きさに着目したが、進んでそれについての学を体系化するには至らなかった。ライプニッツ＝ヴォルフ学派中、最初に下位認識についての学を要請したのは、ビルフィンガー(ビュルフィンガー)である。「今日では誰の目にもその権威は地に落ちているとはいえ、かの優れたアリストテレースが知性に関してなし遂げたことを、感覚、想像、注意深さ、抽象の各能力及び記憶力に関してなし遂げるような人々が出現して欲しい。それは、ちょうどアリストテレースが『オルガノン』において論理学ないし論証能力を体系的に整備したように、上述の諸能力の使用において、それらを嚮導し、援助することに関与、寄与するすべてのことを、技術の形式にもたらすということである。このことは、不可能とも無用とも思われない」(『解明』§二六八)。

上位認識の学たる論理学と並行性を持つものとして下位認識の学を構想することは、そのままバウムガルテンに受け継がれる。既に『省察』の終結部でバウムガルテンはこう表明している。「従って、上位能力で認識されるべき〈知性的なもの〉は論理学の対象であり、〈感性的なものは感性学〉つまり美学の対象である」（§一一六）。

それ故、バウムガルテンは『美学』において、論理学を「美学の姉」と呼んでいる（§13）。

（2）既に『省察』において美学は「下位認識能力を嚮導すべき学」と規定されている（§一一五）。

序言のこの箇所は、美学が自己の対象、即ち下位認識能力ないしその働きたる下位認識に対して持つ関係を説明する。即ち、美学は後述するように認識論の一つであるとはいえ、その目的は認識の根拠や構造を客観的に観想することに尽きるのではなく、進んで下位諸能力を嚮導することによって、認識を向上せしめんとするところにある。姉に当たる論理学が、上位認識の構造を客観的に考究すると共に、それが従うべき規則を指定もするものと考えられているから、それと並行的に美学を考える以上、これは当然の帰結と言えよう。

論理学は、アリストテレースに従えば、思考の器官（オルガノン）として、観想や実践、制作の三学いずれにも属さず、それらに先立って学ばれるべき予備学という体系内の位置が認められているから、論理学に対する親近性を強調するなら美学は「オルガノン的哲学（philosophia organica）」の一部門となろう（『スケッチ』§二五、『講義録』七一頁参照）。しかしこの体系上の要請から規定された枠組みを充塡する実質としてバウムガルテンがもってくるのは、在来の論理学よりも、むしろテクネー、即ちアリストテレースによれば制作の学に属する詩学や修辞学の内容である。

（3）ゲオルク・フリードリヒ・マイアー（Georg Friedrich Meier）（一七一八―七七年）。バウムガルテンの弟子で、師を継いでハレ大学教授となる。師説の展開と普及に功績があった。本文で言及されている彼の著作とは『すべての藝術の基礎』である。

（4）ザミュエル・ヴェレンフェルス（Samuel Werenfels）（一六二五―一七〇三年）。ドイツの文藝理論家。主著『学者らの論争について』。

（5）ゲルハルト・ヨハネス・フォス（Gerhard Johannes Voss）（一五七七―一六四九年）。ドイツの古典学者、神学者。詩学、ギリシア、ラテンの文法および歴史に関する著作がある。

（6）ヨハネス・マティアス・ゲスナー（Johannes Matthias Gesner（Gessner））（一六九一―一七六一年）。ドイツの教育家、古典文献学者。ゲッティンゲン大学教授。ラテン語の辞書『ラテンの言語、教養宝典』（ライプツィッヒ、一七四九年）を編纂。

序論

§1

美学(1)（自由な技術(2)の理論(3)、下位認識論(4)、美しく思惟することの技術(5)、理性類似者(7)の技術(6)）は感性的認識(8)の学である。

（1）ここで「美学」と訳された“aesthetica”という語は、既に『省察』末尾（§一一六）で用いられている（「序言」註（1）に引用あり）。それが哲学文献でこの語が用いられた始まりである。ただしそこでは、美の学としてでなく、「知性的なもの」に対する「感性的なもの」一般に関する学として規定されていた。『美学』のこの箇所でも、「美」は、形式上も定義の中心部分（即ち「美学は感性的認識の学である」）を補う括弧の中の四つの成分の一つにのみ現れる（即ち「美しく」）だけであり、実質的にも感性的認識のうちで完全なもののみが「美しい」と形容されるのであるから（§14参照）、厳密に対象の観点からすれば、“aesthetica”に「美学」なる訳語を充てるのは適当でなく、むしろ「感性学」の方がよいかもしれない。しかしながら、aesthetica で問題となるのは、感性的認識の完全性と不完全性のうち、専ら前者、即ち美の方であるから、「美学」を訳語として採用することにする。（2）「自由な技術（artes liberales）」――一層普通には「自由学科」――とは、もともと古代において自由市民の教育のために選ばれた幾つかの科目を言う。五世紀のマルティアーヌス・カペッラがその内容を固定して以来、いわゆる七自由（学）科（文法、修辞、弁証法、代数、幾何、音楽、天文学）として後代に伝えられた。しかし一八世紀にはこの伝統も揺らぎ、人によってその数も内容も異なるという事態になる。かかる状況でバウムガルテンが"artes liberales"のもとに何を理解していたかを確実性をもって述べることはできない。ただし手掛かりがないわけではない。§77では、弁論家、詩人、音楽家の三者が美しい本性として挙げられている。これらは伝統的な自由学科に含まれるものである。他方、『講義録』§一三では、美学の扱う表現の媒体として「表情」、「語」と並んで「運筆」が挙げられており、明らかに絵画も美学の対象領域に含められている。また、『美学』§780では、美学の扱う記号の種類として、語の他に、音楽家の使う音、画家の使う色、更には「何か他の記号の種類」も挙げられているから、「自由な技術」は、文芸の他に音楽、絵画を含み、更にはそれ以外のジャンルを容れる余地も残した、開かれた概念だと言える。バウムガルテンがおよそ何を「自由な技術」として理解していたかは、これらの箇所から推測できよう。（3）「実践（praxis）」の語が、対象を実現する営みを指すのに対し、ここで用いられた「理論（theoria）」の語は、対象を見極め、知り尽くす営みを指すというのが伝統的な用法である。バウムガルテンもこの用法を踏襲する（§249参照）。美学の領域について言えば、美しい思惟自体が実践に相当し、美しい思惟のあり方を見極める働きが理論である。ところで今この両者を普遍性の観点から区別するならば、実践が個別的であるのに対して、理論は普遍的である。バウムガルテンは、「美しい思惟内容の一般理論と実践、個々の遂行が混同」されてはならないと言う（§6）。この区別を採用するならば、バウムガルテンが美学を「理論」と呼ぶとき、彼は理論／実践という、人間の営みの二分法において、全体としての美学を理論の側に定位していると言える。このことを先ずもって確認しておかねばならない。しかしながら、「序言」註（2）で述べたように、美学が全体として下位認識能力を嚮導し、美しい思惟という目的の実現へと向かわせる実践学の性格を持つ以上、理論の持つ観想という働きも、ここではそれ自体に存在意義が認められるのではなく、「応用へと引きおろされねばならない」（§62、68）。その際、理論と実践を媒介すべきものとして、バウムガルテンは「実践的」美学を考えている。彼は§13において、基礎学に相当し、「一般的」である「理論的」美学と、「応用的」で「特殊的」な「実践的」美学をもって、美学を構成する二つの部門であると言う（§122、219参照）。実践的美学も、美学である限りにおいて、個別と区別された普遍に関わるとはいえ、理論的美学に対しては一般に対する特殊の関係にある。言い換えれば、実践的美学は理論を実践に応用する際の施行規則の如きものの集合体であり、理論的美学は上位の基礎学に相当する。まとめれば、美学は全体として「理論」に定位しつつ、その内部に「理論的」部門と「実践的」部門を持っている。ここでは理論／実践の区別と理論的／実践的の区別は異なる。（4）「序言」註（1）参照。（5）もともと悟性的、理性的思考という意味に傾く「思惟」の語に、バウムガルテンは想像直観や知覚表象の如きものまで含ませ、詩ないし藝術一般を、美しい思惟内容を持ち、それを表示することとして規定する。（6）「技術（ars）」に相当するギリシア語は「テクネー」であるが、ハイデッガーによれば、テクネーとは、人間が自らを取り巻く存在者（ピュシス）に対しこれを克服しようとするときの支えになる知である（Cf. Martin Heidegger, *Nietzsche*, I, Pfullingen: Neske, 1961, S. 96f.）。“ars”も基本的にはこのテクネーの語義を引き継ぎ、何らかのことを実現することを目的とするような知ないし認識を指す。バウムガルテンによる“ars”（“Kunst”）の規定もこれに符合する。「技術とは、或るものを一層完全にするための多数の規則の総体であるから……」（『講義録』七七頁）、「或る事柄をいかに立てるべきかという規則の総体は技術と呼ばれるので」（『講義録』一一〇頁）。それ故、美学を「下位諸能力を嚮導するための助言」（序言）を与える実践学と考えるバウムガルテンが、“ars”の名でそれを呼ぶのは理解されえよう。例えば“ars bene dicendi”といえば、うまく語ることを目的とする技術であるように、「美しく思惟することの技術」とは、美しい思惟の現実化を目的とする技術のことである。そして、このことは§14で、美学の目的が、感性的認識のそれ自体としての完全性、即ち美とされていることと整合する。それ故、美学は美しい思惟の器官（オルガノン）となるのである。このことは美学の二部門のうち「実践的」部門のみならず、「理論的」部門についても言える。理論的部門が「規則を立てる」もの（§13）と呼ばれていることがそれを示している。後に出る「感性的認識の学」という定義項と、この「美しく思惟することの技術」という定義項とは、共に対象を表す属格（objective genitive）を含むが、前者では観想の対象として、後者ではむしろ実現されるべき目的として対象は考えられていると言ってよかろう。では、後続する定義項中に現れる「学（scientia）」と技術との関係はいかなるものであろうか。これについては『講義録』に次の言葉がある。「技術とは、或るものを一層完全にするための多数の規則の総体であるが、これらの規則は歴史的にも、また、根拠をもってても述べられうるし、この根拠は十分確実なこともありうるし、必ずしも十分には確実でないこともありうる。更にまた、十分な根拠を与えるのは学であるから、学の定義からして美学が学であることは誰もが認めざるをえない。しかしながら美学は技術でもあり続けるのである。これを我々は否定しようとは思わない」（『講義録』§一〇、七七―七八頁）。この言葉から読みとりうるのは、技術内部に階梯が存在するということである。即ち技術は、⑴歴史的叙述、⑵確実ならざる根拠を伴う叙述、⑶確実な根拠を伴う叙述の三段階に分かれる。このうち「学」の名で呼ばれうるのは、⑶を措いて他にない。従って技術のうちには、学の域に達したものと、そうでないものがあると言えよう。§10でバウムガルテンは言う。「この両者（技術と学）は対立する持ち前ではない。かつては単に技術にすぎなかったどれほど多くのものが、今日では既に学でもあることか」。註（3）で述べた如く、理論的／実践的が美学の全体性を構成する二部門であり、共時軸に位置づけられるのに対し、技術／学は、学ならざる技術から、学でもある技術への展開として歴史が記述されうるところの概念として、通時軸に位置している。バウムガルテンは§1において美学を技術及び学として規定することによって、学でもある技術たらんことを美学に要請しているのである。（7）analogon rationis. アリストテレースは、過去の類似した事例の記憶から現在の事例について判断する精神の状態を「経験（empeiria）」と呼んだが（『形而上学』九八一a五―九）、ライプニッツは、記憶表象と知覚表象を結び付けるこのような状態に理性との親近性を認める。「記憶は一種の関連づけの働きを魂に与える。この働きは理性を模倣するが、理性とは区別せねばならない。我々の目にすることであるが、動物は何か注意を引くものの知覚を持ち、かつ以前にそのものの類似の知覚を持ったことがある場合、その動物はその記憶の表象によって、先行する知覚の中でそれと結びついていたものを予測し、そのときに持っていたのに類似した感情を抱くようになる。例えば犬に棒を見せると、犬はそれによる痛みを思い出し、鳴いたり逃げたりする」(『モナドロジー』二六)、「諸知覚の間の関連づけが記憶の原理によってのみなされる限りでは、人間も獣と同じように行動しているのであり、理論なしに単なる経験のみを持っている経験家の医者に似ている。そして我々は、行動の四分の三においては経験家にすぎない。例えば、明日も夜が明けるだろうと予測するときには、経験家として行動しているのであり、いままでいつもそのようであったからというにすぎない。理性によってそれを判断するのは天文学者のみである」(同書、二八)。ヴォルフはそれを「理性類似者」の名で呼んでいる。「類似の事例をこのように予測することは、行動を嚮導する際に理性の代わりをするものであり、理性の類似者であるから、犬は理性の類似者を持っている」(『理性的心理学』§七六五)。バウムガルテンは、理性に類似するかかる能力の作用領域を、美的なもの、藝術にまで拡大する。「私は幾つかのものの連関を混雑に、また、幾つかのものの連関を判明に知覚する。それ故、私は事物の連関を洞察する知性、即ち理性、及び、連関を一層混雑に認識する諸能力を持つ。後者には、事物の同一性を認識すること――これには感性的天性が関わる――の下位能力や、事物の差異性を認識すること――これには感性的鋭敏さが関わる――の下位能力がある。また、感性的記憶力、創作能力、判断能力――これには感性的判断、及び諸感性の判断が関わる――、類似の事例の予期がある。これらすべての能力は、それらが事物の連関を表象することにおいて理性に類似している限りで、理性類似者、即ち連関を混雑に表象する精神の諸能力の総体を構成する」(『形而上学』§六四〇)。そして理性の法則が存在するのと同様に、理性の類似者についてもその法則をとらえることは可能だと考える。そこに「理性の技術」(『論理学講義』§九)たる論理学に並行的な、理性類似者の技術としての美学の存立の可能性も生まれてくる。(8) scientia cognitionis sensitivae. 他の定義項は括弧に入れられているから、これが「美学」を定義する中心的成分である。「感性的認識」とは、判明ならざる表象に対する名称であるが、ここでも我々は、この命名法に至る歴史的展開を追うことができる。ライプニッツでは、感覚のみを与えられている魂が「感性的」と呼ばれている。「……事物の始まり以来種子の中に先在する魂は、感性的なものにすぎなかった……」(『弁神論』三・三九七)。ヴォルフは、欲求について「感性的」の名を用いている。「善いものの混雑な個別概念から生ずる欲求は感性的と呼ばれる」(『経験的心理学』§五八〇)。バウムガルテンは『省察』§三で、この呼称を欲求から表象に転用し、知性的表象から感性的表象を区別している。「認識能力の下位部分を介して与えられた表象を**感性的表象**としよう。善の混雑な表象から発する欲求は感性的と呼ばれる。然るに混雑な表象は曖昧な表象と共に認識能力の下位部分を介して与えられる。それ故、同一の名称を表象そのものにも適用し、もって可能な全レベルで判明である知的表象から区別することにしよう」。同じ著作の終わり近くでは、この概念は認識作用にも適用され、「下位認識能力を嚮導するべき学」を、「或るものを感性的に認識することの学」(強調は訳者)と殆ど同義的に用いている(§一一五)。一七三九年の『形而上学』§五三三には「感性的に認識し、表示することの学」(強調は訳者)とあり、この段階では、副詞「感性的に」が動詞「認識する」を限定する形に置かれている。一七四一年に書かれた『アレテオフィルス』では「感性的(sinnlich)」という形容詞が「認識(Erkenntnis)」という名詞を修飾する用例が現れる(2. Schr.)。やはり一七四一年の『スケッチ』には、これに対応するラテン語の“cognitio sensitiva”という言い方が見られる。「すべての認識は感性的であるか、知性的であるかのいずれかである。それ故、I:感性的認識の学と、II:知性的認識の学があることになろう。前者が**美学**(エステーティク、諸藝術についての哲学的理論)である」(『スケッチ』§二五)。

§2

下位認識能力には、教育による陶冶なしに経験だけで養われた自然的段階がある。それを自然的美学と呼ぶことができる。自然的論理学の通常の区別にならい、それを生得的なもの（生得的な美しい天性）と獲得されたものに区別し、後者を更に教授的なものと応用的なものに分けることができる。(1)

（1）§13、『講義録』§二参照――「私が美しい思惟を作るときの美学が実践的である。美しい思惟をいかに作るかを他人に示すときの美学が教授的である」。

§3

技術的美学は自然的美学に付加される（§1）。この技術的美学の効用の中でも重要なものは以下の五点であろう。⑴専ら悟性によって認識されるべき諸学に、優れた素材を供給すること、⑵学的に認識されたものを、どんな人の理解力にも合ったものにすること、⑶我々が判明に認識しうるものの領域外部にも認識の改善を進展させること、⑷すべての醇化された研究と自由な技術に、優れた原理を与えること、⑸日常生活においては、他の諸条件が同等であるならば、すべての事をなす際に優越すること。

§4

そこから次の特殊な効用が生ずる。(1)文献学的、(2)解釈学的、(3)聖書解釈学的、(4)修辞学的、(5)説教学的、(6)詩学的、(7)音楽的など。

§5

我々の学（§1）に対して、次のような異議申立てがなされえよう――(1)一冊の小さい本、一つの講義で尽くすには、それはあまりに広すぎる。これに対する私の答え――確かにそのとおりであるが、何もないよりはよい。異議申立て(2)それは修辞学及び詩学と同一である。こう答える――(a)我々の学はそれらより一層広い領域に亙る。(b)それらが他の諸技術と共通に、そしてまた互い同士共通に持っている対象を我々の学は包括する。それらの対象をこのふさわしい場所でひとたび洞察しておけば、いかなる技術であれ無用の同語反復なしに自己の地所を一層肥沃に耕すことになろう。異議申立て(3)それは批評と同一である。これに対する答え――(a)論理的批評も存在する。(b)或る種の批評は美学の一部分である。(c)この部分には、美学の他の部分の一定の予備知識がほとんど不可欠である。美しく考え出されたもの、語られたもの、書かれたものを判定する際に、単なる趣味について議論しようとするのでない限り。

§6

我々の学には次のような異議申立てもあろう。(4)感性的なもの、想像、作り話、情緒などは哲学者にはふさわしくなく、その地平より低いところに位置している。答え――(a)哲学者も人間の中の一人であり、人間的認識のこれほど大きな部分が自分に無縁であると考えるのはよくない(1)。(b)美しい思惟内容の一般理論と実践、個々の遂行が混同されている。

(1) テレンティウス『自虐者』七七の「私は人間である。人間のことは何一つ私に無縁とは思わない」をもじっている。

§7

異議申立て――(5)混雑は誤りの母である。答え――(a)曖昧から判明へ自然が一気に跳躍しない以上は(1)、混雑は真理発見の不可欠の条件である。ちょうど、暁を経てのみ夜から昼になるように。(b)それ故、混雑に対して注意を払わない人々には、多くの、大きな誤りが生ずるから、それが混雑から生じないよう、混雑には注意せねばならない。(c)混雑が勧められているのではなく、認識には必然的に幾らかの混雑が混ざっている限りにおいて、認識が改良されるのである。

（1）「自然は一気に跳躍しない」は、ジャック・ティソ『テウトボクス伝』にある諺。

§8

異議申立て――(6)判明な認識の方が優位にある。答え――(a)有限の魂においては、判明な認識はかなり重要なことについてのみ成立しうる。[1] (b)判明及び混雑という両種の認識のうち、一方を取っても他方を捨てることにはならない。(c)従って、当初は美しく認識されるべきものを嚮導する際、判明に認識された規則に従って我々は進むが、やがていつか、この美しく認識されるべきものから、それだけ一層完全な判明さが生まれ出るであろう（§3、7）。

（1）§1註（7）参照。

§9

異議申立て――(7)理性類似者の陶冶によって、理性と厳密性の領域が何らかの損失を被ることを恐れねばならない。答え――(a)この論証は、むしろ我々に賛成する人々のものである。なぜなら、合成された完全性が求められるときに、用心を勧めるのは、つまり、真の完全性を無視しないよう忠告するのは、これと同じ危険性だからである。(b)理性類似者が陶冶されず、頽落したままだと、理性と一層厳格な厳密性にも、それと同じほどの損害を与える。

§10

異議申立て――(8)美学は技術であり、学ではない。答え――(a)この両者は対立する持ち前ではない。かつては単に技術にすぎなかったどれほど多くのものが、今日では既に学でもあることか[1]。(b)我々の技術が論理的に証明されうるものであることは、経験が保証するであろう。また、ア・プリオリにも明白である。心理学などが確実な原理を供給しているからである。それが学にまで高められるに値することは、特に§3、4で論及された応用が示している。

（1）§1註（6）参照。

§11

異議申立て――(9)美的主体[1]は、詩人と同様、作られるのではなく、生まれるのである[2]。答え――ホラーティウス『詩論』四〇八、キケロー『弁論家について』二・六〇、ビルフィンガー『解明』第二六八節[3]、ブライティンガー[4]『直喩について』六頁を参照。生まれつきの美的主体を助けるのが、一層完全で、理性の権威によって一層推挙されるに足る、一層正確で、一層混雑が少なく、一層確実で、一層安定した理論である（§3）。

（1）ここで「美的主体」と訳された"aestheticus"の語は、男性形で名詞化された場合、美的思惟の諸規則を認識し、かつ美的思惟そのものを実現する主体を指す。しかし時に応じ、理論面に重点が置かれる場合や、実践面に重点が置かれる場合もある。この差異は「理論的」または「実践的」の語を"aestheticus"に冠することによって明示される場合もあるが、必ずしも常にそうとは限らない。後者の場合、理論面に重点が置かれるときは「美学者」、実践面に重点が置かれるとき、及び両面を併せて用いられるときには「美的主体」の訳語を"aestheticus"に充てた。なお、木幡 一九八四、七頁、Nivelle 1960 (1971), S. 16, Anm. 24参照。（2）出所不明のローマの諺「詩人は生まれるもので、作られるものではない」を踏まえている。一説にはキケローが「詩人は生まれ、弁論家は作られる」と言ったとされるが、彼の現存著作中にはこの言葉は見当たらない。（3）第一巻「序言」註（1）参照。（4）ヨハン・ヤーコプ・ブライティンガー

(Johann Jakob Breitinger)（一七〇一―一七六六年）。スイスの文藝理論家。ヨハン・ヤーコプ・ボードマー（一六九八―一七八三年）との共作 *Die Discourse der Mahlern*, Zürich, 1721-23 は、ヨハン・クリストフ・ゴットシェート（一七〇〇―六六年）との論争の書。主著 *Kritische Dichtkunst*, Zürich, 1740 では、詩の非合理性を重視。なお、ここで言及されている『直喩について』とは、*Critische Abhandlung von der Natur, den Absichten und dem Gebrauche der Gleichnisse*, Zürich, 1740 のこと。

§ 12

異議申立て――⑽下位の諸能力――肉――は、刺激、強化するよりも、むしろ克服すべきものである。答え――(a)下位の諸能力に対して要求されるのは、抑圧でなく、管理である。(b)美学は、自然的に達成しうる限りは、いわば手をとってこの目的へと導いてくれるだろう。(c)下位の諸能力は、それが頽落したものである限り、美学者は刺激、強化してはならず、嚮導せねばならない。それは、好ましくない訓練でそれ以上頽落したり、或いは、悪用を避けるという怠惰な口実によって、神から許された才能の使用までもが否定されたりしないようにである。

§ 13

我々の美学（§1）は、その姉である論理学と同じく、次のように分かれる。[1] Ⅰ：理論的美学、即ち教授的、一般的美学（第Ⅰ部）。これは更に三分される。[2] (1)事柄と思惟内容についての規則を立てる**発見論**（第1章）。(2)明晰な順序についての規則を立てる**配列論**（第2章）。(3)美しく思惟されたもの、配列されたものの記号についての規則を立てる**記号論**（第3章）。Ⅱ：**実践的**、即ち応用的、特殊的美学（第Ⅱ部）。このいずれにおいても、

「自らの力に応じて事柄を選んだ人には、能弁も、明晰な順序も欠けることはない[3]」（ホラーティウス『書簡詩』）。

本書の読者は「事柄」が第一のもの、「明晰な順序」は第二のもの、そして「記号」は最後の場所にあり、第三の関心事であると考えるように。

（1）§1註（3）参照。（2）以下の三分法は、古典的修辞学に由来する。弁論の制作過程は、発見、配列、美辞、記憶、実演の五部に分けられていたが、修辞学の文学化に伴って後二者が脱落した結果、修辞学は発見、配列、美辞の三部編成になっていた。なお、バウムガルテンは『省察』でも同様の区分を採用している。「感性的言述の要素には、(1)感性的表象、(2)それらの結合、(3)それら表象の記号たる言葉、つまり文字によって固定された分節音がある（§四、一）」（§六）。（3）ホラーティウス『詩論』四〇―四一。

第I部　理論的美学

第1章　発見論

第一節　認識の美

§14

美学の目的は、感性的認識のそれとしての[1]完全性である（§1）。然るにこの完全性とは美である（『形而上学』§五二一、六六二[2]）。そして、感性的認識のそれとしての不完全性を避けねばならない（§1）。然るにこの不完全性とは醜である（『形而上学』§五二一、六六二）。

(1)「それとしての」という句については客観的事物の完全性から認識という主観的なものの完全性を際立たせるとする解釈と、知性的認識の完全性から感性的認識の完全性を際立たせるとする解釈がある。(2)

『形而上学』§五二一は、ここにある「感性的認識」の意味に関わる。「判明ならざる表象は感性的と呼ばれる。それ故、私の魂の力は下位能力を介して感性的知覚を表象する」。『形而上学』§六六二は完全性と美の関係に言及している。さて、完全性の混雑な認識が感性の快であるとするライプニッツの考え（Cf. Juchem 1970, S. 18）に、ヴォルフは美の概念を結びつける。「ここからして、我々のうちに快を生み出す事物の適合として、または完全性の観察可能性として美を定義することができる。なぜなら、この観察可能性自体のうちに適合が存するからである。一定の完全性が事物に確かに内在するが、我々にはそれが観察しえないようなものとすると……それ故、美しいと判断することもないであろう。それ故、我々は建築における美を、感覚される限りでの完全性によって定義する」（『経験的心理学』§五四五）。建築の各部の比率について正確な数を知る建築家は、建築の完全性を判明に認識しうる。しかしその完全性を知性的には認識しえない我々は、それを美として観察する。バウムガルテンは『形而上学』の段階では、この考えをそのまま受け入れる。「現象者となった完全性、もしくは広義の趣味に観察可能な完全性が美である」（§六六二）。それに対し、『美学』の定義は重要な変更をもたらす。今や完全性の感性的認識に代わって、感性的認識の完全性が美の定義となる。ユッヘムはここに「完全性」概念の客観から主観への転回を認め（Juchem 1970, S. 29）、それによって「重要な一歩が踏み出された」と言う（Ibid., S. 30）。

§15

あまりに深く隠されていて、我々に全く曖昧なままであったり、知的思考によってしか直観されえないような感性的認識の完全性には、美学者は美学者としては関心を持たない（§14）。

あまりに深く隠されていて、我々に全く曖昧なままであるか、或いは知的判断によってしか開示しえないような感性的認識の不完全性には、美学者は美学者としては関心を持たない（§14）。

§16

§17

感性的認識とは、その中心的契機から導き出された命名によれば、判明性より下位に位置する表象の複合体である。もしこの現出する感性的認識の美と優美、或いは醜を、ちょうど洗練された趣味の観察者が時として直観するように、知的思考によってそれ自体として（§15、16）見渡そうとするとしたら、様々の水準にある類的な美や醜の山、及び種的、個体的な美、醜の山にいわば押しつぶされて、学に必要な論理的判別力は衰えてしまうだろう[1]（§1）。それ故、先ず、それが美しい感性的認識の殆どすべてに共通である限りでの普遍的で包括的な美を、その反対物と共に検討することにしよう（§14）。

（1）判明な表象は一般に抽象度が高く、その含む徴表の数は少なくなる傾向がある（§559参照）。逆に、混雑な表象は一般に抽象度が低く、限定度が高くあることが可能である。その極限が個の表象である。『省察』によれば、かかる表象は詩的である。「事物は限定されればされるほど、その表象は一層多くの徴表を含む。然るに、混雑な表象において集積されるものが多ければ多いほど、それは外延的に一層明瞭になり（§一六）、一層詩的になる（§一七）。従って、詩においては表象されるべき物事ができるだけ限定されることが詩的である（§一一）」（§一八）、「個別はすべての点で限定されている。それ故、個別的表象は極めて詩的である（§一八）」（§一九）。それ故、感性的表象が含む諸徴表を論理的判別力が一々判明に区別しようとすれば、その仕事は果てしないものとなり、知性は疲れ果ててしまうというのである。なお、§38註（1）参照。

§18

感性的認識の普遍的な美[1]（§14）には三種類あろう。[2] (1)いまだそれらの順序と表現形式を捨象する限りで、[3]思惟が互いに調和して一つとなること。[4]ただし、この調和は現象者でなければならない（§14、『形而上学』§六六二）。これは事柄と思惟の美であって、認識の美の第一のしかも重要な部分を成すが、認識の美と同じではない（§13）。更にまた対象と素材の美とも区別されねばならない。res（事柄）という語の一般に受け入れられた意味がむしろ「対象」とか「素材」に近いために、「事柄（res）の美」と言うとしばしばこの「対象と素材の美」と誤って混同されてしまう。しかしながら、それとしては醜いものが美しく思惟され、かなり美しいものが醜く思惟されることもありうるのである。[5]

（1）§13で区別された一般的美学と特殊的美学のうち前者が関わるもの。（2）この区分は、§13で規定された発見論、配列論、記号論という領域区分に応じるものである。（3）即ち、配列論、記号論と区別された発見論の領域に属する限りで。（4）ヴォルフは完全性を多様なものの調和と解している（『経験的心理学』§二五二、二四六。木幡　一九七〇、一三二頁参照）。バウムガルテンも同じ見解である。「もし同時に取りあげられた多くのものが一なるものの十分な理由を構成し、調和するならば、その調和自体が完全性である」（『形而上学』§九四）。（5）再現の対象に対して再現の成果が持つかかる偏差への最も初期の言及はアリストテレース『詩学』一四四八b一〇―一二であろう。そこでは、最下等の動物や人間の死体そのものは苦を、それを描いた絵は快を与えるという事実が指摘されている。なお、§676参照。

§19

感性的認識の普遍的な美（§14）には、第二のものとして、順序なしではいかなる完全性もないから（『形而上学』§九五）[1]、(2)美しく思惟された事柄を我々が思考する順序の調和がある。それには内的調和と事柄との調和があるが、いずれも現象者である（§14）。これが順序と配列の美である。

（1）『形而上学』§九五「完全性においては、多くのものが同一の理由に調和した仕方で規定される。それ故、完全性のうちには秩序があり、完全性の共通の規則がある」。

§20

記号なしに指示対象を我々は把捉しないのであるから（M、§六一九[1]）、感性的認識の普遍的な美（§14）には、(3)記号の調和がある。それは、内的及び順序との調和及び事柄との調和を含み、いずれにしても現象者である。これは記号作用の美である。記号作用というのは、記号が弁論ないし談話である場合には措辞や美辞、口頭で談話がなされる場合には同時にまた実演もそれにあたる。これで認識の三つの包括的美点を挙げたことになる（§18、19）。

（1）『形而上学』§六一九「私は記号とその指示対象を一緒に知覚する。それ故、記号と指示対象を表象によって結びつける能力を私は持っている。この能力は指標的能力と呼びうる」。

§21

感性的認識には、上に挙げた美と同数、即ち三種の醜、欠点、短所の存在が可能であり、それを避けねばならない。つまりそれは思惟と事柄（§18）、または多くの思惟内容の結合（§19）、または記号作用（§20、M、§一二一）に存する。この順序は§13で述べたものである。

§22

認識の豊かさ、大きさ、真理、明らかさ、確かさ、及び生命は、それらが一つの表象において互いに調和する——例えば、豊かさと大きさが明らかさに、真理と明らかさが確かさに、他のすべてが生命に調和する——限りで、また、認識の他の諸要素（§18〜20）がこれらに調和する限りで、すべての認識の完全性を与える（M、§六六九、九四[1]）。現象者としては、感性的認識の普遍的（§17）美（§14）を与える。この美は特に事柄と思惟の美（§18）であって、事柄、思惟において我々を喜ばせるものを、今仮に記憶に便利なように六脚韻の形にすれば、

Copia, nobilitas, veri lux certa moventis.（豊麗、高貴、動きを与える真理の確かな光）

ということになろう。

（1）『形而上学』§九四については、§18註（4）参照。

§23

狭さ、下劣さ、偽（M、§五五二）、見通しにくい曖昧さ、不安定な動揺（M、§五三二）、不活発（M、§六六九）――これらがすべての認識の不完全性である（M、§九四）。現象者としては、感性的認識（§14）一般（§17）を醜くする。これらは事柄と思惟の格別の欠点である（§21）。

§24

感性的認識の美（§14）と事柄の優美さそのもの（§18）は合成された完全性（§18～20、22）であり、普遍的完全性もそうである（§17、M、§九六）。そのことは、単純な完全性が我々にとって決して現象者とならないことからも明らかである（M、§四四四）。それ故、人々は極めて多くの例外を許す。それらの例外は、たとえ現象者となっても、その場を占める現象者の最も大きな調和を否定せず、従って、できる限り少なく、小さいものでありさえすれば、欠点とされるべきではない（M、§四四五）。

§25

これらが措定されたとき、美が、いわば洗練が措定される。私が§24で記述したような例外は、例えば一層弱い美の規則が一層強いものに、あまり多産でない規則が一層多産なものに、近いものが一層上位のものに道を譲り[1]、それに従属するときには（M、§四四六）、洗練を欠くものではないだろう。従って、認識における美の諸規則を定めるにあたっては、それらの力にも同時に注目するのがよい（M、§一八〇）。

（1）即ち、我々にとって一層近いもの（一層特殊な規則）が、一層一般的な規則に、という意味。

§26

表象は、それが他のものの理由である限りで**論証**（argumentum）である。従って、論証には、豊かにするもの、高貴にするもの、証明するもの、照明するもの、説得するもの、感情を喚起するものがある（§22）[1]。美学は、それらのものの力と効果だけでなく（M、§五一五）[2]、洗練をも要請する（§25）。認識のうちで特別の洗練が開示される部分は**文彩**（構え）と呼ばれる。さて文彩には、⑴事柄と思惟の文彩（§18）、即ち**思考の文彩**、⑵順序の文彩（§19）、⑶記号作用の文彩（措辞の文彩を含む）がある（§20）。思考の文彩の種類は、論証の種類と同数である。

（1）論証のこの六種は、§22で枚挙された認識の完全性を構成する六つの要素、即ち豊かさ、大きさ、真理、明らかさ、確かさ、生命に対応する。（2）『形而上学』§五一五「私の精神の中にある認識とその表象は、小さいこともあれば大きいこともある（§二一四）。そしてそれが理由即ち広義の論証である限りで、力と効果がそれに帰せられる（§一九七）」。

§27

認識の美（§14）は、美しく思惟する人の結果である以上、この人の生き生きとした力以上にそれが大きく高貴なものであることはないのであるから（M、§三三一、三三二）、我々はすべてに先立って、美しく思惟しようとしている人のいわば発生と原型、即ち恵まれた美的主体の性格を描写することにしよう。つまり、精神において本性上美しい認識の一層近くにある諸原因であるものを枚挙することにする。さて、§17で挙げた理由により、美しい思惟内容のすべての種類に要求されるような一般的な、いわば包括的な性格に今のところ我々は留まろう。そして何らかの特殊的な性格にまで降りていくことはするまい。特殊的性格[1]とは、一般的性格を補って、特殊な種類の何らかの一定の美しい認識を現実化せしめるものである。

（1）『講義録』によれば、例えば喜劇詩人や叙事詩人のようなものである。

第二節　自然的美学(1)

§28

恵まれた美的主体の一般的性格に要求されるのは、かなり一般的なもの（§27）のみを挙げるならば(2)、Ⅰ：自然的生得的美学（§2）（〈ピュシス〉、本性、〈よい天性〉、〈生まれの祖型的諸要素〉）、つまり、美しく思惟するために魂全体が生まれつき持っている自然的性向である。

（1）以下、§46まで自然的美学の叙述が続く。（2）以下（§28〜103）、美的主体一般の条件として五つのものが挙げられるが、前三者、即ち本性、訓練、学問は伝統的修辞学において優れた弁論家を完成するための条件とされているものである。これに対し、第五の彫琢が作品の生成の固有の一段階として述べられることは伝統的修辞学においては殆どない。第四の衝動には、リンによれば、非合理主義思潮の影響を認めることができるという（Cf. Linn 1967, S. 430-433）。

§29

§28で述べた本性には、(1)麗しく、しかも洗練された生得的天性(1)が属する。これは広義の生得的天性のことで、それの下位能力は、一層容易に喚起され、認識の洗練に、ふさわしい均斉をもって合一せねばならない。

（1）「天性」の原語“ingenium”をカントは『判断力批判』一八一頁で「生得の心的素質」とドイツ語訳している。

§30

§29で述べた麗しい天性には、(A)下位認識能力とその自然的性向が属する。これには八つの要素があり、その第一は、(a)鋭敏に感覚する性向（M、§五四〇）[1]である。この目的は、美しく思惟する最初の素材を魂が外的感性によって獲得すること、及びそれにとどまらず自己の他の諸能力の変化と結果を、内的感性と深奥の意識（M、§五三五）[2]によって嚮導すべく試すことである。他の諸能力と時には合一するためには、或る程度の大きさを持つ感覚能力が麗しき天性にはなければならない。その大きさとは、それがどんなものであれ自己の感覚表象によって、それがどんなものであれ異種の思惟を、常にどこでも抑圧するわけではないほどのものである（§29）。

（1）『形而上学』§五四〇「より大きな感性は鋭敏と言われ、より小さな感性は鈍感と言われる」。（2）

『形而上学』§五三五「私は感覚能力（§二一六）、即ち感性を持っている。私の魂の状態を再現するのが内的感性であり、私の身体の状態を再現するのが外的感性である（§五〇八）。それ故、感覚は、内的感性を介して現実化された場合は内的であり（狭義の意識）、外的感性で現実化された場合は外的である（§五三四）」。

§31

(b)想像に対する自然的性向（§30）。それによって麗しき天性は、〈想像力豊かなもの〉にならねばならない。その理由は三つある。(1)しばしば過去のことを美しく思惟せねばならない。(2)現在のことは、それらの美しい思惟が終結しないうちに、しばしば過ぎ去ってしまう。(3)現在のことからだけでなく、過去のことからも、未来のことは認識される。想像力が他の諸能力と時には和合するためには、自己の心象によって他の表象を、必ずしも何時でも何処でも曖昧にするわけではないほどの大きさを、麗しき天性においては持っていなければならない。これら他の表象は、その一つ一つをとるならば、想像表象の一つ一つよりも本性上弱いからである（§29）。古人がしばしばなしたように、創作能力を想像作用の一つと見るならば、麗しき天性においては、それが一層大きくなければならぬ必然性は二重になる。

§32

(c)明敏さに対する自然的性向（§30、M、§五七三）[1]。感性や想像力などを介して与えられるべきもの（§30、31）は、これによって鋭敏さと天性をもっていわば研磨されねばならない。これらの能力を介して、それが現象者としての均斉を要請し、現象者としての不均斉を許さない限りで、認識の美が与えられねばならないし、また、広義の天性の美しい均斉そのものも与えられねばならない（§29、M、§五七二）。それ故、天性の名のもとに同時に明敏さも隠されていることが稀ではないので、美しい認識全体が天性に帰せられることがある。けれども明敏さでさえも、精神の他の諸能力と時には正しく和合するためには、明敏さのために十分準備された素材にのみ向けられるほど大きなものでなければならない（§29）。

（1）『形而上学』§五七三「事物の相違を見分ける持ち前が鋭敏さである。鋭敏な天性が明敏さである」。

§33

(d)想起に対する自然的性向と記憶（M、§五七九）。古代人たちは記憶の女神（ムネーモシュネー）がムーサたちの母であると言ったが、その際、彼らは想像表象の再生をも記憶に関係づけていた（§31）。けれども想像とは区別された意味での想起する能力そのものですら、例えば美しく物語ろうとする者は、それなしではすまないし、まして創作する者は、先行するものが後続するものと醜く矛盾することがないよう、記憶力がよくなければならない。

§ 34

(e)詩作的性向（M、§五八九）[1]。それは、実践的美的主体の一層優れた集合には詩人の名をも付けることができるほどのものが要求される。しかし、想像表象を結合、分離することによって形成されるべき部分が、美しい思考のうちでどれほど大きいかを心理学者たちが測ってみるなら、このことは驚くには及ばない。けれども、それが他の諸能力と正しく和合するためには、自らがいわば創造した世界[2]を、他の能力——例えば明敏さ（§31）——の研磨から引き離すことがないほど大きいものでなければならない（§29）。

（1）『形而上学』§五八九「想像表象を結合すること、及び分離、即ち、或る知覚の一部分のみに注目することによって私は創作する。それ故、私は創作の能力（§二一六）、即ち詩作的能力を持っている」。

（2）詩人と詩の関係を宇宙創造者と世界の関係と類比的に考える思想は、クルツィウスによれば、一八世紀になって漸く散見的に現れてくるものである（Ernst Robert Curtius, *Europäische Literatur und Lateinisches Mittelalter* (1948), 9. Aufl., Bern: Francke, 1978, S. 400（邦訳『ヨーロッパ文学とラテン中世』南大路振一・岸本通夫・中村善也訳、みすず書房、一九七一年、五七七頁）が、バウムガルテンの

『省察』にもその思想が表明されている箇所がある。「詩人がいわば制作者、創造者のようなものであることは先程考察した通りであるが、そこからして詩はいわば世界のようなものでなければならない。それ故、世界について哲学者たちに明らかなことを、類比的に詩についても考えねばならない」(§六八。Cf. Jäger 1980, S. 37-39)。詩を端的、無条件に「世界」、詩人を「創造者」と呼ぶことに対するバウムガルテンの躊躇が、これらの語に「いわば」の語を冠せしめたと思われる(なお、§511参照)。

§35

(f)平凡でなく、精妙な趣味に対する性向(M、§六〇八)[1]。この趣味は明敏さ(§31)と並んで感覚表象、想像表象、創作表象などの下位の判定者とならねばならないが(M、§六〇七)[2]、それは個々のものを悟性を介して判定すること(M、§六四一)が美にとって重要でない場合である[3](§15)。

(1)『形而上学』§六〇八「感覚的なもの、即ち感覚されるものについての広義の趣味が感性の判断力であり、判別されるべきものを感覚する感覚器官にこの判断力は帰せられる」。(2)『形而上学』§六〇七「感性的判断力は広義の趣味(鑑識力、審美眼、嗅覚)である。最広義の批判とは判別することの技術である。それ故、趣味を形成する技術、または感性的に判別し、その判断を表現することについての技術が批判的美学である(§五三三)。知性的判断を意のままにする人が広義の批判者である。それ故、一般的意味での批判とは、完全性及び不完全性について判明に判断することの諸規則の学である」。(3)『講義録』§三五参照――「美しい魂は或る事物が何故完全であるかを必ずしも常に判明に知ることはないであろう。しかし、『それは美しい』、『それは私に適意を与える』と言うことは即座にできるであろう。『何故か』ということは必ずしも常に知るわけではないが、それにも拘らず事柄に的中しているであろう。これが良い趣味の確かなしるしである」。

§36

(g)予見（M、§五九五）、予知（M、§六一〇）に対する性向。より美しい天性にあっては、この性向が多くの人々には見られないほど大きく、尋常ならざるものであるのを古人たちは観たので、いわば奇跡、驚異としてそれを神的なものに帰した。そこからして詩人たちは予言者（vates）とも呼ばれた。けれども、誰の手にも届くものの水準を越えた(1)、何か美的神託のようなもののみにこの性向は要求されるべきものであるわけではない。なぜなら、それは主要な美である認識の生命全体に要求されるからである（§22、M、§六六五）。この能力と神占的性向が他の諸能力と調和しうるためには（§29、M、§六一六）、自らの場所と時においては、感覚表象にも、まして異種の想像表象にも道を譲ることがないほど大きくなければならない（§30、31）。

（1）「誰の手にも届くものの水準を越えた（in medio posita transeundo）」という言い方は、ホラーティウス『諷刺詩』一・二・一〇八の“transvolat in medio posita”（「つまらぬ奴には眼もくれず」）を踏まえている。

§37

(h)自分の表象を表示することに対する性向（M、§六一九）。魂の内部で美しく思惟しているだけの人の性格に注意するか、それとも美しく思惟された内容を言表もする人の性格に注目するかによって、この性向が必要である度合には違いがある。けれども前者の場合もそれが全く欠けているということはありえない（§20）。これが他の諸能力と時には調和するためには、美に必要な直観を抑圧してしまうほど大きなものであってはならない（§35、M、§六二〇）。

§38

§29で述べた麗しい天性に要求されるものには、また、(B)上位認識能力（M、§六二四）がある。それは次の三点においてである。(a)悟性と理性が精神の克己を介して下位認識能力を喚起することに大いに寄与することも稀でない（M、§七三〇）。(b)これら下位認識能力間の調和と、美にふさわしい均斉とは、悟性、理性の使用によってのみ達成されることがしばしばある（§29）。(c)悟性と理性の美（M、§六三七）、即ち外延的に判明な明知の連関は、理性類似者に大いなる生動性があることの、魂にとっては自然な帰結である。[1]

（1）判明な表象も含めて明瞭な表象一般は、その明瞭性の度合において相互に区別される。この区別の観点は二つあり、その一つたる表象の外延とは、その表象が持つ徴表の数であり、内包とは徴表の質である。バウムガルテンは『省察』において外延的明瞭をこう定義する。「もし、B、C、DよりもAという表象においてて一層多くのものが表象され、しかもA、B、C、Dすべてが混雑ならば、Aは他の表象よりも外延的に明瞭であろう」（§一六）。一層詳しい説明は『形而上学』にある。「今、共に三つの徴表を持つが、一方では曖昧である徴表が他方では明瞭であるような二つの明瞭な思惟があるとする。後者の方が明瞭である（§五二八）。従って知覚の明瞭性は、判明、適合などを介した諸徴表の明瞭性によって増大する。同等に明瞭な徴表を持つ二つの思惟があり、一方にはそのような徴表が三つ、他方には六つあるとする。後者の方が明瞭である（§五二八）。従って諸徴表の多さによって明瞭性は増大する（§一六二）。諸徴表の明瞭性によって明瞭性は内包的に一層大きいと言うことができ、諸徴表の多さによって明瞭性は外延的に一層大きいと言うことができる」（§五三一）。表象の明瞭性が外延的に上昇するとき、その表象は詩的であることは、§17註（1）で述べたが、それは特に表象の生動性に寄与する。「外延的に一層明瞭な知覚は生動的である。思惟と言葉の生動性は輝き（光輝）であり、その反対は乾燥（棘のあるあり方の思惟、言葉）である。外延的、内包的明瞭性はいずれも明晰性である。従って、明晰性は、生動的であるか、知性的であるか、その両者であるかのいずれかである」（『形而上学』§五三一）。さて、明瞭性について外延的／内包的の区別が立てられうるのと同様に、判明性についても、外延的、内包的の二種を区別することができる。「判明性とは事物と事物の諸徴表との明瞭性であるから、諸徴表の多さと明瞭性によって判明性は内包的、外延的に増大しうる（§五三一）。他の判明な表象よりも多くの、一層生動的な徴表を持つのが外延的に一層判明な表象、他の判明な表象よりも内包的に明瞭な徴表を持つのが（内包的に一層判明な）純粋な表象である」（『形而上学』§六三四）。内包的に判明な表象が、内包的に明瞭な徴表を持つ表象、つまり、徴表を更にその徴表へと分析しうる表象であるのに対し、外延的に判明な表象とは、生動的な、即ち、外延的に明瞭な徴表を多数含む表象である。従って、外延的判明、内包的判明は、それぞれ外延的明瞭、内包的明瞭をその部分とする全体性において成り立つといえる。ところで、理性類似者による美しい思惟が、外延的に明瞭な表象であってみれば、それらの多数を部分として組み上げられた全体において、外延的判明性が生ずる可能性がある。「これに対し、同一の素材が、それ自体は美しい悟性（M、§六三七）によって思惟されつつ、その徴表は感性的、生動的に思惟される……限りで」（『美学』§123）。かかる外延的判明性は、美的主体が直接に目指すものではないが、間接的には目指すことが許される（§428、617、『省察』§五五参照）。然るに、「外延的に判明な徴表を形成する悟性の完全性が悟性の美である」（『形而上学』§六三七）から、結局、末尾で語られるように、「悟性と理性の美」は、美的思惟の「自然な帰結」ということになるのである。マイアーは『基礎』§一一二（Bd. 1, S. 261）でこのことを敷衍している。

§39

麗しき天性は本性上次のような性向を持つ。つまり、記憶が何を再生するにせよ、自分の過去の状態からだけでなく、外的感覚表象そのものからも抽象することによって、例えば未来の状態のような何らかの創作された状態に注目し、善いものであろうと、悪いものであろうと、それを明敏に直観し、悟性と理性の管理下に、適切な記号によって眼前に据えることができるという性向である（§30〜38）。

§40

戯れたのか、重大な誤りによってか、「デーモクリトスは正気の者たちをヘリコーン山より締め出せり」[1]（§39、M、§五九四）。

「三つのヘリボアでも癒しえぬ頭をいまだかつて床屋リキヌスに委ねなかったならば」[2]（ホラーティウス）

麗しい人間の「報酬と名声を得る」[3]だろうと期待する人がかなり多くいるが、その人々は一層愚かである（M、§六三九）。

（1）ホラーティウス『詩論』二九六―二九七。（2）同書、三〇〇―三〇一。（3）同書、二九九。

§41

美しく思惟しようとする者には、かなり大きな下位能力、しかも本性上大きなものが要求される（§29）。しかしこれは、本性上大きな上位能力と同時に存在しうるというだけでなく（M、§六四九）、上位能力に対しては不可欠の条件としても要求されるのである（M、§六三七）。従って悟性的思考と推論の一層厳格な才覚は、それが本性によって受け入れられて生まれる限り、本性上天性の美と矛盾する、という考えは偏見である。

§42

悟性、理性の使用を全く無視するような美しい天性もありうるし、また、理性類似者の飾りによって十分に教育されていない哲学的及び数学的天性もありうる。確かに麗しさは中程度だが、一層厳密な学問には本性上不向きな天性というのはありうるにせよ、それら厳密な学問を把握するには生まれつき向いていて、しかも認識の麗しさすべてに対しては生来無能力であるなどという天性はありえない（M、§六四九、二四七）。

§43

むしろ、すべての時代に亙る優れた包括的な天性の持ち主たち、オルペウスと詩的哲学の創立者たち、〈皮肉屋〉と言われたソークラテース、プラトーン、アリストテレース、グロティウス、デカルト、ライプニッツは、美しく思惟する性向と厳密に思惟する性向はよく調和しうるものであり、そう狭くはないにせよ一つの座に共存しうるものであり、哲学者、数学者の一層厳格な学問についてもそれは妥当する、とア・ポステリオリに教えている。

§44

生来の美的主体（§28）に要求されるのは、(2)[1]品位があり、かつ心を動かす認識を進んで追求しようとする心性、及び美しい認識に向かいやすくする欲求諸能力間の均斉、言い換えれば生得の美的気質である[2]（M、§七三二）。

（1）§29で挙げられた(1)に接続する。（2）(1)では、上位であれ下位であれ認識能力が問題となったが、この(2)では欲求能力が問題となる。

§45

人間は皆、それが自らに認識されている限りで（M、§六六五）、あらゆる種類の欲求対象に向かう。美学者にふさわしく概略的に（§15）それらの幾つかを価値の序列に従って配列してみよう——金銭、財産、労働、相対的閑暇、外的娯楽、自由、名誉、友情、身体のしっかりした力と健康、徳の影[1]、美しい認識とその系である愛すべき徳、上位の認識とその系である尊敬すべき徳。従って、或る種の生得的な心の大きさ、大いなるものに対する最も傑出した霊感が美的気質に属するとしてよかろう。そこから最も大いなるものに至るのがいかに容易かに注目する人々の場合には特にそうである（§38、41）。

（1）『講義録』§四五参照――「それ自体として最上ではないが、それに似た行為」。

§46

伝統的な気質理論によれば、憂鬱質が勧められるのが通例であるが、その際、比較的念入りな美的思考と、比較的短く、かなり早く終結させられるべき美的思考とが十分には弁別されていない。後者にはいわゆる多血質が、前者には憂鬱質が適しているだろう。他方、胆汁質である方を欲する者は、

「名誉心が風の戦車で舞台に運んだ[1]」

人々であるから、

「その同じ名誉心が大作を企てた人々に力を与えるがよい[2]」。

（1）ホラーティウス『書簡詩』二・一・一七七。（2）この詩句は、イタリックによって引用であることが明示されているが、ホラーティウスの詩には見当たらない。

第三節　美的訓練

§47

恵まれた美的主体の性格に要求されるものには、更に、II：美的〈修練〉、訓練がある。つまり、同種類の活動のかなり頻繁な反復である。その目的は、§28～46で記述された天性、心性を、与えられた主題、或いは（オルビリウス[1]のような人々によって与えられた主題を考えるといけないから別の言葉で言えば）一つの思惟内容、一つの事柄に向けて調和させ（§18）、美しく思惟する持ち前を次第に獲得するようにすることである（M、§五七七）。

（1）オルビリウス（Orbilius）は、前一世紀のローマの文法学者、教師。ホラーティウスの師で、厳格なことで知られる。

§48

第二節で扱った本性は、かなり短い時間ですら同一の段階に留まることができない（M、§五五〇）。それ故、本性の性向ないし持ち前は、絶えざる訓練で育てられないと（§47）、どれほど大きくなっていようとも衰退し、鈍化する（M、§六五〇）。しかし私の勧めているのは、第二節で扱った諸能力の単なる訓練ではなく、美的訓練なのである（§47）。十分に美しい本性を頽落させ、醜くする訓練がある。活発で常に何かをなしている天性においてこの醜くする訓練が現象するときには（§16）、それを避けねばならないが、最も幸運な避け方は、一層優れたものを推奨しつつ、それに置き換えることである（M、§六九八）。

§49

美的訓練、それもすべての美的訓練にも私は或る種の調和を要請する（§47）。そうでないと美しい本性の結果は存在しないし、それ故、美しい本性の力を増やさない（§47、M、§一三九）。けれども私が要請するのは或る種の調和のみである。訓練は戦闘ほどの兵士を要請しない(1)。十分に美しい本性を、同時に多少は頽落させることもある訓練も幾つか私は美学者としては（§16）許す。更にまた、不調和であるより調和する度合が大きくさえあれば、醜くする訓練も許す（§48）。それは、その中心的契機からすれば美的と呼びうるようなものである（§47）。過重な醜について、それがたとえ今は悪くともいつかはそうでなくなるだろう(2)という意識が伴いさえすれば（§35）、美より大きな醜を持つ訓練も私は許す（M、§六六六）。

（1）§136註（1）参照。（2）「それがたとえ今は悪くともいつかはそうでなくなるだろう」の部分は、引用であることは明示されていないが、ホラーティウス『カルミナ』二・一〇・一七の引用である。

§50

美的訓練（§47）においては天性の調和だけでなく、この天性と心性（これらについては第二節、§49参照）との或る種の調和をも私は要請する。天性の方は、訓練がたとえ無気力、不活発であっても陶冶されるが（『倫理学』§四〇三）、心性の方は、無視されたり、例えば偽善、放縦な競争心、浪費家の密会、諂《へつら》い、放蕩、怠惰、怠慢、経済的配慮、或いは一般に金銭、こういったものに対する支配的情念と優勢な欲望（§46）のうちに頽落し、押し沈められたりすると、至る所に顔を出す心の貧弱な下劣さが、何であれ麗しく思惟されたように見えるものを醜くしてしまうだろう（§48）。

§51

もしそれが別の何らかの仕方で可能であるとしてのことだが、第二節で述べられた天性が粗野なまま放置されても（『倫理学』§四〇三）、心性（M、§七三二）の方が外見上高められた状態を保持したり、或いは更に高められることもあろう。そしてそこから§45で述べた徳の影がたまたま生じてくることもあろう。しかし至る所に顔を出す天性の粗放さが、いわゆる立派な心のいわゆる立派な動きをも醜くしてしまうであろう（§48）。或いはまた、美しい認識に全く背を向けた精神や、それを十分に欲求しない精神が、何かを美しく認識することへ再び高まることはできないところまで、凶兆のもとに知らず知らず（§48）天性を鈍化させてしまうことになろう（§27）。

§52

美的訓練（§47）には、(1)訓練されるべき者の力の源たる洗練された技術の嚮導なしに着手された〈即興〉がある。あの未開のサートゥルヌスのリズムがこれに属する。ラティウムの先住民の古い農業従事者が力強く精神を鼓舞しつつ、祭りの時期に（§50）、「交代し合う詩行で、田舎の誹《そし》りを浴びせかけた[1]」（ホラーティウス）のもこのリズムである。洗練された諸技術が発見される以前の人類の美しい認識のあらゆる型もこれに属する。何であれ、より美しい本性の、すべての技術に先立つ最初の火花がこれに属する。例えばオウィディウスが自分自身について

「何を語ろうと試してみても、それはすべて詩になるだろう[2]」

と述べるときのように。

（1）ホラーティウス『書簡詩』二・一・一四六。（2）オウィディウス『悲しみの歌』四・一〇・二六。

§53

美的訓練では、粗野な本性と未教育の本性を同じものと考えないよう特に注意すべきである（『倫理学』§四〇五）。確かにホメーロス、ピンダロスらの

「本性は粗野でも、未熟でもなく、醜く未開でもない[1]」（ホラーティウス）

けれども、洗練された諸技術の模像であるよりは、むしろ原型であった。教育されずとも、大いに磨かれた天性（§52、『倫理学』§四〇三）の持ち主は――美的天性の持ち主すら（§29）――存在しうる。逆に、教育されてはいても、美に関わる限りではかなり粗野な天性の持ち主もいる（§42）。

（1）ホラーティウス『書簡詩』一・三・二二。

§54

音楽とは自らが数えているということを意識せざる魂の数学的訓練だとライプニッツは言ったが、それと同じように、類似の場合を予期したり、さらにはいわば生得的な最初の模倣

を行うことによって、既に子供はいまだ自分が思惟しているとは――ましてや美しく思惟しているとは――意識しないうちに訓練されている。教育されるべき者が、少年の柔らかい、どもる口を形づくり[1]（§37）、

「早くも卑しい語法から耳を引き離し、続いて心をも親切な規則で形成し（§50、45）、正しい行いを述べ（§31、32、35）、周知の（§30）実例で（§32ほか）来たるべき時代（§36）を教える」[2]（ホラーティウス『書簡詩』二・一・一二六）

藝術家の手に幸運にも委ねられるならば。

（1）「少年の柔らかい、どもる口を形づくり」の部分は既に、ホラーティウス『書簡詩』二・一・一二六の引用である。（2）ホラーティウス『書簡詩』二・一・一二七―一三一。

§55

更にまた、子供が語り合ったり遊んだりする間に、そして特に遊びの発明者となったり、仲間うちの小さな指導者となり、それらに熱中して、はや大いに汗をかき、いろいろなことをなしたり、なされたりするときに、そして自分が美しく理解するものを見たり、聞いたり、読んだりする間に、それらすべてが§49～51にある美的訓練となるような性質のものでありさえすれば（§47）、本性上美しい天性は訓練され、何をしているか意識せずとも、

既に明白に自分自身を訓練しているのである（§54）。

§56

我々成人は、美しく語られたものを聞き、美しく書かれたものを読むことによって、それらを美しく理解し、それらの美を直観し、いわば味わい（§35）、作者に対しては確かに「美しい！　立派だ！　正しい！」と心中無言のうちに賛嘆するほどであるのに、模倣によって作者と共に美しく思惟することには十分意を用いないときがよくあるが、これは思い違いをしているのである。それ故、大抵の場合にそう思われている以上に大きな美的訓練（§54）は、最も見事な作者の範例を
「夜も昼も手に取ることである[1]」（§54）。
「ムーサはギリシア人（フランス人）に天性を、そして滑らかな口で語ることを与えり。彼らは名誉以外何物も求めぬ者なれば[2]」（ホラーティウス）。

§57

（1）ホラーティウス『詩論』二六九。（2）同書、三二三―三二四。

一層高度の訓練が既にして一層大きな力を与え、証示することは自明である。それは、教育によるにせよ（§54、56）、生まれつきにせよ（§53）、コルクなしで泳ぐとき[1]、精神が〈自発的に〉自らの活力で溢れさせた〈発見的即興〉である。

（1）「コルクなしで泳ぐ」は、ホラーティウス『諷刺詩』一・四・一二〇の引用。

§58

(2)洗練された技術（§47〜57）が、先天的（第二節）及び後天的な自然的美学、即ち主人たる自然（§2）に付け加わるならば、美的訓練は一層正しく確実なものになるであろう。美しいけれども神的ではない天性がこの技術なしに認識の洗練への道を試みることがしばしばあるが、そのさまは

「まるで、ユッピテルが影で天空を被い、黒い夜が世界から色を奪い去ったときに、定かならざる月を頼りに僅かな光の中を進むようなもの[1]」（ウェルギリウス）。

（1）ウェルギリウス『アエネーイス』六・二七〇—二七二。

§59

訓練を受けるべき者が美しい認識を効果的に見分けるたびごとに、この両種の訓練（§52、58）は天性のみならず心性と美的気質をも持ち前へと導き、習慣づけによって強化する（§45）。心の先天的な大きさを強めつつ（§46、M、§二四七）。

§60

力動的美学、即ち、所与の認識の所与の美を得るための所与の人間の力を評価する美学は、本性の先天的力を、結果、訓練からのみ（§27）測ることができる。この場合、次のような結論の導き方は正しい――「〈即興〉は然々《しかじか》のものであり、所与の人間の型は然々のものである。従って、その人の先天的本性も然々のものであり、それは、先導する訓練が付け加わることによって、そこに達しうるであろう」（M、§五七）。けれども、次のように推論されることの方が多いが、これは正しくない――「所与の人間の力は現状ではこれほどの〈即興〉または型には十分でない。従って、このような思考のための先天的本性は否定される」（M、§六〇）。

§61

所与の人間の力が所与の美しい認識にとって十分かどうか、またどれほど十分かを試すためには**美的査定**（審査）が、従って特に格別の訓練が、しばしば力動的美的主体には必要であろう（M、§六九七）。そのときもし審査がうまく進むならば、力が十分なものであったことを肯定する試験は十分正しい状態にあると言える（§60）。もしあまり進まないにしても、必ずしも常に本性の欠陥が問題になるわけではない。ましてや、たまたま所与の審査に要求された何らかの特殊な美的性格の欠如から、一般的性格や何か他の特殊的諸性格の欠如をも結論することは妥当でない（§27）。キケローを詩で審査することやオウィディウス、ホラーティウスを叙事詩で審査することはあまり有益ではない。

第四節　美的学問

§62

恵まれた美的主体の一般的性格（§27）に要求されるのは、Ⅲ：美的な〈知識〉と学問である。つまり、美しい認識の質料と形相にかなり密接な影響を与える諸条件についての、本性とその使用のみによって通常獲得されるものよりも一層完全な理論である。この理論は一層厳格な訓練によって応用へと引きおろされねばならない。その目的は、思惟されるべき事柄についての、また規則とそのあり方についての無知や不確実さによって持ち前が迷ったりしないよう、また、放恣《ほうし》に思惟したり、自分では気がつかない自分の誤りを万人が見るだろうと考えて、美しい思考の使用そのものから怯え去ってしまうことがないようにすることである（§47、48）。

§63

美的学問に関わるのは、(1)美しい教養全体、即ち、それについていつか美しく思惟すべき諸対象の、無教養な認識より優れた認識をひき起こす限りでの教養である。本性上美しく、かつ毎日の訓練で喚起された天性がこれの洗礼を受け、また、美的心性がこれによって動かされ、これによって情緒づけられ、ペルシウス風に言えば「よく火を通され(1)」ると、所与の主題を美しく思惟することに一層実り豊かに調和することができよう（§62、47）。

（1）ペルシウス『諷刺詩集』二・七四にある言葉。この詩の主題は、黄金を積んで神々に祈願するよりも、純粋な心と質素な捧げ物の方がよいということである。後者の一要素が「高貴な徳によって火を通された心性」である。

§64

美しい教養のかなり大事な部分は、神々、宇宙、人間、特にその道徳的状態、神話をも含めた歴史、遺物、及び肖像の特質をはっきり示す諸学科である（§63）。

§65

この種の学科の学識において美的主体が心を注ぐのは、美しく思考されるべきものにおいて現象者となるような完全性のみである（§14、15）。それには二つの仕方があって、先ず消極的には、〈欠点が見逃されて〉醜くするのを回避するという仕方である。次に積極的には、かくも大きな学識を持つ作者ならば、たった一つの句や十分短い記号を与えるだけで、たとえそれ以上の教養を隠しているにしても、その作者には何か偉大なものがあると、教育された読者や観客に期待せしめるという仕方である。なお、教養を隠すこともこの場合には気のきいた例外（§48、25）として許される。

§66

ここで我々が述べようとしているのは、何らかの初等教育過程ではない（§54）。またいろいろな学科で扱われるべき対象については、第三節で述べたように、日常経験や気儘な読書や通常の聴講で雑多な知識が得られるが、そういった知識でもない。そうではなくて、それらの学科で扱われるべき対象についての、筋道立った、成人にふさわしい通暁――たとえその完成度はいかほどのものであれ――である。なぜなら、かかる通暁は、§65で述べたものを一層多くもたらすからである。しかしまたそれを一層多くもたらすという範囲でのみ、この通暁は要求される。

§67

けれども我々は、美的主体が博識ないし全知たることを要請しているのではない。なぜなら、一般的性格が一般的に要請するのは、美しい認識の分野のうち、自分が卓越していると考えるその分野における教養だけだからである。これに対し、教養のうちでその人に一層密接に関連する部分を一層細かく規定するのは特殊的性格であろう。美しい認識のこの分野を自分が陶冶すべきものとして選び取った者が、その分野において無知であるのは恥ずべきことである（§27）。

§68

美的学問に関わるのは、(2)美しい認識の形相[1]、及び正当な道筋でそれを得る方法についての理論である。それは本性及びその使用のみによって獲得されるようなものよりも一層完全であり、一層注意深く、一層有効な訓練によって応用へと引きおろされねばならない（§62）。さて、順序よく配列された諸規則の複合体は普通、技術と呼ばれる。この点からして、優れた美的主体の一般的性格のうちには**美的技術**の要件が生ずる。

（1）§62で美しい認識の二面として区別された形相と質料のうち、§63で挙げられた「美しい教養」が関わるのは認識の「対象」であるから、これは質料面と言うことができる。それに対し、ここで挙げられたものは認識そのもののあり方、即ち形相面に関わる。

§69

この要件の必要物は、恵まれた美的主体の特殊的性格――例えば弁論家、詩人、音楽家などの性格――においては、修辞学、詩学、音楽学などによってとうに満たされている。これらの学の好ましさ、有用性、必要性について通常論じられることは何であれ、諸概念を一層一般的なものに多少高めることによって、美的技術に適用されうる。この美的技術が持つ上述の諸長所は、他の学科を一つにまとめたときの優秀さと同じくらい広がっている（§68）。

§70

次の諸条件を充たせば充たすほど、技術は卓越したものであると仮定することが許されるであろう。⑴一層広範囲に亙る規則をそれが含む、即ち規則の適用が一層多くの事例に有効である、否、必要でさえある場合。それ自体完成されたものでありつつも、十分な規則の短い梗概である場合。⑵一層強く、一層重い諸規則、即ち、それを無視すれば一層大きな損失が常に生ずるような諸規則をはっきり示す場合。⑶一層正確で精密な諸規則を提示する場合。⑷一層明白な、⑸一層確実で、規則の魂たる真実の原理から導出された規則を示す場合。⑹自らの指図によって行為と実践そのものを嚮導するように誘う力の一層大きい規則を示す場合（§22）。

§71

さて、美的技術の諸法則は、ちょうど特殊的諸技術の導きの星のようなものとして、あらゆる自由な技術に亙って拡散しているが、それよりもなお広い妥当領域を持っている。即ち、何かを醜く認識するよりも美しく認識する――これには学的認識は必要でないが――方がよいところはすべてその妥当領域である。それ故、特殊的技術（§69）のいずれにもまして、それは技術の形式に整えられるに値する。認識することにおける美の体系のようなものをそれは示すが、この体系は、それから導き出されるべき諸技術の切り離された〈断片〉に比べて、一層完成度の高いものだからである。特殊的諸技術には無限の多様性があるため、そこで何か完全なものを望みうるとしたら、ただ次のような仕方によるしかない――即ち、美と認識の根源にまで、その両者の本性にまで遡り、その際、矛盾対当の関係にある二つのものの間には第三のものが排除されているという原理（排中律）に従って区分を完了しつつ、両者の最初の諸分割を精査する、という仕方である。然るに、このことは美的技術を学の形式に整えることによってなされるであろう（§70）。

§72

上位の規則はそれに従属するすべての規則よりも常に強い。それ故、美的技術の諸法則は、それから派生すべき特殊的諸技術の規則のすべてより強い。後者が衝突し合うときに例外を作るのは悪いことではない。これに対し、後者のみが認識されている場合、或いは、前者即ち美的技術の法則がいわばその根底において(1)、または遠くから辛うじて洞察されるだけであったり、それすらされていないのに対し、後者即ち特殊的技術の規則が、すべてのきらびやかさと範例の華やかさにおいて人の目を眩まし、軽からざる損失を与える場合は事情が異なることになる。それ故、美的法則の複合体は、それから導出される特殊的規則に先立って技術の形式に整えられる値打ちがある。この技術が学の形式に整えられると、美的法則の力をも十分明証的に眼前に据えることであろう（§70）。

(1)『形而上学』§五一一では、曖昧な徴表の総体が「魂の根底」と呼ばれている。なお、§80註（1）参照。

§73

偽なる規則は無いよりも悪い。これに対し、一、二の範例のみから抽象され、それ以上の理由なしに普遍的として推された諸法則は、特殊から普遍に至る間に相当大きな飛越がある推理以外の何物であろうか。この理由から、それらの法則は全く偽ではないにせよ、その量において誤ることが何度あることか。これに対し、完全な帰納というものは決してなされえない。それ故、かなり重要な諸規則については、その真理性のア・プリオリな洞察が必要である。次いでそれを強化し、説明するのが経験である。経験はまた、その真理を発見する最初の支えでもあったのであるが。それ故、特殊的技術が真の規則を偽の規則から切り離すつもりならば、それによって特殊的規則を認識しうるために一層上位の原理を要する。そして、美的技術が類似の事例の信頼し難い予想を介して単純に確立されることにならないよう、それは学の形式に整えられることが必要である（§70）。

§74

悟性と理性が美しい思惟すべての嚮導者とならねばならないのは道徳的必然である（§39）。然るに、美しく思惟することの諸規則が判明に把捉されていないと、このことは不可能である（M、§六二四、六四〇）。従って、それらの規則を明白に提示し、多くの実例で説明するだけでは十分でない。諸規則のそのような混雑した認識ならば、学問なしに後天的な自然的美学を介して獲得しうるからである（§62）。だから理性類似者が自分だけで理性類似者を嚮導しようとして形成した諸規則の単なる並列と配置に美的技術の学問全体が堕することがないよう[1]（§68）、この学問は諸規則を判明に、かつ悟性的明白さをもって把握するよう努める。そのときそれが学の形式にも同時に高まるという利得が生ずるのである（§70）。

（1）E・カッシーラー『啓蒙主義の哲学』中野好之訳、紀伊國屋書店、一九六二年、三四六頁参照――「……なぜならば、もしもこのような理論が自らを理論として正当づけようと主張するならば、すなわちそれが単なる経験的観察や当てずっぽうの規則の雑多な集合以上のものであろうとするならば、やはりそれは理論それ自体としての純粋な特性と基本原理とをまず自己のなかで実現し表現しなければならない」。

§75

かつてライプニッツは、自分の企てた形而上学の革新についてこう述べた。「私の見るところでは、かなり多くの人が数学的知識には喜びをおぼえるのに、形而上学からは遠ざかっている。前者では光を、後者では闇を見付けるというのがその理由である。思うに、このことの最大の原因は、一般的概念、それも特に我々に周知と考えられている一般概念が、人間の無視と思惟の一貫性の無さによって曖昧で不明瞭になってしまっていること、そして、一般に持ち出される定義は名目的ですらなく、従って何も展開しないことである」[1]（『ライプツィッヒ学報』一六九四年）。類似の原因故に、自由な技術の学問についてもこれと同じことを主張したい。ここで私が言うのは学問、及び規則の集積についてである。というのも、学問とは異なり、極めて美しい作品を実際に制作することについては、学者も無学者も、趣味があるならば、気が進まないながらも至る所でこれを賛嘆せざるをえず、多くの人はその上服従し、讃めそやしさえしている。それなのにこのような作品についての学ということになると、一層厳格な学の大方の保護者たちは、華麗で不思議なことを嚮導せんとする[2]そのような学を軽蔑している。そしてこの点では大衆と考えを共にしている。それは「彼らが天性こそ哀れな技術より幸運なりと信じて[3]」

いるからである。だがもし公理とそこからの帰結とを適切に繋ぎ合わせて一貫した体系を作ることによって、何らかの美しいもの、麗しいものを真に説明する細心の定義を作り、認識の枢要な諸問題に対し、単によいというに留まらず、美しくもある解決を与えるとしたらどうであろうか。美しい天性の普遍的性格に寄与するのみならず、学の装いを着た技術が据えられるとしたらどうであろうか。我々はレスボスの規矩(4)でなく、この技術の規則に従うことによって、思惟の美しい飾りを要求するものを一層確実、安全に実行したり、判別したりすることになるであろう（§70）。

（1）ライプニッツ「第一哲学の改善と実体概念について」の冒頭部分（『哲学著作集』第四巻、四六八頁）。（2）ホラーティウス『詩論』一四四参照――「彼が華麗な驚異としてそこから生みだす」。なお、§593註（2）参照。（3）ホラーティウス『詩論』二九五。（4）アリストテレース（『ニーコマコス倫理学』一一三七b三〇―三二）によれば、レスボスの石工の定規は鉛でできていて、石の様々な形に合わせて曲げることができた。転じて、事態に合わせて変わりやすい判断原理のことを言う。

§76

今まで幾つかの実例で経験した上で書いているのだが、次のように予言しても私は虚偽を言う卜者にはなるまい――諸々の自由な技術の立派な研究は、すべて同一の道を通って、少なからざる天性に対し、また小さからざる、かなり高められた精神に対し、自らの存在意義を証し立てていくことになろう。その結果、かかる研究は、初等教育に向いているだけでなく、成人、それも趣味の持ち主にふさわしいと思われることになろうし、また、事実そうなのである。そして、そういう人々を動かして、何か新しいもの、傑出したものを美的訓練において自ら試みさせ、或いは、少なくともそれに通ずる諸技術について、より多くの節度、公正、栄誉をもって判断させることになろう。かかる人々は、それらの技術の適用については、判断者としての十分な教えを受けており、一層その資格を有しているからである（§70）。

§77

再び忠告しよう。類としての麗しい本性、或いはまたその種としての賞賛されるべき弁論家、詩人、音楽家などは、美学によっていわばすべての点で完成されていると自分でも想像し、また他人にもそう描写する者——私はかかる者ではない。そのような理論に先立って、本性、天性、才能、訓練、天性の陶冶（これは今では何らかの教養なしには十分には獲得し難い）、美しく思惟する規則への通暁（これは少なくともその第一の主要な部分が学であるときに限って真に優れていることを私は立証した）を私はこれまで要求してきた。今度は§58で述べた一層正しく確実な訓練をも私は要求する。この訓練においては、定規を持たない日は一日とてない[1]のである。この訓練を欠くと、無力にしていわゆる思弁的な規則は、たとえ有用であるにせよ、適用することができなくなり、最もそれが必要なところで全く役に立たないと私は明言しておきたい。これについては私はかなり多くを要求してきたので、今後それほど多くは要求すまい。他方、恵まれた美的主体の特殊的性格を描写しようとする者は、なお一層多くのものを要求してもよいであろう（§27）。

（1）大プリーニウス『博物誌』三五・三六・八四に準拠——「さて、どんなに忙しい日でも、必ず、線を引くことによって技術を鍛えるのがアペッレースの一貫した習慣であった。これは以来、諺になっている」。

第五節　美的衝動

§78

恵まれた美的主体の一般的性格（§27）には、Ⅳ：**美的衝動**（心の美しい興奮、燃焼、〈激情〉、エクスタシス、狂気、〈エントゥーシアスモス〉、〈霊感〉）が要求される。その発生はこうである——かなり喚起された本性（第二節）が、既に〈即興〉そのものに至っており（第三節）、更にまた、天性を鋭敏にし、大いなる精神を養う学識に助けられ（第四節）、身体の状態[1]と先行する精神状態（M、§五一二[2]、五九六）にとって好都合な諸状況に恵まれ（M、

§三二三）、美しく思惟する活動へ向けて、それまでは無気力であった下位認識能力、持ち前、力を既に緊張させている（M、§二二〇）。その結果、これらの力は、多くの他の者が同じテーマを巡って示すよりも大きなもの、或いは、同じその人が、それほど高揚していない別の時に示すよりも大きなものとなり、現象している調和をもって生き生きと活動し、この生き生きと活動する諸力に匹敵するような結果、通常の力よりも大きい結果、つまり、ちょうど、底辺が大きければ、それに比例して四角形も大きくなるように、それらの力に比例する結果[3]を生むまでに至る。その発生がこのように記述される精神の状態こそが、先程私が諸段階の多様性に応じてその様々な名称を挙げた、あの〈激情〉そのものである。

（1）§81、85参照。（2）『形而上学』§五一二「これを曖昧に、あれを明瞭に、あれを判明に私が知覚する理由は、この世界における私の身体の位置から理解しうる（§三〇六、五〇九）、つまり、この世界における私の身体の位置に応じて私は表象する」。（3）§457「原因と結果の均斉」、§493「その出来事が、その諸力に釣り合うかどうか」参照。

§79

この熱情のあまり大きくない段階では、日常的な心の力より大きな結果も、それだけでは万人の目に明らかであるわけではない。しかしながら、もし真に〈激情〉があったとするならば、それと同じ結果を他の人が醒めたままで得ようと試みると、

「誰でも同じことを希み、大いに努力し、同じことを企てて苦労するが、無駄である[1]」（ホラーティウス）

ということになるであろう。さて、自分が自作の正当な評価者になる場合があるが、この場合、熱情の目印としては次のものがあろう。⑴例えば、自分の書いたものが、書いている間、及び着想のすぐ後よりも、異種の仕事に何がしかの時間を使った後の方が自分の気に入る場合。⑵かなり大きな迅速さがある場合。これは、物理的なものにおいても、生きた力の目印である。

（1）ホラーティウス『詩論』二四〇―二四二。

§80

心理学者たちには明白なことであるが、このような衝動においては精神は全体としてその力を緊張させている。しかし特に緊張するのは下位の諸能力である。このとき、精神のいわば根底全体（M、§五一一[1]）が一層高揚し、何か一層大きな霊感を受け、我々が気付かなかったようなこと、経験しなかったようなこと、他人は無論のこと、我々自身にも予見できなかったようなことを容易く与えてくれることになる。この精神の根底というものが多くの人々に、否、哲学者にすらいまだ知られていなかった頃は、§78で記述したその異常な結果は、起動者たる神々に帰せられたのであり、それはルクレーティウスの次の言葉が示している。

「その原因についての無知は、万事を神々の支配に帰し、神々の王国を認めるよう強いる[2]」。

「その働きの原因をいかなる方法でも知りえぬ物事は、神の意志でなされたと考える[3]」。

（1）『形而上学』§五一一「魂の中には曖昧な知覚がある（§五一〇）。それらの複合体は魂の根底と言われる」。（2）ルクレーティウス『事物の本性について』六・五四―五五。（3）同書、一・一五三―一五四。

§81

このような種類の興奮には、それを追いかけたり、或いは少なくとも差し出されたときにそれを摑まねばならぬ好機が、身体の状態に応じて幾つかある[1]。それを検討しよう。かかる好機は「今を逃せば、もう二度とこない[2]」ものである。それには次のものがある。(1)身体の動き、運動、特に幾分憂鬱質の者のそれ、例えば、かなり速い乗馬によるもの（§46）。ヒッポクレーネーの泉[3]を開くのがペーガソスであるのも、これほど多くの歌が旅程で書かれたのも、この理由による。「精神が身体の運動、動きで喚起されるのは驚くべきことである」（小プリーニウス『書簡』一・六）。

（1）§78、85参照。（2）ペトローニウス『サテュリコン』四四。（3）ヘリコーン山近くの泉で、ムーサに縁が深い。ペーガソスの蹄の一撃で生まれたという伝説がある。

§82

(2)弾みとは、麗しく思惟するための衝動である。この精神状態においては、本性上予見、予知が一層容易である（M、§六〇二）。これらは、洗練された思惟内容に特に必要な諸力であるが、日常は最も弱いものである（§39、M、§五九七）。そこで、健全な身体における健全な精神（E、§二五四）は、他の人の麗しい天性によって、その模倣へと傾く（§56、44）。この方法によって喚起された者が〈ポイボス・アポローンに憑かれた人〉である。こうしてまた、この世の生命の危機的変化の際に、最大の重要性を持つ大きな変革が迫りつつあるときが、

「神託を問い求めるべきときであろう。おお、神が、そこに神が！」[1]（§80）

（1）ウェルギリウス『アエネーイス』六・四五―四六。アポローンの神託を告げるシビュッラの言葉である。

§83

(3)歴史（クリーオー）、物語、特に英雄伝説（カッリオペー）、或いは、悲しい出来事（メルポメネー）、楽しい出来事（ターリア）、音楽（テルプシコラー）、舞踊（エラトー）、絵画（ポリュヒュムニアー）、及びいかなる型のものであれ自由な技術は、模範に近づこうとする気を起こさせる。また、我々の外に位置する自然物ですら、かわいらしく戯れたり[1]、或いは、例えば太陽など、宇宙の一層大きな光景によって驚愕させたりする（ウーラニアー）（§82）。このようにしてかきたてられた者が〈ムーサに憑かれた者〉及び〈ムーサにうたれた者〉である。それ故、ムーサたちは、優美の女神（グラーティア）たちに劣らず、互いに結びついているのであり、切り離すのはうまくない。例えば、アレクサンドロス大王や、アウグストゥスや、ルイ一四世の時代には、一つの学藝が栄えれば、他の諸学藝も栄えていたのである。

（1）ホラーティウス『書簡詩』二・一・一四八の「かわいらしく戯れた」に準拠。

§84

(4)相対的閑暇（E、§二六七、M、§六三八）。それは、心が心配から解放されて、労苦、仕事の重荷を下ろし、心地よい（§83）散歩道を気儘に逍遥しつつ（§81）、隠れ場で、霊感に対して晴れやかに開いているときである（§80）。ヘリコーン山で羊を飼い、パルナッソス山で眠るというのがおそらくそのときである。「おお、甘き立派な閑暇よ、殆どすべての仕事より美しきものよ！　おお、海よ、岸辺よ、真にして秘められた〈ムーセイオン〉よ！　何と多くを汝らは見出すことか！　何と多くを語ることか！[1]」（小プリーニウス『書簡』一・九）

（1）小プリーニウス『書簡』一・九・六。

§85

(5)美しく思惟しようとする人、とりわけ主題とはかなり異質の感覚表象にとらえられている人、つまり水を飲む人[1]に、§39で記述したような状態が要求されるならば、優れた飲料を適宜飲むことが、身体の状態（§78）にとっては好ましいであろう。それによって感覚表象――例えば、煩わしいそれ――は、かなりの程度弱まり、必要な想像表象と予見――例えば、快活なそれ――が、それだけ一層明瞭になりうるであろう（M、§五五四）、かなり多くの泉にこの作用があると自然誌家たちは語っている。アガニッペーの泉水[2]には、このような力があったと考えるがよい。

（1）ホラーティウス『書簡詩』一・一九・三にある言葉で、酒を飲む人に対し、素面でいる人を指す。次の§86をも参照のこと。（2）ボイオーティアのヘリコーン山にあるムーサの聖泉で、詩的霊感を与えるという。

(6)ホラーティウスと判断を同じくする人々は、そのような泉水よりも葡萄酒を優位に置くであろう（§85）。

§86

「水を飲む者によって書かれた歌は長く喜ばせることも、生きのびることもできない[1]」。「その液体は、歌に声を合わせることを教え（§83）、知らぬまに、定かなるリズムで手足が動くようにした（§81）。バッコスはまた、農業従事者の大いなる労働に疲れた胸を、悲しみから解放した（§84、52）。バッコスはまた、悲惨な人間どもに安息をもたらす。硬い足枷にうたれて、脚は音を立てているけれども[2]（§85）」（ティブッルス）。それ故、バッコスもまた美的興奮、燃焼の発動者である（§80）。もっとも、ホラーティウス（『カルミナ』第二巻、一九、第三巻、二五）の虚構の陶酔を本気にし、現実であるかのように模倣しようとして、

「体を拡げ、生命なく震えつつ地に横たわる[3]」（ウェルギリウス）

という神託を吐き出すまで、ずっとアポローンとムーサにお供えをし、バッコスの気を引こ

うとする者は、見苦しい考え違いをしているのだけれども。

(1) ホラーティウス『書簡詩』一・一九・二―三。(2) ティブッルス、一・七・三七―四二。(3) ウェルギリウス『アエネーイス』五・四八一。

§87

(7)或る女性と対座して、彼女が甘く笑うのを何度も眺め、かつ聞くところの[1]純粋な美的主体には、新たな弾みがある。ああ、それは彼からすべての感性を奪ってしまう。つまり、自分のレスビア[2]を見るや否や、彼らにはもはや何も残っていない。

「舌は強ばり、妙なる炎が四肢のもとに滑り込み、耳は自分の音で鳴り響き、目は二重の闇に閉ざされる[3]」(カトゥッルス)。

これに対し、小径を往来しても、目指す女性が不在で(§81)、訪れても扉は閉じられ、窓にひとけがないときには、彼らは突然都を逃れて山々、森に入り(§84)、そこで、自然の驚異たる自分の恋人が甘く笑うのを遥かに眺め、甘く語るのを遥かに聞き、創作し、執筆し、歌い、琴を弾じ、絵を描く。この心痛の代弁者たる森と理解者たる星々[4]は(§83)、この者たちが、知らず知らずのうちに、最高の快を伴って予見していることが、以前は予想もつかなかったことであるのを知っている(§82)。確かに、ウェヌスとアモルが、今論じつつある（§78）興奮を作り出す者と見做されるのは、この者たちの故にであって、「猥褻で恥知らずなことをわめく」[5]娼婦の競売人たちのゆえにではないのである（§54、59）。

（1）引用の表示はないが、カトゥッルス『カルミナ』五一・三―五の語句を多少変更しただけで用いたもの。（2）カトゥッルスの愛人クローディア。（3）カトゥッルス『カルミナ』五一・九―一二。（4）ウェルギリウス『アエネーイス』四・六〇八の「この心痛の代弁者にして理解者たるユーノー」を捩《もじ》っている。（5）ホラーティウス『詩論』二四七。

§88

(8)おそらくは神々による霊感よりも（§80）現実的な弾みは、「翼を切りとられ、墜落し、父祖の竈《かまど》も所有地も失った者を、向こう見ずな貧困が作詩するよう強制した」[1]場合である。例えばホラーティウスがそれで、自分では戯れに語っているとしているのだが、かなり多くの人々がそれを全く本当のことであると真面目にとっているのは正しいのである。

「欠けていてはならぬものは持っているのだから、眠るよりも詩を書く方がよいなどと考えるとしたら、どんな毒人参も私の血を浄めることはできないことになる」[2]。

（1）ホラーティウス『書簡詩』二・二・五〇—五二。（2）同書、二・二・五二—五四。

§89

(9)憤激。

「激情が、固有の短長格でアルキロコスを武装させた[1]」（ホラーティウス）。ホラーティウスも、この弾みを自分に予感している（『談論』第二巻、一・四〇—六〇）。ユウエナーリスは、冒頭から直ちにそれを呼吸している。

「私はいつも聞き役にすぎないのか。しわがれ声のコルドゥスの『テーセウス譜』にこれほど多く悩まされても、やり返せないのか[2]」。

「諷刺詩を書かないでいるのは、至難のわざである。誰が不正の都を我慢し、不動心をもって、自制しえようか……[3]」。

「どう述べようか、肝臓がどれほどの怒りに干上がって燃えているかを……[4]」。

「これはホラーティウス風の夜なべ仕事にふさわしいと考えてはならないのか。これを弾劾してはならないのか[5]」。

「たとえ本性が拒もうとも、憤激は、いかなる詩をも私のようなものにする[6]」。

他の部分でも彼はこのように進んでいく。同じ泉から湧き出たものには、デーモステネースとキケローの『ピリッピカ』、キケローの『ウェッレース弾劾』、『カティリーナ弾劾』、オウイディウスの『イービス』などがある。

(1) ホラーティウス『詩論』七九。(2) ユウェナーリス『諷刺詩』一・一—二。この詩は、神話を題材とする詩の因襲性を攻撃する諷刺詩である。(3) 同書、一・三〇—三一。(4) 同書、一・四五。なお、§776参照。(5) 同書、一・五一—五二。(6) 同書、一・七九—八〇。

§90

この憤激にかなり近いのは、⑽揶揄である(M、§六八四)。けれども、ホラーティウスによれば、これは憤激よりも友好的であり、それほど辛辣でなく、苦みよりも、むしろぴりっとした味を持つものである。§52で述べた〈即興〉、及び、群れ集まる兵士たちの戦車はここから生まれる。古《いにしえ》の

「喜劇が大いに賞賛されたとはいえ、放埒さは頽落して、欠点と、法で支配されるに値する暴力になってしまった」[1](ホラーティウス)のもそれによる。アリストパネース、ルーキアーノスの殆どすべて、そしてマルティアーリスの多くのエピグラムもこの揶揄から生まれたのである。

(1) ホラーティウス『詩論』二八一—二八三。

§91

⑾精神のすべての激動。ただし、美しく思惟されるべきものだけでなく、美しく言表されるべきものについても語る場合、直観が象徴的な半認識を抑圧するほど大きくはないもの。[1]

⑿運命のすべての転変、精神を砕かぬ限りでの不運と、精神を弱め、分裂させぬ限りでの幸運（§82）。けれども、我々は喜劇作家よりも悲劇作家に一層多くの洗練を負っている。

（1）『形而上学』§六二〇参照――「しるしと指示対象が知覚によって結合され、指示対象の知覚よりもしるしの知覚の方が大きいならば、そのような**認識**は**象徴的**と呼ばれる。もし、しるしの知覚よりも指示対象の知覚の方が大きいならば、**直観的認識**（直観）ということになろう」。

§92

⒀すぐに一杯になるこのカタログの中で、陣列の殿《しんがり》をつとめるのは若さであろう。或いはむしろ、想像力が目立って衰えるほどの〈成熟〉には心がいまだ達していない年代といった方がよかろう。つまり、下位認識の諸能力が最初に現象者となるのは、この若さにおいてなのであるが、それらは成長したのと同じ順序で衰退するのが自然なのである。従って、美

しく思惟することの、より先なる素材を供給する二つのもの、即ち鋭敏さと想像力（§30、31）がはや弱まりはじめると、美しく思惟することの主要な好機は過ぎ去ったと判断される。従ってホラーティウスは、

「最後になって誤り、笑いの種となり、喘ぐということがないよう、年老いた馬は早めに健全な判断によって解き放て(1)」

という規則を立てているだけでなく、十分に審査され、既に現役を引退し(2)、

「詩も他の娯楽も脇に置きつつある(3)」

自分は、昔の粗野な学校に閉じ込められたくないと言っている。

(1) ホラーティウス『書簡詩』一・一・八―九。(2)「既に現役を引退し」と訳された原語の"donatus iam roude"は、文字通りには、退役に際して名誉の印である剣を贈られることを意味する。(3) ホラーティウス『書簡詩』一・一・一〇。

§93

次のことは自明である。(1)これらの弾みは、幸福な生の一層強い法則に逆らって用いてはならない。(2)それらの弾みは、§78で探求された結果を生まない愚かな本性、鈍い本性でも豊かに持てるほど孤立した原因ではない。

§94

相当大きな美しい思考においては、全体の美の方が、どこか一部分の美よりも難しく、事柄と配列の美の方が表示形式の美よりも難しい（§18〜20）。だから、前者を最もよく形成するためには、作品が熟成してくるまで、心の美的衝動とその弾みを用い続けねばならない（§78〜92）。

§95

〈熱狂〉が持続し、全体及び主要な部分を美しく据えるよう精神が一体となって志向する間は（§78）、たとえかなり恵まれた天性であっても、ささいな部分のささいな洗練を整え作ることからは離れているのが望ましい（M、§五二九）[1]。その目的は、次のような彫刻師に似たものにならないことにある。

「爪をかたちづくり、柔らかい髪を銅で模倣もするが、作品全体を形成することはできないので、作品の全体では哀れなものになってしまう。私がもし何か詩を作ろうと欲するならば、今述べたような者でありたくはない。ちょうど、黒い眼と黒い髪の点では見た目もよいが、曲がった鼻をもって生きるのはいやなように[2]」（ホラーティウス）。

（1）『形而上学』§五二九「他のものより明瞭に知覚するものに私は注目する。他のものより曖昧に知覚するものを、私は捨象する。それ故、私は注目と捨象の能力を持っている（§二一六）。しかし、これらは有限であり（§三五四）、それ故いずれも一定程度のものにすぎず、最大程度のものではない（§二四八）。有限量から奪われれば奪われるほど、残りは少なくなる。それ故、一つの事物に注目すればするほど、他のものに注目しなくなる。それ故、注目をひとり占めにする強い知覚は、弱い知覚を曖昧にしたり、捨象したりする（§五二八、五一五）」。（2）ホラーティウス『詩論』三三一―三七。

第六節　美的彫琢

§96

美しく思惟されるべきことの中には、例えば、本当に親密な会話や書簡のように、あとで手を入れるわけにはいかず、あたかも準備なしであるかのように言表されねばならぬものがある。この場合、最も大事なことが輝き、主要な事柄が美しいときには（§94）、矯正が占める場はないのであるから、もし僅かな欠点、

「軽率が撒き散らしたり、人間の本性によってうっかり見落とされた欠点に腹を立てる」(1)（§95）

としたら、私はあまり公正な判定者ではないことになろう。

（1）ホラーティウス『詩論』三五二―三五三。

§97

美しく思惟されたもののうちには、なしうる限りのすべての美点をそれに付け加えないうちは言表すべきでないものもある。つまりこれは、あとで手に入れることを許すものである。この場合、他の条件が等しいならば、部分的な美はすべて、全体の美を増幅するのであるから（M、§一八五）、V：**彫琢への努力**（推敲の労と手間[1]）が実り豊かな美的主体の性格を仕上げる。それは、美しく形成された作品に注意を向け、その小さな部分の小さな完全性をできる限り増幅し、多少現象者となっても全体を損なうまでには至らない不完全性を取り除く持ち前である（§27）。美しい思惟はすべて絵画と同じであろう。

「暗闇を好むものもあれば（§96）、判定者の鋭い批評を恐れず、光のもとで見られることを望むものもある（§97）。一度で喜ばせたものも（§96）、一〇度繰り返されてから喜ばせたものもある[2]（§97）」（ホラーティウス）。

（1）「推敲の労と手間」は、ホラーティウス『詩論』二九一にある言い回し。（2）同書、三六三―三六五。

§98

部分の彫琢は、全体の美しい仕上げよりも容易である（§94、97）から、作者が「愚かにも研磨を不名誉なものと考えることもなく、恐れもせず」[1]（ホラーティウス）、或いはまた、推敲の労と手間を厭わないならば（M、§五二七）、心の一層大きな衝動が（§78）はや過ぎ去って、「霊感が去り、霊感にとりつかれた口も鎮まるや否や」[2]（ウェルギリウス）、はや悟性と理性が一層判明に輝き出し、悟性的判断力（§38）が、技術的美学の諸規則へ、一つ一つのものを当てはめることにより（第四節）、彫琢は成し遂げられうるであろう。

（1）ホラーティウス『書簡詩』二・一・一六七。ただし、文脈上の理由により、原文に多少変更が加えられている。（2）ウェルギリウス『アエネーイス』六・一〇二。

§99

技術的美学は、美しい思惟内容、または多少醜い思惟内容についての意識を嚮導するが、この意識には、いわゆる先行する意識（第四節）、随伴する意識（第五節）のみならず、結果として後続する意識（§98）もまた含まれる。結果として後続するこの意識は、いまだ

「羊皮紙を内々にしまって、公刊しなかったものを廃棄することができる[1]（§98）」ときには、決して無用なものではない。

（1）ホラーティウス『詩論』三八九―三九〇。

§100

もし、よく推敲をしようと思えばできたのに（§97）、それを実行することを怠った作者がいた場合、鋭敏な人々はそれに対してかなりの憤りを覚えるのが常である。その理由は、大きなことができた作家は、小さなことに対しても十分な力を持っていた筈なのに（§98）、彼の観客をそれほど重く見なかったということが、これら鋭敏な人々にはわかるということである。そして観客は、作者を軽視することによって、自分たちの正当な権利が軽視されたことの償いをさせるのである。こうして、一見些事にすぎぬものが、「ひとたび嘲笑され、不運に見舞われるときには、重大な災いに引き込むことになろう[1]」。

（1）ホラーティウス『詩論』四五二。

§101

ローマ人が著作の点でギリシア人に及ばない唯一の理由は、今問題となっている彫琢の軽視である、とホラーティウスは判断している（『詩論』二九二）。特にルーキーリウスにおける彫琢の軽視を、ホラーティウスは『談論』一・一〇で非難している。最終的推敲がいかに必要であるかを教えているのは、絵ではアペッレース、『アエネーイス』を炎で燃やせと遺言したウェルギリウス、推敲の軽視を、追放という不幸のみのせいにしたオウィディウス（『黒海よりの手紙』一・五・一七）である。このオウィディウスは、ローマでは自分が一度ならず訂正を行っていたことを思い出し（同書、二・四）[1]、自作を「入念な配慮をもって推敲する」ことを、弁論家の場合にすら褒め称えている（同書、四・六）[2]。これはキケローと考えを等しくする。キケローの描く「弁論家には小さなこと」すら「疎かに取り扱う[3]」ことは許されず、「推敲された語り方[4]」が範例と規則をもって勧められているのである。

（1）オウィディウス『黒海よりの手紙』二・四・一七—一八「そして私の書が友人の鑢《やすり》で磨かれているように、一度ならず君の忠告に従って推敲がなされた」。（2）同書、四・六・三七—三八「これは、極めて入念な配慮をもって君に推敲されるので、それは君の身体の本性でないと皆が言う程である」。（3）キケロー『弁論家』七八。ただし、ここで「小さなこと」と訳した原語の“minuta”は、キケローの原文脈においては「リズムに無頓着な」を意味する。これは三文体の一つである平淡体の徴表の一つであり、従って、かなり限定された、術語的意味で用いられている。これに対しバウムガルテンの文脈においては、一層広義に用いられている。（4）キケロー『ブルートゥス』九三。この言い方は、キケローにおいては、三文体の一つ平淡体の弁別指標の一つである。従って記述概念に関わる。これに対してバウムガルテンにおいては、優れた文体の特徴として、価値概念に関わる。

§102

オウィディウスは次のように考えている。

「けれども私は推敲しない。それは書くことよりも大変だから。それにまた、病んだ心は硬いことを耐ええない。私は一層辛辣に推敲を行い、一語一語、裁判へ召喚せねばならないのか[1]」。

もしこれと同じように考える者がいたならば、退屈で力の使い道がないとこぼす一方で、力が足らないといって、より多くの力を要求する点で混乱している。確かに前者、即ち退屈さが推敲につきものであることは私も認めよう。しかし後者、即ち力はそうではない（§98）。それにまた、君の作を認めるであろう人々に対しては

「最大の畏怖を持って然るべき[2]」

なのであるから（§100）、推敲がどんなに退屈であろうと耐え忍ばねばならない。

（1）オウィディウス『黒海よりの手紙』一・五・一七—二〇。（2）ユウェナーリス『諷刺詩』一四・四七

「君は青年に対しては、最大の畏怖を持って然るべきである」。

§103

他人に自分の短所を直してもらうのに慣れっこになっている子供がいる。また、自ら進んでそうなっている大人もいる。そして、直してくれる人が自分にいないと、

「ひとは誰にも特有な誤りがつきものであるけれども、鞄のうち、背中になっている部分は見えない(1)」

と嘆く。確かに、古代人たちがなした人前での朗読(2)は、それが諂《へつら》いによって駄目にされない限り、健全な助言に通ずるものであり、いまだ九年抑えている間に(3)、我々の作を判定するに際しての意見を求められて、

「アリスタルコス(4)となる(5)」

ような、見識と思慮のある男(6)がいないのを嘆くのも当然であることは私も認めよう。けれども、このような検査官《ケンソル》に要求してよいのは、せいぜい「ここところを直してごらんなさい(7)」と言ってもらったり、

「荒削りのものには、ペンを横に走らせてしるしをつけ(8)」

てもらうことだけである。一層よいものを自分で供給するためには、人の意見を求めるのは正当でない。誰にでも自分の思惟方法があり、何人かの人には、その人だけに固有の思惟方

法がある。もし、私と、私の批評を求めて朗読する人とが選ばれる際、二人の能力がおおよそ等しいならば、冷静な心で（§98）他人の思惟の間に私の思惟を挿入するよりも、私の思惟方法で作品全体を完成する方が、私にとってはきっと容易であろう（§78）。前者の場合、私の思惟は、作者たる私の一貫した衝動から溢れ出たものの中にある方がよいのに、私と私の思惟方法によって生み出されたのではない別の思惟に寄与し、ぴったりと密着する[9]ようにせねばならないからである。

「もし、欠点を直すより固執する方を欲するなら、私はもう何の言葉も空しい努力も与えまい。君は独りよがりに自分と自分のものを愛することになろう」[10]（ホラーティウス）。

（1）カトゥッルス『カルミナ』二二・二〇―二一。（2）古代ローマ時代には、公刊前に識者の前で自作の詩を朗読し、批評を仰ぐことがあった。ホラーティウス『詩論』四三八参照。（3）ホラーティウス『詩論』三八六―三八八参照――「しかし、もし何かを書く日があるならば、批評家マエキウスの、そして父祖と我々の批評を求め、内々に羊皮紙を置いて、九年抑えるようにせよ」。（4）厳格な批評家の範例。（5）ホラーティウス『詩論』四五〇。（6）「見識と思慮のある男」は、同書、四四五にある言葉。（7）同書、四三八―四三九。（8）同書、四四六―四四七。（9）「寄与し、ぴったりと密着する」は、同書、一九五にある言い方。（10）同書、四四二―四四四。ただし原文の時制と人称が多少変更されている。

第七節　幾つかの注意

§104

自然的あり方の思惟とは、⑴思惟主体たる精神の自然的能力、⑵対象の本性、⑶読者や聴衆、即ち、その人々に対して、また、その人々の効用や喜びのために思惟を企て、着手すべきである人々の本性に釣り合ったこと、短く言えば、これらの本性を模倣していることが語られる場合をいう[1]。美しく思惟しようとする精神には、自然的あり方の思惟が必要であり（§14）、その結果、美しく思惟しようとする精神の本性と、多くの対象の本性とがいまだよく認識されていない段階では、「自然（本性）を模倣せよ」という、たった一つの法則によって、麗しき思惟の技術体系の全体がとらえられるように思われたほどであった。

（1）『講義録』によれば、バウムガルテンは、アリストテレースの自然模倣の考えでは、ここで述べられた三者がいまだ区別されていないと考えていたようである。確かに「ミーメーシス」が明示的に語られる箇所ではそうである。しかしながら、アリストテレース『弁論術』一四〇八a一〇―一一においては「適合」に、⑴語り手、⑵聞き手、⑶主題それぞれと言葉との適合という三種が既に区別されている。このことについては、松尾大「弁論家とパトス――キケローのdecorum論の一側面」、東京大学美学藝術学研究室編『美学史論叢――今道友信教授還暦記念』勁草書房、一九八三年、八三―八四頁参照。

§105

それ故、美しく思惟しようとする者が注意すべき点としては、次のようなものがある。(1)第二節で私の記述した本性を、全くではないにせよ、かなり欠いている人は、麗しい本性の誉れを目指さないようにせよ。それは**本性に反すること**であり、俗に言う「琴にろば[1]」のようなものだからである。(2)本性一般は十分に持っている者が、特殊的性格と、本性の特有な、いわゆる湾曲《インフレクシオ》とを要求することを自分で思惟する場合には、自分の特殊的性格にこれらの自然の才覚が与えられているかどうかを予め見ないうちは、それを企てないようにせよ。さもないと、**本性を越えて**思惟しようとする者は、ちょうどあの

「麗しく、機知に富み、雅びな人[2]」

スフェーヌスのようになろう。このスフェーヌスの詩を読むと、

「お洒落で雅びなあのスフェーヌスが、今度は山羊飼いか穴を掘る仕事をする人にしか見えなくなる。それほど武骨になり、変貌してしまう[3]」（カトゥッルス）。

いずれの**思惟のあり方**も、**ミネルウァの意志に反して企てられたもの**である。

「ミネルウァの意志に反しては、君は何一つ語ることも作ることもないだろう[4]」（ホラーティウス）。

キケロー『義務について』第一巻、一一〇。

（1）既にギリシアに「ろばが琴を」という諺がある（ゲッリウス『アッティカの夜』三・一六・一三参照）。ラテン世界では、パエドルス『イソップ風寓話集』補遺一四が「琴にろば」という題を持っている。
（2）カトゥッルス『カルミナ』二二・二。（3）同書、二二・九―一一。この詩の大意は、スフェーヌスが社交においては洗練されているのに、ひとたび詩に手を染めるや否や全く哀れなことになる、というもの。
（4）ホラーティウス『詩論』三八五。

§106

自然的あり方の思惟を極めて正しく追求した者（§104）は、ユーノーと思って雲を抱くように、[1]「肥え太ったミネルウァ」[2]を、「田舎の、風変わりな学者として」[3]抱くことがあってはならない。もし何か侮り難い本性（第二節）が輝き出ることがあると、若書きというよりは習作を、すべての点でもう完成していると考えたり（第三節）、或いは、まだ粗野な天性に一生満足して、自然的であるといって讃める者は、粗野なあり方の思惟を追求することになろう。しばしば相当に平凡である彼の本性には、何の学識も、何の技術も付け加わらないであろう（第四節）。

（1）イクシーオーンがヘーラーを犯そうとしたとき、ゼウスが雲でヘーラーの似像を作って、これを欺いたことに因む。なお、§624参照。（2）鈍い本性を言う。ホラーティウス『諷刺詩』二・二・三、キケロー『友情について』一九参照。（3）ホラーティウス『書簡詩』二・二・三。

§107

粗野なあり方の思惟が相当に醜い現象となる仕方には二通りある（§14）。(1)無知（無学、無教育）なあり方の思惟によるもの。これは、美しい教養の段階のうちで、凡人を越えた知識を目指すべての人に我々が一般に要求する程度のものに達するのにすら、かなり苦労する場合、または、特に或ることについて或る人が自分の思惟を麗しいものとして言表しようとした際、その対象の本性を、並の学識さえあれば、もっとしっかりと知ることができたであろうのに、その対象について無知であることが明らかな場合である（§104）。

「焼いたエジプト豆や木の実を買う者[1]」、つまり教養のない者は、誰もが何でも知っているというわけにはいかないのである（§66、67）。

（1）ホラーティウス『詩論』二四九。

§108

粗野な思惟のあり方には、⑵鈍いあり方の思惟がある。それは一般には、優美に思惟することの正しく基礎づけられた諸規則に対する無知や無視、また、特殊には、§106、68、69でその型が述べられた特殊な技術に対する無知や無視を、何の優美さも含まないような破格（§25、72）によって示すものである。

§109

この二通りの誤り（§107、108）にはそれぞれ、それらとは逆の欠点が対応している。

「一つの過ちを回避しても」

自然を見事に補完する真の（第四節）

「技術を欠くと、かえって別の欠点に通じてしまう」[1]。

この逆の欠点のうち第一のものは、衒学的で、学校的なあり方の思惟[2]である。それは、美しい思惟のあり方を要求するもの、そして、行儀のよい人々の間で優美に生きる習慣をいわば第二の本性として模倣[3]、追求せねばならないもの（§104）において、専門的教養が多く密集しすぎて、美たることを止めてしまったり（§15）、或いは、年少者や或る種の初等教師のところでのみ教養の外観を呈するものが集められる場合である。

（1）ホラーティウス『詩論』三一。（2）ロンギーノス『崇高について』三・三以下参照。（3）キケロー『善と悪の究極について』五・七四「習慣づけによっていわば第二の自然のようなものが作り上げられる」。§289、363参照。

§110

第二は、わざとらしい、不自然なあり方の思惟である。これは、技術によって本性を補完しそこなったもので、クインティリアーヌスの説くところによれば、「技術は、繊細さを愛好しすぎると」、思考の優美さ「のうちにある真正なものをすべて打ち砕き、粉砕してしまう[1]」。自然的あり方の思惟（§105）を滅ぼすこの病が広がるのは、⑴見せかけのでない、自然的な美しさだけで十分であったのに、何らかの技術の色どりが無用の補助に呼ばれ、かえって害を与える場合、⑵あまり才能に恵まれない者がいて、人目を欺く技術の悪しき規則に陥ってしまった場合、⑶よき技術の規則が適用され、場所を占めているが、その仕方が不適切な場合（§105、E、§三三六）である。

（1）クインティリアーヌス『弁論家の教育』一・序・二四。

§ 111

自然的なあり方の思惟を正しく追求してはいるが（§104）、本性の日常的状態や、確かに何らかの学識によって促進されたとはいえ（第四節）、無力で冷えた能力を誤って本性だと思い込んでいる人々もいる。いかなる衝動も、いかなる燃焼もなしに生きている人々に、**生気のない**（冷たい、眠たげな、不活発な）あり方の思惟が生ずるのは、この原因からである。これは第五節で述べられたのとは逆の場合である。

§ 112

「鈍感な者たちは、一つの欠点を避けようとして、逆の欠点へ向かっていく[1]」。そして貧しい生気の無さを用心して避けようとする人々は、パレンテュルソス[2]や放埒なあり方の思惟に陥る。それは、悟性と理性による制御だけでなく、かなり鋭い趣味による制御をも払いのけ、何らの理由もなく現象者となり、おおよそどのくらいで十分であるか考えもせずに、正気を失った頭の性状のみを模倣しているような大きな正気喪失を示すことになるだろう（§104）。このような正気を失った人を笑うことで、ホラーティウスは彼の『詩論』を結んでいる。

「確かに彼は正気を失い、恰も、正面にある檻の鉄格子を砕く力のある熊のように、知なき者、知ある者を追い払う[3]」。

（1）ホラーティウス『諷刺詩』一・二・二四。（2）ギリシア語で「衒った文体」を意味する。（3）ホラーティウス『詩論』四七二―四七四。

§113

怠惰な哲学者や医者たちは、まるでそれが機械仕掛けの神ででもあるかのように、自然を自分の怠惰の口実にすることがある。ちょうどそれと同様、およそ粗野で無知で鈍いものでさえなければ、それを自然的なあり方の思惟と呼ぶ者たちがいる（§106〜108）。けれども、これは乱雑で不完全なあり方になることもある。それは、第五節で述べた心の衝動そのものにおいて、十分な時間をかけずに急ぎすぎ、最初に生じたものをすべて最上のものとして選び取る場合や、かなり速く生みだしたものを、後になって更訂のために見直すことを全くしなかったり、取り除かなければならない欠点があっても、自分の子供の本性を壊すのを恐れる親の甘やかしによって、どこにも手を触れなかったりする場合である。この悪しきあり方の思惟に対しては、第六節で述べたような推敲されたあり方の思惟をもって警戒せねばならない。

§114

そうはいっても、磨くというよりも、むしろ削り取るような推敲、即ち過度の彫琢は勧められない。これには、次の三つの場合がある。(1)本性から生まれる成果は、即席であり、即興的であることが要求されるのに、努力と手間をかけすぎて、いかにも夜なべ仕事臭いものになり、即席のものに特有の美しい真実らしさを持たなくなってしまう場合（§96）、(2)せっかくかなり大きなことに適した衝動に溢れているのに、その衝動を細部に滞留させたり、分散させたりしてしまう場合（§95の逆）、(3)自作を見直すときに、「いわば風のように、心のすべての動きが」思惟する者の「熱を冷まし、すべての炎が消えてしまい」、或る種の力を伴ってはじめは溢れていたものが「萎んでしまい」、或るものが落とされ、別のものが一層きらびやかなものとして付け加えられることによって、美しく思惟する者のすべての興奮といわば「炎」とが一気に「消される」[1]場合である（§111）。このような推敲は、小さな良さを大きな良さに優先させるものであり、好ましからざる逸脱である（§25）。なぜなら、「精巧なものを追う者には、活力も気力も欠けている」[2]（ホラーティウス）からである。

(1) キケロー『ブルートゥス』九三。(2) ホラーティウス『詩論』二六—二七。

第八節　美的豊かさ

§115

もし或る人が、第二一—六節で数え挙げられたことを既に身につけ、不適格でない、かなり恵まれた美的主体になりつつあって（§27）、その上、美しく思惟すること一般について（§17）、そして特に事柄の美について（§18）、なお助言を求めることがあったならば、

「剣を鋭くする力はあるが、自分では切ることができない砥石の役を私は果たそう。自分では何も書かずに、仕事と義務を教えよう。つまり、(1)[1]どこから潤沢な素材が供給されるかを[2]」（ホラーティウス）。

確かに、物事を思惟するとき第一に配慮すべきは、**豊かさ**（豊富さ、充溢、多さ、富、潤沢さ）である（M、§五一五[3]）。ただし、ここで言う豊かさとは、**美的豊かさ**のことであって、それによって、特定の主体、即ち一定の思惟者は、特定の客体、即ち一定の思惟の素材について、一層多くのことを美しく思惟することができよう（§22）。

（1）§182末の(2)に照応。（2）ホラーティウス『詩論』三〇四—三〇七。現代の校訂本では三〇四は“fungar”であるが、バウムガルテンの引用では“utar”となっている。意味は近似的である。（3）『形而上

学』§五一五「より多くを認識する段階の認識が豊かさ（豊麗さ、外延、富、広大さ）であり、より少なくを認識する段階が狭さであり……」。なお、原典では五七五となっているが、五一五の誤りである。

§ 116

プリーニウスがイーサイオス[1]の長所のうち最初のものとするのがこれである。「最高の富、豊かさ、豊麗さがある」[2]（『書簡』二・三）。我々は先ずこれを絶対的な豊かさと相対的な豊かさに分けよう。前者は、美しく思惟されるべきものすべてに必要なものであり（§115、22）、後者は、絶対的豊かさのうちの一段階であり、幾つかの美しい思惟内容にのみたまたま必要なものである。例えば、あまりよく知られていないこと、或いは、なるほど有用だが、注意の散漫な者に印象づけねばならないことに必要なものである。後者、即ち相対的豊かさを、我々は「プラトーン的広さ」と呼ぶことにする。それは、先述のプリーニウスが、エウプラーテース[3]の「語法」は全体に「豊麗」（§115）であると言い、しかもそれは「あのプラトーン的広さをしばしば真似している」[4]と主張していることによるのである（『書簡』一・一〇）。

（1）小プリーニウスの同時代人で、ギリシアの弁論家。（2）小プリーニウス『書簡』二・三・一。（3）小プリーニウスの同時代の哲学者。（4）小プリーニウス『書簡』一・一〇・五。なお、プラトーンの文体の「広さ」については、それを「プラトーン」という名の起源とする伝承をディオゲネース・ラーエルティオス『哲学者列伝』三・四（なお、キケロー『弁論家』五参照）が紹介しているほどであるから、古来周知のものであったらしい。

§117

美しい思考を持とうとする人が相対的広さ（§116）を追求しようとしないことも時にはあるが、しかしながら、真に富裕な物事の豊麗さは、いわば盛り沢山の皿[1]のように、遠くからでも十分よく広さを現し示すのである。それは、眺める人が、後でもっと詳しく示されるべきことの素材が枯渇していると考えることがないようにするためである（§115）。この意味でウェルギリウスは言う。

「一〇〇の舌、一〇〇の口、鋼の声がもし私にあっても、述べ尽くすことはできないだろう[2]」。

また、キケローは、「いかなる才能の迸《ほとばし》りも、いかなる語り手や書き手の力量も、いかなる」豊麗さ「も、飾ることはおろか、叙述することすらできない……[3]」と言っている。

（1）lanx satura. 一年の最初の実りを載せて神々に供えた皿のこと。様々な実りが寄せ集められたところから、転じて多様な詩の寄せ集めを指すようになり、「諷刺詩」を意味する「サトゥラ」の語源になったと考えられている。(2) ウェルギリウス『アエネーイス』六・六二五—六二六。(3) キケロー『マルケッルスのための感謝演説』四。なお、ここでの叙述対象はカエサルの事績である。

§118

更に美的豊かさには二種ある。一つは客観的(事柄の、素材的)豊かさで、これは、人間の天性の力によって豊かに色どることができる格別の理由が、対象、思惟されるべきもの自体のうちに存する場合である。もう一つは主観的(天性と人格の)豊かさで、一定の物事を豊かに表象する、一定の人間の自然的可能性、能力である。そして、たとえそれは限定的、仮設的にのみそのようなものであってもかまわない。いわば自分からその富を差し出す対象がある。それらが心に浮かぶや否や、

「充ちた角《つの》から幸いなる」豊かさが「現れる」[1](ホラーティウス)。

そのとき君は十分なだけの容量を持つことになる。他の人々にとってだけでなく、

「あなたのためにも、田舎の誉れに満ち溢れた豊かさが、豊饒の角より流れ出るであろう[2]」(ホラーティウス)。

(1) ホラーティウス『世紀祭の歌』五九—六〇。ゼウスに乳を与えた山羊アマルテイアの角は、アムブロシアーとネクタルに満ちていた。そこからその角は「豊かさ」の象徴となった。(2) ホラーティウス『カ

ルミナ』一・一七・一四―一六。

第九節　素材の豊かさ

§119

人間的認識の地平（圏）とは、物事の無限の全体性のうちで、広義における普通の人間的な本性にとって明瞭になりうるような、有限数の素材のことである。そのうちでも、普通の哲学的天性によってかなり完全に把握されうるものが、理性と悟性の論理的地平（領域及び圏）を構成し、普通の美的天性に対して美しく輝きうるものが、美的地平（美しい理性類似者の領域及び圏）を構成する。もし何か

「取り扱ってみて光りうる見込みのないものがあれば、捨てるがよい[1]」（§115）。

（1）ホラーティウス『詩論』一五〇。

§120

美的地平の下に位置しているものとは、比較的、相対的な不明瞭さから、普通の美的天性が美しい光の中に引き出すことができないものである。美しく思惟しようとする者が、このようなものを自分の主題として選び取ると、(1)それが真剣になされた場合には、物事の貧しさと「思考の貧弱さ」が生ずることになり（§115、119の逆）、或いは、(2)自分のものでないものに落ち込み、或いは、(3)危険な仕方で戯れることになる。従って、このような主題は、「いまだ発見されぬまま大地がそれを秘めているときの方が所を得ているのだから、勇気をもって軽視するようにせよ(1)」（ホラーティウス）。

「賛嘆されるべき物事の賛嘆されるべき賛辞(2)」と比較するがよい。

（1）ホラーティウス『カルミナ』三・三・四九―五〇。（2）一六六六年にナイメーヘンで出版された書物のタイトル。

§121

「詩は天から月を引き下ろすこともできよう(1)」。

とはいえ、私としては、美的地平の上に位置するものを素材として選択することは、美しく思惟せんとする者には勧めたくない。ここで私は、人間的認識一般を超越するもののみを考えているのではないし、特にそれを考えているわけでもない（§119）。むしろ専ら考えているのは、普通の美的本性では、学の上位の判明・十全な認識[2]から、かの美しい光へ引き降ろすことができないものである。かの光とは、快い薔薇色をしていて、理性類似者と下位認識能力の眼を鈍らせないものである。それにも拘らずもし試みたとすると、§120で述べた不都合に陥ることになるか、極めて苛酷に思われる嘲笑に晒されるか、「あの狭い、切り詰められた議論に閉じ込められることになろう[3]」。これは、キケローの書『弁論家について』第二巻で、ギリシアの「哲学者」一般をアントーニウスが告発する言葉であるが、その際、月並みな「私は彼らの一語も理解できない」という定式を用いている。これは§22の逆である。

（1）ウェルギリウス『牧歌』八・六九。（2）distincta adaequataque cognitio.「判明」な認識については、第一巻「序言」註（1）参照。「十全」な認識については、ライプニッツの次の規定がある。「他方、判明な概念を構成する成分のすべてが再び判明に認識されているとき、言い換えれば、分析が終極に達したと見做されるとき、認識は十全である。その完全な例を人間が与えうるかどうかはわからない。しかし、数の概念は極めてそれに近い」（「認識、真理、観念についての省察」、『哲学著作集』第四巻、四二二頁）。その徴表の判明性をもって表象の十全性を規定する点では、バウムガルテンはライプニッツに一致する。「判明な徴表を持つ判明な概念は十全であり、混雑な徴表を持つ判明な概念は十全でない」（『論理学講義』§二六。Cf. Baeumler 1923, S. 200, Anm. 2）。ただし、ライプニッツは、十全性をもって概念分析は究極に達するとしたが、バウムガルテンでは、更にその先に「深遠」の段階が置かれる。「十全な徴表を持つ十全な概念は深遠である」(『論理学講義』§二七。なお、『省察』§一四、『形而上学』§六三七、マイアー『論理学抜粋』一四七参照)。(3) キケロー『弁論家について』二・六一。

§122

ところで私は、切り詰められたあり方の思惟のために、私の哲学的著作の大胆な装飾をこれほど多く犠牲にしてきたし、緩やかにではあるにせよ、それを追い求めているのに、それを斥け、非難するというのは矛盾ではないか、と言う人もいよう。ここで、既にストア派のゼーノーンが捉え、キケローの『弁論家』一一三、一一四とクインティリアーヌス、二・二一が改めて求めている真理が、少なくとも我々の時代には一層周知のものであって欲しい。その真理とは、思惟には二つのあり方があり、その一方は「連続的で、一層広いもので、これは修辞学に属し」、もう一方は「切り詰められ、一層縮約されたもので、弁証法に属する」[1]というものである。前者は美的地平、後者は論理的地平に特有である、と私は主張する(§119)。「拳にした手」と「開いた手」[2]の比喩を持ち出すまでもあるまい。切り詰められたあり方の思惟は、実践的美的主体でもあり、かつ理論的美的主体でもあったアリストテレースが既に見ているように、学的内容、特に講義の場合には確かに必要であるが、他の場所、つまり理性の領域外部では欠点となりうる。そして、豊かな言葉を要求する内容において、もし何か「つまらぬ試みを頻繁に行って」、論理的地平に「自己を高めようとする」ものがあるとしたら、「ただ不揃いなだけで、いわば砕けているのであり、際立っているという賞賛を得ることもないし、均一なものの持つ魅力をも失う[3]」と言うだけで十分であろう（八・五）。「弁証法的」力量と能力は、美的なもの「においては」、諸々の学の論理的「議論におけるほど精密に、かつ切り詰めた仕方で用いなくともよい[4]」（一二・二）。

（1）クインティリアーヌス『弁論家の教育』二・二〇・七。（2）同所。（3）同書、八・五・二九。（4）同書、一二・二・一一。

§123

多くの素材は、美的地平と論理的地平に共通でありうる（§119）。それ故、何かが学で取り扱われるという理由で美の圏から全く排除されるわけではなく、哲学的、数学的精密さをもって厳密、精細に把握される限りでのみ排除されるのである（§121）。これに対し、同一の素材が、⑴それ自体は美しい悟性によって思惟されつつ、その徴表は感性的、生動的に思惟される[1]（M、§六二七）、或いはまた、⑵ここの場合のように、それ自体も生動的で麗しいものとしてのみ思惟されることがありうる。この限りで、それは美的地平内部に受け入れられる。

（1）§38、428、617参照。

§124

「道徳的立派さ以外、どんな善があるか。感性は真であるか。太陽の大きさはいかほどか」。この種の「問題が、弁論家の役柄からは遠く離れていることは、誰でも容易く知ることができると」キケローは「考えている。なぜなら、哲学者たちの至高の天性が、多くの労をもって費やされている事柄を、他の小さな事柄と同じように弁論家に割り当てることは、大いなる狂気であるように思われる」[1]。学のうちにあって、美的地平を越えているものがある、とキケローが言うのは正しい（§121）。美しい思考を持とうとするすべての者、特に弁論家がそれを自分の主題として選ぶとしたら、誤っていることになる（§122）。しかし、たとえ弁論家でないにせよ、少なくとも実践的美的主体であるならば、実例のところで述べられた諸問題を十分よく説明しうるであろう。ただしその際、同一の問題についてであっても、論理学、論理学、自然学、数学の論証者とは別の思惟方法に従っていなければならないが（§123）。

（1）キケロー『発想論』一・八。

§125

美しく思惟することの豊かさは、必ずしもすべてのものに関して与えられるわけではない（§119～121）。キケロー『弁論家について』一・五九は、「すべての物事について多彩に豊かに語りうるのは、無欠の完全な弁論家のみである」としているし、賢明なストア派の徒は、大衆受けを狙う詩人に

「弟子たちの席の間で泣きわめくがよい[1]」

と命じて、大衆の好むものが、詩作の主題としては必ずしもふさわしくないとしている。しかしだからといって、麗しく思惟する能力が存するのは、市民間の係争や、その他のあまり重要でない問題のみに限られるわけではなく、専門の学問や学自体にも関わっている。それは、(1)神学、自然学、実践学、歴史学などに属し、質料的には既に直観された学理を、「あまり高い教育を受けたわけではない人々にも親しめるような」（同書、二・六二）仕方で思惟、表示する場合とか、(2)註という形で学の中に挿入されるべき実例[2]の場合である（§123、なおキケロー『弁論家について』一・六一[3]）。

（1）ホラーティウス『諷刺詩』一・一〇・九一。（2）カント『純粋理性批判』第一版、序文、XII参照「また私は、無味乾燥で厳密に学問的な講述をしても、本書はなかなかの分量になることに気づいたので、通俗的な目的にこそ必要な実例や説明によって、本書をこのうえ嵩だかにしないほうがよいと思った」（『純粋理

性批判』上、篠田英雄訳、岩波文庫、一九六一年)。(3)キケロー『弁論家について』一・六一「恐らく、次の点はあなたを納得させられないかもしれないが、いずれにせよ、ためらわずに考えを述べよう。その自然学自体も、数学も、少し前にあなたが他の学術に固有のものとしたものは、それら専門家の学に関わるが、もし誰かが自分の学術そのものを言葉で美しく飾ろうと望むなら、弁論家の能力に助けを求めねばならない」。

§126

最初の神学者たちは、神統譜の詩人であった。彼らに「弦で神々と神々の子らを歌うことをムーサは許した」[1](ホラーティウス)。「流れる髪のイオーパスは、最も大きなアトラースが教えたものを、黄金のキタラで響かせる。このイオーパスは、巡る月と太陽の食を、どこから人類と動物が生じたか、どこから雲と雨が生ずるか……を歌う」[2]。「テュリア人たちは喝采で唱和し、トロイア人たちがそれに続く」[3](ウェルギリウス『アエネーイス』一・七四五)。「事柄をあなたにソークラテース派の書物は教えることができる」[4]。「祖国に何を、友人に何をなすべきか、どんな愛をもって両親、兄弟、客人を愛するべきか、元老院議員や裁判官の仕事はどんなものか、戦争へ派遣された将軍の職分は何かを学んだ者が(5)」

極めて重大な物事を一般民衆の感性に合わせ、そうして

「虎と荒れ狂う獅子を宥め(6)」、

「竪琴の音で岩を動かし、魅力ある祈願で(7)」

「公事と私事を、聖と俗を分け、乱脈な同棲を禁じ、既婚者たちに法を与え、町を建設し、法律を木材に刻み込む(8)」（ホラーティウス）

術を心得ているならば、かつての麗しい知恵の名と誉れを再興する手段を持つことになろう（§123）。「これに対し、時代の証人、真理の光、時代の行状、生活の導き手、真理の伝達者たる歴史が(9)」いかによく「不滅へと委ねられ」うるか（§125）を教えるべきは、リーウィウスのたった一つの思惟のあり方、「緩やかで、なだらかで、或る種の均一な滑らかさをもって流れる(10)」あり方である（キケロー『弁論家について』二・三六、六四参照）。

(1) ホラーティウス『詩論』八三。(2) ウェルギリウス『アエネーイス』一・七四〇—七四三。(3) 同書、一・七四七。(4) ホラーティウス『詩論』三一〇。(5) 同書、三一二—三一五。(6) 同書、三九三。(7) 同書、三九五。(8) 同書、三九七—三九九。(9) キケロー『弁論家について』二・三六。(10) 同書、二・六四。

§127

美的地平内部に位置するものの中には、論理的地平と共通でないものがある（§121〜126）。それについて一層美しく、一層多くのことを思惟することは普通の美的天性に許されるが、学問的で、一層正確な配慮をもって（§120）洞察することは、人間の力の耐えるところではないか、或いは、自分のことだけで手一杯の活動にはやりがいのないことであるように思われる（§119）。例えば、

「勝利を得た拳闘士と、競走で優勝した馬と、若者たちの悩みと、心を解き緩める葡萄酒を述べる」(1)

ことがそれであろう。

（1）ホラーティウス『詩論』八四—八五。

§128

或る素材が将来十分内容豊かになるかどうかを力動的美的主体(1)が調べようとするとき、それを教えるのは、他人（§60、61）もしくは自分自身による審査である。即ち、美しい思惟において相当訓練された（第三節）本性のみによってか（第二節）、それとも、技術に助けら

れた本性によって（第四節）主題が最初に心に浮かんだとき、その主題において美的主体は諸々の力のいわば予審をする。もし心のかなり大きな衝動によって自分は一定の主題へ引き入れられていると感じても、何らかの事柄の貧しさと、作品自体を形成することの不毛な貧弱さを経験するならば（§120）、或いはまた、すべてのものが堅固で無垢ではあるけれども、精細で、切り詰められた仕方で精神に現れてくるならば、それを捨てるのを躊躇するな。それを優美に実現する能力を諦めねばならない理由が事柄のうちにあるにせよ、自分自身のうちにあるにせよ（第五節、及び§119）。

（1）aestheticus dynamicus. §60、61参照。

§129

この審査のために勧められるべき技術には二通りある。⑴**類比的技術**。これによって、一つの美しい認識内容から、還元の原理を介して、部分的に異なる同一のこと（類似したこと、匹敵すること、一致すること）が推論される。すべての雄渾な模倣、及び、至る所にある改作（パロディー）のすべてはこれに基づいている。この技術によってウェルギリウスは『詩選』ではテオクリトスに、『アエネーイス』ではホメーロスに従ったし、テレンティウスはメナンドロスに従った。私はこのやり方を試してみて、かなり有効であったことを否定はしない。剽窃《ひょうせつ》の罪を告発するために選任された検査官たちをあまり恐れるな。実際に資格のある判定者の判定は次のものである。

「誰でも知っている素材も君個人のものとなろう」[1]（ホラーティウス）。

けれども、やはり同じホラーティウスの次の定義を無視するな。

「一語一語、逐語的に訳したり、そこを出発点として歩を進めるのを恥じらいと作品の法則が不可能にするような狭いところへ、模倣しようと跳び降りてはならない[2]」。

（1）ホラーティウス『詩論』一三一。（2）同書、一三三―一三五。

第一〇節　トピカ

§130

(2)トピカまたはトポロギア。これは、論証を発見する技術ないし学問として定義される（§26、キケロー『トピカ』二）。キケローはそれを「発見の技術」と呼び（同書、六）、また、アリストテレースは、多くの人に伝授しつつ、いわば自らの権威でそれを確立した。しかし実際のところを言えば、それは発見術というよりは、むしろ、その主語と結び付いた一般概念の一定の秩序に従って一定の主語の諸々の述語を記憶に呼び覚ます技術である。

§131

トピカの学科は、特に悟性的認識に論証を供給すべき**論理的トピカ**（§130）、感性的認識を促進すべき**美的トピカ**（§17）に分けられうる。論理的トピカは、更に**分析的**と**弁証法的**に分かれる。分析的トピカとは、論理的に証明しようとする問題、即ち、完全に確実なものから完全に確実なものとして導き出そうとするような問題に取りかかるのを助けるものである。弁証法的トピカとは、蓋然的な予件について、一般概念と予在概念の豊富な材料を準備するのを助けるもので、これらの材料から、疑う理由よりも同意する理由の方が一層多くの重みを持っていること[1]を推論することができる。この弁証法的トピカをアリストテレースは自分が修めるべきものとして選び取った。ただし、この弁証法的トピカにとって有効な多くのものが、分析的トピカだけでなく、美的トピカにも有益に適用されるような仕方であった（§130）。

（1）§485参照。

§132

思考するために選び取った主題に結び付けて、そこから論証——広義では、豊かにする論証、高貴にする論証、照明する論証、感情を引き起こす論証（§26）、狭義では、証明する論証、または説得する論証（§131）——が生じうるかどうかを査定するための一般概念がトポス、即ち論証の座である。このトポスは、その秩序が記憶されているあの系列の部分を成す。このようなトポスとして勧められうるものには、**普遍的なものと特殊的なもの**がある。普遍的トポスとは、すべての問題、すべての主題に適用しうるもの、それについて思考しようとするいかなる物事にも連続的に結合しうるものである。特殊的トポスとは、一定の類の一定の主題のみに固有、特有なもので、例えば、与えられた主題をそこに還元しうるところの学科のあり方に応じて異なっているものである（§131）。

§133

このような普遍的トポスの定式で、自然的あり方の思惟の方へ多少傾斜したものとして、次のような詩句は子供でも知っている。

「誰が、どんな助けで、何を、どんな仕方で、何故、何処で、何時」。

これよりも重要とかつては見られ、論理学者も取り扱ったもう一つの定式を示すのが（§

132）、アリストテレースの一〇の範疇である。それは、アリストテレースが最初に編成したものか、それとも他の人が既に構成していたのをアリストテレースが有名にしただけなのかわからないが。ずっと時代は下るが、学にも寄与しようとする新しい定式を提示しているのはルッルス(1)である。これについて、ブルッカー(2)の『批判的哲学史』第四部、第一章が語るところを読めば（一六一―二二頁）、それをマルティアーリスの言う不毛な技術に結び付けて考えざるをえないであろう。

「労多くして、益少なきことに着手するは恥ずべきこと、つまらぬことに労を費やすは愚かなり(3)」。

ラムス(4)はまた別の定式を追い求めた。彼は弁論家の役柄には十分でないにせよ、キケローの模倣者である（§119）。原因的方法が教育ある者たちのすべての階層に亙って強くなったのは、彼によるものである。

（1）ライムンドゥス・ルッルス（Raimundus Lullus）（一二三五頃―一三一六年）。フランシスコ会修道士。彼の *Ars Magna Raimundi* は、基本的な原理、概念を設定し、そこからできるだけ多くの結論を引き出そうという構想で書かれている。（2）ヨハン・ヤーコプ・ブルッカー（Johann Jacob Brucker）（一六九六―一七七〇年）。ドイツの哲学者。その著『批判的哲学史』全五巻は、ドイツ最初の哲学史であり、一八世紀後半の標準的哲学史であった。（3）マルティアーリス『エピグラム集』二・八六・九―一〇。（4）ペトルス・ラムス（Petrus Ramus）（一五一五―七二年）。フランス名ピエール・ド・ラ・ラメー。フランスの論理学者。独自の論証術を作り上げた。

§134

この方法（§132）によって、いかなる主題においても、そのⅠ：最高類、Ⅱ：中間類、Ⅲ：最下類、Ⅳ：種、Ⅴ：個を、そしていかなるものにおいても、そのⅠ：本質と本質的なもの、Ⅱ：特有及び共通の属性、Ⅲ：様態、Ⅳ：観点と関係を概観することができよう。このような補助を喜ぶ人、或いは、それが自分に寄与するだろうと考える人には、新たな技術は必要ない。存在論者たちの定義された重要項目を含む概説書を記憶するがよい。そうすれば包括的なトピカを持つことになろう（§132）。

§135

十分完全に認識されたいかなる学問でも、特殊的トポスを与えることになろう。それは、その学科が自己の対象において注目すべきかなり重要な諸契機を、ひとが短い精髄の形で表して、記憶にかなり深く刻み込む場合である。それらの富を多少とも調べようとする人は、これらの契機の系列に従うことによって、それに一層密接に関連する主題を連続的に予審し、そこから自分のやり方を引き出すことができるであろう。美しい教養がそれに寄与するであろう（§66）。独一的な主題と個別概念[1]とは、注目されるべきこのような徴表を最も多く持っている。[2] そして、最も同族的な学科の本箱を、かなりの益を伴って探査するための述語や、大部分認識されたかかる個別概念の個体的差異が、共通トポスの代わりをすることになろう。これをも欠いているときには、このような個別概念を君の主題に選び取るなかれ。何の必然性もないのだから（§115）。

（1）idea.『論理学講義』§四四参照——「個別的概念、または個物の概念が個別概念である。共通な概念、ないし、多くのものにおいて同一なものの概念が一般概念である」。なお、§440も参照のこと。（2）§17、559、『形而上学』§一四八、『省察』§一八—一九参照。

§136

しかし、私は初等教育課程を終えて以来、論理学者の正確さと証明の厳密さよりも、むしろ優美なあり方を目指して（§119）何かを思考によって構成しようとした場合に、探求されるべきものの何らかの豊かさ、豊富さを自分で準備するという目的のために特に有用なトポスを欲求したり、適用したり、試みたりした覚えがない。それは普遍的トピカであれ（§132）、特殊的トピカであれ（§135）同様である。しかし、トピカについての私の判断を挿入することが許されるならば、訓練と本物の戦いをここでも区別する必要があるように思う。[1] 前者は、専ら練習のために企てられた、豊かに思惟する試みであり、後者は、既に他の点で普通に訓練された本性によって完成され、完結した作品として、一層多くの人々に対して公刊されたり、はっきり示されたりすべきものである（第三節）。

（1）キケロー『弁論家について』二・八四「実戦、戦列が要求するものと、我々の遊技場、練兵場が要求するものとは別である」。なお、§49註（1）参照。

§137

私が§136で記述したような訓練において、美的地平内部で構成された（§119）かなり多くの主題のために私が選ぶのは、どのトポスによってもよいが、特に包括的トポスによる（§132）頻繁な、勤勉に続けられた反省である。なぜなら、豊かに思惟する能力が、いかなる方法によってであれ、ともかく訓練される方が、他の条件が等しい場合には、一層大きな能力を全く獲得しなかったり、漸く少しばかり陶冶された能力が鈍化し、いわば干上がるよりも望ましいからである（§48）。トピカが完全になればなるほど、そして、トピカが訓練と記憶の経験によって有益になればなるほど、それだけ、普遍的なものにおいても、或るトピカが他のトピカに比べて一層勧められうるものになっていくであろう（§133、134）。ただし、場合によっては、ルッルスの技術そのものも追い求めることに私は反対しないであろう。もしも、目立つ欠点に対する何らかの意識を伴ってそれがなされるならば（§133、49）。

§138

§136で述べた訓練、また、§58で述べた一層正しく、一層確実な訓練、それにもまして、特に訓練のためにはこれ以上豊かなものはない省察（§136）は、次の言葉が自分のものであると考えてよい。

「君は平易な、踏みならされた地を徘徊することはないだろう(1)」。

もしも

「筋に寄与せず、ぴったりと密着していないもの(2)」

が特に心に浮かんでも、それを切り落とすならば（§18）。それ故、これらにおいて自分に課せられた役割を忘れない者は、次のことを容易に予見する――即ち、すべての物事に合う包括的トピカ（§132）に望みうるものは、彼の主題に述定される述語のうち最も普遍性、共通性の高いもの、即ち、あまりに遠く高いところから求められた、あまりに陳腐な回りくどさを示すもの、または、美的地平を越えたところで構成された（§121）完全性のみを思考に仲介しようとするもの（§15）、せいぜいそういうものに過ぎないということ――それを容易に予見するのである。従って彼は、これらのトピカの補助から材料をかき集めようと心を砕くことはあまりないであろう。そういった材料が、麗しく思惟することに寄与することは殆ど、或いは全くないであろうから（§132）。

（1）ホラーティウス『詩論』一三二。（2）同書、一九五。なお、§103註（9）参照。

§139

特殊的トポスについてはより穏やかな考えを持つよう真理は命じている（§132）。なぜなら、特殊的トポスに従う者も、§138で述べた誤り、或いは§110で述べたわざとらしい不自然なあり方の思惟に陥ることがありうるにせよ、何か或る一つの学科に属し、いわば自分の主題とともに準備された奉納板からやはり見事な富を持ち帰ろうとする人は、これらの断崖を美しく避けることができる[1]（§135）。無縁の例には今は関わるまい。暗記用の詩句（§22）が美的トピカ（§131）の役を有効に果たすのは、私の見るところ、次のような人々の場合である。即ち、その詩句が示している個々の言葉の十分にはっきりした知識を、私の省察しているこの理論によって、ないしは別のところから準備し、第二―五節で述べられた普通程度に恵まれた天性によって、何か或る主題が一見しただけですぐ退けるべきでないものならば（§120、121）、それをいわば予審尋問にかけ、美しく思惟するためのふさわしい素材をそれが惜しみなく、気前よく自分たちに供給してくれるかどうかを探査するために選び出す人々である（§118、128）。

（1）難破を無事に逃れた者は、その様子を描いた板絵を海神に捧げる習慣が古代にあった。ホラーティウス『カルミナ』一・五・一三―一六参照――「濡れた衣服を私が海の有力な神に掛けたことを、神聖な壁は、奉納した板によって示している」。

§140

美的トピカ（§131）のもう一つの定式を付け加えよう。下位精神能力が、より多く、より完全になればなるほど、そしてまた、悟性と理性の管轄下に、与えられた主題を美しく思惟することに寄与するものがより多く、より大きく、より一貫したものになりうるほど、それだけ一層その主題は美しい思考にふさわしいものとなるであろう（§22、M、§一八五）。それ故、§128、139で記述した精神を持つ人が心理学者であった場合（そしてこのことは多くの理由からとりわけ必要と思われるが）、自分の主題を概観し、精神が持つ、十分完成された感性的諸能力の或る種の目録に照らし合わせて、それをいわば予審的に検査すべきである。それはおよそ次のような尋問によってである――所与の主題を私はしばしば知覚したことがあるか、それには多くのものが含まれているか、十分の品位を持つものがあるか、真実らしいものがあるか、十分生動的に据えうるような光を持つものがあるか、等々（§139）。私はいまだに知覚することができるか、それを想像することが許されるか、それが持つ多くのことを想像することが許されるか、等々。それに類似するもの、匹敵するもの、一致するもの、釣り合ったものを多く私は知っているか。その他のことは、例えば、『形而上学』第三部、第二―一七章の心理学や、美学のその梗概自体が供給してくれるであろう（§131）。ちょうど、存在論の梗概が包括的トピカの役割を果たすのと同じである（§134）。これらの梗概は、

「この用途のために与えられたのではない贈り物[1]」

のように思われるものをここに呼び出すことが許されたなら、実際に扱ってみることによって、極めて容易にその内実を満たしうるであろう（§119、123）。

（1）ウェルギリウス『アエネーイス』四・六四七。ただし、バウムガルテンの挙げる字句は主要写本の読みとは多少異なる。

§141

いかなるトポス的技術に従って整備されたものであるにせよ（§130～140）、このような予備的蒐集に没頭した者を、第五節で述べたあの心の衝動と興奮がとらえたならば、もはや論争は十分、否、それ以上の寄与をしたと判断して、それがどこにあるものであれ、トポス一切を投げ捨てよ（§132）。トピカの仕事を中断するがよい。そして、あたかもそれらが周知のものであるかのように、出来事と事態の核心に急迫しつつ、憑かれたように全体に着手し、眼目を据え、未来の作品の主要部分を形成せよ。

「風が帆を呼んでいる」のだから、

「帆全体を広げよ[1]」。

トポスの織物を不名誉に作り上げ、

「西の順風が吹くのに耳を貸そうとせぬ[2]」

うちに、最も大事なことを逡巡によって失い、前準備と引き換えに、作品そのものを優れた仕方で完成することの最も大事な部分である（§95）弾みを逃してしまうことはないように。もしこの好機を勤勉に用いたならば、

「順風が両方の帆脚索《ほあしづな》に同時に当たったであろうに[3]」（カトゥッルス）。

（1）ユウェナーリス『諷刺詩』一・一五〇。（2）ウェルギリウス『アエネーイス』四・五六二。（3）カトゥッルス『カルミナ』四・二〇―二一。

第一一節　豊かにする論証

§142

既に私は広義の論証を定義し、豊かにする論証への言及を行った。そして、思考の文彩の

区分は論証の区分と同一であるとするのが便利であることを示しておいた（§26）。既に容易く推論しうることであるが[1]、論証の力が大きくなればなるほど、論証自体が大きいもの、良いものであるだろう。然るに、論証が他のもの——例えば主要主題——の豊かさだけでなく、同時に重さ、重要性などにも少なからず寄与するならば、それだけ一層その論証自体が力と強さを持つものであるとせねばならない。従って、この内包の尺度に従えば、他のもの——例えば主要主題——の認識を同時に一層豊かで、荘重で、真実で、明瞭で、確実で、熱烈なものとして完成するような論証と文彩が（§22）最も美しいものであることになろう。

（1）以下、本段落の末尾までが、全体として三段論法を形成していることを、ひとは容易く察知しうることであろう。

§143

論証も文彩も、同時に多くの効果を持つことが可能であるが、それらの力のうちで一層重要なもの、または、目下のところ最も多く我々が注目している目的を持つ力に従って命名することによって、論証、文彩は、上述の区分のいずれか一つに数え入れることができる。さて、作品全体を見事に思惟することの豊富さと富に何がしか寄与する力を持った論証と文彩が、私の見るところでは、内容を豊かにするものである。その際、この力は他のものとの関係において三つのあり方が可能である。⑴その力が唯一のものであるときには、私は最も低く評価する。⑵その力が唯一のものではないにしても、最も強いものである場合には、私は⑴よりも高く評価する。⑶目下注目している力以外にも幾つかの思惟の長所があり（§22）、目下のものに劣らず恵み豊かな富をそれらにも認めることになる場合、私は最も高く評価する（§142）。

§144

いかなるトピカであれ、少なくともその第一義においては（§143）、普通の教育を受けた天性に、豊かにする論証を与えることになろう（§130〜140）。§139、140で、第一のトポス及びトポス分割にのみ含めたものは、単にこのようなものだけを生みだすにすぎないが、他のトポス及びトポス分割に含めたものは、豊かさ以外に、別の一つ或いはそれ以上の長所を、それらの秩序に従って思考する者の眼前に据えることになろう（§143）。それ故、混雑した材料の中から何か目的に適用しうるものはないかどうか、また、適用しうるとしたらどんな仕方でかを選び取る——そういう判断力の継起的活動を他のトピカは要請するが、トポスの最後の二つの種類は、判断というこの活動を、同時に発見の、否、むしろ想起の活動に結び付けることになる（§130）。

§ 145

例えば措辞の文彩など記号作用の文彩のうちにすら、正しく据えられたならば思考内容の文彩のうちに場を占めるに値するような文彩がある。というのも、それらは普通には記号作用の文彩に数え入れられているとはいえ（§26）、もし誰かが一人前の男としてそれらを用いるならば、その力と美が物事と思惟自体に現れるからである。措辞の文彩の例を引くことにするが、それらの名はかなり周知のものであるから、通常の呼び名を挙げておく。また、それらのうちで、内容を豊かにすると言ってよいものも幾つか挙げておく。剰語とは、何か余分なこと、そして、類縁の語彙によって既に十分に言われたことを表現しているように見えるものである。しかし、余分と見做されたものが、少なくとも指示された事柄の一層充実した認識のためによく働いていると鋭敏な判定者に認められない限りは、文彩でなく、欠点である（§143）。

§ 146

全体が一致している同義は文彩でないが、一部分が一致している同義は文彩である。それは、何らかの同義語に付着している幾つかの概念[1]の相違によって、指示対象たる事物が、部分的同義語の一つによる場合よりも豊かに据えられる場合である。多面みがき[2]とは、幾つかの句の間に等しい比例がある場合である。ここで句というのは、既にかなりの程度結合されてはいるが、いまだ節を構成していない幾つかの語のことである。意味構文（synthesis）、或いはむしろ意味に従った構文（synesis）、及び「意味的照応法（compositio）」とは、統辞法に反して語を結合し、それによって、顕在化されているものを越えて、統辞法が勧めるその部分的同義語を思惟させるものである。これが文彩であるならば、隠れた同義ということになる。もっとも、この同義は文彩でなければならないが。省略自体もこれに属する。それは、読み手や聞き手が語群のうちに断絶を認める場合である。彼は、「隠れているものは、みな一層良いものであると思いつつ[3]」僅かな語数で表示しうる内容よりも遥かに多くのことを、自分で補完しつつ、思いえがくのである（§145）。

（1）adhaerentes conceptus. 次の二つの箇所参照。『省察』§一二三「概念Bの諸徴表を別にして、概念Bとともに表象される概念Aは、概念Bに付着している。そして、別の概念が付着しているものは複合的概念と呼ばれる。これは何の概念も付着していない単純概念に対立する」。『形而上学』§五三〇「それの持つ諸徴表のうちで、私が最も注目する徴表の他に、さほど明瞭でない他の徴表をも含むのが複合的表象である。複合的表象の諸徴表のうち、私が最も注目する徴表の総体が主要表象と呼ばれ、さほど明瞭でない諸表象の総体は付随的（二次的）表象と呼ばれる。それ故、複合的表象は主要表象と付随的表象の全体である（§一五五）」。（2）exergasia. 古代に"expolitio"と呼ばれた文彩である（Cf. Lee A. Sonnino, *A Handbook to Sixteenth-Century Rhetoric*, London: Routledge & K. Paul, 1968）。（3）オウィディウス

『変身物語』一・五〇二が出典であるが、文脈的な必要から、若干の変更が施されている。

§147

確かに代換（hypallage）[1]は、舌が心よりも先走るように思われた語の意味が、修正のようなものによって実際に付け加えられる意味、または、いわば修正すべきものとして読者や聞き手に残される意味と一緒になって、少なくとも、工夫を凝らした代換なしになされうるよりも充実した緊密な仕方で事柄を据えるときにのみ、文彩となるであろう（§145、143）。語音末反復は、わが国の詩人の何人かにとっては耐え難い軛《くびき》であるが、トピカのうちに数えられてもよいほどであるという意味で、思惟の豊かさ、豊富さ、富に大いに寄与すると言う人もいる（§130）。迂説法は、他の諸目的をも美しく達成するものだが、それらに加えて、一つの語で事柄について喚起しうるのはやはり一つの概念であることを予見するならば、一つの言葉の代わりに、迂説法で幾つかの語を置くことによって、それらの語と同数の部分的概念を、一なるものの場所において、その事柄について喚起するという目的をも持つことが望ましい（§145）。

（1）"hypallage"の語義は時代によって異なる。古代には、或る形容詞が、本来掛かるべき名詞でなく、別の名詞を修飾する文彩を指す。例えば、「孤独な二人は暗い夜の闇を通って進んだ」の代わりに「暗い二人は孤独な夜の闇を通って進んだ」(ウェルギリウス『アエネーイス』六・二六八)と言うように。一六世紀には、形容詞と名詞以外の文章成分の入れ替えも含まれていた。例えば、「窓を開けて昼かどうか見てください」の代わりに「昼を開けて窓かどうか見てください」と言うように。

§148

普通は思考の文彩にも数えられる文彩(§145)のうち、内容を豊かにするものに含まれるものを一つだけ例として挙げよう。それは暗示黙過(「……については述べる必要はあるまい」というような言い方)である。この暗示黙過、または、その隠蔽形である累積法を正しく用いる術を知っているならば、多くのことを、しかも短く語る(§143)のに成功するだろう。同時に、その人は、いかにも立派な設備[1]の間をまるで目もくれずに、堅固な足取りで進んでいくようなものであるから、それに注目した観客は心の中でこう呟くことになろう(§117)(そしてまた、自然が我々に許した真に美しい事柄のすべてについてもこう語られて欲しいものである)。

「材料は極めて豊かに富んでいるので、仕事に職人が不足するほどであり、職人は仕事に事欠かない[2]」(パエドルス)。

(1) キケロー『弁論家について』一・一六五参照。(2) パエドルス『イソップ風寓話集』第三巻「あとがき」。

第一二節　天性の豊かさ

§149

たまたま私が主題として選び取った事柄が、美的に極めて豊かなものであったにせよ（§115）、私はそれのみに目を向けるわけではなく、思慮深く私自身をも「振り返り、私の周囲にどんな豊かさがあるかを検討する」(1)（ウェルギリウス）。もし何かを優雅に思惟することに心が耐えるならば、主観的豊かさについても問われる（§118）。ちょうど視覚の場合と同じく、美的なるものにおいても、誰もが自分の地平を持っている。そして、大勢の人々の美的地平にあるものが、しかし私の地平の内部にはなく、それを超越するか、それの下に押し下げられているか（§119〜121）、それの外にあるというようなこともありうる。ちょうど地理学で、現れつつある地平が、広かったり狭かったりするのと同じように、私の美的地平も収縮したり拡張したりすることがありうる。時折「三エルにすぎぬ天の空間しか開いていない(2)」ところの天性もある。

（1）ウェルギリウス『アエネーイス』二・五六四。（2）ウェルギリウス『牧歌』三・一〇五。

§150

麗しく思惟することの最初の諸規則には（§149）、自分の「力に釣り合った素材を選び取れ」、「そして、腕が何を支えるのを拒むか、何を支える力があるか、長い間熟考せよ[1]」というものがある。それ故、美しく思惟しようとする人格の諸要件に関連するのは、第二一六節で述べられたものだけでなく、特に、彼の力が一定の素材を、一定の弾みをもって、一定の時と所で豊麗さなどをもって（§22）思惟するのに十分であるということである。

（1）ホラーティウス『詩論』三八—四〇。

§151

それを持ちこたえることが先天的にも後天的にもできない役柄を引き受けることがないように（§150）、美的主体の一定の種類の特殊的性格を今度は探査せねばならない（§27）。

I：他の点では生まれつき優れているが、一定の種類の与えられた素材を見事に色どるのに好都合な生まれつきの特質も備わっているか。例えば次のようにである（第二節、§105）。「不敗のカサエルの勲《いさおし》を語るがよい。その労苦に見合う多くの報奨を受けることになろう。——そうしたいのですが、御老人、私には力が欠けています。なぜなら、槍をもって恐れられた軍列や、投げ槍を砕かれ、死につつあるガッリア人たちや、馬から滑り落ちるパルティア人の傷を描写することは、誰にでもできるわけではありません」[1]（ホラーティウス『談論』一・一・一〇）。

（1）ホラーティウス『諷刺詩』二・一・一〇—一五。

§152

II：与えられた主題が関連する特殊的種類の見事な思惟に対して訓練を行い、長い手間をかけて既に準備ができているか。また、その訓練によって同時に得られる器用さを、十分なだけもう持っているか（第三節）。生まれつき詩人の素質がある人でも、大学に入って初めてラテン語で詩を書く技術の初歩を身につけようとすると、ラテンの詩にはあまり向いていないということを私は経験で知っている。「人間は語ることによって語りうるようになると言われる」。しかし、たとえかつては語ることによく熟達していても、「思惟することに時間をかけ、相当の準備と精密さをもって語る」という訓練が中断するならば、「悪しく語ることによって、人間は悪しく語ることを極めて容易く達成する、という言葉もまた正しい」(キケロー『弁論家について』一・一五〇)。

「私は少年の頃、しばしば長い一日を歌って過ごしたのを覚えている。だが今は、それほど多くの歌も私は忘れてしまった。もう声すらこのモエリスから失われる[1]」(ウェルギリウス)。

(1) ウェルギリウス『牧歌』九・五一—五四。

§ 153

Ⅲ：君が選択した、もしくは選択すべき主題が一層密接に関わる美しい教養の諸部分を、君は普通に身につけているか。それとも、君の特殊的作品を完成、構成する際に従わねばならない規則が属する特殊的技術に君は通暁しているか(§67、69、第四節)。誰でも、自分の知らないことについては極めて醜く語る、と言われているのは正しい。だがもし「ソークラテースが常々言っていたこと、即ち、誰でも自分の知っていることにおいては十分雄弁であるということ」は真実でないにせよ、確かに「自分の知らないことにおいては誰一人能弁ではありえない、というのはかなり真理に近い」(キケロー『弁論家について』一・六三)。「何の思考内容、学の裏付けもない、最も立派で、最も飾られた言葉の空しい響きほど馬鹿げたものがあるか」（二・五一）。

§154

「学識が生来の力を促進し、正しい陶冶が心を強くするならば[1]」（§153）、無知なあり方の思惟が、主人たる本性（§151）と、「その一つの徳に他のすべての徳が含まれている熱心さ」（キケロー『弁論家について』二・一五〇）（§152）とに、欠点を擦り付けることはない（§107）。また、鈍いあり方の思惟が、本性と熱心さを「技術を無視しているという不名誉な非難で押し潰すこともない[2]」（§108）。

「判定者が誰でも音調の悪い詩を見分けるわけではない。だからといって私は規則を破ってよいものだろうか。気儘に書いてよいものだろうか。それとも皆が私の欠陥を見ると考えるべきだろうか。安全第一で、許される見込みのあるものの内部に用心深く留まるならば、私は確かに過ちを避けうるが、賞賛に値することもない[3]」。

（1）ホラーティウス『カルミナ』四・四・三三―三四。（2）ホラーティウス『詩論』二六二。（3）同書、二六三、二六五―二六八。

§155

IV・傑出したものの必須の条件たる心の衝動と傾きを一般に期待することができるような「位置を現在君は人間社会において占めているか[1]」、それとも、与えられた主題や選び取るべき主題が、内包的及び外延的及び延長的に[2]要求するだけの質と量をきっかり持つ精神の燃焼を感じているか、もしくはそれを期待することが許されるか（第五節）。

「物事だけでなく、物事の時を問うのも判定者の仕事である。時を問うならば汝は安全であろう。歌は書き手の閑居と暇を要求する（§84）。海が、風が、厳しい冬が私を苛む[3]」（オウィディウス『悲しみの歌』一・一）。

「武器と熾烈な戦争を重々しいリズムで歌って公刊する準備を私はしていた。その素材がこの韻律にはふさわしいから。第二行が第一行に等しかった。それをクピードーが笑い（§87）、一つの脚を取り去ったと言われている[4]」（オウィディウス『恋の歌』一・一）。「戦闘と征服された都市を語ることを欲していた私を、ポイボスは琴で叱った（§82）。ティレニアの海原に小さい帆で進まぬようにと[5]」（ホラーティウス『カルミナ』四・一五）。

（1）ペルシウス『諷刺詩集』三・七二。（2）「内包（intensio）」及び「外延（extensio）」は無時間的概念であり、思惟ないし表象がそれぞれ強度及び広がりの点で満たすことを所与の主題が要求するものに見合う燃焼があるかどうかということである。対して「延長（protensio）」とは、時間を含む概念であり、所与の主題が要求するだけの長い時間、その燃焼を持続させうるかどうかということである。これらの用語を『形而上学』§六二八が定義している。「より多くのものを統覚する持ち前が注目の外延であり、明瞭なものより更に明瞭に何かを統覚する持ち前が注目の内包である。同一のものに、より長い時間の間注目する持ち前が注目の延長である」。（3）オウィディウス『悲しみの歌』一・一・三七―三八、四一―四二。（4）オウィディウス『恋の歌』一・一・一―四。（5）ホラーティウス『カルミナ』四・一五・一―四。

§156

「大壺が作られ始めたのに、どうして轆轤《ろくろ》が回っているうちに水瓶が出てくるのか(1)」という羽目に陥らぬよう、V：心の大いなる衝動をもって始めた計画を完成するための時間の余裕は十分にあるか、またそれだけでなく、望ましい推敲のための時間の余裕が十分にあるか（第六節）。けれどもこれが言えるのは、ひとが公衆に明示することを考えている才能の成果についてのみであり、即興的なもの（§96）には当てはまらない。なぜなら、その場合、

「作品があまりに速成であるとか、配慮を欠いていると(2)」告発されても構わないからである。ホラーティウスがルーキーリウスを告発するのはこの点である。

「おしゃべりで、しかも、書く苦労、正しく書く苦労を怠っている。つまり、多作には何の価値も認められない……」（ホラーティウス『談論』一・四・一二）。

（1）ホラーティウス『詩論』二二一―二二二。（2）同書、二六一。

§ 157

§152～156の一般的説明の目的は、特に何を思惟すればよいかを君が知るようにということのみであり（§151、118）、そこから「怠ける口実に屈し」、そのときどきの悪条件を言いたてて、何も試みずに自分を「甘やかす理由[1]」を常に持つ、ということではない（クインティリアーヌス、一〇・三）。すべての美的地平（§120）、または君の美的地平の下に位置するものを自分の主題として選択すると、コップの中に嵐を引き起こすだけになってしまうだろう[2]（§150）。すべての美的地平（§121）、または君の美的地平より上に位置するものを追い求めると、「ダエダルスの技で蠟付《ろうづ》けされた翼で、その名を澄んだ海に与えようと努める[3]」イーカルスの二の舞を演ずることになってしまうであろう（§150）。この両欠点を警戒せよ。「無限の躊躇で君の努力を欺かぬようにせよ。その躊躇は度を越すと、無為、怠惰の名、或いは臆病の名をも受けかねない[4]」（プリーニウス『書簡』二・一〇）。

(1) クインティリアーヌス『弁論家の教育』一〇・三・二九。(2) 諺である。キケロー『法律について』三・一六・三六参照。(3) ホラーティウス『カルミナ』四・二・二―四。(4) 小プリーニウス『書簡』二・一〇・八。

第一三節　絶対的な短さ

§ 158

事柄（第九節）と人格（第一二節）の富が溢れているからといって、テレンティウスの作におけるパンピルスのように、

「私より幸運で、愛の女神の恩寵にかくも溢れた者がいようか[1]」

と自分に喝采することがないようにせよ。この種の大きな富、及び思惟されるべきものの豊かな材料から、(1)君が自分で立てた目的のために何か完全なものを構成、合成しうるために必要なだけの数と量のものを、君の使用のために取り上げるべきである。私が要求するのは、論理学者が定義及び数理哲学的問題で要求する完全さではなく、何ら醜い欠如もなく、目的にとって不十分なものが何ら現象者とならず、悟性の力によってのみ要求されるものを除けば、それに関連するものが何ら欠けていないような完全さである（§16）。それを達成

したのが充実した完全なあり方の思惟であろう。もとより、充実した思惟のあり方は、内容が盛り沢山で、豊かなものでもあるだろう。しかし、内容が一杯に詰まり、盛り沢山であっても、充実も完成もしていない思惟がいかなる事柄についてもありうる。この充実と完成は美的豊かさに属するものである（§115）。

（1）テレンティウス『義母』八四八。

§159

すべての点で同時に完成され、無欠であるように思われないならば、また、美的なるものについての正当にして物知りの判定者に何かが欠けていると感じさせるならば、思惟は空虚で散漫であることになろう。もし、健康な美になくてはならない何かを抜かすならば、いわば欠陥品、完全でなく、初心者のものと見做されることになろう。これに属するのは隙間と断絶のある思惟のあり方、美的には不当な飛越に溢れるものである（§158、クインティリアーヌス、四・二[1]）。

（1）クインティリアーヌス『弁論家の教育』四・二・四五参照――「それ故、あのサッルスティウス風の短さと、断絶のあるあり方の語法をも避けねばならない」。

(2)美の健康な段階に全く無くともよいものはすべて捨てねばならない。また、最初につかまえたものでも、邪魔物であれば退けねばならない。なぜなら、これら余分なものは、人の注意を散漫にすることによって害をなすからである（M、§六三八）。これが、賞賛されるべき絶対的短さである。なぜなら、

「醜い試みは短くあるように[1]」（ユウェナーリス）

というだけでなく、たとえ甘美な試みでもそうだからである。けれどもこの短さは、この種の短い思惟を真に美しいものとして懐胎するために用いられるべき時間とは関係を持っていない。

§160

「一日が私の言葉よりも短いことがたびたびあった[2]」（オウィディウス）。

だが、オウィディウスに賞賛すべき短さが無いと言う人がいただろうか。むしろそれが関係を持つのは、与えられた主題について与えられた仕方で——ただし、無欠、完全に——思惟されるべき内容の多さ、少なさに対してであろう（§158）。時折、無用のことに

「短いが、しかし取り返しのつかない時間[3]」

が浪費される。これに対し、この賞賛すべき短さに据えられたとき、

「長い話にとってはしばしば時間が速く過ぎ去るように思われた[4]」。

（1）ユウェナーリス『諷刺詩』八・一六五。（2）オウィディウス『黒海よりの手紙』二・四・一二。（3）ウェルギリウス『アエネーイス』一〇・四六七。（4）オウィディウス『黒海よりの手紙』二・四・一一。

§161

キケロー『発想論』一・二八にある、短い陳述の充実した記述は、§160の定義を説明するだろう。思惟が絶対的に、そして賞賛すべき仕方で「短いのは次の場合である。即ち、必要なところから始め、最後に反復をしないとき、その要点を語れば十分な物事の部分を語らないとき（つまり、何が生じたかを語れば十分で、どんな仕方で生じたかを叙述しなくとも十分なことが往々にしてある）、知る必要があること以上に長く陳述」（思考）「で続行しないとき、別の事柄に移らないとき、語られたことから語られなかったことが時折理解されるような仕方で語られるとき、毒になるものだけでなく、毒にも薬にもならないものも省かれるとき、そして、それぞれのことが一度だけ語られるとき、そして、直前に終えられた点から次に始めないとき、以上のようなときである」（クインティリアーヌス、四・二[1]参照）。

（1）即ち、クインティリアーヌス『弁論家の教育』四・二・四〇以下。

§162

およそ美しく思惟しようとする者は、「陳述において」だけでなく「どんなところでも、必要である（§158）と共に十分なだけの量（§160）という中道を特に保たねばならない[1]」。「喜びはひとを欺き、喜びを与えるものはさほど長く見えない。ちょうど、空間的には長くとも、心地よく柔らかい行程は、硬く乾いた近道ほどひとを疲れさせないようなものである[2]」（クインティリアーヌス、四・二）。ウェルギリウス『アエネーイス』第二巻の八〇〇行あたりで「トロイアの最後の苦しみを短く聞く[3]」のは快い。

（1）クインティリアーヌス『弁論家の教育』四・二・四五—四六。（2）同書、四・二・四六。（3）ウェルギリウス『アエネーイス』二・一一。

§163

従って、適当であり、目的を達成していると哲学者ならば言うであろう（M、§八八二）思惟のあり方、即ち、不完全なもの（§159）も、余分なもの（§160）も何ら内包していないような思惟のあり方は、美しく思惟しようとする者にとっても望ましいものである。ただしそれは、理性類似者が豊富さの方は手に入れ、不完全さの方は避けることができる、という条件のもとにである（§15、16）。これと異なるのは次の場合であろう。

(1)「富を過当に喜ぶ者がいるならば、アウフィドゥスの急流[1]が川辺もろとも引き攫《さら》っていくだろう[2]」（ホラーティウス）。

「広大な渦の中でばらばらに泳ぐ者たちが見える[3]」とき、そういう者たちには誰にでもこう叫んでやるがよい。

「君は一杯持っているからといって、それによって一層賢明であるわけではない[4]」。他方、誰かの墓に、こう銘を刻み込んでやるがよい。

「短いだけに、それだけ安全な生涯を私は送った。大きさはそれだけで有害である[5]」（クラウディアーヌス）。

(2)或いは、§121、122、159で指摘した欠点に陥ったり、「無装飾で」「不器用な短さになる[6]」とき（§108、クインティリアーヌス、四・二）。

（1）急流で名高い、アープーリアの川。（2）ホラーティウス『諷刺詩』一・一・五七―五八。（3）ウェルギリウス『アエネーイス』一・一一八。（4）ホラーティウス『書簡詩』二・二・一五三―一五四。（5）クラウディアーヌス『対ギルド戦争』一・一〇七―一〇八。（6）クインティリアーヌス『弁論家の教育』四・二・四六。

§164 全体の美が許す量だけの美が美しい思考のあらゆる部分に与えられるためには（§19）、絶対的短さ（§160）は美的倹約と節制を要請する（E、§二八九、二六〇）。「倹約とは、無用の消費を避ける学、または、家産」（第八―一二節で述べた富）「を節度をもって用いる技術である。それなのに、我々は小さく、吝嗇な心の持ち主（§120、149）を極めて控えめな人と呼んでいる」。（控えめな人が守る）「節度と狭さの間には無限の差異があるにも拘らずである[1]」（§23、M、§五五二）（セネカ『恩恵について』二・三四）。君が「クラッスス」のように「優雅な者のうちで最も控えめ」でありたいにせよ、「スカエウォラ」のように「控えめな者のうちで最も優雅」（キケロー『ブルートゥス』一四八）でありたいにせよ、充実した、完全なあり方の思惟において（§158）、

「要るだけのものを、控えめな手で[2]」

示すとき、君は教養ある趣味を常に満足させるだろう（§160、162）。

（1）セネカ『恩恵について』二・三四・四。（2）ホラーティウス『カルミナ』三・一六・四四。

§165

一般に絶対的短さは、我々哲学者があまりに丁寧な思惟のあり方と呼ぶものを警戒するであろう（§160）。他方、優雅さの持つ倹約は、特に、

「重い穂のために茎が垂れ下がらないように（§164）、余分の作物を若葉のうちに餌に食《は》ませるであろう[1]（§158）」。

「なぜなら、もし余分な葉で日陰が一杯になるならば、籾殻だけ沢山付いた茎を打穀場は空しく脱穀することになろうから」（ウェルギリウス『農耕詩』一・一九一）。

華美なあり方の思惟、または〈美化〉とは、(1)全体の淑やかな美が耐えるより多くの美と文彩（§26）を、思考の系全体に亙って殆ど一つ一つの小部分ごとに押し込むもの、または、(2)少なくとも或る一つの部分を、全体の美しい雅致が許す以上の装飾をもって形成するものである。美しく思惟しようとする者が、このうち(1)の華美を持つと、ペトローニウスが「言動すべてに、いわば罌粟《けし》の実、胡麻の実が振り掛けられている[2]」と呼んだ者になるが、この種の華美には賢人の次の言葉が当てはまろう。

〈半分の方が全部よりよい[3]〉。

また、(1)と(2)両方について次のことが当てはまろう。

「奴隷よ、我はペルシアの華美を憎む[4]」。

（1）ウェルギリウス『農耕詩』一・一一一―一一二。（2）ペトローニウス『サテュリコン』一。なお、原文脈では、学校での弁論教育が、日常的実践から遊離した空虚なことに関わっていることを揶揄した言葉で

ある。(3) ヘーシオドス『仕事と日』四〇。(4) ホラーティウス『カルミナ』一・三八・一。

§166

美しく思惟することのあり方すべてにふさわしい短さ(§160)とは、あの充実し、内容が一杯に詰まったもので(§158)、欠陥品でなく、隙間のあるものでなく(§159)、しかし控えめで、節度があり(§164)、装飾過多でも、欠点を持つものでもないもの(§165)であるが、これを緊密な短さという一つの名で呼ぶのがよかろう。従って、それがいかに大きなものであれ、君の材料の(第八、一二節)溝や裂け目を充塡するがよい(§158、159)。しかしまた、「装飾過多になるのは抑制しつつ」[1](§165)、そしてまた、賞賛すべき短さと倹約の規則に照らしてすべてを雅びやかに緊密化しつつ(§160〜164)、美的でなく(§115)「不快な豊かさを捨てよ」[2]。

(1) ホラーティウス『書簡詩』二・二・一二二。(2) ホラーティウス『カルミナ』三・二九・九。

第一四節　相対的短さ

§167

美的豊かさには絶対的なものと相対的なものがあったが（§116）、それと同様に、賞賛されるべき緊密な絶対的短さ（これについては第一三節で述べた）から**相対的短さ**を区別すべきである。これは、絶対的短さ（§160）のかなり重要な一段階であり、当面思惟されるべき幾つかのものにきちんと必要であり、特有であるものである。この短さは、また、この意味での短い思惟を懐胎するのに使われる時間にも或る種の相関関係を持っている（§160）。プリーニウスがキケローの弁論について考えていること——「最も大きな弁論が最も良い」——、或いは、あまり厳密でなしに付け加えていること——「良い本は、大きければなお良い」[1]（『書簡』一・二〇）——は、相対的短さを要請する思考には当てはまらない。因みに、プリーニウスのこの書簡は、全体が美学的論争——ここに関連するもの、及び、絶対的短さと相対的短さの区別に関する他の論点において取り上げられるべきもの——を含んでいるが、論争に勝っているのはプリーニウスの方である。

（1）小プリーニウス『書簡』一・二〇・四。

§ 168

美しい思惟内容のうち、相対的短さを要請するあり方を定義するときには、多くの論争が生まれた（§167）。つまり、一方の人々は、然々のあり方においては、(1)相対的短さから十分に区別されない絶対的短さがとりわけ必要だと正しく判断した（§160、166）。(2)このあり方に含まれつつも、同時に相対的短さをも特に要請するという特殊な場合がかなり多く生じた。(3)多くの人々においては、相対的短さもまた、場合を問わず一般に好ましいものとして認められた。これに対し、もう一方の人々は、(1)前述の人々と同じく、絶対的短さと相対的短さを判明に識別することをせず、然々のあり方の主題には一般に短さを認めるべきではないと考えた。なぜなら、(2)「印象づけ、心に刻み込み、反復すべきことなのに、さっと」（相対的に）「短く触れるだけでは怠慢である[1]」ような場合が、このようなあり方には含まれていたからである。(3)このようなあり方の主題において、常に専ら（相対的）「短さを好むのは、怠け者だけであり、そういった者たちの怠惰な嗜好を、まるで判断であるかのように顧みるのは笑止であろう。なぜなら、君がもしその者たちの言い方を考慮するなら[2]」、（相対的に）「短く語るどころか、そもそも何も語らない方がよいことになってしまうから」。

（1）小プリーニウス『書簡』一・二〇・二。（2）同書、一・二〇・二三。

§169

ここで、数学と呼ばれる自然的方法は、このような論争（§168）に決着をつけるために十分な原理を目下の論述の前に置くことをいまだ許していないのであるから、幾つかの論争のみを例として見るだけにしよう。I：「裁判を行う際、短さほど好ましいものは何もないか」[1]。これは、プリーニウスの、先に引用した箇所での問題である。現在の我々は、演壇から行われる説教についての類似の問題を付け加えることができよう。答え――絶対的短さ（§160）は、それが緊密なもの（§166）であるならば、法廷弁論、説教双方の最初の資質の一つである。しかし主要なものではなく、或る場合には全体に亙って、また、他の場合には或る部分において相対的短さ（§167）を要請するものである。しかし、この相対的短さがすべてのものにおいて貫徹されることはありえないし、ましてや、すべてのものの個々の部分において貫徹されることは一層ありえない。それは、気難しい批評家はともかく、厳格な批評家ですら賞賛するもの、最も快いとして評価するもの、そういうものから遠く離れているのである（§168）。

（1）小プリーニウス『書簡』一・二〇・一。

§170

II：陳述[1]は短くなければならないか。既に「アリストテレースは、イソクラテースと考えを異にし、陳述は長いか短いかが必然的に決まっていて、中道を行くことは許されないかのように、その短さの規則を嘲笑している。テオドーロス[2]の学派も、短く陳述することは必ずしもどこでも有効であるわけではないし、また、明晰に陳述することは必ずしも常に有効ではないから[3]」（クインティリアーヌス、四・二）、短くある必要はないと言っている。キケローは、イソクラテースと考えが同じであり、

「そしていまだ係争中である[4]」。

絶対的短さが、他の幾つかの弁論部分よりも大きな相対的短さをかなり多くの陳述において要求するのは確かである（§160、167）。さて、相対的短さにも更に幾つかの段階がある（§167）。クインティリアーヌスが、先に引用した箇所で、陳述の短さを弁論家に勧めているのは正しい。しかし彼はまたこうも言っている。「あのサッルスティウス流の短さは、サッルスティウス本人においては長所に数え入れられるとはいえ、やはり避けねばならない。また、断絶のあるあり方の語法（§159）は、ゆっくりと時間をかけて読むときには、あまり見落とすこともなかろうが、聞くときには頭の上を飛び越してしまい、繰り返されるまで待つこともないから、やはり避けねばならない[5]」。

（1）narratio. 古代修辞学において弁論を幾つかの部分に分けた場合、序に続く第二の部分であり、証明したい事柄を提示する目的を持つ。（2）ガダラ出身。前一世紀の修辞学者。（3）クインティリアーヌス『弁論家の教育』四・二・三二。（4）ホラーティウス『詩論』七八。（5）クインティリアーヌス『弁論家の教育』四・二・四五。

§171

キケローは、短い陳述について述べる折に、洒落た、かなりよく起こる誤りに触れて、こう言っている。（相対的）「短さの模倣は多くの人々を欺いた。その結果、自分では短いと思っていながら、実際は最も長いのである。なぜなら、少しのこと、必要なだけのことを語ろうと努めず、多くのことを短く語ろうと努めているからである」（『発想論』一・二八）。彼はそこで実例を挙げているが、同様の例はクインティリアーヌスの前述の箇所にもある。絶対的短さを無視して相対的短さに努力することを、私のとらえ方では、最も長い疑似短さと呼ぶことにしたい。これは、言葉を醜くするだけではない（最も長い疑似ラコニズム）。

§172

しかしながらキケローは、陳述における相対的短さを必ずしも是認しない人々のうちにも真理を見ていた。そのことを示しているのは『弁論家について』三・二〇二である。そこでキケローは、時には「一つのことに長々と留まること（これは極めて大きな効果を上げる）、明証度の高い説明、その場で実際に行われているかのように物事を生き生きと描写すること（これは、物事を提示する際にも（§170）、また、提示されるものを輝かしくしたり、豊かにしたりする際にも最も大きな力を持つので、我々が大きくしてみせるものを聞く人は、弁論がなしうる限りの大きさを実際に持っていると考えるのである（§116））」を用いるよう勧めているが、時にはまた「突然中断すること」（相対的短さ）、「及び、語ったことより多くのことを了解させる仄めかし、及び、明瞭に切り詰められた短さ、及び、小さくすることなど」をも勧めている。このいずれも思考の文彩（§26）に数え入れている。

§173

何人かのギリシア人は「切り詰められた説明、即ち〈簡約〉[1]」と「短い説明」を区別し、「前者は、無用のものを持たないもの」、即ち真に絶対的に短いもの（§160）であり、後者は「必要なもののうち何かが欠けているようなもの」として定義されるとしているが、私はこの区別に関わるつもりはない。なぜなら、字句にこだわることに喜びを覚えるのでない限り、後者は欠点であり（§158、159）、長所である短さ（§160、167）の名に決して値するものではないからである（クインティリアーヌスの先に引用した箇所）。これに対し、判明に推論することの切り詰められたあり方、つまり〈簡約〉と、美的主体の緊密で（§166）、しかも相対的な（§167）短さとの区別は喜んで認めよう（§121、122）。

（1）クインティリアーヌス『弁論家の教育』四・二・四二。以下の引用部分も同じ。

§174

Ⅲ：格言においては相対的短さが要求されるという点では、批評家のかなりの部分が一致している。

「何を勧告するにせよ、短くするように。素早く語られた言葉を精神は素直に理解し、忠実に守るであろう。一杯になった心からは、余分なものはすべて流れ出してしまう」（ホラーティウス『詩論』三三五）。

「格言が流れるためには、そして、疲れた耳を圧迫する言葉に巻き込まれないためには、短さが必要である」（『談論』一・一〇・九—一〇）。

「格言における短さは、元老院議員のみならず、弁論家の大きな長所でもある」（キケロー『法律について』三・四〇）。確かにキケローより「既に何世紀も前のシュラクーサイのピリストスや、あのトゥーキューディデースにさえ信奉者が欠けていたが、その理由は、彼らの格言が短く切り詰められていて（§121、122）、しかも時には短さとあまりの鋭さの故に十分には明瞭でないこともあったので、テオポンポスの陰に隠されてしまったのである」（キケロー『ブルートゥス』六六）。しかしながら、後世が好意を持ち、運命が彼らの書物を保存したことによって、トゥーキューディデースもタキトゥス自身も少なからぬ信奉者を獲得した。これに対し、他の者たちは

「香草と香料と胡椒、そして反故に包まれたものを何でも売り捌く通りへ運び降ろされる[1]」。

もっとも、最後に引いたキケローの注意は、格言における相対的短さにも限度があることを示しているのであろう（§170）。

（1）ホラーティウス『書簡詩』二・一・二六九―二七〇。

§ 175

Ⅳ：「機知においては短さは一層鋭く、迅速である」[1]（クインティリアーヌス、六・四）。クインティリアーヌスは続く部分で、マルスス[2]による機知の定義を引く。「機知とは、短い言い回しの形に凝縮された或る種の長所であって、物事や人物がそれぞれ要求するのに応じて抵抗したり、挑発したりするのに最も適している」。そして、こう付け加える。「この定義から短さという限定条件を取り除けば、言葉のすべての長所を包括してしまうことになろう。

マルススが何故短さを求めたのかはわからない[3]」……「しかし、極めて教養のあるマルススの判断を私は退ける気はない[4]」。クインティリアーヌスはマルススの判断を立証している。そしてホラーティウスが

「時として機知を持ち、力を抑え、わざと力のないふりをする者の[5]」（§164、172）（ホラーティウス『談論』一・一〇）

語法を要求していることは、その理由をも同時に暗示しているように思われる。

（1）クインティリアーヌス『弁論家の教育』六・三・四五。（2）ドミティウス・マルスス（Domitius Marsus）。アウグストゥス時代の諷刺詩人。機知に関する著作も書いたとされている（クインティリアーヌス『弁論家の教育』六・三・一〇二参照）。（3）クインティリアーヌス『弁論家の教育』六・三・一〇四。（4）同書、六・三・一〇八。（5）ホラーティウス『諷刺詩』一・一〇・一三—一四。

§176

要約。財を準備せよ（第八節）、その財はどこから求めればよいか（第九節）、汝がどこから選び取るかに私はあまり注意を払うつもりはない（第一〇節）。汝は一人で準備せよ（第一一節）。どうぞ（第一二節）、準備した財を緊密な短さをもって示してください（第一三節）。このあとで述べられるべき美（§22）を忘れない汝の思考は

「長く（§116）しかも短い（第一四節）ものであり、私の願いに合致することになろ

う」[1]（オウィディウス）。

（1）オウィディウス『恋の歌』二・四・三六。

第一五節　美的大きさ

§177

物事を麗しく思惟する時の第二の注意点は（§115）大きさ（M、§五一五[1]）である。ただしこの大きさは美的大きさでなければならない。我々はこの美的大きさという名で、⑴対象（§18）の重さと重要性（M、§一六六）、⑵対象に釣り合った思惟の重々しさ、⑶これら双方の多産さ（M、§一六六[2]）を包括することにしよう（§22）。「我々が何度も思惟、考察せねばならないもの〈それについて何度も熟考されるもの〉、精神がそれを忘却することは殆どないか、全くないもの、確固とした、強い、消されることのない記憶にとどめられるもの、それが真に偉大なものである[3]」（ロンギーノス、第六章）。

（1）『形而上学』§五一五「より多くを認識する段階の認識が豊かさ（豊麗さ、外延、富、広大さ）であり、より少なくを認識する段階が狭さであり、より大きなものを認識する段階が品位（高貴さ、大きさ、荘重さ、威厳）であり、より小さなものを認識する段階が卑しさ（浅薄さ、軽薄さ）である」。(2)『形而上学』§一六六「原因から生じたもの（結果）の数の点における原因の大きさは多産さであり、結果の大きさの点における原因の大きさは重さ（荘重さ、品位、高貴さ）である」。(3) ロンギーノス『崇高について』七・三。

§178

「天性と一層神的な心と偉大なること（§177）を語る口とを持つ者に、詩人という名の誉れを汝は与うべし[1]」。だから、ひとがもし偉大なことを歌うなら詩人と呼び、音楽家と呼ぶがよい。そして、もし偉大なるものを描くなら、画家と呼ぶがよい。「書物そのものも、大きければ或る種の権威と美が付け加わる[2]」（小プリーニウス『書簡』一・二〇）。さて、我々は先ず、豊かさ（§116）と同様に美的大きさをも絶対的大きさと相対的、比較的な大きさとに分けることにしよう。前者は、美しく思惟されるべきものすべてに必要なもの（§177）、後者は、絶対的大きさの一段階であり、美しく思惟されるべきものの幾つかに特に要求されるものである。

「もし或る人が、節約の厳格なる法則（§164）によって性格を理解する」と同時に、「厳格な技術の成果を」希求し、「心を大いなるものに向けるならば[3]」（ペトローニウス）、この両種の大きさをいずれも知り、正しく区別するようにせよ。

(1) ホラーティウス『諷刺詩』一・四・四三。(2) 小プリーニウス『書簡』一・二〇・五。(3) ペトローニウス『サテュリコン』五。

§179

実際には美しく思惟している人が、相対的な広さ（§116）を追い求めず、ましてや、引き伸ばされ、拡散し、華美に満ち溢れたあり方の思惟に取りかかろうと努力することなどしない（§165）ときには、貧しさ（§120）の点で自分を責めることがある。しかしこれは幾分エイローネイア的な謙遜（§175）をしているのである。こういう人々はまた同じ理由から、崇高なことは思惟せず、まして膨張するのは好きではないのだが、自分のことを小心者と呼ぶことがある。しかし読者にそれを信じてもらう気はないのである。ホラーティウスはこう言う。

「神々はうまいことに私を貧しく小心な者にかたちづくった。だから私は稀に、それもごく少ししか語らない。一方、君はといえば、山羊皮の鞴《ふいご》に閉じ込められた空気のように……」(1)。

また、マルティアーリス（九・五〇）はこう言っている。

「ガウルスよ、短さによって人を喜ばせる（§177）詩を私が作るが故に私の本性はかくも小さい（第一四節）のだと君は証明する。確かにそうだ。しかし、一二巻の書でプリアムスの戦争を壮大に語る君は偉大な人間なのか(2)」。

（1）ホラーティウス『諷刺詩』一・四・一七—一九。（2）マルティアーリス『エピグラム集』九・五〇・一—四。

§180

相対的、比較的な美的大きさは多くの段階を持つが（§178）、今はそれを、美学者にふさわしく（§15、16）、文法家がよく用いる三つの段階のみに分けることにしよう。即ち、絶対的に大きなもの（§178、177）は、原級か比較級か最上級に存するということにしよう。第一のものは「低い御柳《ぎょりゅう》の木」、第二のものは「灌木」、「第三は森」でなければならない。「灌木と低い御柳の木が万人を喜ばせるわけではない。もし私が森を歌うなら、その森は執政官にふさわしいものでなければならない(1)」（ウェルギリウス）。

（1）ウェルギリウス『牧歌』四・二—三。

§181

美的大きさは、絶対的なもの（§178）も、相対的なもの（§180）も、更に自然的と道徳的に分かれる。前者は自由と直接の連関を持たないもの、後者は自由とかなり密接に連関する限りで対象と思惟に認められるべきものである。自然的大きさの例としては、ウェルギリウス『アエネーイス』五・四二一がある。

「エンテルス[1]は二重の上着を肩から投げ捨て、大きなつくりの四肢と大きな骨格と両腕を剝き出しにし、闘技場の中央に仁王立ちする」。

美的地平内部で構成された主題（第九節）は豊かに（第八節）思惟されねばならない。それはトポス（第一〇節）及び豊かにする論証（第一一節）によってである。それらを用いることを心得ているなら（第一二節）、これらの主題は同時に大きさも持つであろう。この大きさは、絶対的で自然的なものである（§177）。従って、これには新しい規則はあまり必要でない。

（1）シキリアの英雄。

§182

道徳的美的大きさ、即ち自由を介して道徳法則と一致して規定された可能な大きさ（§181）を私は次のように捉える。⑴対象及び対象の様々な要素、帰結における大きさとは、消極的には、それらが徳を毀損することなしに一層多くのものによって、しかも優雅に思惟されうる場合である。⑵やはり対象及びその様々な要素、帰結における大きさであるが、それが積極的に生ずるのは、遅かれ早かれ結局は徳に調和するものが上述の仕方で思惟されうる場合である。⑶他方、思惟における大きさとは、消極的には、思惟がその対象と素材に釣り合い、相応し、その際、徳と良い性格を最も増進する最も美しい事柄が何の損失も受けることがない場合である。⑷積極的には、かかる事柄が少なからぬ利得を結局は手に入れる場合である（§177）。この道徳的美的大きさを短く美的品位と呼んでよかろう。そして、§115の引用文に続けて、

⑵[1]「何がふさわしいか、何がふさわしくないか、徳がどこに通ずるか、誤りがどこに通ずるか[2]」

を知るのがよかろう。

（1）§115の⑴に照応。（2）ホラーティウス『詩論』三〇七。

§183

いわば〈別の類へ移行すること〉[1]によって、そしてちょうど他人の収穫に鎌が入れられるように、幸福な生活の一層厳格で一層上位の法則や、真正なキリスト教の最も神聖な言葉のみから思惟のこの麗しさが導き出されることを私は望まない。ここでは、むしろ次のように考えたい――この美は、真に美しい天性の作品の不可欠の条件である。この条件を全く欠くならば、単に霊魂、理性に対してだけでなく（§15）、経験（§50）と学問（§63）によって強化された生得的な心の大きさ（§45）に支えられた理性類似者自体に対しても或る種の醜が現れてくるだろう。この醜は、その洗練の故に却って他の幾つかのものを醜くする。なぜなら、徳性を害することなしにそれらのものに留まることは許されないからである。このことが生ずるのは、確かに好ましからざる逸脱（§25）によるか、または、徳性を測るのに、平凡で低俗なものではないにせよ、趣味のみをもってする者の恣意によるか（§35）のいずれかである――このように私は考えたい。

§184

（1）アリストテレースの用語。ある概念を畑違いのところに移すことによる誤謬推理を意味する。

カトゥッルスは第一六歌で、彼と考えを異にする人々を、次のように語ることによって最も醜い罰で脅かしているけれども、しかし彼が誤り、それも醜い誤りを犯していることは、ここまでの内容からして明らかであろう。

「敬虔な詩人本人は純潔であるのがふさわしい。しかし短詩にはその必要はない。それは肉感的で、あまり慎みを持たず、放蕩なものを興奮させることができて、初めて洒落た味と魅力を持つ(1)」。

マルティアーリス（一・三五）が

「戯れの詩にはこのような法が与えられている――猥褻でなければ喜びを与えることはできない(2)」

と言っているのは、やはり誤りであるが、しかし彼は

「貴婦人のような恥じらいを娼婦に付与したのは誰か(3)」（§165）

と言って、ふさわしい仕方で自分の法を証明することによって、小皿にふさわしい小蓋を見つけだしている(4)。ペルシウスは『諷刺詩集』一で、形式が誤っている点を除けば、一層正しくこう言っている。

「歌が腰に入り、震える詩に中のものが擽《くすぐ》られると、ローマの名門たるティトゥスの族の大男たちが見苦しい格好をし、濁った声を出して身を震わせるのを君は目にするだろう(5)（§183）」。

(1) カトゥッルス『カルミナ』一六・五—八。(2) マルティアーリス『エピグラム集』一・三五・一〇—一一。(3)同書、一・三五・八—九。(4) 日本語の「われ鍋にとじ蓋」にちょっと似ているが、もっと一般的にふさわしいもの同士を合わせる、という趣意の諺である。ヒエローニュモス『書簡』七・五参照——「下世話によく使われる諺の言い方を借りれば、彼はこの小皿にふさわしい小蓋を捜し出してくる」。(5) ペルシウス『諷刺詩集』一・一九—二一。

§ 185

美的品位(§182)は美的大きさの部分であり、種であるが、後者と同じく(§177、178)絶対的と相対的に分かれよう。絶対的美的品位とは、美しく思惟することすべてに必要なものである。これについては、我々はローマの法学者を真似て、何であれそれを長々と思惟することが良俗に反することになるようなものには、思惟によってすら留まることはできないと考えることにしよう[1](§183、184)。他方、相対的美的品位は、美しく思惟されるべき幾つかのものに特に要求されるもので、必ずしもあらゆるものに同じ程度にあるものではない(§178)。自分の「書法が軽すぎて、最も優れた人々の人格にはあまりふさわしくないと判断するような人々が多くいることを疑わない[2]」とコルネーリウスが言うとき、彼はこの相対的美的品位について語っているのである。またキケローは『善と悪の究極について』第一巻でこう語っている。「この種の書き方(哲学者たちがギリシアの用語で論じたものを、ラテン語に訳すもの）は、たとえ洗練されたものであっても、人格と品位にはふさわしくないと言う人々もいると思った[3]」。

（1）「良俗に反する（contra bonos mores）」は、ローマ法の成句で、日本の法律の「公序良俗に反する」という言い方にも受け継がれている。（2）コルネーリウス・ネポース『英雄伝』序・一。（3）キケロー『善と悪の究極について』一・一―二。

§ 186

キケローが『義務について』一・一三〇で次のように決めるときも、やはり相対的美的品位（§185）のみについて語っているものと理解せねばならない。「美には二種類ある。その一方には優美さが、他方には品位が存する。優美は女性的、品位は男性的である」。なぜなら、キケロー自身、完全な弁論家の「表情」において「品位だけでなく、優美をもたらす」よう要請しているし（『弁論家』六〇）、『縁者・友人宛書簡集』一〇・六では、「品位」に優美でなく「醜[1]」を対立させているからである。確かに婦人にもそれなりの品位があるのであって、ウルピアーヌス[2]は法律家にふさわしく（§15）一層正確に「男性には、より多くの品位がある[3]」と言っている。しかし、キケローの同意と許可を得て、品位を、それも絶対的品位すら全く欠くものはすべて醜い、と言うことは許されるであろう。そして真の美、特に例えば行為の美など男性的な美においては、優美に加えて特に品位を要請してよかろう（『弁論家について』一・一四二）。そして事柄と人柄は、「その品位を奪い取られることによって醜くなる」（『カエリウス弁護』三）と考えてよかろう。

（1）キケロー『縁者・友人宛書簡集』一〇・六・三。（2）ドミティウス・ウルピアーヌス（Domitius Ulpianus）（一七〇頃―二二八年）。ローマの法学者。二八〇にものぼる著作があり、後世の『学説彙纂』の中心的資料の一つである。（3）トリボニアーヌス編『学説彙纂』一・九・一（この部分の原著者はウルピアーヌス）。

§ 187

美しく思惟されるべきものの美のために私が特に選び出すのはドイツ的品位であることを、かなり大胆に認めるに吝《やぶさ》かではない（§186）。私は専らドイツ人のために書いているからである。なぜなら、ドイツ民族がローマ人に似ている点は幾つかあるが、キケローが『ムーレーナ弁護』二三の次の箇所で述べている長所も両国民に共通であることを、私は経験で知っているからである。「ローマ人」（ドイツ民族）「の好意を我々の手に入れさせるような学藝は、すべて賛嘆すべき品位と極めて快い有用性を持っていなければならない」。我々の美的技術は、絶対的品位を一般的に、かつ強く勧めているし、また、相対的品位をも一層はっきりと眼前に据えるものであるが、その技術自体も絶対的品位を持つものであろうし、それだけでなく、市民のうちの、苛酷ではないが有力な判定者は、或る種の相対的品位をもそれに認めることであろう（§185）。

§188

しかしながら、私の考えが誤っていないならば、§182の(1)と(3)、即ち消極的なあり方の美的品位の方は進んで認めるのに対し、(2)と(4)では、美しい思惟がなされるとき、正当にして美しいものにとって必要である以上に厳重なものを要するようなものが要請されている、と判断する人々がドイツの市民のうちにもいるであろう。しかし、そういう人々に対しては、次のような仕方をとれば、かなり容易に私は弁明できるであろう。(1)そういう人々は、二つのものをかなり注意深く区別することを学ぶがよい。その二つとは、無言、暗黙のうちに、長い時間をかけて、極めて間接的に、比較的小さな徳性の規則に幾らか寄与するものと、明確、明白な忠告である。(2)美しい認識の主要な特質である生命（§22）を一層しっかりと検査し、いかに多様な仕方と程度においてそれが見事に現れるのが常であるかを見るがよい。しかしここでは（§169）、自分のことを

「エピクーロスの群れの中にいる豚[1]」

つまり大食漢であると言う者と同じまたはそれ以下を、徳性と正しさの学科の点で要求したとしても、私が咎められることはありえない、と言うことで私は自分を弁護しよう。ホラー

ティウスは詩人一般について再三再四それを主張している。例えば次の箇所がそうである。「詩人は有益であることと、喜ばせることの二つを目指す。そして、快適であると同時に生活にふさわしいことを語ろうとする。読む者に喜びと忠告を等しく与えることによって、快に有用性を混ぜ合わせる者は満票を得るだろう(2)」。

(1) ホラーティウス『書簡詩』一・四・一六。(2) ホラーティウス『詩論』三三三―三三四、三四三―三四四。ただし、この詩句の前半のホラーティウスによる原文は「詩人は有益であることか、喜ばせることか、或いは、同時に快適であり、生活にふさわしくもあることを語ろうとする」であるから、かなりの変更がバウムガルテンによって施されていることになる。なお、§518註(2)参照。

§189

美的大きさ(§177)と品位(§182)は絶対的と相対的に分けられたが(§178、185)、また客観的(物事、素材の)大きさと主観的(人格の)大きさにも分けられよう。客観的大きさとは、大きさと品位の点で釣り合いのとれたものが美しい天性と心によって(第二節)色づけられうる理由が、主として対象と思惟されるべきもの自体に存する場合である。主観的大きさとは、欲求と決断によって与えられた素材を、可能な限り、そして許される限り、大きさと品位において美しく眼前に据える一定の人物の物理的可能性、能力のことである。それはたとえ限定的、仮設的にそのようなものであっても差し支えない。このうち後者(主観的大きさ）を美的気宇壮大さと荘重さと呼ぶことにしよう（E、§四八九）。

§190

それを記述すべく一瞥しただけで直ちに或る種の美を伴って我々の目に描き出されてくるような物事、素材がある。かつてウェルギリウスの目に描き出されたのもそれであった。

「より大きな世界秩序が私には生まれる。より大きな作品を私は試みる」（『アエネーイス』七・四四）。

ウェルギリウスは、彼の生存中に再興するであろう黄金時代について次のように予言しているが、そのことを、自分の力を正しく測りつつ、自分が美しく作品化すべき、かかる主題について予言しうるような者は幸いである。

「トラーキアのオルペウスも、リノス[1]も私を詩で負かすわけにはいくまい。確かに一方には母親が、他方には父親が、つまりオルペウスにはカッリオペーが、リノスには美しいアポローンがついてはいるが。パーンの神ですら、アルカディアを審判として私と競うなら、パーンですら、アルカディアを審判として自分の負けだと言うであろう[2]」（§189）。

（1）アポローンとテルプシコラー（合唱隊抒情詩と踊りのムーサ）の子、オルペウスとヘーラクレースの師。（2）ウェルギリウス『牧歌』四・五五—五九。

第一六節　素材の絶対的大きさ

§191

素材の絶対的美的大きさ（§189）は、人間の美的地平内部で構成されたとき（§119、127）、美しく思考しようとする人が、全く大きさを欠く（§177）対象や素材、即ち、本当の些事（最も低い、つまらぬ物事、がらくた、くだらないもの）を、思惟対象、主題として選び取らないよう要請する。「私は些事を歌う詩人を聞く気はない」[1]（キケロー『ストア派のパラドックス』三）。それ故、ペルシウス（『諷刺詩集』五・一九）が次のように言うのは全く正しい。「煙に重みを与えるのがせいぜいの仰々しい些事で私の頁を膨らませる仕事に熱中するのはごめんだ」（§182）。

（1）キケロー『ストア派のパラドックス』三・二六。

§192

「もし或る人が山羊の毛、つまり、くだらないことについて争論し、些事のために武器をとって戦うならば[1]」、自分の言い抜けを美的地平を越えて持ちあげようとするのでない限り（§121）、論争の素材はこのこと（§191）に関連している。カトゥッルスとマルティアーリスが、§184で述べた恥ずべき法則に従って書いた自分たちの思惟内容を些事と呼ぶとき、彼らはそれに対してあまりに寛容すぎる。しかしながら、彼らが一層美しく懐胎したものを同じ些事という装いで包むときには、§179で述べられたエイローネイアとして解釈せねばならない。実際には些事でないものが些事と見做されることがしばしばある。例えば§100の場合がそれである。また、「誰一人足元を見ずに天界を眺めている」というデーモクリトスの考えも、正しく理解されればそれに属するだろう。キケローは『占いについて』二・二〇でそれを誤って攻撃し、大きな些事に入れているが、それは、「自然哲学者ほど傲慢なものは何一つ」無いという言葉と同様、正しい見方ではない。

（1）ホラーティウス『書簡詩』一・一八・一五―一六。

§193

美的品位（§182）には絶対的、相対的（§185）、及び客観的、主観的の別があるが、また別の区別の仕方がある。即ち、§182の(1)と(3)の条件がそれに認められる限りで消極的、また、(2)と(4)の条件も同時に観察される限りで積極的とこれからは呼んでよかろう。そして我々は既に美的〈エートス〉の高貴な部分に着手しているのであるから、何よりも先ず道徳的可能性の研究を介して（M、§七二三）、美的な性向ないし美的なものに認められた性向として一般的に美的〈エートス〉を定義することにしよう。この定義は少なくとも心理学者たちにとっては明白である。「少なくとも私の思うところ、ローマの言葉は〈エートス〉に当たる語を欠いている。それは性格（mores）と呼ばれている。……しかし事の実際を観ると、それは性格よりも、むしろ性格の或る特性を指すように私には思われる[1]」（クインティリアーヌス、六・二）。

（1）クインティリアーヌス『弁論家の教育』六・二・八―九。

§194

美的〈エートス〉もまた、消極的と呼ばれる種類、部分（§193、182）と、積極的と呼ばれる種類、部分を持つ。前者の定式はこうである。物事、順序、及び、例えば措辞などの表示形式（§13）が美しいものとして志向されている場合、道徳的に不適当なものがそれらのうちに理性類似者に対して現れることがないような仕方で、それらが整備される（§16、22）。積極的美的〈エートス〉とは、今述べたものが更に徳性と調和、一致し、経験、習慣から道徳的、倫理的、経済的、政治的になされうるものと美しく和合していることが、それによって現象者となったり、理性類似者に観察可能なものとなったりするものである（§23）。

§195

我々は〈エートス〉の部分のうち、先ず第一に、自然的なあり方の思考が与えるであろうものに向かおう（§194）。もし絶対的なそれのみを理解するならば（§182、185）、美的品位が要請するのは、美的地平内部でそれが構成され、豊かさ、生動性等々をもって（§22）把捉されねばならない場合に、すべての品位を全く欠くような思惟対象を選んだり、ましてそういう主題を選んだりしないように、ということである。これらの思惟対象、主題は下劣で平民的な対象である。それらは御柳《ぎょりゅう》よりもむしろ泥土に（§178）比すべきものであり、御柳を低いと呼ぶなら、泥土の方は最も低く卑しいものと言わねばならないだろう。

§196

「生まれも、受けた教育も最も良い者であれば、誰でも」（なお、これは実践的美的主体の人格である。§45、54、63）、「卑しきこと、低きことを何ら考えない」（キケロー『善と悪の究極について』五・五七）。彼らは誰も

「卑しい話しぶりをして、あやしげな小屋に出入りしないようにせよ[1]」。

「なぜなら、馬と父祖と財産を持つ者たちが不快感を覚えるから[2]」（ホラーティウス）。

私がこれに関係づけるのは、§184、192で言及した最も醜い卑しさだけではない。

「もしうまく○○○したり、慎み深く舌が公言することができないようなことを何か友人がしたりすると、それを讃めそやす用意をしている[3]」（ユウェナーリス）

卑屈な諂《へつら》い、そして、従軍商人、従軍奴隷の間で罵詈雑言をもってなされる派手な悪口も私はこれに関係づける。この種の悪口をかつて何人かの批評家は――何たるお人よしか！　何たる批評家か！――自己の豊かさと富の記録にしようとした（§195）。

（1）ホラーティウス『詩論』二二九。（2）同書、二四八。（3）ユウェナーリス『諷刺詩』三・一〇六―一〇七を多少変えてある。

§197

大きなものと小さなもの、

「重さのないものと重さを持つもの」[1]（§177）、品位のあるものとないもの（§182）、正しいものと正しからざるもの（§196）を軽率に混同しないよう、素材の絶対的大きさと品位を判別せねばならないが、その際に美しく思惟されるべき素材から除かれていないものとして、次の七つがある。(1)幾らかの美を、そして時には最高の美を持っているもの（§178）。ところが或る人々、いわば巨人族の小さな兄弟[2]は、自分だけを大きいものと考え、自分だけが賛嘆する巨大な尺度にすべてを関係づける。そこで、彼らが見出しうるのは、何の役にも立たないもの、低くしか評価されないもの、単なる些事のみなのである。宗教ですら多くの人にとって

「実質を伴わないなら、藻屑である[3]」

以上、「エパメイノーンダースの音楽[4]」を引用するまでもあるまい。

（1）オウィディウス『変身物語』一・二〇。（2）巨人族は大地の子で、親が不明の子をそう呼ぶ。ユウェナーリス『諷刺詩』四・九八参照。（3）ホラーティウス『諷刺詩』二・五・八。（4）コルネーリウス・ネポース『英雄伝』序・一。なお、§201参照。

§198

(2)或る種の相対的、比較的な大きさは確かに欠けているが、絶対的大きさ(§178)は欠けていないもの。例えば、会話や親しい者同士の書簡に含まれているものであり、この場合には、我々はたった二人でも「互いに十分大きな劇場である」[1](セネカ)こともある。コリュドンはそのような者として現れる。

「アレクシスよ、私は君に見下されている。私が誰であり、白い羊をどんなに沢山持っており、どんなに乳に溢れているかを君は尋ねない。一〇〇〇匹の私の羊がシキリアの山々を歩き回っている」(ウェルギリウス『牧歌』二・一九)。

(1) セネカ『倫理書簡集』七・一一。

§199

(3)不純な心ならば、その素材自体とその様々な要素、帰結において、徳に敵対するものを少なからず考えだすことがたとえできるにしても、純粋な心ならば、それ自体としても、またその様々な要素と十分多くの帰結と共にでも、豊かに、生き生きと、そしてその他§22で述べたような仕方で思惟することができるもの。例えば次のものがそれである。

「ティーテュルスよ、君はのんびりと木蔭で、『姿よきアマリュリス』とこだまを返すことを森に教えている[1]」。

(4)他の人々によって思惟されるときには気に障らないが、気難しい徳や見せかけの徳には不快をもたらすもの。こういうものは嫉妬によるという疑いを持たれる。例えばマルティアーリス、九・九八の

「私は愛されているし、認められてもいるので」

がそれである。

(1) ウェルギリウス『牧歌』一・四―五。

§ 200

(5)すべての人と年代、時と所に調和するわけではないが、健康な大きさと品位を十分備えた人(§197)には調和するもの。

「スキーピオーの勇敢さとラエリウスの円熟した知恵が公衆から隠遁してからは」、ルーキーリウスと「ふざけあい」(§192)、くつろぎ、「野菜が料理されるまで気楽に戯れるのが常であった[1]」(ホラーティウス『談論』二・一・七五)

のがその例である。(6)明白に、或いは直接に、或いはより密接に徳を印象づけるわけではな

いもの。例えばルクレーティウス、一・四九がそうである。

「天と神々の最高の理法について論じよう。そして、ものの始原を開示しよう。この始原から自然はすべてのものを生みだし、育て養うのである。そして自然はまた、死滅したものを再びその始原へと解体する」[2]。

(1) ホラーティウス『諷刺詩』二・一・七一—七四。(2) ルクレーティウス『事物の本性について』一・五四—五七。

§ 201

(7)或る種の相対的、比較的品位は欠けているが、絶対的品位(§188)は欠けていないもの。例えば次のものがそれである。「エパメイノーンダースは、正しく舞い、巧みに笛に合わせて歌った」[1](コルネーリウス)。加えて、アナクレオーンと、有名なカトゥッルスの雀がある。カトゥッルスは第二歌で生きている雀を、第三歌で死んだ雀を歌っている。

「嘆くがよい、ウェヌスたちよ、クピードーたちよ、そして、美を識るすべての者たちよ。私の恋人の雀は死んだ。私の恋人のお気に入りの雀は……」[2]。

(1) コルネーリウス・ネポース『英雄伝』序・一。(2) カトゥッルス『カルミナ』三・一—四。

第一七節　素材の相対的大きさ

§202

絶対的大きさと品位が適合する素材（§182、185）は、それがどんな相対的大きさ（§180）と品位を持つかによって三種に分かれる。Ｉ：相対的大きさと品位が最も少ないのは、植物では御柳《ぎょりゅう》に喩えられるものである。これは、美的主体にふさわしい一定の広さは持っているが、かなり小さい誉れにしか値しない。これを簡素な素材と呼ぶ。人格、人格的対象もこれに属することをあなたが疑わぬよう、我々もデーメートリウス[1]にならって述べよう。

「名をウォルテイウス・メーナ、客引きで、財は乏しいが、前科はなく、然るべきときに働き、また休み、稼いでは使い、名もない仲間と、ぼろ家と、祭りと、仕事を終えた後のカンプス・マルティウスを楽しんでいる」（ホラーティウス『書簡詩』一・七・五五）。

（1）次に引用されるホラーティウスの詩の中でメーナについて報告する奴隷。

§203

II：最も大きな相対的大きさと品位を持つのは、植物では森に喩えられるものである。やはり美的主体にふさわしい広さを持っていて（§202）、最も大きな誉れに値するものである。これを、すぐれて大きく、壮大で、崇高な素材と呼ぼう。セネカが、物事に内的に備わる大きさと品位を審査しつつ、「これらの悪徳（奢侈、貪欲、情欲、野心）すべてがどれほど進展、拡大するかは問題ではない。それらは狭く、惨めで、卑しいものである（§195）。ひとり徳のみが高く、（道徳的にも）卓越している。そして」最後の言葉に至るまで「同時に温和であるものだけが偉大である」[1]と言うとき（『怒りについて』一・一六）、私は反対しないであろう。しかし、我々の見るところ、この話に関わる対象的大きさ、品位は、対象自体に内属するものではなく、対象に内属するものが何であるにせよ、その対象について大きく、品位ある思惟を形成しうるような、かなり近い原因を含んでいるものである（§189、18）。

（1）セネカ『怒りについて』一・二一・四。

§204

正しい持ち前のうちには、卑しくも低くもないが、簡素（§202）でありうるものがある。それは、⑴或る種の、相対的に大きな自然的大きさを持たないものの場合や、⑵道徳的ではあるが、理性類似者によって観察されうる（§181、182）多くの要素、帰結に与《あずか》らないものの場合である。これと同様に、悪しき持ち前、悪事のうちには、美しく思惟しようとする者の目には大きな素材、否、壮大な素材とも見えるようなものがある。それは、⑴かかる持ち前、悪事の諸要素及び質料の点で、遠くまたは近く連関する現実的なもの（M、§九一四）、及びその形相自体がかなり多数の帰結を介して自然的大きさを持つもの、更には、質料的悪または形相的悪から流れ出てくることが理性類似者自体によって開示されるべきものの場合、及び、⑵論述対象の形相ではなく、その大きな醜さが、美的に思考しようとする人によって眼前に据えられるべき主題として選ばれる場合である。⑵は確かに、最も品位をもってなされうることである（§18、203）。カティリーナの犯罪がキケローとサッルスティウスにとっては壮大な主題であったと思われたのはこの理由による（§89）。また、ペトローニウスは、

「巨大なデーモステネースの武器を振るい、剛胆なキケローの壮大な言葉を吐く[1]」

よう助言しているが、それもこの種の主題においてでなければ容易ではない。

（1）ペトローニウス『サテュリコン』五。

§205

道徳的には中立であるように見えるが、もし品位のうちに据えられるならば、自然的大きさだけは（§187）、相対的に最も大きなものを持っているものも、美的に壮大な対象（§203）から私は締めだすつもりはない。かかる大きさは確かに消極的なもの（§193）にすぎないが、それにも拘らず最高の注意深さをもって保護するようにせよ（§203）。ルクレーティウス、一・七二〇がシキリアについて語る壮大なことがそれである。

「ここに大きなカリュブディスの唸りがあり、ここでアイトナの炎の唸りは(1)」。

しかし彼が次のように続けるときには、十分品位を持っているだろうか。

「再び怒りを集める気配を見せる(2)」。

私としては、壮大な思惟を持とうとするときには、

「人間の種族には多くの仕方で驚嘆すべき偉大な地方であると思われる(3)」

とだけ言って、

「訪ねるべきと言われている(4)」

などと付け加えたりはしないであろう（『アエネーイス』三・五七一以下参照）。

（1）ルクレーティウス『事物の本性について』一・七二二―七二三。（2）同書、一・七二三。（3）同書、一・七二六―七二七。（4）同書、一・七二七。

§206

しかし、類的に最も大きいもの（§203）は、最大と言ってよい消極的な自然的大きさ、品位を持つものであるが、或る種の積極的品位（§193）も付け加わってくるものが、それらから現れることがある。次に挙げる『神々の本性について』二・一六六の言葉は、もしもキケローがそれを本心から書いたと考えてよいならば、これに属するであろう。「偉大なる人が神的霊感なしであることはかつてなかった。一六七：わが国の人々（ストア派）と、哲学の開祖ソークラテースが徳の豊かさについて語ったところによれば、偉大な人々にとっては万事が順調に進む。一六八：本心からそうするにせよ、偽ってそうするにせよ、神々に反対の論を立てるのは、悪しき不信心な習慣である」。

§207

クインティリアーヌスが考えるように（八・三）、確かに「立派なもの、崇高なものは人によって異なる」[1]が、同様にまた、より簡素なものとさほどでないもの（§202）も人によって異なる。ここで簡素さ、崇高さは、悟性と理性のみが、できうる限り判明に表象されたものにおいて開示するものと考えられてはならない（§15、16）。そうではなく、観察可能な、美しく据えられるべきもののうちの最小のものから最大のものへと、優れた理性類似者を介して、品位を伴いつつ少しずつ高まっていく素材の複合体は、その全体を三つの部分に等分せねばならない。一番下層には、美的に簡素な素材があり、一番上層には、美的に崇高な素材がある。このいずれも更に、大きさと品位の諸段階を自己のうちに含んでいる（§203）。

(1) クインティリアーヌス『弁論家の教育』八・三・一六。

§ 208

Ⅲ：素材の第三の種類は、植物では灌木に喩えられるべきもので、簡素なものと崇高なもの（§207）の中間部を占める。これを中間的素材と呼ぼう。それは「介在的、中間的であり、いわば中庸を得たものであり」、簡素なものと崇高なものに「隣接し、そのいずれにも関わっている。或いはむしろ、本当を言えば、いずれにも関わっていない」[1]（キケロー）。その例は、テレンティウス『アンドロス島の女』一・一における、パンピルスの描写である。「大方の若者が皆していること、つまり馬や猟犬を育てることや、哲学者のところに行くのに熱中することについては、彼は決してこれらの一つに特に熱中することなく、すべてを中程度にやっている[2]」。

(1) キケロー『弁論家』二〇。(2) テレンティウス『アンドロス島の女』一・五五―五九。

§ 209

ロンギーノスが〈何ら偉大なものはなく、それを見下すことこそが偉大である〉[1]（第七章）と言うとき、大きなもの（§177）――それはたとえ相対的に大きなものであってもよいが（§203）――と、かかる大きなもののうちで最大のものとを混同しているように思われる。彼はその例として、諸々の名誉、品位、及び〈外的装飾を多く持っているもの〉一般を挙げている。そしてその理由をこう説明している――それらは賢人には際立つ善とは思われず、それらを軽蔑することが黄金の中庸であり、それらを享受している人々よりも、それらを持っているのに軽蔑している人々の方を我々は一層賛嘆するのである（§207）――。更に進んで、すぐれて崇高なるものの性格をはっきり示し、〈常に、かつ万人に満足されるもの〉がそれであるとするとき、果たしてこの大きなものに確実に包摂されうるようなものが何かあるかどうかは疑問である。もしあるとするならば、それは確かに大きなものではなく、最大のものであろう。彼が第八章で〈激しい、憑かれたパトス〉[2]を要求する場合がその例である。§203で引用したセネカと比較するがよい。

(1) ロンギーノス『崇高について』七・一。(2) 同書、八・一。

§210

ロンギーノスが第八章で、崇高（§203）をパトス的なものから区別しているのは正しい。なぜなら、幾つかの

「軽い心配は語り、大きな心配は黙す」[1]（セネカ）

からであり、また、感情なしにも崇高はありうるからである（§205）。同時にしかしロンギーノスは、必要な場合における激しい情緒ほど壮麗なものは何もないと、確信をもって主張している（§206）。第三三章以下でロンギーノスは、欠陥を伴う大きさ（つまり相対的崇高のことである。§203）が、あらゆる点で健全で、欠陥を持たないもの（§208）より優れているか、という問題を詳しく論じている。この場合、二つの量――即ち、(1)付着している短所の総計を差し引いても、なお残っている合計と、(2)その段階の美が除去すべき欠点をたとえ免れているにしても、或る主題について美しく思惟されるべきものの合計が前者(1)の総計以下に留まるような仕方で思惟された何らかの中間的な主題――を比べてみた場合、前者(1)の方が美しいほど、崇高とそれを取り巻くものが美しいものとして思惟されるべきものであるならば、美的哲学者はロンギーノスのその主張に容易に同意することになろう。中間的なもの（§208）においては短所と見えるばかりか実際にも短所である多くのものが、それに結び付いた崇高を前にしては、短所ですらなく、そう見えるにすぎないということを付け加えて

おこう。これは、好ましい破格（§25）である。

（1）セネカ『パエドラ』六〇七。

§211

我々がここで徳及び良き徳性と見做すのは、現象者となるか、または、人間の交際、外的生活によって観察される限りのものだけである。従って、徳の影そのもの（§45）も除外されてはいない。この影と真の徳の区別は、悟性と理性を介してのみ開示されるであろう（§15、16）。それ故、神に対する外的崇拝、習慣、儀式、祭式、慣習、外に示された明敏さ、化粧術、外的状態への配慮、礼儀に属する諸々の義務一般と特に作法――これらは、積極的なものであれ、消極的なものであれ、幸福な生の規則を純粋理性を介してできる限り省察する人が通例理解するのとは幾分か異なった関係を、より重大な倫理学に対して有していることは明らかであろう（E、§二一〇、三八三ほか）。

§212

そして、徳と良き徳性が、人間の自然状態において美的主体によって一般的、かついわば無際限に直観されることは必ずしも常にあることではないし、むしろ極めて稀である。そういうことは大抵は、一層精密な倫理学者にしか言えない（E、§一、九）。むしろここで徳と良き徳性が現れてくるのが見られるのは、自然状態の特殊的諸様態（E、第二部）においてであり、それのみでなく、同時にまた人間の社会状態において、家族と親族、生活の様々な種類、それから多様に相違しあう社会、国家と、市民間の絆による、殆ど無限に豊かな結合においてでもある。しかもこれらの集団は、哲学者が抽象する普遍的なものばかりでなく、それが身体のあれこれの位置に基づき、場所と年代に応じて変わりうるものである限りにおいて（§22）、特殊的なもの、いやそれどころか個別的なものであってもよいのである。「すべての人にとって同じものが立派であったり醜かったりするわけではなく、古来の習慣によって判断されるすべての[1]」（コルネーリウス）ものにここではとりわけ注目せねばならない。

（1）コルネーリウス・ネポース『英雄伝』序・三。

§ 213

これらの視点から（§211、212）徳と賞賛されるべき徳性とを観想するならば、それらは確かに多くの段階によって互いに異なっているにも拘らず、或る種の緊密さ（§166）をもって三種に分けることができる。それはちょうど、過ちや欺瞞の段階が認識しようとする人々によって注意深く分けられ、また、殆どすべての述語が文法学者たちによって分けられるようなものである（§180、207）。(1)第一の種類は、**単純に立派な生き方**である。これは、良き道徳を持つ生き方の一段階であり、いかなる身分、教育、習慣、運命を持つ人格といえども、その人格が良くあろうとするならば、それを達成するために十分な力を持っていると思われる段階である。(2)第二の、**徳性と高貴な生き方**は、§211、212の意味で良き道徳を持つ生き方の一段階で、かなり良い素質を持ち、しかも、かなり恵まれた教育を受け、通常の経験ないし或る種の学問を持つ人々のうちにのみ通常見出しうるものである。たとえ老齢になっても必ずしも万人がそれに達しうるものではない、と判断してもあまり間違いはなかろう。(3)**英雄的徳、及び格別の威厳と結び付いた生き方**。§211、212の意味で把握された最も良く生きる方法であり、これに到達すること、或いは、一層難しいことだが、これを均一に、良い意味で常に保つこと

「ができるのは、好意あるユッピテルが愛し、燃ゆる徳が天へと高めた少数の者、つまり神々の種族のみ[1]」

である。

（1）ウェルギリウス『アエネーイス』六・一二九―一三一。

§214

生きることを知る者（E、§三九〇）は、§213で短く、しかし十分明白に指摘された相違を自分で一層豊かに思い描くがよい。そうすれば美的品位（§182）、即ち相対的なもの（§185）、及び客観的なもの（§189）の次のようないわば尺度を懐胎することに躊躇することはないであろう。単純に立派な生き方：簡素なもの（§202）＝高貴な生き方：中間的なもの（§208）＝英雄的生き方：崇高なもの（§203）。

§215

人間的事物の境界であるもので、エピクテートスの言うように[1]、二つの把手——支え持つことができるものとそうでないもの——を持たないようなものは殆ど無い。絶対的品位を持つ対象だけでなく、崇高な対象ですら、その或る部分から考察されるならば、同時に別の把手をも持っている。この別の把手を一層しっかりと検査するならば、崇高が消え去るだけでなく、品位全体が消え去ることすら稀ではない。第一五、一六節と比較すればわかるように、自然的大きさもこれと同じあり方をしている。ここからして一層観察しやすいことであるが、対象、素材の中には、一見したところでは常に同一に見えるのに、その様々な位相、様々な要素、契機のうちいずれに最も注目するかに応じて、時には低いもの、ないし少なくとも簡素なものになり、時には中間的なものになるものもあれば、時に中間的なもの、時に崇高になるものもあるであろう。更に対象のうちには、その様々な側面のいずれが観客の目に提示されるかに応じて、相対的大きさと品位の全段階を貫きうるものもある（§202、214）。「或ることが誰によってなされるかによって、どれほど大きな違いがあることか。同一の行為でも、行為者が有名であるか無名であるかによって、極めて高く持ち上げられたり、極めて低く貶められたりする……[(2)]」（小プリーニウス『書簡』二・二四）。

（1）エピクテートス『提要』四三参照。（2）小プリーニウス『書簡』六・二四・一。

§ 216

ウェルギリウスは『牧歌』において大方は簡素なものを追い求める。フォスは[(1)]『詩選』五・三五で写本を次のように読んでいる。

「実を結ばぬ細麦と不毛な燕麦が生える[(2)]」。

同じウェルギリウスが（§215）『農耕詩』では中間的な対象を求め（第一巻、一五四）、次のように思惟している。

「実を結ばぬ細麦と不毛な燕麦が支配する」。

これと比べると、『牧歌』の詩行はより小さいように見えるが、それも理由のないことでは

ない。しかし、プルーデンティウスのように、壮大な『罪の起源』を思考しようとする人が堕落の絵に

「実を結ばぬ細麦と不毛な燕麦が生える」

と書き込み、その後になおも続く惨事と荒廃の絵に

「実を結ばぬ細麦と不毛な燕麦が支配する」

と書き込み、最後に、当然ではあるが、やはり悲しむべき結末の絵に

「実を結ばぬ細麦と不毛な燕麦が」焼かれる

と書き込むならば、素材の重さに応じて一層偉大な他の着想の間にあっても、これらの思惟は高邁な素材を決して貶めるものではないと私は思う（§215）。平和の産物もまた簡素、中間、壮大、いずれでもありうる。

（1）フォス『アリスタルコス』四四八頁。（2）ウェルギリウス『牧歌』五・三七。

第一八節　素材と思惟の釣り合い一般

§217

自分の人格的及び物的対象に、そして、思惟主体ないしその何らかの状態が同時にまた自分の対象であったり、それに一致して思惟せねばならない（§177）対象であったりする限りにおいては、思惟主体そのものに思惟が釣り合い、相応することを美的大きさは要求する。絶対的に大きな対象や相対的に大きな対象よりも小さい種類の思惟は〈低さ〉（卑しい、地を這うあり方の思惟）である。自分の対象よりも大きいあり方の思惟は膨張（冷たさ[1]、膨張し、膨れ上がった、高すぎる、高揚しすぎた思惟のあり方）である。絶対的に大きな対象に思惟が釣り合っていることは長所であり、その反対の欠点は、欠如においては〈低さ〉、過剰においては膨張である。

（1）事柄にとって不相応に膨らませた文体は、古代にも、やはり「冷たい（paychros, frigidus）」と形容された（Cf. Heinrich Lausberg, *Handbuch der literarischen Rhetorik: eine Grundlegung der Literaturwissenschaft*, München: M. Hueber, 1960, §1076）。

§ 218

かくしてキケローは、「低く卑しい言葉も、あまりに高い、高揚した言葉も認めないが、しかし、聞き手を一層大きな賛嘆に導くために、言葉が重みに満ちている（§189）ことを望むアリストテレース」（『弁論家』一九二）に従っている。キケローが『ロスキウス弁護』一五六(1)で述べる如く、低さは品位一般に対立するのであるから、低さは美しい思考から追放されねばならない（§195）。しかし、同時に膨張も追放されねばならない（§217）。「手が腫れているとき、それは正しい状態にあるだろうか。また、その他の部分が腫れ上がっているとき、それは具合が悪くないだろうか。同様に、高揚し、膨らんでいる精神は悪徳の中にあるのである。これに対し、賢人の精神は常に悪徳を欠き、決して高ぶらず、決して増長しない」（キケロー『トゥスクルム荘対談集』三・一九）。

（1）『ロスキウス・アメリーヌス弁護』一三六の誤りと思われる。

§
219

「あなたは名誉欲で膨れ上がっているのか（§217）。心浄くして一つの書を三度読めば、あなたを刷新しうるような或るお祓いがある」(1)（ホラーティウス）。これは、実例によって実践的になされることもあろうし、思惟を物事と呼ぶならば（§18）、「物事には節度があり、一定の限度がある。それを過ごしても、また、それに不足しても、正しいものは存在できない(2)」ということが真実であるのを同時に示すことによって、理論的になされることもあろう。つまり、こよなく神聖なこの法則を忘れない者は、低いものを避けうるだけでなく、同時にまた、胸のうちで自分自身にこう言うことができるであろう。

「それ故、時宜を得ぬ驕りを抑制せよ[3]」（オウィディウス『悲しみの歌』）。

（1）ホラーティウス『書簡詩』一・一・三六―三七。（2）ホラーティウス『諷刺詩』一・一・一〇六―一〇七。（3）オウィディウス『悲しみの歌』五・六・四五。

§220

「我々詩人の大部分は、正しいものであるという外観によって欺かれる。壮大なものを約束した者は、大げさなものになる。あまりに慎重で、嵐を恐れる者は、地面を這い回る[1]」（ホラーティウス）。

「いつも無理して広い海に進むこともなく、また、注意深く嵐を恐れつつ、危険な岸辺にあまり接近しすぎずにいるならば、一層正しい[2]」航路を君はとることになるであろう（§217）。

というのも、その場合には、自然的なあり方の思惟を追求することになるからである（§104）。なぜなら、

「私が思うに、確かに我々は皆、状況の移りかわりに応じて、大きくなったり、凋《しぼ》んだりする（§195）というのが本当のところである[3]」（テレンティウス『義母』三・三）

からである。

（1）ホラーティウス『詩論』二四―二八。（2）ホラーティウス『カルミナ』二・一〇・一―四。（3）テレンティウス『義母』三七九―三八〇。

§221

従って、避けるべきものが二つある。I：つまらない（些細な）あり方の思惟。これは、本当の些事について（§191）たわ言を言う者、つまり、対象に釣り合った思惟を形成、提示する者が持つ思惟のあり方である。つまり、この思惟のあり方は、絶対的に大きなものよりも小さく（§178）、対象に釣り合っているという点では正しいものである（§177）。かくして〈低さ〉の第一の種が構成される（§217）。

「実際、些事を放擲《ほうてき》して、知恵を持ち、子供の年齢向きの遊びは子供に譲るがよい[1]」。つまり、プラウトゥスの「たわ言を多く語る者[2]」でもない限り、このような結婚菓子のうちに月桂樹の枝を捜し求めること[3]のないように。

（1）ホラーティウス『書簡詩』二・二・一四一―一四二。（2）プラウトゥス『ペルシア人』七〇三。（3）些事に名誉を求めることを意味する。出典は、キケロー『アッティクス宛書簡集』五・二〇・四。

§222

II：本当の些事について（§191）、それがかなりのものであるかのように（§177、178）扱う思惟のあり方。これは、**膨張の第一の類**（§217）である。これは更に三種に分けられる。第一種は、たとえ簡素なもの（§202）であっても、絶対的に大きなものに不幸にも些事を据える場合。第二種は、些事を中間的なものの間に挿もうと試みる場合（§208）。そして最大の種は、まるでそれが壮大、崇高なものであるかのように些事について思惟する場合である（§203）。

「極めて大きな物語が無から生ずる[1]」のは常に滑稽である。しかし特に滑稽なのは、次のような場合である。

「私の裁判は、暴行でも、殺人でも、毒でもなく、三頭の山羊についてのものです。それが隣人の盗みによってなくなったと私は訴えているのです。判事はそれを立証するように要求しています。ところがあなたは大声を上げ、腕を振り回して、『カンネー』とか、『ミトリダーテース戦争』とか、『ポエニー人の狂気の偽誓』とか、『スッラ』、『マリウス』、『ムーキウス』とか叫んでおられます。ポストゥムスさん、そろそろ三頭の山羊について話してください」（マルティアーリス、六・一九）。

（1）プロペルティウス『詩集』二・一・一六。

§ 223

しかしながら、我々が単なる法則を恐れる者、書くことを抑制する者だと思われないよう、積極的に勧めるのは、少なくとも絶対的には大きな素材に匹敵し、釣り合ったあり方の思惟を実行することである。このあり方の思惟を、少なくとも絶対的には十分に大きい、そして筋に寄与し、それにぴったり合っていると言っても、真実にかなっているであろう（§177、217）。ところで、それは同時にまた少なくとも絶対的、消極的には十分品位のあるあり方の思惟でもあるだろうし（§182、185、193）、また、それ自身の素材の相対的大きさと品位に十分適合したものでもあるだろう（§162）。

§ 224

更にこのことからして、あまり品位のないあり方の思惟が、絶対的もしくは相対的に品位のある対象、素材に不釣り合いな欠陥の故に斥けられる。これは、自己の属する〈低さ〉の類の中でも、醜さの点で常に目立つ種である（§217、182）。この思惟のあり方による様々な種において次に注目すべきは、卑しいものについての下劣なあり方の思惟である。これは、自己の極めて低い対象に釣り合い、匹敵するもので、〈低さ〉の第一の類の中でもかなり醜い種（§221）である。例えばホラーティウス『書簡詩』八、『談論』一・八、カトゥッルス、一五・一六がそれである。

§225

また、本当につまらないもの、否、卑しい、極めて低いものであるのに、何らかの品位（絶対的なものだけでなく、相対的なものをも含めて）を、そしてひょっとすると、いささかの威厳をも、もし神嘉《よみ》し給えばそれに擦り付けようとする場合、それは膨張の第一の類のうちに座を占めうるが、この種もここでやはり斥けねばならない（§222）。例えば、小さなトリマルキオー(1)とかいう者の客が肉汁を嘗《な》め(2)、この男がそれに因んで名付けられた夜が明けると、

もう「力の弱い者の長い首を、アンタイオスを地面から高く持ち上げているヘーラクレースの首になぞらえる(3)」場合がそれである。

（1）ペトローニウス『サテュリコン』の登場人物。成金で、自邸に客を招いて宴を催す。（2）ホラーティウス『諷刺詩』一・三・八一、ペトローニウス『サテュリコン』三六参照。（3）ユウェナーリス『諷刺

詩』三・八八―八九。なお、ヘーラクレースは、雄牛のように強い首を持つことで名高い。

§226

広義の道徳的なあり方の思惟と言われるのは、〈エートス〉（§193）全体にしっかりと注目しているものである。かくして、ホラーティウスの『詩論』三一九

「花やかな箇所を持ち、正しい性格づけはなされているが、優美さは持たない物語は、重さと技術がなくとも、内容のない詩句や、響きがよいだけのたわ言よりも強く人々を魅了し、ひきとめることも時々ある」

への註として、既にアークロン[1]は、「正しい性格づけのなされた物語」とは「個々の人物の性格が最も良く表現されている」ものだとしている。さて、すべての〈エートス〉の大部分は、美しく思惟される際、先ず真実らしさ、次に説得性、最後に生命のために要請される。確かに、それを学の自然的方法で展開することはできない。また、この意味での道徳的なあり方の思惟を汲み尽くすことは許されないし、大まかにしか、しかも、結果として生ずるものを規則化することによってしか要求することは許されない（§22）。

（1）ヘレニウス・アークロン（Helenius Acron）。後二世紀の注釈家。ホラーティウス、テレンティウスらの注釈を書いたが、現存しない。今日彼の名のもとに伝えられるホラーティウスの注釈は、彼の影響を受

けた別人の手によるものである。

§227

狭義の道徳的なあり方の思惟と言われるのは、少なくとも絶対的品位を、そして時には相対的品位をも持つ素材と対象に釣り合い、かつ、釣り合いよく思惟する均一なあり方を保持し、それ故、思惟主体の性格について好意的な予断を観客からいわば絞り取るものである。クインティリアーヌスはこの点でキケローに従うと述べ、「道徳的な陳述部」を要求しつつ、「しかし弁論においては、すべての部分が、できる限り品位を伴う道徳的なものでなければならない(1)」（四・二）と付け加えている。そして、これは既にあの道徳的なあり方の思惟――つまり、ここで先行諸条件によって許されるというだけでなく、もし真に美しい思惟内容を熱望するならば、要求せざるをえないもの（§182、185）――である。

（1）クインティリアーヌス『弁論家の教育』四・二・六四。

§228

狭義の、良い道徳的なあり方をした思惟は、更に、絶対的にそうであるものと、比較的、相対的にもそうであるもの（§227、185）、消極的にのみそうであるものと、積極的にもそうであるもの（§193、194）に分かれるだろう。醜く選択された、下劣で、最も低い素材にたとえそれが釣り合っているとはいえ（§224）、狭義の、ただし絶対的に悪しき道徳的なあり方の思惟、または不敬な、または恥しらずの、または見苦しいあり方の思惟を退けるには、美の形相そのもの（§183）から引き出された論証だけで目下のところは十分であろう。

「極めて気前のよいロッリウスよ、もし私の見方に誤りがなければ、君は友人だと公言したのだから、寄食者の外観を呈するのは嫌でしょう。ちょうど主婦が娼婦と異なり、身なりも違うように、友人は、信義を知らない寄食者と異なっているものです(1)」（ホラーティウス『書簡詩』一・一八）。

（1）ホラーティウス『書簡詩』一・一八・一―四。

§229

狭義と呼ばれた（§227）この良い道徳的なあり方の思惟を、私は広義の道徳的なあり方の思惟から丁寧に区別した。それは、真実らしさへの、そして諸性格を一層実り豊かに表示しようとすることへの熱心さ自体の故に――言い換えれば、道徳的なあり方の思惟のうちの或る部分を追い求めるうちに――、品位が要請する（§227）もう一つの部分を麗しき天性が見失ってしまう羽目に落ち込むことに私はしばしば気付いたからである。なお、ここで言う品位とは、絶対的な品位（§228）、言い換えれば、この二つの完全性の衝突を避けえない場合に、悪くない例外を真実らしさの要件そのものから勧告する品位である（§25）。ユウェナーリスの猥褻さや、他の多くの諷刺詩人の放埒はここに由来する。

第一九節　簡素なあり方の思惟

§230

思惟が自己の対象の相対的（第一七節）大きさ（§217）にも相似的であることが美的大きさにとっては重要である。ここから、三種の思惟のあり方が生まれる。それらは、いずれも二種の〈逸脱〉を伴っている。言葉においてのみこの三種を認める人々は、かつてそれを言葉の三種の性格とか、型とか、形とか、更には姿とも呼んだ。

「三種の語り方がある――崇高なもの、節度あるもの、そして細い糸で緻密に織られたもの[1]」（アウソニウス）。

（1）アウソニウス『三という数の謎々』六七。

§231

Ⅰ：簡素なあり方の思惟（繊細な、細い、控えめの、精妙な、アッティカ風の、〈枯れた〉あり方の思惟）とは、絶対的品位を十分に固持し（§223）、かつ相対的にも狭義の道徳性を持ちつつも（§228）、単純に立派な生き方と単に矛盾しないのみならず（§213）、§211、212で判別されたその諸性格と正しく調和する仕方で（§214）、簡素な（§202）素材と釣り合っている（§230）ものである。この簡素なあり方の思惟を、ずっと昔、既にテレンティウスの時代に、欠点矯正者に選ばれた「老詩人[1]」が攻撃している。

「言葉が細く、書法が軽いのは」欠点である。「なぜなら、『牝鹿が逃げ、犬が追いかけ、牝鹿が助けてくれるように泣き叫ぶのを、狂気の若者が見る』と彼は書いていないから[2]」。

（1）ルスキウス・ラーヌウィーヌス（ラーウィーニウス）のこと。テレンティウスの先輩にあたる喜劇作家で、テレンティウスは自らの劇の幾つかの前口上でこの人から受けた攻撃に言及している。続く引用部分もその一つで、「牝鹿が……」の部分は、この人の作品中にある言葉であろう。（2）テレンティウス『ポルミオー』前口上・五―八。

§232

キケローに従った多くの人々は、この賞賛されるべき（ただし美的にであるが）思惟のあり方と、最も重要なことどもについて、できる限り哲学的、学問的に探究するあり方とを混同している。この混同の理由は、かなり重要で、本当に立派な（§211）諸現象を、そして個別的でないだけで、極めて限定された諸々の壮大なこと（§212）を取り巻くのが常のあの輝きがこの両者には欠けている点で、両者が一致するということである。例えば「不死の神々について、敬神について、和合について、友情について、市民の共通法について、人間の法について、諸民族の法について、正義について、節制について、大きさについて、徳のすべての種類について(1)」思惟せねばならないとしよう。「私は、哲学者たちがこれらのことすべてについて片隅で暇つぶしに議論するのは認めるけれども、哲学者たちが或る簡素で貧しい言葉」（即ち、その中心的部分は美学の諸規則では検証できず、それらの規則を超越する論理的（§122）言葉）「で論ずることを、すべての重みと快さとをもって展開する仕事は弁論家に割り当て、任せよう(2)」（『美学』§124、123）。キケロー『弁論家について』一・五六、五七、『善と悪の究極について』三・四〇、『弁論家』四六参照。

（1）キケロー『弁論家について』一・五六。（2）同書、一・五七。

§233

簡素なあり方の思惟は更にそれ自身の諸段階を容認する（§231）。その第一にして最も低い段階は、極めて簡素なあり方の思惟と呼んでよかろう（§207）。「他人の領分を侵害しない文法」[1]がその例となろう。ここでこういう限定をつけるのは、「甘い教師たちが子供たちにお菓子を与えて、いろはを勉強させる」[2]（ホラーティウス）とき、「文法は、源では（最も）細い流れなのに、詩人や歴史家たちの力を受け取って、既に川床を十分一杯にして流れているからである」[3]（クインティリアーヌス、二・一）。けれども、諸学科の連環全体においては、文法が簡素さを越えて高まることはない（§202）。キケローの『カエキーナ弁護』を簡素さのもっと上位の段階に数え入れることにしよう。キケロー自身それを中庸のあり方、及び荘重なあり方と区別された繊細なあり方の思惟に数え入れているのだから。[4]

（1）クインティリアーヌス『弁論家の教育』二・一・一。文法が、本来弁論術の領域に属するprosopopoeia（脚色）やsuasoria（虚構の主題についての勧告弁論）まで自分の領域に包摂していることを背景にこう語られている。（2）ホラーティウス『諷刺詩』一・一・二五―二六。（3）クインティリアーヌス『弁論家の教育』二・一・四。（4）キケロー『弁論家』一〇二。

§234

簡素なあり方の思惟が自らの論証と素材をかなり実り豊かに表示するならば、それについて次のように語るのも不適切ではなかろう。

「労働は簡素なものに存するが、栄光は簡素ではない[1]」（ウェルギリウス。なお、プロペルティウス、三・一[2]参照）。

「リューシアースは一定の愛好者を持っている。それは、体の太った状態よりも痩せている方を追い求める人々である。かれらは、健康であるならば細さそのものを喜ぶ。……リューシアースは、この繊細さそのものを極めて喜ぶ賞賛者を持っている」（キケロー『ブルートゥス』六四）。この賞賛者たちは鼻[3]が利かないわけではないし（§230、202）、

「アポローンは常に弓を引き絞っているわけでもない[4]」。

（1）ウェルギリウス『農耕詩』四・六。これは、ウェルギリウスが、蜂という小さな存在者を歌う自分の詩業について述べた言葉である。（2）プロペルティウス『詩集』三・一・五「どんな洞窟であなたがたは歌の細い糸を紡いだのか（tenuastis）」、同書、三・一・七「目の細かい（tenui）軽石で磨かれた詩句が進むように」。（3）「鼻（nasus）」は、バウムガルテンの『形而上学』§六〇七において“sapor”,“palatum”と並んで「広義の趣味」の別称として用いられている。（4）ホラーティウス『カルミナ』二・一〇・一九―二〇。アポローンが時に弓を引き絞り、時には緩めて楽に興ずることに即して、「黄金の中庸」を勧めている部分である。

§235

三つの性格のうち一つだけが、かなり長い美的思考を通じて、美しい思惟内容の個々の要素すべてにおいて均一に持続すべきであるという考えを、我々が現在描写している思惟の三種の性格一般について予め抱くべきではない。また、簡素なあり方の思惟についてもそう考えるべきではない（§230）。長い作品では、どうしても均一でない素材が何らかの仕方で結び付けられるが、それに応じてその作品は、あるときは思惟の〈緩み〉と弛緩を、またあるときは〈高まり〉と高揚を持つ。これら弛緩や高揚は素材に釣り合い、ぴったりと合っているのである。けれども、そのなかで支配的であり、より強い性格から作品全体の名称はつけられる（§217）。

§236

同じく言葉の領域においてキケロー（『発想論』二・五一）は、「幾つかの論証を一層簡素、鋭敏、繊細に取り扱うこと」を命じているが、「他方、いくつかのトポス」、例えば「事実の惨酷さを増幅するトポス、悪人に同情すべきでないというトポスを告発者が、そして敵の告発が謂《いわ》れなきものであることを憤りをもって示すトポス、訴えかけによって同情を得るトポスを弁護者が一層荘重、華麗に、際立つ語と内容をもって」扱うべし、としている。喜劇の軽靴は簡素な、また悲劇の長靴は崇高なあり方の思惟を要求することを知らない者がいようか。

「けれども時には喜劇も声を上げ、怒ったクレーメースが口を膨らませて罵ることもある。逆に、悲劇のテーレプスやペーレウスも、もし観客の心を憐れみに動かそうとするなら、共に貧乏な亡命者として、大言壮語も、長々しい言葉も捨て、日常語法で嘆くこともしばしばある」[1]（ホラーティウス）。

（1）ホラーティウス『詩論』九三―九八。

§237

簡素なあり方の思惟を既にキケローが「繊細な」と呼んでいるのを我々は見た（§233）。そしてクインティリアーヌス（八・三）[1]は、明確に、「繊細に」語ることと「壮麗に」語ることを反対のものとしている。それはM、§五七六が提示するような繊細とは別の意味でなされているのではあるが、語彙の類似性は、事柄の混同、即ち哲学者の鋭い区別と、簡素で、最も荘重でない思惟のあり方との混同という結果に少なからずなっている（§232）。簡素なあり方の思惟は、必ずしもすべての装飾を蔑むわけではなく、むしろ機智と滑稽を（§

202）――ただし単純に立派なものであるが（§231）――追い求めることも稀ではない。他にもあるかもしれないが、少なくともこの性格は遊戯的なあり方の思惟をもたらす。それによって君は特に〈小さなことを大きく〉、エイローネイア的に言表することができよう。例えばホラーティウスが『談論』一・二冒頭で直ちに次のように言うとき、長く大きく堂々とした言葉を〈崇高さ〉の重要な長所として求める人々をからかっているように思われる。

「シリアの笛吹女の組合、いんちき薬売り[2]」。

もう沢山だ！　なんと「長々しい言葉よ！」　しかし、さあ、単純な簡素さを見るがよい。

（1）クインティリアーヌス『弁論家の教育』八・三・四〇。（2）ホラーティウス『詩論』九七。なお、§236参照。

§238

しかしながら、物事を識っている批評家の「繊細な趣味[1]」ならば、「最も鋭く、最も繊細な[2]」ものを、この簡素なあり方の思惟に求めることはなかったであろう。その理由の一つは、鋭さと明敏さの最高の力を簡素な素材（§231）に費やすとしたら、それは空虚な屁理屈と変わるところがないということであり（M、§五七六）、もう一つの理由は、「真理そのものが議論において磨かれるときのその繊細さ[3]」は全く美的地平に属さないか（§121）、或いは少なくとも、単純に立派であり、美的に把握された性格には十分よく一致しないということである（§231、228）。かなり単純に生きる簡素な仕方の性格には、「明晰というよりもむしろ繊細に語ること」[4]は属さない（§213）。この意味での思惟の「洗練された繊細さ」は「豊麗に」思惟するあり方にすら矛盾しないものであり、そして高邁な性格自体に求められるべきものである（§230）。

（1）ホラーティウス『諷刺詩』二・八・三八。（2）キケロー『弁論家について』二・九八。（3）キケロー『義務について』二・三五。（4）キケロー『トゥスクルム荘対談集』一・四一。

§239

もし私が思惟のローマ的名称を引き出すことに努めるならば、思惟の細いあり方が、中間の性格から見れば、高揚した豊かな思惟のあり方と対立すべき唯一のものであることを、かかる語り方についてキケローが語っている箇所から証明することができよう（§231）。ホラーティウスが

「イーリオンの歌を芝居へと引き降ろす（deducere）方がよい[1]」

と言うとき、叙事詩の方が悲劇そのものより壮大であり、物事は叙事詩から悲劇に移し換えられると細くなるようにみえる、と暗に示しているようである。それ故、調子をおとした

(deductum) 単純な思惟のあり方は、簡素さにまで押し下げられたものまで指しているように思われる。『牧歌』の大部分はそのようなものである。

「私が王と戦争を歌っていたとき、キュンティウス・アポローンは耳を引っ張り、こう忠告してくれた。『ティーテュルスよ、羊飼いは羊に餌をやって太らせ、調子をおとした(deductum) 歌を歌うべきである』[2]」(§155)。「私は簡素な葦笛で田舎の詩神(ムーサ)を歌おう[3]」(ウェルギリウス)。

「ウァルスよ、私の御柳《ぎよりゆう》(§180) は君のことを、すべての森は君のことを歌うだろう[4]」(ウェルギリウス『牧歌』六・三)。

これに対し、ホラーティウスが「自分で自分の葡萄の木を切り倒しつつ、我々詩人は」「我々の労作と、細い糸で織り上げられた (deducta) 詩とが日の目を見ないといって嘆く[5]」と言うとき、疑いもなく§179でいう〈エイローネイアを語っているもの〉と解されるのを望んでいた。

(1) ホラーティウス『詩論』一二九。(2) ウェルギリウス『牧歌』六・三―五。(3) 同書、六・八。(4) 同書、六・一〇―一一。(5) ホラーティウス『書簡詩』二・一・二一九―二二〇、二二四―二二五。

§ 240

ひとりウェルギリウスのみが
「かつて細身の麦笛を吹い」（『アエネーイス』一・一）
たわけではない。弁論においても、あのギリシア人たちに特有であり（§56）、ローマ人には模倣できないと言われた（§187）或る種の精妙さと繊細さ（§237、238）は、アッティカ的なあり方の思惟に関係づけられていた。クインティリアーヌスはこうローマ人たちを慰めている（一二・一〇）。「我々はあれほど精妙になれないのか。それなら我々はより強くあろう（M、§五一五）。繊細さの点で我々は負けるのか。それなら重さで優るようにしよう[1]」（M、§一六六）。同時に彼は「喜劇作家たちは、ペリクレースを罵るときでさえ、彼を稲妻と天の轟きに喩えているが[2]」、この（アッティカの）ペリクレースを「リューシアースの精妙さに似ていると考える」ことはできないのだから、「細い筋をなして小石の間を流れるこの人々にアッティカの風味を認める[3]」のは誤りだと忠告しているのは正しい。クインティリアーヌスは、また別の箇所で、「童話にすぐ続くイソップ物語に精妙さを[4]」帰している。しかし、この物語の故に、天性の最も優れた評価者である
「アッティカ人たちはイソップの巨大な像を立て、奴隷を不滅の台座に据えた（§234）。名誉への道は開かれており、栄光は生まれでなく、力量に与えられることを万人が知るようにと[5]」（パエドルス、二・九）。

（1）クインティリアーヌス『弁論家の教育』一二・一〇・三六。（2）同書、一二・一〇・二四。（3）同書、一二・一〇・二五。（4）同書、一一・九・二。（5）パエドルス『イソップ風寓話集』二・九・一―四。

§241

書簡と対話は一般にこの思惟のあり方に関係づけられるが、それは誤りである（§231）。確かにキケローは「書簡では」パピーリウス・パエトゥスと「平民的な語法で語る」[1]ように思われた。だが読んでみるがよい。そうすれば我々が時として下劣で卑しいものと呼ぶものの概念からでなく、ローマ平民という一層狭義の概念から「平民的」という語をここでは理解せねばならないことがわかるであろう。しかし、たとえその「平民的」という語が「簡素な」の代わりに置かれたのだとしても、次のような推論は妥当するだろうか――キケローがパエトゥスに対して質素な語法を用いた以上、いかなる書簡でも簡素さを越えて思惟を高めてはならない――。確かに「我々は日常語で書簡を書くのが普通である」[2]（『縁者・友人宛書簡集』九・二一）。それとも物事ですら、日常的なもの以外は手紙に挿入してはならないのか。§96、114は、どんな真理が誤りのもとに潜んでいるかを教えてくれるだろう。

（1）キケロー『縁者・友人宛書簡集』九・二一・一。（2）同所。

§242

何人かの人は、簡素な語り方における長所として、⑴固有性または純正さ、⑵明晰性、⑶蓋然性、⑷明証性を挙げている。何人かの人はこれらはすべて美しい思惟のすべての性格に共通の特質であると言っているが、これは正しい（§22）。もし先人の教えにならって転義の不在として純正さをとらえるならば、後者の美（純正さ）は前者（固有性）を包摂するであろう。同じような理由で明証性は明晰性と蓋然性すなわち真実らしさとを包摂するだろう（M、§五三一）。かくして装飾の欠如と明証性が残ることになろう。しかし前者は長所ではないし、すべてのあり方の思惟にあるわけでもなく、簡素なあり方の思惟のみにある（§247）。後者は二つの名目[1]のもとに、至るところで要求される（§22）。では、この性格（簡素）に固有なものとして何が残っているのか。（正しく理解してのことだが）上述の両者だけでなく、かなり多くのものが残っている。キケロー『弁論家』七六―九〇を参照せよ。

（1）すなわち、「明らかさ（明晰性）」と「蓋然性（真実らしさ）」。

§243

Ⅰ：純正さ。即ち、簡素なあり方の思惟を絶対的美的大きさと品位（§202）よりも下に押し下げるかもしれない汚れを欠いていること。これに結びついているのが、簡素なものについての思惟をその素材における自然的大きさの限界を越えて高めたり、対象にふさわしい品位と単純に立派な徳性の境界を越えて高めるようなすべての装飾に対する周到な警戒である（§231）。II：明証性。単純に立派な生きかたに自らを委ねた人々のすべて（§213）、つまり、かかる心性に釣り合った天性の陶冶を前提しうる（§45）人々のすべてが、真実らしさ、明晰さ、説得性（§22）の点で達成しうると期待できるだけの量のもの。

§244

思惟の簡素なあり方に固有の長所を私はかなり多く予示した（§242）。その一つを今、例として引くのがよかろう。III：あの緊密な短さ（§166）。これは、端的に立派で、釣り合いよく陶冶された天性（§243）を持つ人間から正当に期待しうるものである（§231）。たとえ卓越することがなくとも、さほど獲得し難いものでもなく、他人が与える場合には、節度ある判断によって讃められるべきものである。これら（I～III）がどれほど異なりつつ、しかし互いに調和しているかを、ローマを描写している二つの例で見ることにしよう。

I：「メリボエウスよ、ローマと呼ばれる町を愚かにも私は、我々羊飼いが羊の柔らかい子たちをしばしば追っていったこの我々の町マントゥアに似ていると思っていた[1]」（ウェルギリウス『詩選』一）。

この極めて簡素なもの（§233）は、ラテンの韻律を用いることを知っている、単純に立派な人なら誰からでも私は期待することができよう。なぜなら、これは事柄には関わらないからである（§18）。

II：「客人よ、あなたの見ているすべてのもの、今、最も偉大なるローマがあるところは、プリュギアのアエネーアース以前には丘と草地だった」[2]（プロペルティウス、四・一—三五）。

これは、簡素なもののうちではかなり大きいけれども、しかし立派な人なら誰もがとらえることができるものであり、立派なものにおいて単純に生きる小さいあり方からでも、しかし熱意をもって是認することができるものだと私は考える。

（1）ウェルギリウス『牧歌』一・一九—二一。（2）プロペルティウス『詩集』四・一・一—二。

§245

思惟の簡素なあり方と正しく区別せねばならないのは、1：確かに簡素ではあるが、絶対的には大きな事柄（§202）についての思惟で、それらがその本性に逆らって単なる些事と子守歌に変形してしまうほど、それらの事柄を押し下げるものである（§191）。これは〈低さ〉の**第二の類**（§217）であり、かなり大きな事柄について、些事にのみ釣り合った思惟を暖めている真面目な場面でたわ言を言う者の第一の思惟の類である（§221参照）。

§246

簡素な性格には、乾いていて、貧弱で、干からびて、血の気がなく、貧しく、浅薄なあり方の思惟が、まるで唯一の欠点であるかのごとく対立させられるのが普通であることを、私は知らないわけではない。しかし、⑴簡素な性格は膨張の一種をも自らの反対物として持っている。⑵乾いていることは、悟性と理性、それもかなり純粋な悟性と理性の、より厳格な思考においても、思惟の論理的なあり方と美的なあり方を区別することを知らない、誤って選ばれた検査官たちによってひどく非難されるばかりでなく、美的な思考そのものにおいても、資格ある判定者によって賞賛されることもよくある。「自分の夫が乾いていて（＝堅固で）、質朴で、温和で、妻を最も愛していると考えた」[1]プラウトゥスのあの女を例に出すまでもなかろう。キケローが「簡潔体の弁論家（§230）は貧しさと不毛さを（§120、128）警戒せねばならない」と言うとき、いかにそれをなすべきかをコッタの例で示そうとして、この人について「彼の弁論には無垢なもの、乾いたもの、健康なもの以外何もなかった」と言い、続けて賞賛している（『ブルートゥス』二〇二）。確かにここでは乾いたものは咎められているのではない。

（1）プラウトゥス『ロバ物語』八五六―八五七。

§247

クインティリアーヌスが二・四で「いまだ幼い年代は、より多くのこと（第八節）を試み、発見し、発見したものを喜ぶがよい。まだそれが十分乾いた、厳格なものではないにしても。（過度の）豊かさは治療しやすいが、不毛さはどうしても克服しえない[1]」と最善の忠告をするとき、彼は乾いたものを、成人にふさわしい品位の長所に入れているように思われる。マクロビウスは、「ウェルギリウスの雄弁を」、「時には乾いており、時には花やかであるとして[2]」賞賛している。他方、ゲッリウス（一四・二）が、「ファウォーリーヌスが豊麗さと優美さをもって、より広く、より快く、より輝かしく、より流暢に仕上げたものを」、自分は「乾いた、不完全な（§113）、殆ど単一の言葉で触れるだけである[3]」と言うとき、ここから明らかなのは、「乾いたもの」は、それが欠点に転ずる場合には、絶対的な、または何らかの相対的な美的大きさ（第一五節）よりも、むしろ広さと豊麗さ（第八節）に対立させられるべき〈逸脱〉であるということである。しかし、これらのことに通暁せる批評家たちも、思惟の美しい外延と麗しい内包[4]を混同したことを一層しばしば我々は見出すことになろう（§187）。

（1）クインティリアーヌス『弁論家の教育』二・四・六。（2）マクロビウス『サートゥルナーリア』五・一・一九。（3）ゲッリウス『アッティカの夜』一四・一・三二。（4）思惟の外延とは「広さ」、内包とは「大きさ」のことである。

§248

それ故、乾いたあり方の思惟は、比較的短いものであるが、美的倹約がそれを命じた場合には（§164、246）賞賛に値し（§246、第一四節）、或る種の美的広さ（§116、247）の方が望ましかったならば非難に値する。私はキケローの『最良の弁論家について』一二をこの定義から理解する。「聞くことを軽蔑することが知性のすることであると彼らが考え（§242、243）、卓越せるものと壮麗なものとを喜ばない場合に、自分らは何か繊細で（§237、238）、洗練されたものを望み、荘重で、華麗なものを軽蔑するのだと言うのはかまわない。しかし、繊細に、つまりいわば乾いた仕方で欠点なく語る者のみがアッティカ風に語るのだと言うのは止めるがよい（§240）。豊かに、壮麗に、豊麗に、それでもやはり欠点なく語ることがアッティカ風なのである」。

§249

(3)プリーニウスに従うならば、「貧弱な」は「乾いた」と殆ど全体的に同義語であるようにみえる（§246〜248）。プリーニウスの時代には美的理論――ここでは実践と対比されたものとしての理論のことだが――は、当のキケローの時代よりも高く持ち上げられていた。というのも、このプリーニウスが『書簡』五・一七で、「適切かつ多様に高められたかと思うと、静まった。卓越したものを抑えたものと、貧弱なものを充実したものと、快いものを厳格なものと取り替えた。すべてに対して同等の資格をもって[1]」と言うとき、(a)貧弱なものをも彼はここで賞賛しようとしていること、(b)しかしそれを卓越したものでなく、充実したものの（即ち相対的に広く拡散したもの）に対して区別していること、(c)卓越したものに対して抑えたものを、高められることに対して静まることをかなり明確に区別していること、以上の三点を見ない者がいるだろうか。そしてキケローも、「貧弱な富を豊かな富に[2]」対立させるときには意見を異にしてはいないことに注目せよ。

（1）小プリーニウス『書簡』五・一七・二。（2）キケロー『善と悪の究極について』四・一二。

§250

キケローは、§246で指摘された誤りに陥っているときですら、貧弱なものと乾いたものの一致を認めている（§249）。それは『弁論家について』二・一五九で次のように言うときである。「ストア派（§122）は、いかなる仕方でも解きほぐしえないという多くのことを見出し（§121）、透明でなく、円滑、流麗でなく、貧弱で、干からびた、切り詰めた、こまごましいあり方の言い回し」（及び思考）「を持ち出す（§121）。このあり方をもし誰か」（一層純粋な悟性と理性を擁護する人）「が認めたとしても、弁論家にはふさわしくないことを認めるという条件付きで認めることになろう。なぜなら我々のこの」（美的）「言葉は、大衆の耳に合わせねばならない。それは心を魅了し、感動させ、金細工師の秤でなく、一般人用の或る種の秤で測られるものを証明するためにである」。

§251

「我々の感性から遠く離れているもの」（§250）がすべて「粗く、貧弱」（§249）であるとは私は決して認めたくない。この並はずれた混同を覆い隠し、更には弁護するための実例を見出すことはキケローにはやさしかったし、事実、彼はそれを『弁論家について』一・八三で挙げている。けれども、より判明で、より厳密であるべき哲学者たちの思惟のあり方及び美学のうちに、かかる実例を今日見出すことは、キケローにとってほど容易くないものであってほしい。しかし、デーモクリトスやプラトーンらがうまく論じたのと「同じ事柄について、貧しく、貧弱に論じた人がいた。例えば、最も鋭く論じたと言われるクリューシッポスがそうだが、だからといって哲学を満足させなかったわけではない」（『弁論家について』

一・五〇）と報告するキケロー、或いはそう言いたいならキケローの書に登場するクラッススには弁明の余地はない。なぜなら彼はこう続けているからである。（デーモクリトスやプラトーンなど）「私が名を挙げた者たちの弁論における豊かさ、豊麗さと」、（クリューシッポスなど）「弁論のかかる多彩さ、洗練を用いぬ者たちの貧弱さとの違いは何か、また、どのようにそれらを見分ければよいのか。巧く語る者たちが自らのものとして挙げる一つのものがあるだろう。それは、よく配列され、或る種の技巧と洗練によって際立たせられた弁論である」。

§ 252

それについての裸の真理をデーモクリトスやプラトーンらがかなり美学の外套に包んで提示したのと同じ事柄について、クリューシッポスは第八三節で述べられたムネサルコスと同じくらい惨めに哲学したのであり、美学の規則によるよりも遥かに哲学を満足させることが少なかったか、それともデーモクリトス、プラトーン、その他の人々が、よく配列された弁論、華麗な技巧、洗練（いずれも美的なもの）を介して理性類似者に手渡したものを、クリューシッポスは自然的短さと単純な装いにおいて完全に、荘重に、正確に、判明に、学問的に、そしていわば理性と悟性に強いるように提示したのであり、骨学者の適切に接合された骨格に腹が欠けていても非難されないが、それ以上に、貧しい貧弱なあり方の思惟は確かに成熟した判断自体に非難されないものであるか、いずれかである。しかし、これらのことがいかようであるとしても、キケローのこの箇所から次のことを推論せよ――貧弱さとは、大きさ、品位の欠点（§249）よりも、むしろ豊かさの欠如、或る種の貧しさ（§120、128）を指す。

§253

思うに、『ブルートゥス』一一四にあるルティーリウスについてのキケローの判断は、事に決着をつけるであろう。「彼の弁論は貧しかったが、法については多くの輝かしい点があった」（私の誤りでなければ簡素でない事柄）。「博識な男で、ギリシア文化の教養があり、パナイティオスの弟子で、ストア派としてはほぼ完成されていた」（そしてこれは美学者の定式による、単純に立派な生きかたには関わらない）。「ストア派の語り方は極めて鋭く、技術に満ちたものであるが」（そして、これは簡素さ、及びそれに似たものを知らず（§237、238）、過度の抑制よりも膨張のほうがストア派には調和する）、「しかし貧弱で、一般民衆の同意に十分には合っていない」（というのも、拳に握りしめた手を欲求するものと、開いた手を要求するもの（§122）を、ストア派は、ゼーノーンの規則があるにも拘らず、必ずしも常に、十分実践的に区別していたわけではなかったからである）（§122）。ストア派一般を貧弱さの点で告発しているという包括性以外には、このキケローの決定に私は何ら異論はない。もし或る人が、より精密な哲学者たちの講義に恒常的に出席し、その論理的悟性的省察にしっかり従ったあとで、美的思惟内容の実践と実用に降りてきて、かつてあった判明なる精密さと論理的正確さがまだかなり彼自身の思惟のあり方に付着していて、今となっては余分であり、除去すべきものであるならば、彼は公正な判事によって多分無罪を宣告されるけれども、弁証法の知識を持つ彼の思惟の仕方は、それ自身でも美しく優雅であると言われるに値するものであるかのように弁護されることはありえない（§121、124）。

§254

(4)簡素なあり方の思惟において欠如という誤りを犯している欠点（§245）（特にそれが十分な品位を否認される場合）を表現するためには、干からびたあり方の思惟という方がふさわしい名称だと私は言いたいほどである。それはオウィディウスの次の箇所からいえる。

「樹液の重み（§177）を失い、干からびて、変わりやすい風にひらひらと舞っているときの木の葉よりも軽い汝[1]（§189）」。

しかし、§247〜253で述べられたあの悪しき短さも同じ仕方で表示されると考える人がいたとしたら、軽蔑すべからざる根拠を持つことになろう。例えばクインティリアーヌス、二・四が、歴史的陳述は「決して干からびたものであっても、貧しいものであっても、逆に、曲がりくねっていて、詩的破格を模倣した多くの者が用いる描写を呼び込んでふざけ回るものであってもならない[2]（§165）」と言い、「このいずれも欠点であるが、前者の方が悪い。なぜなら豊麗さからではなく、貧しさから出てきたものだから[3]」（つまり子供の場合。§247、248）とつけ加えているのがそれである。干からびていることは、過度によって誤る欠点である華美なあり方の思惟に対立する、欠如によって誤る欠点であり、我々は貧しさと、完全な見かけの中間を行くべきであることをここで了解しない者がいるであろうか。

（1）オウィディウス『名高き女たちの手紙』五・一〇九。（2）クインティリアーヌス『弁論家の教育』二・四・三。（3）同書、二・四・四。

§ 255

けれども、私の考えを一層明瞭に述べよう。干からびたあり方の思惟とは、広義では男性的美が要求するだけの力、元気を持っていない（M、§五一五）と観られるものの一切であると私は判断する。生気のないあり方の思惟は、その一変容である（§111）。この考えからすれば、思惟が干からびていることとは、当該の美が要求するだけの豊かさ、または品位、または真実らしさ、または生動性、または説得性、または生命（§22）の欠如全体が〈現象者となったもの〉ということになる。

§256

この概念からすれば、クインティリアーヌス、二・四が「幼い芽が」最も「避けねばならない、乾いた一滴の水分もない」土地にそれを喩えているとき、彼は「干からびた教師[1]」に異議を申立てているように思われる。子供がもしこのような教師に出会ったら、「直ちに低い者、即ち、日常語法を越えて」（豊かさ、または品位、または真実らしさなどの点で。§255）「何一つ高めようとしないような、いわば地面を観る者になってしまう。健康の代わりに痩身が、判断力の代わりに弱さがあり、欠点が無いようにと相当の努力をするうちに、長所が無いという当のその欠点に陥ってしまう[2]」。「貧しく、干からびた」（少なくとも理性類似者にはそう見えるような）「教授者の説明が心をひっくり返し、特にこれほど精妙な耳を痛める」ことがないよう「輝き」と「快さ」を幾らか自分の教育課程では「混ぜ合わせた[3]」と彼が語るのも同じ概念からである（三・一。なお、§122参照）。

（1）クインティリアーヌス『弁論家の教育』二・四・八。（2）同書、二・四・九。（3）同書、三・一・三。

§ 257
クインティリアーヌスは第八巻、序文で、こうも言っている。「アジア派の者たち、或いは何であれ他の種類の頽落した者たちは、物事を知らなかったわけではない。また我々が『干からびた』と呼ぶ者たちは、愚かであったり、事例において盲目であったわけではない。そうではなくて、前者には雄弁における判断力と節度が、後者には力が欠けていたのである」[1]。「前者とはアジア派であり、後者とは干からびた者たちである」と私は解釈する。その典拠は第一二巻、一〇で、そこでは「干からびて、潤いがなく、血の気のない者たち」について「この人々は、健康という名──本当は全く逆なのだが──のもとに自らの無力を隠す者たちであり、彼らは雄弁の一層明瞭な力（M、§五一五）に太陽のように耐えられないので、大きな名の影に身を隠す[2]」と述べている。他方、「アジア派」については、「その人々には特に判断力と節度が欠けている[3]」と述べている。

§ 258

（1）クインティリアーヌス『弁論家の教育』八・序・一七。（2）同書、一二・一〇・一五。（3）同書、一二・一〇・一六。

(5)血の気のないあり方の思惟は、§255〜257の意味での干からびたものの同義語である。それは、キケローが「小さな子供や、弱かったり体が不自由だったりする老人に剣を与えたとしても、自分の力だけでは誰も害さない、……それと同じように、無気力で血の気のない人間にちょうど剣のように執政官職が与えられ、その人間が自分だけではだれひとり刺すことはできなかった筈なのに……」(『セスティウス弁護』二四)と言って、「血の気のないもの」一般を「無気力」の語で説明していることからわかる。

§259

(6)貧しいあり方の思惟は、乾いたものが欠点と解されるとき、これと同義である(§248、128)。用例は、クインティリアーヌスの§254で引いた箇所、及び、詩人を解釈する「文法には、音楽、天文学、哲学、凡庸ならざる雄弁が必要であり、雄弁は」これらの学科の事柄を「ふさわしく、豊麗に語るためである」と教えてから、「それだけに、この技術を簡素で(この語が何らか有害なものを指すときには、貧弱なもの、乾いたもの、及び非難される種類の繊細なものと一致する)、「貧しいものとして嘲る者たちを許すべきではない[1]」(一・四)と続けている場合がそうである。同じ根拠でキケローは、「アントーニウスは、より貧しく、クラッススは、より充実している[2]」と見做されるという一般民衆の考えを非難している。そしてクインティリアーヌスは、「キケローが」或る人々には「貧しく干からびている」[3]と言われ、他の人々には「アジア的で、富んでいて、反復過剰である」[4]と言われると述べ、「キケローの」悪口を言う人々の悪意を示している。非難されるのは、自分と対立するものに対する憎しみによるものであり、賞賛は黄金の中庸のものである。[5]しかし、このうち第一の「貧しく干からびている」という非難は、いわば正義の女神の一人が見て見ぬふりをしたので、目には目をという法によって、キケローに向けられたことを§251、252は示すことになろう。

（1）クインティリアーヌス『弁論家の教育』一・四・五。（2）キケロー『弁論家について』三・一六。（3）クインティリアーヌス『弁論家の教育』一二・一〇・一三。（4）同書、一二・一〇・一二。（5）ホラーティウス『カルミナ』二・一〇に「黄金の中庸の賞賛」というタイトルが後世に付けられた。それを踏まえている。

§260

第二の、豊かすぎるという非難については、キケロー自身が、貧しさの美的概念を十分に確定しているとみえるような仕方で語っている。それは『トゥスクルム荘対談集』二・三で自分の弁論についてこう語るときである。「かなりの数の人が、思考と語の豊麗さに圧倒されるので、自分たちは豊かさ、豊麗さよりも、むしろ貧しさ、飢えの方を欲すると言った。そこからアッティカ派の文体が（§240）生じた。しかし、それを追求すると公言した人々自身がそれを知らなかった。その人々はまるでフォルムそのものから嘲笑されて沈黙した」。

§261

(7)浅薄なあり方の思惟は、つまらぬもの（§221、245）の同義語である。ただし、その場合、私は浅薄なものが〈低さ〉の第二の類であることは認めるけれども、簡素なあり方の思惟を要請するものにおいて絶対的大きさの欠如を考察するとき（§246）、浅薄に思惟されたものすべてがこれに関係するとは考えない。大多数の批評家が様々な言語を通じて等価なものとして使用している語の概念を分けることにかなり私はかかずらった（それは、これらの語を用いる人々のうちでも百人並の女には理解できない罵詈雑言のようなものである）。そうの結果、もしいつか健全な批評家たちがそれを適用せねばならないことがあったとするならば、美学者たちは、自分が何を是認すべきかを前もって熟慮することができよう。そしてそのような言葉で指示されるものを十分明瞭に提示できるかどうかを判別しておくことができよう。

§262

〈低さ〉の第二の類（§245）には、一層醜い種があろう。それは、確かに簡素だが、しかし大きくもあり、かつまた単純に立派な性格に調和的に描写されるに値する素材を、単純に立派な性格にすらふさわしくないもの（§224）へと貶めるものである。それが簡素なものについての下劣なあり方の思惟である。この醜さにプラウトゥスはしばしば陥る。またウェルギリウスのメナルカス[1]もそれに傾く。特にひどく非難されてきたのは次の箇所である。

「泥棒どもがそれほどのことを敢えてするとき、主人たちはどうすればよいのか、極悪人よ、番犬のリュキスカがひどく吠えているのに、おまえがダーモーンの牝山羊を罠で捕えるのを私が見なかったと思っているのか[2]」（『牧歌』三）。

しかしダーモエタスのふさわしい言葉で初めて引き戻される。

「けれども、そんな雑言を男たちに投げつけるのは、もっと控えめにせよ[3]」。

そして立派な誘いで音楽の競技へと進む。『詩選』にいわゆる神秘的意味を認めるならば、メナルカスが、はじめかなり粗野に語るように見えるとしても、この欠点をウェルギリウスに帰属させることはないであろう。

（1）ウェルギリウス『牧歌』第三歌に登場する二人の羊飼いの一人。（2）ウェルギリウス『牧歌』三・一六―一八。（3）同書、三・七。

§ 263

一般に思惟の美を醜くする欠点は、すべて簡素なあり方の思惟に対立するものであるが、特に§246～261で指摘した欠点がこのあり方の思惟に対立している。特に

「汁が家畜から、乳が小羊から掠め盗られる場合[1]」

がそうである。さて、それに特有の〈逸脱〉を追求するとき、我々はⅡ：膨張の第二の類に注目する。それは、簡素な素材について、或いはもっと大きな素材の持つ簡素な要素、帰結について、それらの相対的大きさと品位が比較的に許すように見える最小の思惟よりも、真実にまたは外見上大きな思惟が懐胎される場合である。この類の第一の種は、中間的な素材（§208）のみが登っていることが現象するような高さまで簡素なものを高めるものである。第二の種はなお高く、

「頭を高く上げて、星々に触れる[2]」

までそれを持ち上げるものである（§203）。

（1）ウェルギリウス『牧歌』三・六。（2）ホラーティウス『カルミナ』一・一・三六。

§ 264

§263で述べた膨張の第二の種をプラウトゥスは「自慢好きな兵士」の例で揶揄している。「ピュルゴポリニケース[1]」の幕を開くや直ちに次のように書いている。

「晴れているときの太陽の光線よりも明るい輝きが私の楯にあるよう注意を払っておけ……」[2]。

アルトトローグス[3]は既に答える準備をしていて、こう呼び掛ける。

「勇敢で幸運で、王者らしい風采のお方よ。戦士たるときは、軍神さえ言葉を発することもできず、あなた様の力量に自分の力量を比べる気がございません」[4]（テレンティウス『宦官』四・六・三―五[5]参照）。

クインティリアーヌスの次の言葉もこの種の膨張からひとを引き離そうとするものである（六・二）。「というのも、些細な係争に悲劇を持ち出すのは、ちょうどヘーラクレースの仮面と長靴を子供につけようとするようなものだから」[6]。

（1）プラウトゥス『ほら吹き兵士』の主人公の名で、「塔と町を征服する者」の意。（2）プラウトゥス『ほら吹き兵士』一―二。（3）ピュルゴポリニケースの寄食者の名。（4）プラウトゥス『ほら吹き兵士』一一―一三。（5）テレンティウス『宦官』七四一―七四二。（6）クインティリアーヌス『弁論家の教育』六・一・三六。なお、§703参照。

§265

ペトローニウスのトリマルキオーは、決してたわ言を言っているようには見えないときですら、やはり第二の種を驚くほどよく例示している。「トリマルキオーはメルクリウスの杖を持ち、ミネルウァの指導で計算を学び、会計係にされ、とうとうメルクリウスに顎をつかまれて高位へ引き上げられた。ペーガソスに見えるよう翼を付けられた自分の兎と共に[1]」。他方、第一の種（§263）をペトローニウスが描いているのは、自分の奴隷のために懇願する者たちに向かって次のように答える、トリマルキオーの「金貨を数える会計係」の場合である。「私の心を乱すのは損失ではなく、むしろ最も役立たずな奴隷の不注意である。彼は私の客が私の誕生日に私に贈ってくれた饗宴用の衣服を失くした。一度染め直されているが、確かにそれはテュリアの紫である。だから、それが何物であれ、あなたがたに差し上げよう[2]」。

（1）ペトローニウス『サテュリコン』二九、三六。（2）同書、三〇。

第二〇節　中間のあり方の思惟

§266

II：中間のあり方の思惟（均一な、中庸な、介在的な、節度あるあり方）とは、中間的な素材について（§208）、それらの自然的大きさだけでなく、相対的品位と性格の高貴さに矛盾するものをなに一つ含まず、加えてそれに著しく調和し、釣り合っているように思惟するものである。それが簡素なものと崇高なものを媒介するから中間と呼ばれるのか、それとも簡素なものと崇高なものの間にあるからなのかは、キケロー『弁論家』二一（§208）で論じられている。そこでキケローはこう言っている。「語ること」（思惟すること）「においていわゆる一様な様子で流れ、流暢さ、均一さのみをもたらし……」。

§267

私の見るところでは、キケローは自らの定義でなく他の人々の定義から語っている。これに対し、キケローが自らの「弁論の法廷的種類」の思惟を、「哲学についての」書物で追求する「均一で、節度ある種類」の思惟から区別するときには（『義務について』一・三）、キケロー自身が、哲学的なことについて話すときには中間の（§266）あり方の思惟から語ろうとしたのに対して、「語ることの一層大きな力」は弁論一般に属するとしているのではないか、という疑いが多くの人々に生まれる。この中間のあり方の思惟が、まるで歴史の特徴であり、個々の作家に普遍的であるかのように歴史のジャンルに帰せられる（§126）のも、同じ誤りによるものである。むしろ広義の均一なあり方の思惟とは、自らの素材が低く沈むときも、高まるときも、その素材に一致しているものである。他方、狭義のそれは、別々の物事を、または同一の物事を異なる観点から、しかも一層多様に美しく考慮すべきである場合には、大量の多様性が現象者となるのに対して、それほどの量の思惟の多様性を、相対的大きさ、品位の点で必要としないような仕方でその素材を相対的に取り扱うものである。

§268

思惟の中間の性格は常に一定の均一さを持っている。それは下降しても簡素さとの境界を越えることなく、また、上昇しても崇高さとの境界を越えることもない（§266）。しかし、思惟することにおいて必ずしもすべての均一さが同時に中間の性格も表示するわけではない。簡素なものにも、崇高なものにも、それなりの均一さがある（§267）。

§269

もし次の二義の間の曖昧さが妨げにならないならば、私は中間のあり方の思惟を中庸なものと言っていたであろう。(1)ペリパトス派のいう「過多と過少の間にあるあの中庸[1]」を愛する者の言うそれ。この意味においては、賞讃されうるものはすべて中庸なるものである。(2)ホラーティウスは

「人々も、神々も、書店の柱《くみ》も、詩人が中庸であることを許さないものだ[2]」

と公言しているが、その彼に与するばかりでなく、かなり美しく思惟されるべきことをすべて

にもそれを類似の理由で関係づける者の言うそれ。かかる思惟されるべきものが最高の喜びからほんの僅かでも離れるや否や、

「ちょうどそれは、快い食卓の間では不協和な和音や、どろっとした香油や、サルディニアの蜂蜜漬けの罌粟《けし》の実が、それらがなくとも食事をすることができたが故に不快であるようなものである(3)」。

この意味では、美的なものにあって中庸なものは何ら望ましいものではない。実際、中間のあり方の思惟は、(1)の人々にはそれだけが中庸ではないように見え、(2)の人々にはあまり中庸であるとは見えないことになろう（§266）。

（1）キケロー『義務について』一・八九。（2）ホラーティウス『詩論』三七三。（3）同書、三七四―三七六。

§270

中間のあり方の思惟が何故節度あるものと呼ばれるのかは既に§267で見た。即ち、真に節度あるあり方の思惟とは、広義では、思惟のすべての力において（§22）望ましい中庸を表示する（§269）場合、狭義では、あまり激しい心の緊張が美しくありえないような観点においてそれがそのような主題に適用された場合を言う。前者は

「険しい状況にあっては平静な心を保ち、同時に、順境にあっては過度の喜びを自制した心を保つ(1)」ことのできる人の思惟のあり方として期待しうるようなものである。キケローが『弁論家について』二・二一二で、「緊張の厳しさが弁論家自身の温厚さによって抑えられる一方、穏やかさの緩和が一種の重々しさと緊張によって強化されるものほど節度ある弁論はない」と言うとき、今問題となっている中間のあり方の思惟の規則を与えようとはしていなかった。ここでは彼は、広義で節度があると私が呼んだあり方の思惟について語っているように思われる。

(1) ホラーティウス『カルミナ』二・三・一―四。

§271

これに対し、『弁論家』九一―九六でキケローが語っているのは、我々も今扱っている中間のあり方の思惟（§266）に他ならないと一見したところは一層確実に判断されよう。彼はそれを「適宜」で「節度あるもの」と呼びつつ、「低いものと極めて豊かなもの」の間に置いている。しかし彼はそれをこう記述している。「確かに、低いものよりは頑丈である。しかし活力は最も少なく、低いものよりは充実しているが、飾られた、豊麗な文体よりは抑えられている。その文体では共通トポスが緊張なしに語られる。このような者（弁論家）は、専ら哲学者たちの学校から湧き出る。彼らの或る者は、あの一層強い者（即ち次に述べられる「豊かで、豊麗で、荘重な者」）と面と向かって比較されない限り、それとしては評価されるであろう」。既にこのことからして推測できることであるが、ここで節度あるあり方の思惟は、一般に、そしていわば抽象的には、力と強さが中間的（§270）と考えられるが、それが適用される素材や美しく思惟することの形式を、それらが互いに異なる限りにおいて、いわば具体的に見てみるならば、結局のところ賞賛も非難も奪い取ることになるものである。キケローは結局、節度あるあり方の語りかたを雄弁家の中には入れず、「低いことを繊細に（第一九節）、大きなことを荘重に、中程度のことを節度ある仕方で語りうる者を雄弁家と」認めているのであるから、キケロー自身がすべての疑いを取り除いている。真に美しいものにおいて中間のものと呼ばれるに値するものは（§266）、キケローの言う節度あるあり方ではなく、中庸なもの（中間のもの、灌木）を思惟する節度あるあり方であり、それがまた§270、268の意味での狭義で節度あるものということになろう。

§272

中間のあり方の思惟は、更に、簡素なものまたは崇高なものに近づく程度に応じて、諸々の段階を許す（§266）。スカリゲル[1]はウェルギリウスの『牧歌』における簡素なもののうち

（§239）、最も低いあり方の思惟（§233）をモエリスに、中間的なあり方をガッルスに、崇高なあり方をシーレーヌスに認めている。それと同様に、中間的なあり方の思惟においても、やはりウェルギリウスの『農耕詩』のうち、最も低いものを「耕作」と「種蒔き」に、中間的なものを「アリスタイオスの物語」に、崇高なものを「疫病」に配置している。美的なものにおける中間のあり方の思惟と、弁論における中間のもの（§271）は、後者にも諸段階があることを否定はしないけれども、かなり異なっているように私には思われる。キケローの『マーニーリウス法弁護』、『マルケッルスのための感謝演説』、『バルブス弁護』、『帰国後国民に向けて』、『帰国後元老院演説』の諸演説はこれに関係する。しかしこれらにおいて或る種の大きさの違いがあることは私は進んで認めよう。

（1）スカリゲル『詩学』四・一・一七五。

§273

長い作品では、中間的なあり方の思惟も、幾分かの崇高なものと、幾分かの簡素なものを締めださない（§235）。これは単に韻律とリズム（§272）の点だけでなく、仮に単独であったならば、中間の素材においてでも膨張を持っていると考えられるものについても言えることである。例えば次のものがある。

「しばしば、ちっぽけな鼠が土の下に家を据え、納屋も作ってしまう」[1]（『農耕詩』一・一八一、ウェルギリウス）。

「また、しばしば蟻も、狭い通路を擦り減らしながら、家の内側から卵を運び出した」[2]（同書、三八〇）。

中間的なものに壮大なものが混ぜられている例としては次のものがあろう。

「カエサルが殺されると、太陽もまたローマを憐れんだ。そして暗い鉄赤色で輝く頭を覆い、不敬の世代が永遠の夜を恐れた」[3]。

ただし、

「ちょうど、四頭立の馬車が柵から溢れ出て、距離ごとに速度を増すと、御者は空しく手綱を摑みながら馬に運ばれ、馬車はとめ綱に従わぬように」[4]（五一二）、

この『農耕詩』一・四六五—五一〇でウェルギリウスが、正当な限度を越えて幾つかのことを持ち上げたことを認めたいなら話は別であるが。

§274

(1) ウェルギリウス『農耕詩』一・一八一—一八二。(2) 同書、一・三七九—三八〇。(3) 同書、一・四六六—四六八。(4) 同書、一・五一二—五一四。

優美な思惟の中間のあり方の均一さについては、既に我々は§268で見た。ここでキケローの言う（§266）このあり方自体に特有の長所のうち、流暢さのみが残っていることになろう。しかし、この長所、しかも中間のあり方の思惟に唯一特有のものとして残っているようなものとして把握されるべきこの長所は一体何であろうか。ここではキケローを解釈者とはしない。むしろ私は、この性格の本性が、自己に特有なものとして要求するような流暢さを示すことにしよう。即ち、あの緊密な短さの尺度、及び他の優美さの（§22）多すぎも少なすぎもしない諸美点のことであり、それらは高貴な生きかたと、それに釣り合った天性の陶冶を達成した人ならば誰でも容易に自分で与えうるか、または、少なくとも、あまり長く努力せずに美しく理解し、とらえることに確信が持てるだけの大きさのものである（§266）。勿論、ここには関連しない（§18）雄弁の難しさ（§244）からは離しておこう。あれほどキケローに賞賛された、節度ある語り手における甘美さはここから生ずるものであるし、高貴な生きかたを仮定してもよい観客の観点からしても、この中間的な思惟のあり方にそれは認められる。キケロー『弁論家』九一（§271）。

§275

§274で限定された流暢さのために、中間のあり方の思惟を自分の個人的目標として追求する者は、高貴な生きかたとそれに釣り合った認識の美を帰してよいような人々のみの好意を

専ら求めて思惟するよう決めている以上、

「ひとたび板に書き付けたものは何でも、井戸端から帰る途中の奴隷や老婆たちが皆知ることを喜ば[1]」ないであろうし、すべての道徳的な立派さを欠いた大衆であれ、端的に立派な徳性とそれに通常随伴する認識との地平内部に留まっている大衆であれ、「大衆に賛嘆されるよう努めることはない[2]」。

「少数の読者に満足しているからである[3]」。

時折あることだが、もし先行する集団の赴くところにつき従ったり、或いは、殆ど偶然ともいってよいことだが、しかるべき進路につき従ったりする読者をかなり多く手に入れることがあるとすれば、これらの読者にとっても、それが〈低さ〉なしになされうる限りで、甘美で流暢なものであろう。もっとも、心の中ではホラーティウスにならって、

「騎士が喝采してくれれば私には充分だ[4]」

と考えているのではあるが。しかし、高貴な身分に生まれた人々だけが、もしくはそのすべてが、このことを心でとらえると考えるならば、ひどい思い違いをしていることになろう（§211〜214）。

（1）ホラーティウス『諷刺詩』一・四・三六―三八。（2）同書、一・一〇・七三参照。（3）同書、一・一〇・七四。（4）同書、一・一〇・七六。

§276

中間の素材を思惟するこの望ましいあり方（§266）と区別される誤りのうち、欠如による方は〈低さ〉の第三の類である。これは、中間的な大きさと品位をもつ対象にふさわしいあり方よりも小さい、劣った思惟のあり方によって中間的な素材を展開するものである（§217）。簡素に思惟することの領域が簡素な素材に固着するならば、それはさほど不適当とはいえないのであろうが、これに対して中間の素材を思惟するあり方がこの領域内部に留まるならば、それは〈低さ〉の第三の類の第一の種ということになろう。第二の種は、真面目な物事においてたわ言を言う者の思惟のあり方でもあるのだが（§245）、たわ言、くだらないことの領域にまで（§191）自らの中間的な素材を押し下げるものである。

§277

プラウトゥスはこの両種の例を与えるであろう。それは、「周知の事から材料を引き出し」(1)ているのに、しかも、低い簡素さや、紳士にふさわしくない諧謔に陥るときである。「見るがよい、愛する若者の役をどのように、注意深い父親役をいかに、……プラウトゥスが保持するかを。……どのようにして、ぴったりとは合っていない（§235、236）長靴で舞台を走り回るかを。つまり、貨幣をポケットに滑り込ませることだけに熱中し、そのあと物語が倒れるのか、真っ直ぐの踵で立つのかには無頓着である」[2]（ホラーティウス『書簡詩』二・一・一七〇）。

「粗野と卑猥に充ちたウォルシウスの年譜よ」[3]（三二または三六）

と言って、特に後者の罪悪を告発するとき、カトゥッルスは同一の、またはそれに隣接する欠点に陥っている。第三九歌では、かなり似た素材で中間的なあり方の思惟をもっと美しく表現することによってこの誤りを避けたのではあったけれども。その第三九歌（版によっては第四四歌）の方を私はとる。

「おお、われらの土地よ、サビーヌスよ、ティーブルよ」[4]。

（1）ホラーティウス『書簡詩』二・一・一六八。（2）同書、二・一・一七〇―一七二、一七四―一七六。なお、§518註（1）参照。（3）カトゥッルス『カルミナ』三六・一九―二〇。（4）同書、四四・一。

§278

両方の種、とりわけ第二の種（§276）の、一層醜い段階は、性格の或る種の高貴さ（§213、214）をもって中間的なことについて思惟すべきなのに、それについて思惟するとき、単純に立派でなく、不品行で、紳士にふさわしくない性格が至る所に現れる場合である。この最後の段階は、**中間的なものについての、卑しいあり方の思惟**であろう。カトゥッルスの第二五（または二九）歌、及び多数の婚礼歌にそれがあるが、かかる卑しい例は不快である。ここではむしろ、第一の種の実例を示すために、テレンティウスの『自虐者』第一幕第一場全体におけるメネデームス[1]の精神がよかろう。彼にクレーメース[2]はこう言っている。

「君は多くの奴隷を持っている。それなのにまるで誰一人いないかのように、自分で熱心に彼らの仕事を君は行っている[3]」。

メネデームス自身、第五幕第一場で、自らについて言う。

「愚か者に対して言われたことは、何でも私に合っている――石頭、でくのぼう、ろば、鈍重[4]」。

（1）息子の結婚に反対したことを後悔して、自分を苦しめている。（2）メネデームスの隣人。（3）テレンティウス『自虐者』六四―六六。（4）同書、八七六―八七七。

§ 279

中間のあり方の思惟（§266）から、過剰によって離れ去るのは膨張の第三の類である。これは、崇高なものが自分だけのものとして要求する権利を持つほど大きな思惟によって中間的な対象を飾りたてるものである。これに属するのは、自分の頭で何かを考えているのは自分たちだけだと考えている文法学者たちが自分のことを考える際の独りよがりの興奮、スコラ学派のうちの熾《し》天使博士たちと不可抗博士たち[1]、この者たちにつき従い、絶えず口授している者たち、文壇の最高司令官及び騎士階級の教師たち。この者たちはキケローと共にしか語らず、まるでカティリーナに対するようにしか語らない。この者たちは、学校を持っているのに、フォルム、船嘴《せんし》演壇、カピトーリウムを町々に、元老院議員と執政官をカピトーリウムに、高官席、束桿《ファスケース》（執政官などの官標）、斧を執政官に、戦勝碑を自分自身に配し、自らの良心にかけて[2]布告する。

「シリア人ダマスか、ディオニューシウスの息子であるおまえが、よくローマ人を処刑したり、死刑執行人カドムスに引き渡したりできるな[3]」（ホラーティウス『談論』一・六）。

（1）スコラ学派のうち、特にフランシスコ会学派を指す。この学派の創始者であるヘールズのアレクサンデルが「不可抗博士（Doctor irrefragibilis）」、その樹立者であるボナヴェントゥーラが、「熾天使博士（D. Seraphicus）」と呼ばれたことに因む。（2）宣誓の際の定型句。（3）ホラーティウス『諷刺詩』一・六・三八―三九。

§ 280

これらの欠点（§276〜279）が混ざり合うと、最後には、不安定で不確実なあり方の思惟が生ずる。これは思惟の中間的な性格に対立するに値するもので、或るひとが中間のあり方の思惟を思考によって追い求めたのに達成できず、時には簡素な対象の領域を、時には崇高な対象の領域をふらつき、どこに足を向けてよいのか、どこに一歩を据えてよいのかわからず、自らの選択したあり方の本性が、あたかもパエトーンの父がパエトーンに、

「馬車を下げすぎてもいけないし、天空の頂上を進めてもいけないと[(1)]」

忠告するが如く、そのような天性に忠告しても無駄である。パエトーンと同様に、このあり方の思惟も、

「天上へかけ昇るかと思えば、大地により近い空間を、下り坂や急勾配を通って運ばれる」（オウィディウス『変身物語』二・二〇五）。

（1）オウィディウス『変身物語』二・一三五。

第二一節　崇高なあり方の思惟

§281

Ⅲ：崇高なあり方の思惟（壮麗な、大きな、高い、最高の、充実した〔§158参照〕、荘重な、豊麗な〔§116参照〕、華麗な、強壮な、〈気宇壮大な〉、〈風格〉、〈崇高〉、〈崇高なもの〉）

とは、真に壮大な自らの思惟素材（§203～207）に一致しており、しかも、それらに十分ふさわしいもの（§223）及び最も良い道徳をもつもの（§228）が、英雄的徳、及び、それが従属はしないにせよ、少なくとも随伴するのが常であるところの思惟のあり方に矛盾しないだけでなく、格別の威厳と結びついた徳性と調和もするようなものである（§213、194）。

§282

テレンティウスが戯れに「ダーウスを高く（sublimem）担いで中に連れていけ」、「手足を四本とも縛っておけ(1)」と命じているだけでなく、ホラーティウスも「気位高く（sublimis）詩を吐き出し、うろついているうちに、まるで鶫《つぐみ》に気をとられて溝に落ちた鳥刺しのような……(2)」この人を嘲笑している。

しかしここで我々としては、崇高さを真面目に、然るべき場所に置いて調べねばならない。例えば「キケローはコルネーリウスを弁護する際、強さのみならず煌《きらめ》きをも持つ武器によって戦った。即ち、ローマ人が叫び声のみならず喝采をもって自分への賛嘆を示すようにすることに弁論によって成功した。事実、崇高さ、壮麗さ、輝き、権威がその轟きを生み出したのである。そしてもし言葉が、使い慣らされた、日常語に似たものであったとしたならば、かくも異常な賞賛は語り手に伴わなかったであろう(3)」（クインティリアーヌス、八・三）。これに関係するのはオウィディウス『恋の歌』三・一にある、エレゲイア詩と悲劇の比較である。そこでは、こう認められている。

「私の歌と崇高な歌を比較したくはない。あなたの宮殿は、私のちっぽけな戸を圧倒する(4)」。

(1) テレンティウス『アンドロス島の女』八六一、八六五。(2) ホラーティウス『詩論』四五七―四五九。(3) クインティリアーヌス『弁論家の教育』八・三・二一―四。(4) オウィディウス『恋の歌』三・一・三九―四〇。

§283

「壮麗なもの（magnificum）」という語には、今でもかなりしばしば、余分なもの、虚飾という付随概念(1)が、いわば小さな汚点のように添付される。テレンティウスの『自虐者』一・二でクリーティポーがクリーニアにお祝いを言う場面で、クリーニアは

「立派に淑やかに育てられた女、遊び女の術を知らない女を持っている。私の女は力が強く、生意気で、気位が高く（magnifica）、贅沢で、高慢だ(2)」

というのがその例である。同じ仕方でティブッルスは二・六でこう言っている。

「私は陣営を求める。愛の女神よさらば。娘らよさらば。私には力があり、私にはラッパが作られた(3)」。

「大きなことを私は語る。しかし私が大きなことを壮麗に（magnifice）語ると、ドアの閉じる音が勇敢な言葉を私からふりおとす(4)」。

こうして、一・五の自分の低い嘆きに帰ろうとする。

「野生のものを焼き払い、拷問にかけよ。今後、壮麗なことは何一つ言う気にならぬように。荒々しい言葉を飼い慣らせ(5)」。

一層明瞭にコルネーリウス・ネポースはこうアッティクスを賞賛している。「彼は洗練されていて、派手（magnificus）ではなく、輝かしく、浪費家でなく、贅沢でない清廉を全力で追求した。財産は程々で多くなく、多い方にも少ない方にも目立つことがなかった(6)」。キケロー自身、アッティカ派に対立して偉大なものの守護者でありながら（§248）、この語の一層悪い意味から離れてはいない。『喜劇役者クイントゥス・ロスキウス弁護』五で、あとで狂気の故に告発することになる男に「君は自分をそれほどに愛し、大事に（magnifice）世話しているのか」と語りかけている。

（1）付随概念については、§146及び当該箇所への註（1）参照。（2）テレンティウス『自虐者』一二六―一二七。（3）ティブッルス、二・六・九―一〇。（4）同書、二・六・一一―一二。（5）同書、一・五・五―六。（6）コルネーリウス・ネポース『英雄伝』「アッティクス」一三・五。

§284

　さて、我々にとっては、ここで偉大さ（magnificentia）は（§281）、キケローの『発想論』二・一六三の描写に従って考えられる。「大きく、卓越した物事を、精神の或る種の豊かで輝かしい構想をもって追求し、管理すること」。これに従って彼は「ローマ人」を、「公的な偉大さ」を愛し、「私的奢侈」を憎む者（§281、165）と呼んでいる（『ムーレーナ弁護』[1]）。この定義からして、『義務について』一・七二で彼が次のように言うのは、きわめて正当である。「公職にある人々は、哲学者に劣らず、否、多分哲学者以上に、壮麗さと、私がしばしば述べる、外的な事柄の無視と、精神の平静さと安心を備えねばならない。もし心配事もなく、荘重さと一貫性をもって生きようとするならば」。やはり偉大さのこの概念に従えば、哲学者は、偉大さが単純さを持った私生活にも調和しうる（§213）ことを認めている。一・九二「これらの（私生活の）規則を守る人は、偉大に、荘重に、勇敢に、その上単純に、忠実に、人々の生活への愛をもって生きることができる」。ペトローニウスにあるアガメムノーンの言葉も、この概念からして最も真実なものと私はとらえることができる。「子供たちの気に入るようなもので、自分にとって偉大なものは何一つない[2]」。

（1）キケロー『ムーレーナ弁護』七六。（2）ペトローニウス『サテュリコン』四。

§285

ここで弁論家キケローが、壮麗なあり方の思惟について、心にどんな観念を形成しているのかを推論することにしよう。キケローは自分がいわばこのあり方の範例のようなものであることを自分でも知っていたし、また、それとなく仄めかしもしている（『弁論家について』二・八九）。キケローはそこで、語るときにはクラッススを模倣すると公言した「スルピキウスは、本性そのものによってクラッススのあの壮麗な語り方へと導かれたのだが（第二節）、同一の努力と模倣でもって取りかかり、心の限り、全心を傾けてクラッススを注視して語ることを習慣としなかったならば、本性だけでは十分達成はできなかったであろう」と語っている。従って、壮麗さの第一の規則は模倣である（§56）。

§286

「大きなもの」という名称も多義性を免れない（§291）。大きな人間が、時として愚か者と言われる場合があることは、ここでは扱わないこととする（§179）。確かに、ホラーティウスの語る神話は、大きな言葉が賞賛されないことを教えている。ホラーティウスはアポローンにこう語りかける。

「ニオベーの子らと強奪者ティテュオスに大きな言葉の報いを受けさせた神よ」[1]（『カル

ミナ』四・六）。

ユウェナーリスの「大いなる友人たち[2]」もホラーティウスの「大きな少年たち」も、この名称で真剣に讃められているのではないと私は思う。しかし、真に大きなものにぴったり一致しているもの（§291）は、相対的、比較的な大きさを持つ（§178）思惟内容と本気で呼ぶことにしよう。これの一層徹底的な理解のために、§203〜207で大きな素材に関して述べたことについて、次の二点を注記しておこう。⑴「一層明瞭なものと一層大きなものとは別である[3]」。この言葉を確認することにプリーニウスは、これに役立つ実例で説明しつつ、『書簡』三・一六全体を捧げた。⑵これに関連する大きなものは、多くの人々には到底真実らしく見えない。ホラーティウスは

「名前だけしか知らない[4]」

或る者に対して、マエケーナースのところでは、彼の好意をもっと深く手に入れるために他の人々をこきおろす必要がなく、

「金持ちであるか、博識であるかは問題にならない。各人にはそれぞれの場所がある」

と語っている。これに対して、誰か知らないがその相手は

「大きなことをおっしゃるが、到底信じられません[5]」

とやり返している。

（1）ホラーティウス『カルミナ』四・六・一―三。（2）ユウェナーリス『諷刺詩』六・三一四。（3）小

プリーニウス『書簡』三・一六・一。(4) ホラーティウス『諷刺詩』一・九・三。(5) 同書、一・九・五一—五二。

§287

高いあり方の思惟(§291)と高すぎるそれ(§217、218)とを混同してはならない。ホラーティウスは前者を『カルミナ』四・九で描いている。

「判事として、有用よりも善を優先させ、高き表情で、有害な輩の賄賂を投げ返し、邪魔をする群衆の中を、勝ち誇って自らの武器をかざした(1)」。

またキケローも『トゥスクルム荘対談集』二・一一で次のように言っている。「古い諺にあるように、幸運は勇気ある者を助けるが、しかしそれだけでなく、いわば或る規則によって勇気の力を強める理性の方が一層多く助ける。自然はおまえを卓越せる者、高い者、人間的なものを軽蔑する者として生んだのである。それ故、勇気ある心には、死に反対して語られた弁論が宿りやすい」。

(1) ホラーティウス『カルミナ』四・九・四一—四四。

§288

豊麗で充実したあり方の思惟を或る人が崇高なものと見做しているのを君が見るならば（§281）、私は§247、187を思い出しつつ、この要求にどんな真理が内在しているかを判定するために、この思惟のあり方に特有、固有の徳のいわば最高の定式に先ずもって心の目を向ける。その定式とは次のようなものである。英雄的な徳とそれに随伴する思惟のあり方、及び天性の高揚へと持ち上げられた人ならば、誰であれ自らそのような主題に添付するか、または少なくとも、他の人々によって美しく生みだされたのを理解するであろうと君が確信するほどの量の緊密な短さ、真実らしさ等々（§22）を、しかも多すぎも少なすぎもせずに、思惟によって君の壮大な主題に与えるがよい（§281）。

§289

この理由からして、中間的なあり方の思惟（§275）とは異なり、崇高なあり方の思惟が人格的対象、つまり自分の観客として、そして専らその好意を得るために思惟すべき者として選択するのは、大衆のうちの誰でもよいというわけにはいかない。最小ならざる天性、心情、細心の注意、そしてこのような人の目を、爽やかにするというよりも、眩ますことを恐れない人は、二種類の人間をいわば自分の神殿として選び出し、その人々を喜ばせようと大層努力することになるであろう。(1)優れた天性が際立つのみならず、心性が優秀で、徳性における格別の威厳を、習慣づけによっていわば第二の本性として獲得した最高の人間。[1] この人々のために最も荘重な物事について思惟するときには、その人々はそういう物事に毎日関係し、それらに慣れ親しみ、それらをいわば住居としていると仮定せねばならない。優雅、壮麗に、しかも充溢した完全な仕方で思惟する（§158）が、しかし、或る際立った豊麗さと思考の明白な広さとをもって自らのものをそれら優れた人々と共有することがなく、むしろ相対的短さ（第一四節）と真に壮大な簡潔さを愛好するひとがいる。

（1）§109註（3）参照。

§290

ユッピテルは、アエネーアースについて意に添わぬ諸点をメルクリウスに対して短く説明したあと、こう言う（ウェルギリウス『アエネーイス』四・二三六）。

「出帆するように。これが最も大事なこと、私の命令の使いになれ」。

メルクリウスは、父神の忠実な伝令であり、他の諸点は非難を交えつつアエネーアースに対して数え上げたのに、「出帆するように」という指示自体はかくも短いのにそれを明確に付け加えることはしていない（二七五）。というのも、敬虔なアエネーアースは提示されたことからその指示を推論できたからである。

「これほどの忠告と神々の命令に驚愕し、逃げ去り、甘き土地を去る願いに燃え上がる」。

「ムネステウスとセルゲストゥスと勇敢なるクロアントゥスを呼び、音もなく艦隊を準備し、仲間を海岸に招集し、武器を用意し、異常な事柄にどんな理由があるのかを隠すよう命ずる」(二九〇)。

大アエネーアースが、仲間のうち指導的な位置にある者に対して、その人々が通暁している大事な物事について十分短く語ったであろうか。

§ 291

(2)崇高なあり方の思惟が専らその者たちに仕え、喜びを与えるよう努力すべき(§289)第二の種類の人間とは、(a)少なくとも美的主体には、上で記述された者たちに還元されるように見えるけれども、しかしながら、或る卓越した、目立って崇高な物事を知らなかったり、誤って蔑んでいると仮定されるべき人々、または、(b)どんなものでも崇高なものへと高め、かきたてることができると考えて、大きな精神と英雄的な徳の火花を少なくとも心のうちに抱いているが、しかしながら、自分にとっては十分新しいか、自分に対して極めて短く提示された壮大なものをそれに見合う勢いをもって直ちに抱くのに十分な量の目下の気宇壮大さを必ずしも常に準備して持ってはいない（§288）人々である。これら二種類の人々に対し、崇高なあり方の思惟は健康な荘重さをもって、豊かに、かつ豊麗に、自己の素材の未開の大きさを、極めて豊かな品位を、信じ難い重々しさを、そして或る神的な火でもって最も品位ある威厳を、最も選り抜きの姿の淑やかで女らしい装飾において、輝かしく顕わし示すことになろう（§116）。

§292

かつてデーモステネースはアテーナイ人のために、キケローはローマ人のために、それぞれの弁論で崇高なものについて真に美しく思惟しようと努めたが、これら両国民を我々の心に思い描いてみよう。或いは我々の生き方に従って、祭礼の最も重大な契機についてなされるべき説教をそれらの代わりにしてもよかろう。ここで人格的対象の第一の種類（§289）に属すると考えられる人がいかに少ないことか。その数はともかくとして、こういった人々自身の中にも次のような人々が何人か存在しうる。即ち、他の点では極めて優れており、一層厳格な徳の厳密な擁護者、公共の善の堅固な擁護者でありながら、今問題となっていること――特にそれが極めて特殊なもの、或いは独一的、個別的なものである場合にはそうであるが――を時として知らなかったり、また時としてそれに対して偏見を抱いていて、それをあまり尊重、評価しないような人々のことである（§291）。よりよいものを我々が知らないだけかもしれないが。

§293

その者の役に立つべく弁論家が崇高なあり方の思惟を自らのものとしうるような人々のうちの残りはすべて次のような人々である。即ち、かなり崇高な霊感が内在しており、そうしようと思えば神的な光で照らされて聖なる興奮に燃え上がりうるであろうものを持ってはいるのだが、目下のところはそれらの大部分にあまり注目しておらず、自分がこれから聞こうとすることをもう十分知っていると軽率にも思い込んでいるが故に、かなり醒めた精神で他人に接近する人々である。かかる状況であるから、弁論家の崇高なあり方の思惟は、多くの豊麗さ、多くの豊かさ、いわばプラトーン的広さ（§158、116）を要求することになろう。なぜなら弁論家の言葉は、読まれる場合ならば、何度も繰り返されるのであるから、読者はもっとじっくりそれらを考量することもできたであろうが（§170）、耳で聞く場合には、そのかなり多くが聞き落とされることもありうるからである。[1]

（1）キケロー『弁論家について』二・一〇九参照。

§294

それ固有の崇高さを伴う相対的豊麗さと豊かさを悲劇に一層必要なものにしたのは、「お勤めを終え、一杯飲んで羽目をはずした観客を新しい趣向で引き止めねばならなかった[1]」（§297、293）（ホラーティウス『詩論』）ためである。

「徳と誉れは大してないが、数だけは多い無学愚昧の者どもが、騎士が共鳴しないと喧嘩をする覚悟を持っていて、詩の途中で熊だの拳闘家だのを要求する。下賤の者はこれらを喜ぶからである。それどころか騎士の喜ぶものもすべて耳から、芳しくない目と空しき快へもう移っていってしまった[2]」（ホラーティウス『書簡詩』二・一。§275）。

（1）ホラーティウス『詩論』二二三―二二四。（2）ホラーティウス『書簡詩』二・一・一八三―一八八。

§295

このような現状であるから、論争を核心へと引き締めよう（§288）。⑴崇高なあり方の思惟のうちには、充実しているのみならず同時に豊麗でもあるものがある。そして、もしこれが相対的短さの限度を越えたならば、丹念に内容豊かでなければならず、王者らしい装いと公の壮麗さを証示、提示せねばならない（§289）。相対的に大きなもののうち最も大きいのは、むしろ相対的に短いものである（§207、209）。(3)豊麗なあり方の語り方がすべて崇高な語り方であるわけではない（第八節、§281）。それ故、アジア派という称号を授けられたくない人々は豊麗と崇高を同義語とするのを止めるがよい。ロンギーノスは(1)〈切り詰められた崇高〉がデーモステネースに、〈流れにおける〉それがキケローに大抵は属するとしている（第一二章）。

(1) ロンギーノス『崇高について』一二・四。

§ 296

崇高なあり方の思惟が「荘重」（〈力強い〉）と呼ばれるならば（§281）、何らかの相対的、比較的な荘重さ、及びその最大の段階からこの名称を受け取ったのである。なぜなら、美的大きさはすべてまた何らかの少なくとも絶対的な荘重さを要求するからである（§189）。他方、もし飾られたものと呼ばれるならば（§281）、模倣のために（§295）多義性を取り除きうる。そして例えば「飾られていて」しかも「荘重なもの」というように、いわば同義語のような別の語を付け加えることによって大抵は改善される。キケロー『弁論家について』一・四二のスカエウォラの言う「弁論において飾られた、荘重な男たち」を、思惟と言葉で崇高さに触れうるような人々と解釈してよいならば、そのような人々は哲学者たちの中心に位置していて、「弁論家はすべての語法の議論に最も豊麗に関係しうることをいわば自分の正当な権利として取り上げたクラッスス」を論駁しているのも正当なことだとわかるであろう（§125）。我々が豊麗なものと崇高なもの（§295）を、そして飾られたものを混同するなら、クラッススの要求の不整合さは増幅されることになろう（同書、五〇。§257）。

§297

最後に、「強壮」（§281）と呼ばれる崇高なあり方の思惟は、或る種の相対的、比較的な頑丈さについて言われる傾向があるように思われる。この頑丈さの最高の段階は、この思惟のあり方に類的に帰せられるべきである（§288）。簡素なものも既にして何がしかの活力と血気を要請するし（§242～244）、中間的なものは一層多く（§274）、崇高なものは最も多くそれを要請する（M、§五一五）。「強壮」の目立つ効力、効果をにせの崇高の幻影から区別しやすくするために、それをもう少し判明に見ることにしよう。

§298

(1)崇高なあり方の思惟は類的には最高の富を持っている（§158、288）。しかし、いわばたった一つの、しかし最も重要なダイヤモンドだけで煌いている場合には（§289）、それらの富の殆どすべてを捨て（§160）、残りの富がどれほどであるかは読者の心の中での推論に委ねることもある（§177、148）。他方また、一層壮麗に提示することもある（§293）。ここから〈周回と囲繞〉、つまり一種の引き伸ばされ、積みかさねられた思考のあり方が生ずる。これは累積法を伴う（§148）。しかし崇高な思考、そして崇高なうちでも特に最高のものは必ずしもすべて引き伸ばされ、積み重ねられたものであるわけではない。逆に、引き伸ばされた思考のあり方、及び或る種の長さと、表示形式、例えば措辞と語のみの拡散や歪曲がすべて壮大で崇高であるわけではない（§295）。アリストパネースは六行に亙る単語を持っているし、プラウトゥスには地を這うような次の語がある。

「クオドセメラッリピデスヌンクワムポステアエリピデース」[1]（§237）。

（1）プラウトゥス『ペルシア人』七〇五。人物名で、「一度に奪い去り、二度と再び取り返せない者」の意。

§299

(2)崇高なあり方の思惟が守る思惟されるべきものの大きさ——自然的な大きさも含めてだが（§181）——は次の二つのいずれでもない。(イ)主要主題や語り手や人格的対象と比較された場合、相対的無になってしまい、例えば§198のように消え去ってしまうようなもの、(ロ)逆に、やはり思惟されるべきものの大きさと主題などを比較してみたときに、何であれ思惟されるべきものの大きさとして大きなもののうちでも最大のものが常に選ばれている場合、たとえ主題や対象が壮大ではあっても、大きなもののうちでも最も大きい思惟されるべきもの（§207）によって一層高められないので、前者即ち思惟されるべきものの大きさが、後者即ち上述の対象や主要主題などを豊かにし、飾り、引き上げることをせず、不明瞭にし、小さくしてしまうようなもの。崇高なあり方の思惟には最大の品位への配慮があり、この配慮は類的には等しい。しかし最大の品位を持つものにおいて、その諸部分、諸側面にもいわば種的な諸段階があって（§207）、この種的な段階が要求する以上に思惟が高く持ち上げられたり、押し下げられたりしてはならない。従って、これら種的な段階からそれとして際立つものに注目し、うまく選ばれた思惟されるべきものの諸要素、諸側面のうち、中庸或いは簡素さに傾くものがあれば、これを丁寧に警戒せねばならない（§215）。ただし長い作品では簡素さにも場が与えられることもある（§235）。

§300

このあり方の思惟の例としてキケローは自分の『ラビーリウス・ポストゥムス弁護』を引用し、また、少しずつ高揚していく『ミロー弁護』、『第二カティリーナ弾劾』、『第二ピリッピカ』、『ピーソー弾劾』も正当にもここに入れている。スカリゲルは、『アエネーイス』において、壮大なあり方の思惟のうちでも最も低いものを第五巻における競技の描写に、中間的なものを第一巻に、最も高いものを第二巻及び第六巻に認めている。聖書からの例を付け加えてもよかろう。最も大きなもののうちでも大きなものはロンギーノスが第九章で甚だ好んだ「光あれ、そして光があった[1]」、一層大きなものは〈事は終わった[2]〉、最も大きなものは「神は万物における万物であれ[3]」である。

（1）『創世記』一・三、ロンギーノス『崇高について』九・九。（2）『ヨハネによる福音書』一九・三〇。
（3）『コリント人への第一の手紙』一五・二八。

§301

(3)崇高なあり方の思惟は真実らしさを追い求めるが（§22）、それが本来追い求めるのは、ただ優れた天性と高められた精神によってとらえられ、評価されるようなもののみである（§288）。たとえそれが下賤の者にはあまり信じられないものであろうと（§286）、また十分に高貴な精神に対してすら容易には信用されないようなものであってもである（§213）。崇高なあり方の思惟は、自らのこの真実らしさを観客の無言の〈熟考〉に（§177）残すか（§289）、或いは、それを極めてよく証明するので（§291〜294）、はじめは我々の感性から極めて遠く離れていた真実が、今はもう反感を生まないだけでなく、自らに対する賛嘆と欲求を生みだすのである（§293）。

§302

船乗りは反対しているのに嵐の中に舟を出したときのポンペイウスの崇高な言葉——私に必要なのは出発することであって、生きることではない[1]——を明白な矛盾を含むとして非難するフランス人がいる。ポンペイウスに匹敵する精神ならばこれを弁護もしないし、告発もしないであろう。例えば、敵であってもカエサルのような者ならば。なぜなら両者とも美しく理解するだろうから（§288、301）。「道徳的立派さから切り離せないような、あの真実で単純な善が何であるかを人に理解させるのは難しい」（キケロー『アカデーミカ』一・七）。なるほど確かにこの善がどのようなものであるかを「感性を刺激する快なしには自分は推測することすらできないとエピクーロスは言っている」が、エピクーロスが言葉で述べたのと同じことを、今日に至るまで多くの人々が行為によって実証してきてもいるし、その人々の中には、美学者が最高の徳性と優れた徳があると推測できるような人々すらいる。しかしながら「哲学の」一層厳格な「研究より大きな、そしてそれより優れた贈り物が神々から人間に与えられたことはない」とウァッローやプラトーンは考えている。この「哲学研究によって」裸の真理が、理性類似者の目には（§121）「鋭く、尖鋭に、難解に論じられる[2]」。しかし、それだけでなく、その真実らしさは、美的にして、真に崇高な極めて多数の思考によって提示されてきたし、また、殆ど毎日提示されつつあるので、人間世界のこの部分には殆ど、またはすべてのものが必要物で、余分なものはないように思われる（§301）。

（1）プルータルコス『対比列伝』「ポンペイウス」五〇・二。（2）ここに至る断片的な引用はすべて、キケロー『アカデーミカ』一・七からのもの。

§303

(4)この大きなあり方の思惟は最高の光のうちに輝き出てくる（§22）。しかし、この光を耐え、捉え、享受するには鷲の目が要求されるだろう（§288）。このあり方の思惟は、鷲の目を既に前提し（§289）、ミネルウァの梟《ふくろう》すら盲目にする輝きに飽いていることもあるであろうし、また、本性上は優れているけれども、いまだそれほど多くの光線を懐胎するのに慣れていない人々、或いは再び慣れを失った人々を驚くべき技術で次第に魅了し、甘く喜ばせることによって、鋭敏にすると同時に強化し、その結果、遂には、ほんの今まで自分が盲目と闇と暗さを認めると思っていたところに、正午の太陽を、平明、明白なすべてのものを賛嘆するに至ることもある（§291）。

§304

外観の点では曖昧さに見える、崇高の最も真なる光を実例によって暗闇から区別するためには、もしよければ『アエネーイス』六・八三―九七のシビュッラ（アポローンの神託を告げる巫女）の予言を読んでみるがよい。そこではいわば詩人は神託の真実らしい暗闇の前に真の明白さを忘れるという特権を持っていた筈である。確かに彼自身こう言っている。

「かかる言葉でクーマエのシビュッラは奥の院から恐るべき謎を歌う。そして暗きもので真実を包みつつ洞窟に反響させる(1)」。

しかしながら、上述の部分には、真に崇高なものを認めることができよう。この崇高なものが何を自分の特質とし、また、どれほどの重さを持っているか、並の文法学者どもは今は理解できないであろう。しかしながら、未来において通常となるもの以外何らの暗さも言葉及び思考のあり方に存しない。そしてこの暗さは、たとえ最も偉大な者であっても、ただの人間にはそれらについての全様態的限定の知識は欠けているため、全くやむをえないものであり、それ故、予言の成就、実現の後には歴史、伝承に通じている人々には見通しやすいものになるのである。

(1) ウェルギリウス『アエネーイス』六・九八―一〇〇。

§305

(5)崇高なあり方の思惟は説得的である（§22）。しかしそれが説得しようとするのは（少なくとも最も強くそうするのは）その胸の奥に徳と正しい性格の種が、かなり目立つ心の大きさ（§45）によって確実に植え付けられた人々のみである。証明を要さぬ原理が彼らに知られており、かつ彼ら自身の主張にそれが内在しているならば、崇高なあり方は彼らにいわゆる三語、或いは一語で、つまり最も短い、いわば不動の礎で自らの説得性を教えたり、或いはまた、自らの主題を一層確実にするために、自らの人格的対象の様々な条件に応じて（§289〜294）多くの重さ、内実、補強物を集めたりする。それらのものは、あの陳腐なものではなく、何か大きなものを常に呼吸しているものである。その結果、より大きな精神は充分に説得され、より小さな精神は圧倒され、それらから望みうる限りの賢明なる沈黙へと追いやられる。

§306

たった一語による説得力、しかも最も効果的な説得力の例はスエートーニウス『カエサル』七〇にある。「ローマで第一〇軍団が大きな脅迫によって放免と報酬を要求し、都が危機の頂点にあったとき、カエサルは、そのときアフリカでは戦が激しかったので、友人たちは引きとめたのに出発を躊躇せず、軍団を送り出すのも躊躇しなかった。そして軍団を『兵士』の代わりに『市民』と呼ぶというたった一言でもって、容易くその向き、方向を変えたので、自分たちは兵士であると直ちに答え、カエサルは拒んだが自発的に従ってアフリカに行った」。やはり同じカエサルは、真の美的崇高に通じた者として、自らの軍勢の数を「多くし、偽ることによって」、迫りつつある敵に対する恐れを味方が捨てるように、もう少し多くの語で説得した（§66）。

§307

「アシニウス・ポッリオーはカエサルの『戦記』があまり完全な真実をもっては書かれていないと考えている」[1]（五六）。しかし、カエサルの書くものの大部分にどれほど多くの説得性が内在していることか。カトゥッルスを信用するならば、

「贅沢な遺産を食いつぶす以外に[2]」能のなかった者が[3]、『戦記』を読むと、極めて正しい行為をしたとひとは考えるであろう。この『戦記』を低いと判断する人々の説に怯えて、ここでこの書に言及するのを妨げられることはない。この書の言葉を子供も十分理解するし、年齢に応じてそれなりの意味も捉えられるが、だからといって低いというわけではないし、簡素なあり方の思惟を証示しているわけでもない。そして、中間のあり方の思惟がすべての歴史を包括すべしと君が考えるのでな

い限りは（§267）、確かに均一で（§267、268）節度ある（§270）あり方の思惟、そしてキケロー風に言えば「裸で、真っすぐで、いわば服を脱いだようにすべての言葉の飾りを欠いているが美しい」あり方の思惟をこの書に帰することを決して私は躊躇する者ではない。しかし、事柄の点では崇高なあり方の思惟であり、「歴史を書こうとする人々が、材料をそこからとってこられるように、貯えを他人に与えようとした」（または、そう装った）「が、それを毛巻きごてをあてて仕上げようとする愚かな者たちには好意を示し、健康な人々を書くことから遠ざけてしまった[4]」。

（1）スエートーニウス『皇帝伝』「カエサル」五六・四。（2）カトゥッルス『カルミナ』二九・二二。このようにカトゥッルスはカエサルを攻撃している。（3）ローマの騎士で、ガッリアでのカエサルの工兵隊長マームラを指す。邸を大理石で覆ったことで有名。（4）キケロー『ブルートゥス』二六二。

§308

(6)崇高なあり方の思惟が支配的となるのは、精神――ただし真正の衝動を容れうる精神（§289～294）――を時には最高の燃焼と神的といってもよい狂気へとかきたて、時には何かつまらぬことから生じた精神の甚だしく乱れた動きから、適切な晴朗さと一層高い気持ちの平静さへと引きはなす力を持っている場合（§288）、しかもこれらの一方または他方の精神状態が英雄たちにふさわしいのに応じてそうする力を持っている場合である（§213）。

§309

アエネーアースは第二巻でヘクトールが夢の中で止めるのもきかず（二九五）、「逆上して武器をとる」[1]。

「狂気と怒りが心をひっくり返し、戦に死ぬのは美しいと気づく」[2]（三一五）。

「オトリュスの子パントゥスの言葉によって私は炎と戦の中へ運ばれる。悲しみのエリーニュスが、轟音が、そして天に達する叫び声がそこへ呼ぶ」[3]（三三八）。

「月光を浴びて仲間に加わりつつあると彼は語る」[4]。

「若者たちの心に、このように狂気が付け加えられた」（三五五）。

アエネーアースはなお「狂気の心に運ばれ」（五八八）、

「救済者に値する紛糾[5]」が敬虔な英雄を祖国の防衛から引き離すためには必要となる。そこへ母たる神が現れる。息子を右手で摑み、その精神と心を宥めつつ、自分の言葉を忘我の光景で強める（五八九―六二五）。

（1）ウェルギリウス『アエネーイス』二・三一四。（2）同書、二・三一六―三一七。（3）同書、二・三三六―三三八。（４）同書、二・三三九。（５）ホラーティウス『詩論』一九一。事態が極めて縺《もつ》れ、解決するには神の介入を要する場合をいう。なお、§458註（１）参照。

第二二節　崇高に対立した諸欠点

§310

壮大な素材を思惟する際に警戒すべきは、先ずⅠ：（明白な）〈低さ〉の第四の類である。そこでは諸対象の類的に最大の相対的大きさ（§207）より小さい、より劣った思惟が心で形成されたことが直ちに明らかになろう（§217）。この類に更に四つの種があることは容易く発見できるだろう。⑴類的に最大のものにおいて優れたものが思惟される仕方が、確かに最大のもの一般にはふさわしく、合ったものであるけれども、しかし主題そのものに見合っていると思われるほどには優れていない仕方である場合、⑵灌木に、⑶御柳《ぎよりゆう》の林に、それぞれ森が対応させられる場合、⑷最高のものが地面にまで押し下げられ、もし神々嘉《よみ》したまえば、美しく思惟しようとしている人の精神内部で、単なるたわ言に押し戻される場合。この最後の種は、真面目な物事においてたわ言を言う者の第三の集合を、しかも最も醜い集合を成すことになろう（§245）。

§ 311

これに属する〈低さ〉の第一の種に数え入れてよいのは、ロンギーノス、第九章がホメーロスにおいて非難している思惟のあり方である。ホメーロスはこのあり方によって「イーリオンの事態に」関与した「人間たちから、力の限り神々を作る一方、神々から人間を」作っている。「というのも、神々の傷、不和、報復、涙、投獄、不幸な不死性を(1)」歌っているから。この欠点を矯正するように見えるのはホラーティウスの規則である。

「神が語るのか、英雄が語るのかによって、大いに違いがあろう」(『詩論』一一四)。この一行からベントリーに倣って「ダーウス」という語を削除するようにしたい(2)。自らの威厳の内部でかなり低くおちる崇高の同じ種(§310)に関わるのは、同じくロンギーノス、第九章がホメーロスに認めた「『イーリアス』から『オデュッセイア』における物語愛好への転向(3)」である。ロンギーノスは、このホメーロスを熱と力の「強さなしにその大きさのみが残っている(§298〜309)、沈みゆく太陽に(4)」喩えている。彼は『オデュッセイア』におけるホメーロスには、『イーリアス』におけるのと〈同一の緊張〉はなく、〈一様な、決して下降しない崇高〉もないとし、要するに「老年、ただしホメーロスの老年(5)」であると言っている。

(1) ロンギーノス『崇高について』九・七。(2) リチャード・ベントリー(一六六二―一七四二年)は、イギリスの古典学者。バウムガルテンは彼の校訂に従って、「ダーウス（Davus）」という写本の読みを、「神（Divus）」に変更すべきだとここで考えているのである。（3）ロンギーノス『崇高について』九・一一。（4）同書、九・一三。（5）同書、九・一四。

§312

第二の種（§310）の実例はロンギーノス、第四章にあるティーマイオスであろう。彼はこう言っている。「対ペルシア戦争についての賞賛弁論をイソクラテースが書いたのよりも少ない年数でアレクサンドロス大王は全アジアを征服した。確かにあのマケドニア人とソフィストの比較は卓越している。イソクラテースは強さの点でスパルタ人たちを凌駕している。スパルタ人たちはメッセーネーを占拠するのに三〇年を費やしたが、このイソクラテースは賞賛弁論を書くのにたった一〇年しか費やさなかった[1]」。比較の他に、崇高なものの、簡素ではないにせよ、中間の諸部分や、状況と呼ばれる外的諸要素をもこの種に関係づけてよかろう。特にそれらのものの叙述が、あまり必要とも、最も短いとも思われない場合にはそうである。偉大なウェルギリウスも時には眠るのだろうか。例えば『アエネーイス』一・一七七がそうである。

「アカーテースが燧《ひうち》の火花を切り、葉で火を受け取り、乾いた燃え代を周りに与えるや否や、火口に炎を奪い取った[2]」。

（1）ロンギーノス『崇高について』四・二。（2）ウェルギリウス『アエネーイス』一・一七四―一七六。

§
313

崇高なものについての思惟のあり方で、不当に低く抑えられた第三の種（§310）に、英雄と獣、動物との比較のすべてを数え入れる勇気はいまだ私にはない。しかしながら、我々の生きているこの時代にいまだ大劇場でその場を保っているのは獅子と鷲のみで、それも特に紋章学、紋章記述学と呼ばれる技術の助けを借りてである。それ以外の動物はすべて位階や等級の点で低いものであり、機械論者であれ、霊魂を認める者であれ、哲学者たちが、昔より明証的にそのように考えを確定するに至るまでに、賞賛を志向する英雄詩では殆ど姿を消してしまった。ホメーロスの英雄たちは、犬のように吠えはしないにしても、犬のように戦いはする。ウェルギリウスの英雄たちは（『アエネーイス』二・三五五）、

「ちょうど空腹の悪しき狂気に駆り立てられて盲目となり、残された子らが喉を渇かして待ち望む強奪者の狼が暗い闇の中を進むように、そのように投げ槍の中を、敵の中を進む[1]」。

どれほど

「羊小屋には狼が恐ろしいもの[2]」

であるかを経験しているティーテュルスを武器と英雄のただ中に認めるかのようである。

（1）ウェルギリウス『アエネーイス』二・三五五—三五九。（2）ウェルギリウス『牧歌』三・八〇。

§314

ホラーティウスのドルースス[1]（『カルミナ』四・四）は既にはっきりと、(1)鷲に喩えられている。この鷲を「空腹の悪しき狂気」（§313）ではなく、

「いまだ苦労を知らなかったのを、かつて若さと親ゆずりの力が巣から引き出した[2]」。

しかし、

「神々の王は、軽い鳥どもに対する支配権を許し与えた。黄金のガニュメーデースにおいてユッピテルは忠実であることを確かめていたので[3]」

というのは、その男に十分ふさわしいだろうか。(2)ドルーススはまた、獅子に喩えられている。それはそれでよかろう。しかし、

「ラエティー族のアルプスのもと、アマゾーネースの斧で武装したウィンデリキー人の右手と、長く広い勝利を収めた群れが喜ばしい牧草に心奪われた鹿[4]」

に喩えられるのはふさわしいであろうか。もしそうだとしても、その者どもを「罰するならば」ドルーススの「名は讃められるべきであり」、

「勝利は賞賛を得るであろうか[5]」。

（1）クラウディウス・ドルースス・ネロー。前一世紀のローマの将軍。（2）ホラーティウス『カルミナ』四・四・五—六。（3）同書、四・四・二—四。（4）同書、四・四・一三—二三。（5）ウェルギリウス『アエネーイス』二・五八三—五八四。

「おお、もう沢山だ、おお[1]」詩人よ、「おまえはここまで来ている。そして更に進むことを求めている」。最も大きな者よ、汝は鷲や獅子より大きな比喩を知っているか。彼はアウグストゥスが息子として持ったローマの若者のうち筆頭にある者たちを、(3)子牛に喩えている。

「子牛には、馬には、父たちの徳がある[2]」。

この例やその他これに類似したものは、

「大きなことを小さなリズムで小さくする[3]」

ことが認められるであろう。そして、かつて牛は現在よりも大きな崇高の対象であったことを知らないわけではないが、今日もし人が類似の場合にそれに陥るならば——ホラーティウスを攻撃するためでなく、真理を愛するが故に言うのだが——それを〈低さ〉と私は判断する。ただし「ローマ人」（§212）、或いは少なくともドイツ人の「騎士も歩兵も」、そしてべ

§315

ントリーが「歩兵」と入れ替えている「父親たちが」

「抱腹絶倒するだろう[4]」

ときは別である。

(1) ホラーティウス『諷刺詩』一・五・一二―一三。(2) ホラーティウス『カルミナ』四・四・三〇―三一。(3) 同書、三・三・七二。(4) ホラーティウス『詩論』一一三。

§ 316

§310で述べられた欠点の(4)の種を与えるのは、あの古い

「ユッピテルはその間に白い雪をアルプスに撒き散らす[1]」

や、もっと新しいものでは、気のきいた洗練されたものを

「壮大な響きのリズムと悲劇的な吠え声で飾り立てる[2]」

のを好む場合の「鼻をかんだ人間（＝諷刺に優れた人[3]）」であろう。というのも、ホラーティウスの「鼻をかんだ人」とユウェナーリスの

「鼻たれ小僧[4]」

という表現が彼らの「雑言を吐き出す」登場人物と共に伝えられているからである。この場合、彼らは崇高なものを書くことを考えていなかったのである（§310）。ヘーシオドス――

或いは誰であれ「楯」と言われる詩の作者——はここに分類される。ロンギーノス、第九章はそれをこう非難している。「鼻からは汁が流れ出す悲哀の女神[5]」。

「おまえは私にはお荷物だし、よく鼻をかむ。さっさと行ってしまえ。鼻の乾いた別の女が来ているのだから[6]」（ユウェナーリス）。

ロンギーノスは「プラトーンとクセノポーンは、ソークラテースの競技場の出身なのに、〈つまらぬことを喜ぶことの故に〉、時として自分自身を忘れる」。例えば「クセノポーンは『ラケダイモーンの国制』について書く際、目の中にある瞳を慎み深い乙女と言っているのがそれである[7]」として、上と同じ欠点を告発している。

（1）クインティリアーヌス『弁論家の教育』八・六・一七にあるフーリウス・ビバークルス（キケローと同時代のローマ諷刺詩人）の詩の一部。（2）カエリウス（コエリウス）・セドゥリウス（五世紀のキリスト教ラテン詩人）『復活祭の歌』一・二「異教の詩人たちは自分たちの作り事を、壮大な響きのリズムと悲劇的な吠え声で飾り立てたり、……」。（3）ホラーティウス『諷刺詩』一・四・八。（4）ユウェナーリス『諷刺詩』一〇・一九九。（5）ロンギーノス『崇高について』九・五。なお、ヘーシオドス『ヘーラクレースの楯』二六七参照。（6）ユウェナーリス『諷刺詩』六・一四七—一四八。（7）ロンギーノス『崇高について』四・四。

§ 317

これらはすべて壮大なことについて過当に低く思惟する仕方であるが、それらの諸段階は常に醜い。それらにおいては自然的大きさだけでなく、品位と、大きなことに必要な、厳重な道徳的立派さと、厳格な徳への愛が、崇高なことについて下劣に思惟するあり方によって傷つけられる。例えば、邪悪な女衒への報酬がユッピテルに帰せられていること（§314）、及びオウィディウスの『変身物語』の大部分がそれである。後者は時としてかなりふさわしくないところまで進むので、必ずしも純粋な詩人とはいえないオウィディウスすら次のように予め断っておくのがよいと考えている程である（一〇・三〇〇）。

「恐ろしいことを話そう。娘たちよ、離れていろ。親たちも遠く離れているがよい。それとも、もしも私の心があなた方の心を奪うにしても、ここの部分だけは私を信用しないよう、また、本当に起こったと考えないようにせよ。或いは、もし信じるにしても、なしたことに対して罰もあったことを信じるがよい(1)」。

ホラーティウスが次のように警戒しているのは、極めて正しく荘重である（『詩論』二二七）。

「王らしい黄金と紫衣で目立つ、どんな神や英雄を舞台にのせるにせよ、低い言い回しをして、暗い小屋に入ったりしないように(2)」。

英雄たちが互いに罵倒しあうのもこれに属する。その実例をホメーロスのうちに求める必要はあるまい。ほんの少し前まで、公刊された書においてすら、かかる罵倒が表題そのものをも汚していたのだから。

(1) オウィディウス『変身物語』一〇・三〇〇―三〇三。(2) ホラーティウス『詩論』二二七―二二九。

§ 318

先に引用されたところに続けてホラーティウスは

「また下界を避けようとして雲と虚空を摑むことのないように[1]」

と言って、大きなことを思惟しようとする人が避けるべき欠点として、II：膨張の第四の類を引き出している。これは、すぐれて大きな物事を思惟における崇高の空虚な外観で空しくも包むものである。実際、素材と対象はこの天空的なものに、はっきりと相応していないので、この種類のすべての膨張は〈隠蔽的低さ〉(§217、310)であろう。もし我々が崇高なものについての重要な諸真理を覚えているならば、膨張し、膨れ上がった雲をユーノーの代わりに抱く者たち[2]のうちに、かかる真理の偽なる逆転(或る場合には歪曲、或る場合には崇高の幻影と影)を見てとることになるであろう。このとき我々は上述の膨張の第四の類の有力な諸種をいわばその根源自体において見ているのである。

(1) ホラーティウス『詩論』二三〇。(2) §106註(1)参照。

§319

Ｉ：崇高なあり方の思惟は極めて美しい。このことは全き真実である（§210）。しかし、ここから次のように逆に推論するのは誤っている。⑴一層美しいものにせねばならないものは、すべて崇高なものにせねばならない。これまで考察してきた膨張の諸々の類はここから生まれる。⑵小綺麗で、装飾されて、優美なものは崇高であるだろう。この第一の根源は今考察すべき膨張の第一の種を与えることになろう（§318）。それは、美の追求に熱中するあまり、すべての見せかけと小綺麗な花、至る所にある一切の色どりと飾り、何らかの円環でよく纏められた円環文、尖鋭な対置、そして措辞の文彩そのものを飽き飽きするほど集めることによって自分は崇高に書いたと思い込んでいるような人の場合である（§165、307）。

§320

II：崇高なものは時には極めて短いし、時にはすぐれて豊麗、富裕である（§298）。ところがこれを逆にして、⑴短ければ短いほど、または⑵拡散すればするほど、それだけ一層崇高である、と言うのは極めて悪しき歪曲である。ここから膨張の二つの種が生まれる。それは先ず、⑵その

「予言がデルポイの神託と異ならなかった[1]」

者のことであり、これは、短くさえあればたとえ最も長い短さに陥っていようとも（§171）、自分は崇高だと思う者である。「『カルプスよ』と『切り分けろ』の両義を持つ『カルペ』と」何度も「低い声で叫ぶことによって、食べ物を切り分けているカルプスという名の男に、呼び掛けると同時に命令もしていた」(2)（ペトローニウス）ときのトリマルキオーの崇高な「洒落」はこれに属する。一層密接にこれに関連するのは、ひとが例えば、それについて特に才知を示すべき真に壮大なことについて何か崇高なことを考えようとして、あの陳腐な「これについては少なく語るよりも何も語らない方がよい」という言い方を採用する場合である。実際、崇高なものは、何も語らないことでも、少なく語ることでも、多く語ることでも、大きなことを語ることでもない。しかし、彼はあたかもそれが最大のものであるかの如く自賛する。一体どうしてか。すべてが最も短くなしとげられているからではないか。

（1）ホラーティウス『詩論』二二九。（2）ペトローニウス『サテュリコン』三六。

§
321

(3)また別の者は、家禽の鶏（gallus gallinaceus）すら、十分に長い言葉とは考えず、ユウェナーリスの「雌鶏が雄鶏に咬まれるときの」(1)

あの声の方を高く買うほどすべてのことを書き含めるときに、十分崇高であると思っている。これに一層多く関連するのは、フォスによって挙げられた冷たさの例である。[2]セクストゥス・ルーフスにはこういう言葉がある。[3]「我々は、デキムス・ブルートゥスを介してヒスパニアを手に入れた。[4]そしてガーデスと大洋に到着した」。[5]同じことをフロールスは次のように膨れ上がらせて語っている。[6]「デキムス・ブルートゥスは、遥かに広く、ガラエキー人及びガラエキアの人々すべて、そして兵士たちに恐れられた忘却の川を征服し、[7]勝利者として大洋の岸を逍遥し、海に沈みゆく太陽と、水に濡れた火を或る種の瀆神の恐れと危惧をもって眺めるまでは、軍旗の向きを変えなかった」。[8][9]

（1）ユウェナーリス『諷刺詩』三・九一。（2）フォス『修辞学教程』六・四・三。（3）セクストゥス・ルーフス（Sextus Rufus）。四世紀の歴史家。（4）前二世紀のローマの将軍。ヒスパニアで軍功を立てた。（5）ヒスパニア西岸にあるフェニキア人の植民市。（6）ルーキウス・アンナエウス・フロールス。二世紀のローマの歴史家、詩人。主著『ティトゥス・リーウィウスによる七〇〇年間の全戦争の梗概』は、アウグストゥス帝に至るローマ戦史。（7）ヒスパニア・タラコネンシス西部の住民。（8）ヒスパニア・タラコネンシスにあるリミア川（現在のリマ川）を古代人はこう呼んでいた。（9）フロールス『ティトゥス・リーウィウスによる七〇〇年間の全戦争の梗概』一・三三・一二。

§322

III：崇高なあり方の思惟は、こまごましたもの（すべての美的大きさを欠いたもの）に落ち込むことは決してないような仕方で、（類的に）最も大きなことを思惟する（§299）。この原理は逆にされることがある。それ故、或ることについて、それがあたかも、かつてあったもの、今あるもの、将来あるもののうちで、最善、最上のものであるかのように、それを取り巻くもの、その付随状況、及び、何らかの仕方で関係するものすべてを、想像力にはもはやそれ以上許されないところまで高めるような仕方で思惟する者は、確かに崇高に思惟することになるだろう。これに属する膨張の（§318）第四の種がここにある。これはロンギーノス、第三章によれば、あの「崇高なものよりも高く脹れ上がろうとする膨張であり、他方、稚拙なものは、崇高なものに正反対のものである」[1]（§318）。例としては、『アエネーイス』第一巻における嵐の描写を、ルーカーヌス[2]が第五巻で、自分の大波と同様に脹れ上がらせている描写と比べてみればよかろう。この描写では、

「（ネプトゥーヌスの）第二の王国[3]に大地は帰した。海が諸民族を飲み込み、海岸が天空に満足し、制御されるのをテーテュスが許そうとしなかったそのときに。そのとき、海のこれほど大きな塊は星辰にまで脹れ上がっていただろう。もしも神々の支配者が雲で波を抑圧しなかったならば。大波は雲の中で雨を受け取る[4]」。

（1）ロンギーノス『崇高について』三・四。（2）ローマの叙事詩人（後三九—六五年）。特に『内乱』全一〇巻が有名。（3）ユッピテルの第一の王国（天界）に対し、ネプトゥーヌスの支配する海を第二の王国という。（4）ルーカーヌス『内乱』五・六二二—六二六、六二九。

§323

Ⅳ：崇高なものは、何人かの人々の信じうることを凌駕する（§301、286）。けれども——どんな推論によるのか——次のように推理される。信じうることを全く凌駕することを気前よく集めれば集めるほど、崇高に思惟することになる。これは、どんなものであれ信じ難いというだけで、そこに崇高を求める人々の第五の種の膨張（§318）である。今問題にしているのはこれである。こういう人々には、次のように言うときのオウィディウスが自己自身を越えているように見えよう（『変身物語』七・一〇四）。

「見よ、青銅の足を持つ雄牛たちは、鋼鉄の鼻から火を吹き出す。そして熱気にあたった草原は燃え出す。そして、一杯になった溶鉱炉が音を立てるように、内に炎を閉じ込めてぐるぐる回している胸と、焼かれた喉が音を発する[1]」。

こういった崇高な人々をペトローニウスは嘲笑している。「通常我々の持っているものは何一つ聞きも見もしないで、自分の父親の首を切るよう息子たちに命じる布告を書いている僭主たちを聞いたり見たりしている[2]」。

（1）オウィディウス『変身物語』七・一〇四―一〇六、一〇九―一一〇。（2）ペトローニウス『サテュリコン』一。

§324

V：崇高なもののすべてが必ずしもすべての人々の目に光り輝くわけではない（§303）。これがだからといって、そこから「難解な方が崇高である」と結論するのは不適切である。これが膨張、不適切な崇高の第六の種（§318）である。この種のものを愛好する人々の目には、タキトゥスの方がリーウィウスより、ルーカーヌスとスターティウスの方がウェルギリウスより、崇高さという限りでは優れているように映る。その理由は、しばしば前者の方が難しいからというのである。例を見よう。ウェルギリウスはアウグストゥスに対して、こう語る。

「既に昔からカエサルよ、天の宮居は我々があなたを持っているのを妬み、人間たちの勝利に気を配ると不平を言っている」（『農耕詩』一・五〇三）。

スターティウスは、新たな発想の誉れを持つことができないが、その難解さの故に、この種の膨張の愛好者たちの目にはウェルギリウスから崇高さの栄冠を奪い取ったように映るであろう。それはスターティウスがティトゥスに次のように語りかけるときである。

「おお！　ラティウムの名声に花と添えられし者よ！　成熟した父祖の最近の企てを新たに引き受けつつあるローマは、汝が永遠であることを望んでいる。一層狭い道がすべての星々を駆り立て、プレーアデスも北風も切り裂く稲妻も知らぬ天の輝く一角があなたの心をそそるにしても、火の足の馬を馴らす者たちが自らの手であなたの髪に高く輝く冠を被せるにしても、ユッピテルが大きな天空の等しい部分をあなたに譲るにしても、人間どもの支配に満足して、地上に留まりたまえ、水と地を治める者よ、そして星々を与えたまえ[1]」。

（1）スターティウス『テーバイス』一・二二―三一。

§ 325

スターティウスによるこのウェルギリウスの迂説法は、この種の膨張における新たな様態を私の心に想い出させる。それは、膨張したあり方の思惟が、いわば難解なもの（§303）を真に難解なものによって展開し、同時に、何らかのアジア的な華やかさですべての崇高を押し潰すときである。もし嵐を恐れる船乗りにカエサルが「しっかりしろ、おまえはカエサルを乗せているのだぞ[1]」と言ったときにすら船乗りがカエサルを理解しなかったとするならば（そしてこの点に私には異論はないが）、ルーカーヌスのカエサルが、実に冗長に、舟を操る者に向かって次のように語るとき、カエサルが理解されたと信じられるかどうか疑問である（第五巻）。

「海原の脅迫を無視し、荒れ狂う嵐に帆を委ねよ。天命だといってイタリアへ行くのを拒むというのなら、われを求めよ。おまえの恐怖の正当な理由はたった一つ――おまえが運んでいる者を知らないこと――これだけだ。神々はこの男を決して見捨てない。このような運命はこの男には決してふさわしくない(2)」。

かくして、ルーカーヌスのカエサルは、はや一〇行をもってかなり難解に実際のカエサルに対して注釈をしている。しかし、それでも詩人は

「それ以上語らなかった(3)」

として自分のカエサルに腹を立てている。

（1）前四八年、カエサルの乗る舟がアポッローニアからブルンディシウムに向かう途上で嵐に遭ったとき、カエサルが発したとしてプルータルコス（『対比列伝』三八・五）やディオーン・カッシオス（『ローマ史』四一・四一・三）が伝える言葉。ただし、これらはギリシア語であり、クルツィウスによれば、カエサルのこのエピソードはラテン語の範例集に収められた名句であったから、バウムガルテンが準拠したのはむしろそちらの方であったかもしれない。（2）ルーカーヌス『内乱』五・五七八―五八三。（3）同書、五・五九三。

§326

VI：崇高なるものは、ロンギーノス、第一章によれば、説得するというよりは（§308）、

むしろ「自己の外へと奪い去り」、「抗い難い力と勢いを持ち出しつつ、すべての聞き手を自己を越えて高める」(1)ほど強く説得するものである。ここから、大きなもののうちでも大きな論証を取り上げるならば、大きなもののうちでも大きなものの故に最も説得的となるであろう、という予断が生まれる。ここから更に、§318で述べた膨張の第七の種が生ずる。それは、殆どその必要もないときに説得の大群が現れたり、極めて高いところから求められた暗示推論法の衣裾を用いたり、事柄それ自体としては極めて哀れな論証そのもののうちに、特に空虚な、大きさの影を用いたりするものである。太陽とか、虹とか、霰《あられ》とか、その他何であれ天空的なものの中から選び取られたものでありさえすれば、何ら確実さを持っていないものでもこれに属する。その例としては、仮に実際には何一つ証明していなくとも、少なくともカンビューセス、エパメイノーンダース、アレクサンドロス大王、「ペルシア人のユッピテルたるクセルクセース」(2)、そしてスキーピオーらを挙げればよかろう。これには、スタゲイラの人(3)、再生したエウポルボス(4)、アッティカの小夜《さよ》鳴鳥《なきどり》(5)、ウェヌシアの白鳥(6)、ビルビリスの予言者(7)、マントゥアの歌鳥(8)、哲学者の中の哲学者(9)、王座を軽蔑するよう教えられた乙女であるクリスティーナ(10)等々の証言を、それらを保護者として必要としない時に用いる場合(11)が属する。

(1) ロンギーノス『崇高について』一・四。(2) 同書、三・二。(3) アリストテレースを指す。(4) ピュータゴラースのこと。彼は、トロイアの勇士エウポルボスの魂が転生したのが自分であると言ったとされる。（5）ピロメラのこと。（6）ウェヌシア生まれの詩人ホラーティウスのこと。（7）ヒスパニア・タラコネンシスの町ビルビリスで生まれたマルティアーリスのこと。（8）マントゥア生まれのウェルギリウスのこと。（9）プラトーンを指す。（10）スウェーデン女王アレクサンドラ・クリスティーナを指す。（11）ウェルギリウス『アエネーイス』二・五二一―五二二の詩句「そのような保護者を必要とする時ではない」を踏まえている。

§327

Ⅶ：崇高のうちの或るものは、極めて激しい感情を引き起こす（§308）。これを逆にして、狂乱状態になればなるほど、思惟は崇高になるだろう、とするのはひどい誤りである。ここから§318で述べられた膨張の第八種が生ずる。崇高なことを思惟しようとする者が、急激に独りよがりの興奮に陥るのはこれが原因である。眩暈がパエトーンを奪い去るように、崇高なものにおいてこの興奮がひとを奪い去るとき、それをロンギーノス、第二章はテオドーロスにならってこう記述している。「情念が必要でないところにある、時宜を得ぬ空虚な情念、または中程度の情念が必要なところにある、節度を外れた情念である。つまり、或る人々はまるで陶酔の力によるかの如く、主題のうちに位置しておらず、自分にだけ固有の衒学的な情念へ奪い去られてしまう。そこで、全く共感していない聴衆の前では恥辱の烙印を捺されるのも当然である。何ら類似の感情を抱いていない人々の前で、自分たちだけが忘我のうちにあるのだから[1]」。

（1）ロンギーノス『崇高について』三・五。

§328

時宜を得ないわけではないが、ふさわしいあり方をこえた情念が懐胎され、「金言で涙を誘い[1]」、「円環文で懇願し[2]」、最高の恐れで稚拙に喋るならば、この膨張の醜さは増大するだろう。これによって膨張した主題の仕上げはペトローニウスによってこう述べられている。「鎖をもって岸辺に立っている海賊とか、疫病の最中に与えられた、三人またはそれ以上の乙女を犠牲に捧げよという神託[3]」。ここで、このような美文で擦り潰され、脹れ上がった膨張のこれらすべての種を、まるでスープを調理するように一つの主題のうちに混ぜ合わせるよう訓練された若者を思い描いてみるがよい。そうすればペトローニウスの次の機知に富んだ言葉がわかるだろう。「これらの中で養われる者は、台所を住み処とする者が匂いをよく嗅ぎ分けられないのと同様に、良い趣味を持つことはできない[4]」。

（1）クインティリアーヌス『弁論家の教育』一一・一・五二。（2）同書、八・三・一四。（3）ペトローニウス『サテュリコン』一。（4）同所。

第二三節　増幅的論証

§329 増幅的論証というのは、その唯一の力、または有力な力、または今最も注目すべき力が（§143）、思惟されるべきものに一致した大きさを我々の思惟に与えることであるような論証のことである（M、§一六二）。さて、ここで膨張の論証が天空的なものという名を手に入れ、また、思惟されるべきものの、最初に思ったよりも小さな大きさを心で形成するように誘うものを〈低さ〉へと押し下げる論証（これは小さくする論証とは区別される）と言うことができるのだから、本当に増幅であるもの、本当に美しいもののみを増幅的論証の名で際立たせることが許されよう。なぜなら、この真実らしく、その上に美しいものは、確かに主題をでなく、思惟の大きさと品位を増幅するものであり、それにとって大事なことは、思考を持った人が一歩一歩正しく測っているように思われることである。

§330

増幅的文彩（§329、26）のうちにはまた〈増幅〉、即ち拡大または増強というものもあるが、しかしその意味は曖昧である。ロンギーノスは先ず、⑴第一一章で、人によっては漸層法、人によっては段階法と呼ぶ文彩――これは確かに増幅的文彩（§329）の一つであるが――とそれが一致するという仕方で〈増幅〉を記述し、次に、⑵技術書のものとして彼の認める〈増幅〉の定義は斥けている。これら技術書の定義によれば、増幅とは〈主題となるものの周りに置かれた大きな言葉[1]〉であるが、それだと、かなり美しい増幅的論証はすべて§329の意味からして増幅、または拡大と言ってよいことになってしまう（§26）。最後に、⑶ロンギーノス自身は、断絶で壊された箇所から推論しうる限りでは、〈一点に滞留することによって強化するもの[2]〉、一定の素材にかなり長く固執することによって、素材の力とその素材についての思惟の力とを強めるもの一切をその名で包括するような仕方で〈増幅〉を定義している。それが促進するのが真実らしさであれ、光であれ、説得性であれ、生命であれ、所与の素材について思考する狭義の大きさと品位をより多く持つあり方のみであれ変わりはない（§172）。最後の意味⑶が最も広く、より長い論証一般という概念と殆ど一致し、中間の意味⑵はかなり広く、第一の意味⑴はかなり狭いということは容易に見てとれよう。もし語彙が必要というのであれば、〈技術書の著者たち〉にならって、中間の意味を、固定すべきものとして選択することにしよう。

（1）ロンギーノス『崇高について』一一・一。（2）同書、一一・二。

§331

ロンギーノスは崇高の技術を「〈低さのテクネー〉」[1]（第二章）と呼んでいるが、これは、「深い大空」と言われるのと同じ理法による。それと同じようにロンギーノスはまた崇高なものにおいて〈アポローンの霊気を言葉に吹き込むこと〉[2]を勧め（第八章）、崇高な天性の第一の等級に〈アポローンの霊気を吹き込まれた人々〉[3]（第一三章）を数え入れている。しかしそれ以来、〈低さ〉という語は、最も日常的な用法では、崇高と反対のもの、或いは特に欠点（§217）を意味している。そして最近の反ロンギーノスのエイローネイア的な「這い回る術」は、この用法を固定した。同じ理由で、太陽やその他、天空的なものについて真に崇高なものにおいて語ることも時には醜くないけれども（§126）、しかしながら、膨張的、かつ冷淡に、まるで機械仕掛けの神の如く所かまわず天空的なものを救援に呼び出しつつ、鈍重な者どもが下界から飛び上がろうとしたので、§202で我々が見たような天空的なものを大声で語る者を〈天空語り〉、それどころか〈天空喋り〉と呼ぶ語法[4]から、既にロンギーノス（第三章）が崇高なものを天空的なものに対立させ[5]、もはや「太陽（ポイボス）」や〈アポローンを語ること（ポイボロゲイン）〉という語が同じ悪い意味になってしまうほど事態を引き降ろしてしまった。

（1）ロンギーノス『崇高について』二・一。（2）同書、八・四。（3）同書、一三・二。（4）「天空喋り」という語は既にプラトーン（『国家』四八九C六）が軽蔑的な意味で用いている。（5）ロンギーノス『崇高について』三・二「また、カッリステネースの或る部分は崇高ではなく、天空的であり、……」。

§332

増幅的文彩と論証においては、絶対的大きさに対してそれらが持つ重要性のみを一般に追跡することにしよう。それらが相対的大きさ、簡素さ、中庸、崇高に対してどんな関係にあるのかはそこから自ずと明らかになるであろう。ロンギーノスはこの絶対的大きさに活写と呼ばれる像が寄与すると言う（第一五章）。しかしこれは或る物事についての思惟の大きさを直接に、または専ら増幅するためのものというよりも（§329、172）、むしろ専ら崇高さを取り巻く光の（§303）論証、文彩である（ロンギーノス、第一七章参照）。同じ理由によって、ロンギーノス（第一八章）が述べる設問法は、大きさそのものを直接増幅するというよりも、むしろ崇高な思考が要求するだけの（§305）説得性に寄与するものと考えたい。また、ロンギーノス（第一九章）が扱う接続語省略も、大きさをより密接に、かつ直接に強める（§329）よりも、むしろ適切な短さを伴って（§295、148）崇高なものにふさわしい或る種の豊かさと累積の方に関わるものだと言いたい。

§ 333

これに対しロンギーノス、第二一章の扱う語句反復は、それが文彩である場合には（§26）、確かに正当にここに呼び出されてよい。なぜなら、これは説得することと感情をかきたてることにも際立った効果を現しうることがあるけれども、その第一の効果は、今特に我々が注目している点にある。つまり、何度も何度も心のうちに呼び返され、いわば一度ならず眼前に据えられるに値するように思われたものが、一層大きなもの、我々の注目に一層値するもの、そして自らのうちに多くの重さを持つものだと見做されるようにすることである。例はロンギーノスに見出されよう。しかし私は崇高なものの論証だけに陥る気はない（§332）。

「私は妬んでいるのではなく、むしろ驚いているのだ[1]」

と語った者が繰り返し簡素なものにおいて述べているところのあの言葉

「幸福な老人よ[2]」（ウェルギリウス『詩選』一）

がこれに属する。更にまた、相当醜い忘我から再び自分自身に帰りつつある者の次の言葉もそうである（『詩選』四）。

「ああ！　コリュドン、コリュドン！　どんな狂気がおまえをとらえたのか！[3]」

「そして君のダプニスを星々へと持ち上げよう。ダプニスは私をも愛していたのだから[4]」（『詩選』五）。

(1) ウェルギリウス『牧歌』一・一一。(2) 同書、一・四六。(3) 同書、二・六九。(4) 同書、五・五一―五二。

§334

ロンギーノス、第二二章の扱う転置は、大きさに直接的かつ密接に寄与する(§329)というよりも、むしろ生命とパトス的なもの――とりわけ、崇高に調和する限りでのそれ(§308)――に寄与する。ロンギーノスが第二三章で言及した文彩のうちここに特に関わるのは、既に§330で述べた漸層法と段階法である。これは、かなり賛嘆すべき、かつ壮麗な効果を持つか、もしくは少なくともかなりの高揚をもって何かを或る意味で増幅し、飾るために用いられる。この文彩はいわば原級において観察された所与の素材に一致するものが先ず思惟され、それがいわば単位、尺度として受け入れられたならば、直ちにもっと大きなものを付け加え、更にもっと大きなものを付け加え、そのようにして進んで、最後にこれらの先行要素そのものがいわば数多くの弱い光として最も大きなものを照明し、この最も大きなものがその豊かさにおいて把捉されるというものである。一つの例を引こう。この例を引くのには他の諸理由もある。「おお時代よ! おお習俗よ! 元老院はこれを知っている。執政官は見ている。それなのにこの男は生きている。生きているだって(§333)。それどころか更には元老院にやってきて、議事への参与者になり、殺害するために我々の一人一人に目でしるしを付け、選び出している」[1]（キケロー『カティリーナ弾劾』一）。

（1）キケロー『カティリーナ弾劾』一・二。

§ 335

これと反対の欠点は、〈低さ〉の大きな増強、即ち「這い回る技術」が「逆漸層」と呼ぶものであるが、これは極めて警戒すべきものである。これは、美しく思惟されるべきものにおいて、一層大きなもの、一層品位あるもの、一層荘重なものの後に、主要徴表においては、先行するものといわば等価であるが、副次的表象においては、先行するものより一層小さいもの、一層軽いもの、一層品位のないものを含むものが突如続くものである。ロンギーノスは第四三章で、この欠点の十分洒落た例をテオポンポス（§174）から引きつつ、逆に〈増幅〉を作るべきであったのに、一層崇高なものから一層低いものへ走りおりる者の一人として特に彼を非難している。[1] 更にここでロンギーノスは〈増幅〉という語を、彼自身の概念に従ってではなく、技術書の定義に従ってではなく、かなり狭義において用いている（§330）。

（1）ロンギーノス『崇高について』四三・二―三。

§336

ロンギーノスが第二四―二九章で概観している論証は、すべて思考の他の枢要な洗練のうちの一つを介して（§22）間接的に増幅するのであって、直接的に、より密接に重さと大きさを与えるのではない。これに対し、ロンギーノスが第三二章で扱う隠喩、第三七章で扱う直喩と比喩は、見事なものは大抵の場合は同時に別の効力と効果も持っているが（§142）、ここにもまた関係づけるべきである。それは、巧みな作者たちにおいては、これらのものが測量用の小枝の役をも同時に果たす限りにおいてである。つまり、巧みな作者たちが測量用の小枝を与える目的は、その大きさが知られかつ与えられることによって、字義通りでない意味と似像によって表現された主題の大きさ、品位、重さ（これらは多分それまではあまり認識されていなかったが）を心の中で測ることができるように、というものである（§329）。或る人を「悪しき市民だ！」と呼ぶとしよう。その量はいまだ未限定である。彼を国家の病と言うとしよう。公の災禍の段階が疫病に達していることが知られると、それ以前にはあまり認識されていなかった邪悪さと公の損失を、字義通りでない意味において同時に増幅しないだろうか。

§
337

ウェルギリウスは樹木の種を枚挙するのを困難と考え、美的主体が物理的不可能性の故に持っている困難さの度合がどれほどの量であるかを、比喩によって描写している。つまり『農耕詩』第二巻、一〇五でこう言っている。樹木の諸種の「数と名を[1]「知ろうとするならば、リビュアの砂漠のどれほど多くの砂が西風で吹きとばされるのかを知ろうとしたり、或いは、常より激しい東風が舟に襲いかかるとき、どれほどの数のイオーニアの波が海岸に打ち寄せるのかを知ろうとするようなものだ[2]」。

(1) ウェルギリウス『農耕詩』二・一〇三—一〇四。(2) 同書、二・一〇五—一〇八。

§
338

数学的認識は、理性類似者にとっては少なくとも「危険な賭けに満ちた仕事である[1]」だけに、〈現象的に〉も（§16）計算を間違えないよう、これら増幅的論証（§336）は用心深く用いねばならない。もし計算間違いをすると、押し下げる論証（§313〜315）と、天空的なもの（§329）の夥しい実が同じ源から生じてこよう。大略こういったものの例をプラトーンは人体の隠喩的描写において与えているのだろう。それを一部分ロンギーノスは『ティーマイオス』と呼ばれる対話篇から自分の文中に挿入している。この描写でプラトーンは、心臓を〈すべての部分へ激しく運ばれる血液の〉(2)源と言って、血液の循環を既に教えたと言われている。膨張なしに首を「頭の頂きと胸の間のイストモス地峡」(3)と呼べようか。或いは、その中で「猛り立った神が素面《しらふ》の神（水）によって窘《たしな》められる」ところの「杯」に「国家」を喩えることのうちに、(4)〈低さ〉も、顕わな膨張も、隠された膨張も認めると思っている人々は誤っているのだろうか（§310）。

（1）ホラーティウス『カルミナ』二・一・六。（2）ロンギーノス『崇高について』三二・五。（3）同所。（4）ロンギーノス『崇高について』三二・七。

§339

ロンギーノス、第三八章にある誇張は、或るものを大きいものとして思惟するときにも、別のものを小さいものとして思惟するときにも通常の境界を越えてしまったもので、もしそれが真に文彩であるならば（§26）増幅的論証であり、しかも主にここに関連するものである。このうちでも後者、即ち小さいものとして思惟するときの誇張は愚弄的皮肉と呼ばれ、ものを小さくする論証（§329）である。これを過小誇張と呼んだ人々もいるが、あまり適当でない。この名はむしろ、それが欠点に用いられるときには、卑小化する論証全体に対するギリシア名と考えられるべきである。ここに私が関係づけたのは文彩である誇張だけである。なぜなら、美しく思惟されたものや語られたものにおいて注目され、大抵はギリシア名を与えられた諸現象を我々は少年の頃に文彩として学び知るが、それがこの文彩という称号にふさわしいと私が判断するのは、十分な理由をもって据えられたものだと認められ、何か目立つものを美の焦点へ自分の側からも寄与するときのみであると既に私は幾度も示したからである。この理由からしてロンギーノスは隠蔽的誇張、即ち、高さと深さの境界を超えてはいるが、それがなされてすらいないと思われるような誇張を特に好んでいる[1]。私はその例をドイツ人の日常的な句のうちに認めうる。それは、自分の傷によってひどく血まみれになった者を、自分の血の中を泳いでいる[2]、と言う場合である。

(1) ロンギーノス『崇高について』三八・三。(2) “in seinem Blute schwimmen”.

§ 340

しかし私は、テルモピュライで戦うギリシア人たちを「野蛮人どもの投槍に埋まった[1]」というヘーロドトスの誇張も、「その土地がラケダイモーン人の手紙[2]よりも小さい畑を彼は持っている[3]」という喜劇的な言葉も、美学者の測量用の小枝に従うならば斥けることはないであろう。クインティリアーヌス（八・六）がキケローに帰する次の愚弄的皮肉、即ち〈卑小さの増幅〉は遥かに悪い。

「投石機（フンダ）で投げられるものを地所（フンドゥス）とウァッローは呼ぶ。ただし投石機の穴が開いているところから落ちてしまうことがなければだが(4)」。

おお、何と凡庸な詩人キケローよ！　他方、作者が単純に立派な徳性の、より大きなあり方を全体に亙って持っていたならば、フーリウスの貧しさに対するカトゥッルスの愚弄的皮肉（第二三歌または第二〇歌）は、形式的には一層美しいものであったろうに。

「奴隷も金庫も南京虫も蜘蛛も火もないフーリウスよ。……歯は軽石をも食べてしまうことができる。……それどころか、太陽と寒さと空腹によって、骨よりも、或いは、もっと干からびたものがあれば、それよりも乾いた体を持っている(5)」。

（1）ロンギーノス『崇高について』三八・四（ヘーロドトス『歴史』七・二二五参照）。（2）ラケダイモーン人（スパルタ人）の手紙は短いことで知られている。（3）ロンギーノス『崇高について』三八・五。（4）クインティリアーヌス『弁論家の教育』八・六・七三。（5）カトゥッルス『カルミナ』二三・一―二、四、一二―一四。

§ 341

また、イソクラテースは、(1)序においてすぐに、(2)それも詩ではなく弁論のそれにおいて、(3)ギリシアに真に貢献をした点でアテーナイ人はスパルタ人より優れていることを示すと予告し、言葉でもって「大きな物事を低いものにし、小さな物語に大きさの衣を着せることができるほどの力を言葉に(1)」与えたが、これは、自分の剣を自分自身に向け、自分と反対の意見を持つよう聴衆に説き勧めているようなものである。このような過度の誇張を私は敢えて弁明しようとは思わない。ソフィストよ、言葉だけでこのようなことを企てた以上、地を這うことか脹れ上がること以外におまえは何を達成しうるのか。ユウェナーリスの誇張の方を我々は高く買いたい。それには例えば次のもの（『諷刺詩』六）が属する。

「彼女は何層もの飾りを髪に積み重ねている。幾つもの止め金で頭を高く編み上げている。前から見ればアンドロマケーだが、うしろから見るともっと小さい。別人と思うだろう。そして、高靴に助けられないと妖精ドワーフの娘より背が低く見える(2)」。

(1) ロンギーノス『崇高について』三八・二（イソクラテース『オリュンピア大祭演説』八参照）。(2) ユウェナーリス『諷刺詩』六・五〇一―五〇四、五〇五―五〇六。

§ 342

増幅的論証の中で殆ど最初に我々が読む美しい語句反復（§333）は、多くの文彩の種を自らのもとに包摂している。通常それらは措辞の文彩と見做される。そして、上述の反復の効力を真に持つときには同時に思考の文彩にもなる（§26）。反復は全体的であるか、部分的であるかのいずれかである。部分的とは例えば、少なくとも、格の表示する関係と観点を変えたものである。このとき、ロンギーノス、第二三章も言及している屈折反復が生ずる。また、フォスは、大胆だが真の哲学を持っているから、数、級、性、法、時称、人称を変更した反復をもこの文彩に数え入れた[1]。カルウスのあの「不正な投票依頼がなされたことを諸君は皆知っているし、諸君がそれを知っていることを彼らは皆知っている[2]」はこれに属する。別の方法によれば反復は直接的で結合されたものと、間接的で分離されたものに分けられる。

（1）フォス『修辞学教程』五・三・一〇。（2）クインティリアーヌス『弁論家の教育』六・一・一三。

§343

分離された全体的語句反復は頭語反復である（§342）。これは、最初の位置に配置された記号の反復によって、かなり重々しい物事を、高く積み上げるために何度も何度も刻み込み、そこから〈熟考〉を真に期待しうるような場合は文彩となる。モーセの奉納物[1]とキリストの〈祝福[2]〉における文彩はこのようなものであり、措辞のみの文彩ではない。ラクタンティウス[3]にあるルーキーリウス[4]から一例を引こう。

「徳とは、アルビーヌスよ、我々が関わっているもの、我々がそれによって生きているものに対して真の代価を支払いうることである。

徳とは、人間にとって、各々の者が持っているものを知ることである。

徳とは、人間にとって、何が正しいもの、有用なもの、立派なものであり、何が善いもの、悪いものであり、何が無用なもの、醜いもの、恥ずべきものであるかを知ることである。

徳とは、物を求めることの限度と節度を知ることである……(5)」。

(1)『レビ記』二七・三〇—三三。(2)『マタイによる福音書』五・三一—一一、『ルカによる福音書』六・二〇—二二。(3)三—四世紀のキリスト教護教家。「キリスト教徒のキケロー」と呼ばれた名文家で、古典の引用が多い。(4)前二世紀のローマの詩人。彼の確立した諷刺詩の形式は、ホラーティウス、ペルシウス、ユウェナーリスに受け継がれた。(5)ルーキーリウス、断片一三二六—一三三二(Marx)=一三四二—一三四七(Krenkel)=一一九六—一二〇一(Warmington)=ラクタンティウス『神的教理』六・五・二。

§344

より高い考量に委ねようとすることを終結部で反復する結句反復ないし末語反復は、真に文彩であるなら(§342)、より大きいとは言えないにせよ、同じ効力を持っている。プラウトゥスの例。

「彼らは、すべてを知っているふりをしているが、何一つ知らない。ひとが心中で思っていること、思うだろうことを知っているし、王が女王の耳に語ったことも知っているし、ユーノーがユッピテルと話したことも、将来そうならないことや、かつて起こらなかったことまで、しかし彼らは知っている(1)」。

もっと大きなものがキケロー『第二ピリッピカ』にある。「あなたがたはローマ国民の三つの軍隊が殺されたことを嘆くのか。殺したのはアントーニウスだ。あなたがたは、最も高貴な市民たちが失われたものを惜しむのか。彼らを諸君から奪い去ったのもアントーニウスだ。この階級の権威が覆されたというのか。覆したのはアントーニウスだ(2)」。マクシミヌス(3)に対して述べられたギリシア語の詩をユーリウス・カピトーリーヌス(4)が語っているが、この詩に内在した末語反復は、マクシミヌスにとっては最も縁起の悪いものであった。この詩の趣旨は次のようなものである。「一人では彼を殺せないので、多くの者に殺される。巨大な象であるが、殺される。強い獅子であるが、殺される。強い虎であるが、殺される。たとえ一人一人は恐くなくとも、大勢には用心するがよい」。

(1)　プラウトゥス『三文銭』二〇五―二〇九。(2)　キケロー『ピリッピカ』二・五五。(3)　一七三頃―二三八年。トラーキア出身で、その長身、怪力、大食の故に軍人皇帝となったが、部下に殺された。(4)　三二〇年頃に活躍した伝記作家。

頭末両語反復[1]、非連続反復[2]、末語頭語同一[3]、交差反復[4]、連続反復[5]は、反復の位置の点で互いに異なっている。この位置は、事柄においては、あまり注意を払わずともよかろう。これらの文彩は、麗しく反復する点で一致している。この点については§333において一層徹底的に考察されるべきである。このような洗練は、オウィディウス『祭暦』二にある。「ただ一日が、ファビウス一族すべてを戦に送れり。戦に送られし者たちを滅ぼせしは、ただ一日[6]」。

§345

特に簡素なあり方の思惟においては、他のものに比べれば重要なものと判断されたものがあるならば、単純なあり方の生き方や思惟によくみられる性格の甘美な模倣によってこの文彩が採用されるのが普通である。というのも、このような人々は、少なくとも自分で言ってみないことを考えていることは稀であり、それ故、自分が重要と思ったことは繰り返し考え、しかもその上何度も何度も表示するからである。それ故、これらの文彩は、牧歌、カトゥッルスの一一音節詩、アナクレオーン風の歌集にかなり頻繁に現れる。

「立ち上がることにしよう。影は歌い手には応えるものだ。杜松《ねず》の影は応える。影は収穫にも害をなす[7]」。

（1）句や文のはじめと終わりで同一の語や音を反復すること。ラテン語で“complexio”と呼ばれる。（2）連続していない箇所で語を反復すること。（3）或る語群の最後の語を、次の語群の冒頭で反復すること。（4）語をa, b、統辞的機能をx, yとするとき、$a^x b^y$ / $b^x a^y$ または $a^x b^y$ / $a^y b^x$ と表せる文彩。例えば「ボイオーティアがテーバイのものであってはならず、テーバイがボイオーティアのものでなければならない」。（5）同一語を、他の成分を介在させず、連続して反復すること。（6）オウィディウス『祭暦』二・二三五—二三六。（7）ウェルギリウス『牧歌』一〇・七五—七六。

§ 346

段階法や増強を、我々は§334でロンギーノスにならって、漸層法という名のもとに包括して、増幅的論証、文彩の中に数え入れたが、人によっては、その特定の種のみを漸層法の名で呼んで、やはり措辞の文彩の中に入れ、増強の方は思考の文彩に数え入れているが、これは正しい。この場合、狭義の漸層法と呼ばれるものは、小さい方のものから大きい方のものへ登っていく間に、小さい方のものも反復されるものである（§333）。フォス版のアテーナイオスにあるエピカルモスから例を引こう。というのも、読めばわかるが、これは他の部分を醜くする（§335）逆漸層の例を終結部ではっきり示すからである。「献納から宴会へ、宴会からこの私にはお祭りと見えた酒盛りへ、酒盛りから嘲り合いへ、嘲り合いから泥仕合へ、泥仕合から裁判所での訴訟へ、訴訟、裁判から有罪判決へ、有罪判決から足枷、壊疽、腐れ病、罰金へ[1]」。

（1）アテーナイオス『食卓の賢人たち』三六c—d。

§347

思考の文彩はすべて事柄自体のうちに一定の品位を持っているとフォスは言う[1]。しかしながら、私は、すべての文彩がそうだとも、多くの文彩がそうだとも思わない。そのようなものは、語の中心的な意味からして（§330）〈増幅〉と呼ばれる（§329）文彩のみである。つまり、増強と、十分真実らしい小さい誇張法を単に代喩的に増幅と呼ぶ必要はないし、〈小さくする〉誇張を誤用的に過小誇張と呼ぶ必要はない（§346）増強（§334）の短い例をここでセネカから引いておこう。しかし狭義では漸層法とならない（§339）。彼は、「注意してみれば分かることだが、悪しくなすならば、生の大きな部分が逃げ去り、何もなさないならば、最大の部分が逃げ去り、余所事をなすならば、その全部が逃げ去る」ところの人々の「不注意による最も醜い損失を[2]」嘆いている。

（1）フォス『修辞学教程』五・六・一。（2）セネカ『倫理書簡集』一・一。

§348

集積法とも呼ばれる累積法は、既に内容を豊かにする論証において我々は見たし（§148）、それは増幅的論証においては崇高にまで至るものであった（§298）。つまり、積み重ねられたもののいわば全体を精神に提示するこのような複合体は、簡素なあり方の思惟においても、中間のあり方の思惟においても、絶対的に大きな表象、及び、相対的に求められるだけの表象を喚起するからである。例えばキケローは『マーニーリウス法弁護』において言う。「運命が国家のために彼（ポンペイウス）を鍛えなかったような戦いが一体ありうるのか。内乱、アフリカ戦争、トランサルピーナ戦争、ヒスパニア戦役、諸国家と最も好戦的な諸民族とから混成された奴隷に対するが如き海戦、種々様々な種類の戦と敵は、この一人の男によって遂行されただけでなく、決着もつけられた」[1]。より大きい、従ってまた、より迅速な集積法である畳み掛けもこれに属する。ウェルギリウス『アエネーイス』第四巻の例。「陣営へ松明《たいまつ》を投げ込み、舷《げん》を炎で満たし、息子と父を一族とともに消し去り、私自身をもその上に捧げていたであろうに[2]」。

（1）キケロー『マーニーリウス法弁護』二八。（2）ウェルギリウス『アエネーイス』四・六〇四―六〇六。

§ 349

白状は、疑いなく増強的論証に入れてよかろう。これは、一定の思考とか思考の発表を決心するために、かなりの気力を振るう必要が我々にはあったし、しかも、一層すぐれた理由が心の中で勝ちを占めたのは、かなりの葛藤の後であったということを、潜在的、または顕在的に示す文彩である。なぜなら、このような前口上ないし無言の仄めかしの後には、確かに平凡、陳腐ならざるものが予期されるのが常だから。この論証が常に文彩と呼ばれるのか、修辞学者には文彩と呼ばれないのかは私にとってはどうでもよい。ウェルギリウスにあるシノーンは、この論証を効果的に用いているが、それはこの論証に関わることを既に予告してからである（『アエネーイス』二・七七）。

「王よ、私はあなたに何であれ真実一切を白状致します。また、私がギリシアの生まれであることも否定致しません。これを先ず述べておきます。仮に運命がシノーンを哀れな者として作ったにせよ、不運が私を虚偽を言う者、嘘つきに作ることはないでしょう[1]」。

(1) ウェルギリウス『アエネーイス』二・七七―八〇。

§350

虚構のシノーンは、充分注目をひきおこしたと考えるまで、ずっと〈長い白状〉を続けていく。そして内心での葛藤を装い（一〇二）、

「だが、何故こんな不快なことを私は繰り返すのか」

と言うとき、どんな効果があるだろうか。

「そこで我らは、これほどの悪行とギリシア人の技術に気づかず、事の由を問いただし、探求する願いに燃え上がる。震えながら彼は語り続ける[1]」。

さて、そのために作り話全体をでっち上げたところの本題にようやく触れるか触れないかのうちに、シノーンは

「鎖から解き放たれた掌を星々へと持ち上げてこう言った。『汝、永遠の火よ、そして冒すべからざる汝らの神能よ、私が逃れた祭壇と邪悪な剣たちよ、犠牲として被った神々の髪帯よ、汝らに誓うが、ギリシア人たちの神聖な誓いを私が破るのは正当である。武士どもを憎み、もし彼らが隠すことあらば、万事を天下に示すのも正当である。私は祖国のいかなる法にも拘束されない。トロイアよ、もし私が真実を言い、大きな償いをするならば、汝はせめて約束を守りたまえ、そして、救われたが故に信義を保ちたまえ[2]』」。

この白状がどれほどの値打ちがあると見做されたかを、出来事とそれに挟まれた叙述が教え

ている。

（1）ウェルギリウス『アエネーイス』二・一〇五―一〇七。（2）同書、二・一五三―一六一。

§351

増幅的文彩の陣列を締めくくるのは感嘆である。これには、声の或る種の緊張をもって雄弁に読むことで公言すべきものを大きさのために思惟するもののみならず、我々の思惟するものが、賛嘆を伴って我々の心に現前していることを密かに示すものも含まれる。というのも、つまらぬ無産階級的なものが自己賛嘆に没頭することは通常ないのだから、美しく思惟する者が賛嘆するというそのこと自体によって、心に思っていることが重大なことであることが示されるからである。例えばテレンティウスの

「ああ、どうしよう。何をしたらよいのか。どう叫び、嘆いたらよいのか。天よ、地よ、ネプトゥーヌスの海よ。ああ」[1]（『兄弟』五・三）

を読むとき、叫びながら気付いたことが少なくとも喜劇的には大きなことだと予期しないだろうか。同じ作者の『アンドロス島の女』では、少し後で生ずることになっている感嘆のいわば発生をパンピルスがこう記述している。

「私は殆ど自分を失ってしまった。恐れ、期待、喜び、こんなに大きく、こんなに突然

の驚くべき幸運に、こんなに心が動転している」[2]（五・四）。少し後で次のように結論するとき、小さくない喜びを抱いていると思われるだろう。

「おお。好運にして幸いなるこの日よ」[3]。

（1）テレンティウス『兄弟』七八九―七九〇。（2）テレンティウス『アンドロス島の女』九三七―九三九。（3）同書、九五七。

第二四節　絶対的美的荘重さ

§352

素材にどれほどの美的大きさがあるにしても、主観的大きさをも同時に容れうる者でなければ、我々が気宇壮大、美的荘重さと呼んだもの（§189）を達成できないだろう。これは、天性と心情の絶対的大きさであろう（§45）。しかしながら、生得的なものであるにとどまらず、訓練、経験（§51）、学問（§63）によって養われているものでもある。無力なものでなく、充実した欲求を生み出すのに十分なものである。美しく思惟されるべきものはすべて、それだけの絶対的美的大きさを、そして品位を持つものを要求する（§178）。

§ 353

このように今、美しく思惟しようとする人すべての大きな精神を我々が要請するときに念頭にあるのは、厳格で純粋な理性の地平自体においてあまりに高められ、威厳がありすぎると評価されうるような、あのキケローの概念ではない。それは『トゥスクルム荘対談集』四・六一にある。「気宇壮大で、勇敢な男と我々が言う者は、首尾一貫し、平静で、荘重で、すべての人間的なものを抑制する者であってほしい。ところが悲哀、恐怖、欲望、興奮を覚える者はかかる者ではありえない。なぜなら、このような人々は、自分の精神よりも人間的な出来事の方を上位のものと考えているからである」。絶対的に大きなものを追い求め、くだらないこと、下劣なこと、最も低いことから離れている能力と意志さえあるならば、かなり大きな親切さ、人間らしさを持つカトーにここで我々は満足するであろう（§191、195）。

§ 354

更にまた我々は、美しく思惟しようとする者が、頷くだけで騒々しい者たちに沈黙を課す力があるような、認められた

「敬虔によって重々しく、功績によって[1]」尊敬されるべき英雄であることを求めないし、いわんや「重々しい額と恐ろしい眉によって」自分の考えを「頑固に[2]」他人に押し付ける人間であることを求めない。そして「不活発な重さによって動くことができない[3]」者の一人であることは全く求めない。絶対的に大きな、また、実際に品位もある人の力が強くて、いつも熱心で、ルーキーリウスが「エンニウスの詩句を荘重さの点で劣るものとして嘲笑することによって[4]」非難しているものを丁寧に警戒するような精神で我々には十分である。

（1）ウェルギリウス『アエネーイス』一・一五一。（2）§723参照。（3）オウィディウス『変身物語』二・八二一。（4）ホラーティウス『諷刺詩』一・一〇・五四。

§355

我々の望む天性と心情のこの大きさには二様あって、(1)先ず可能的な大きさがある。これは恵まれた美的主体の一般的性格の一部分で（第二―六節）、美しく思惟することを企てるときのものである。(2)現実的な大きさは、多分別の時と別の場合においてだけでなく、この今、事態がもう要求する方法で、不完全な誘因から予備的に見分けようとするだけでなく、効果的に見分けつつ、絶対的に大きい、従ってまた品位もあり、小さいもの、低いもの、卑しいものを何ら内在させないものを心と胸で懐胎しうるようなものである。キケローが『発想論』二・一六六で記述している「立派な品位（主観的）と、教養、名誉、慎みにふさわしい権威」がこの美的主体の人格において支配的でなければならない。

§356

もし、美しく思惟しようとする人に、精神の絶対的現実的大きさと、これまで見てきた人格の品位とが欠けるならば、その人は小綺麗で軽薄な小物（細かいことを言う者）である。「そして軽小な精神を知るためには」他の点では大きな詩人ルクレーティウスが第三巻で、最も大きく重いものから一つのものを、このような序で高めている箇所を読むがよい。「さあそれでは、霊魂を持つものの精神と軽い霊魂は生まれ、そして死ぬものであることを君が知るように、長い間探求し、甘い労苦によって見出されたことを、君の生涯にふさわしい歌に作ってみよう(1)」。

美的地平より下に位置するものを自らの主題として選ぶ者だけでなく、それより上位で構成されたものを選ぶ者にとっても、このようなものを或る種の祝祭的機知によって滑稽と諧謔さをつけて提示しようと努める場合には（§120、121）、この欠点の断崖は避け難いであろう。

（1）ルクレーティウス『事物の本性について』三・四一七―四二〇。

§357

しかし、美しく思惟しようとするすべての人において私が非難したいのは、絶対的軽薄さのみである（§355、356）。ウェルギリウスほど大きな天性、心情も、時には

「荘重さを損ねずに滑稽を試みる」

こともありうる。同じウェルギリウスは、絶対的には大きさ、品位を持つが、相対的にはあまり持たないものに移ることもありうる（§198、201）。それ故、作者自身、§179に従って解釈することで軽いものと呼んでいる。それに属するのは蜂蜜作りの序である（『農耕詩』四・四）。

「軽小な事物の驚くべき光景、気宇壮大な指導者たち、民族全体の習俗と仕事と諸種族と戦闘を順序よく語ろう（1）」。

（1）ウェルギリウス『農耕詩』四・三―五。

§358

今、我々は美学者としては、キケローが『トゥスクルム荘対談集』五・一〇三で非難しているデーモステネースの精神状態については未決にしておきたい。そこでキケローが「確かに我々の軽薄なデーモステネースは、ギリシアの習慣に従って水を運ぶ小女がもう一人の女に『これがあの有名なデーモステネースよ』と囁く、その囁きを喜ぶと言った。これ以上軽薄なことがあろうか。なるほど確かに偉大な弁論家には違いない。だが、確かに人々の前で語ることは学んでいたが、自分自身と語ることはさほど学んでいなかったのだ」と言うとき、彼は自らの是認するものを（§250）一般人用の或る種の秤でなく、金細工師の秤で測ろうとしているのである。[1]

（1）即ち、緩やかな規準でなく、極めて厳格な規準を採用するということ。「金細工師の秤でなく、一般人用の或る種の秤で測られる」という言い方は、キケロー『弁論家について』二・一五九（§250参照）で、アントーニウスが、ストア派との対比で弁論家の従うべき尺度を説明するときのものである。バウムガルテンは、ここでそれをひっくり返しているのであるから、結局ここでキケローはストア派の尺度を採用していると解していることになる。

§359

あのヘリコーン山にいる精神的身長の低い人とパルナッソス山の爬虫類は、持ち前の点で小綺麗な小物、或いは軽薄な些事の追求者であろう。我々は、この者たちの本性上小さな精神と、金目当ての詩人とこれらすべての種類を嘲笑しつつ、自分の天性に充ち溢れさせておくことにしよう。そして快活に、それ自身の像へと追放することにしよう。

「そこでは軍隊全体が一フィートより高くない(1)」。彼らは一様に嘆くし、立派な同情に値する。なぜなら、彼らの生きた時代の不正と場所の辺鄙さと、同僚、或いは最も尊敬すべき人々の堕落した趣味のために、このように十分大きな魂を浅薄に浪費することによって、或いは、些事とくだらないものに、或いは一般に最も低い醜さに時間を擦り減らしたり、心情を汚しつつ、天性をも同時に醜くすることを余儀なくされたからである。

(1) ユウェナーリス『諷刺詩』一三・一七三。

§360

我々はこれまで精神、天性、心情の絶対的大きさ、特に相対的な大きさを最も多く持つものを釣り合いよく描写するのにも適切に美しく十分であるような絶対的大きさを考察してきたが、これを正しく観想する人にとっては、恵まれた美的主体における美しい教養と賞賛さるべき徳性との道徳的必要性は明らかであろう。この必要性は、際立って美しい技術の教師たちを引きさらって、語ること一般に対して不当に厳しく、不当に広いと他の人々には見える規則を設定することに彼らをして至らしめたこともあった。

§ 361

「正しく書くことの原理であり、根源であるのは、知恵を持つことである」というホラーティウスの法則（『詩論』三〇九）は認められよう。しかし文脈と後ろに続く部分を参照して、ここで「知恵を持つこと」を、実践哲学に実践的に通暁していることと解釈するならば、不当に多くのものを要求したと多くの人には見えるであろう。「我々の求める雄弁家は哲学なしには完成されえないということを先ず措定し」、自分は「弁論家と呼べるものであるならば、修辞学者の仕事場でなく、アカデーメイアの広い回廊から出てきたと認め(1)」、最後に「語ることに通暁した善い男子として弁論家を(2)」描写するキケローは、同じ過ちに陥っていると見做される。また、クインティリアーヌスが「善い男子でなければ弁論家になれない。真に賢者と呼ぶことができ、しかも徳性が完全であるだけでなく、学も語るすべての能力も完全であるような男子であって欲しい」と明確に言うとき、彼も非難を免れないだろう。

（1）キケロー『弁論家』一二。（2）バウムガルテンは、キケローの言葉として引いているが、実際は大カトーの言葉として伝えられている（クインティリアーヌス『弁論家の教育』一二・一・一参照）。

§362

他に何か言うべきことがあるだろうか。教養ある人々の前で教養を装うのが難しいように、道徳的な人々の前で徳性を装うのは難しい。前者では恥ずべき無知が、後者では巧みに隠れている乱れた性格が些かでも現れるや否や、一巻の終わりであり、最も資格のある判定者の宣告によって醜さを一層醜く覆い隠す者として有罪を宣告されることになろう。このように、美しく思惟されるべきものにおいては、些かの恥ずべき無知、些かの卑しいもの、下賤なものも現象者となってはならないというのは、もはや疑いえないことである。それ故、先ず上述のいずれの点でも、邪悪な精神が十分適切に自分を隠しおおせるかどうかは疑問である。第二に、公明な心情でありのままの天性と性格を示すよりも、自分を隠す方が難しいであろう。然るに、難しい規則でなく、できるだけ容易な規則を立てるのが学識ある者のなすべきことである。最後に、大きな欺瞞の持ち前によって自分は善人だと偽り、心、精神の些かの邪悪もその考え方のうちに見透かされずにいることが誰かに許されるならば、その逆が確定しないうちは、その者を善い男子であると美的、かつ真実らしく語ることを禁ずる者がいるだろうか（§15、16、211）。

§363

我々が§45で要求した生得的な、しかも訓練（§50）と学問（§63）によって強められた精神の絶対的な大きさ――つまり、第二の自然である習慣によって[1]一層洗練された生き方を知っている精神、優れた男子のかかる種類に通例の認識を自己にも慣れ親しんだ容易なものとして達成した、立派な、しかも高貴な精神――（§213）を、ここでもう少し細かく規定することが許されるであろう。つまりこの精神は、自己の力を多少は抑制することによって、単純に立派な性格とそれに釣り合ったあり方の思惟とを表現し、望むならば英雄的な生き方とその威厳に触れるのに十分であろうし、また、何か際立ったものをふさわしい仕方で表象することに向けて、精神の活力のすべてを引き締めるだろう。

（1）§109註（3）参照。

第二五節　相対的な美的気宇壮大

§364

精神の真の大きさは、低く卑屈なあり方の思惟と生活だけでなく、膨張にも敵対的であるから（§363）、簡素なことを思惟する者に対しては、たとえ自分自身は単純に立派なあり方の生活しか達成できないにせよ、自分の運だけに満足せず、性格と天性の高貴さの点でも秀でるよう教えるであろうし、一方、英雄たちに対しては、主題について懐胎されるべき事柄も、思惟の様態とあり方も、専ら問題とされるべき物事が許す以上に壮麗に形成することがないように教えるだろう。仮に簡素なものに労働が存するとしても、一層大きな高貴さと英雄的気概をいわば解き放つべきである。これらの唯一の有用性は、或る人においてこれらが大きければ大きいほど、簡素さの限界を守り、御柳《ぎょりゅう》的なものの代わりに卑しいもの、棘の中に思惟が押し沈められたり、凶兆によって膨張したりしないようにすることが一層容易になることである（§245、263）。

(1)　ウェルギリウス『農耕詩』四・六に準拠。

§365

簡素なものの真にして自然的な大きさを表現するには、美しいものにおける最も小さい天性、心の一つで十分ではあるけれども、だからといって、学識あるものが自分の力を節約する必要はない。なぜなら、より大きなことができるものは、より小さなものにも適しているからである（§369）。ここには、美的なものにおける簡素なあり方の思惟と、論理的で、切り詰めたあり方の思考との間の新しい違いがある。そしてこれは主観的な違いである。際立って哲学的な心、精神は、それが誤って美しいものを軽蔑しない限り、簡素なあり方の思惟を表現することができるけれども、この長所に足る大きさを持つ心がすべて哲学的なあり方の思考へと登っていけるわけではない。ライプニッツは物語を考えだすことができたが、専ら物語のみに向いた天性と精神がライプニッツの微分を証示することはできない。

§366

簡素な気質、及び自らの簡素さに立派な仕方で満足している精神を、パルナッソスの軽薄な爬虫類と混同しないようにしよう（§356、359）。確かに、思惟における簡素な洗練そのものにおいてすら、〈高まり〉（§235）は――どれほどのものが要求されるにせよ――そのような天性には困難であろう。しかしそれでも御柳《ぎょりゅう》が地面より背が高い分だけ、そのような天性はヘリコーン山にいる精神的身長の低い人の中にあっては頭一つ高くなるであろう（§180、195）。そして美的なものにおいて許される絶対的な荘重さと気宇壮大を周到に追求する者は（第二四節）、たとえ最小のものであるにせよ、何がしかの段階の相対的荘重さ、気宇壮大を保持するだろう（§189、185）。

§367

賞賛されるべき美的主体の、簡素なものに対しては十分大きな精神は、たとえ最も繊細ではないにせよ、ともかく繊細な天性によってならば制御されるし（§238）、自分の出番のときは機知と立派な洒落、そして機転、諧謔、滑稽によって、進んでその天性に味を付けるのに慣れている（§237）。ただしそれは、古代人の真に麗しい範例に従ってであって、何人かの近代人のあの嘲笑すべき定式に従ってではない。後者を、権威と理由をもって示しているのは、ヴァヴァサール[1]の『滑稽な措辞について』である。

「頭からつま先まで真っ逆さまに泥の中に突っ込む（§195）」。

（1）フランソワ・ヴァヴァサール（François Vavasseur）（一六〇五―八一年）。フランスの人文主義者、イエズス会士。多くの詩の他に、諷刺詩に関する論述などがある。本文中に挙げられたのは、*De Ludicra Dictione*, Amsterdam, 1709 である。

§368

簡素なもののみを麗しく思惟することに向いた精神にとってはかなり容易いことであり、一層大きなものを思惟することにも向いた精神にはかなり困難なことであるが、両者いずれも、簡素なものによって区切られた思惟と性格の領域が広がっているよりも高く認識や欲求によって高揚しないよう、十分努力を払うことであろう（§364）。「テオクリトスは、その文体において驚嘆すべきである。しかし、あの田舎、牧場のムーサは、フォルムのみならず都会をも恐れている」[1]（クインティリアーヌス、一〇・一）。テオクリトスが用いたようなあり方の思惟によってフォルムや都会を思惟できると思い込むことも、都会、否、フォルムの真っ只中で育ち、絶えず仕事をしている人々が喜ぶような知識や願望の領域から牧歌的なことを描写しようとすることも、共に等しく不都合なことであろう。

（1）クインティリアーヌス『弁論家の教育』一〇・一・五五。

§369

セルウィウスがこの「テオクリトスを、常に単純である」として賞賛し、「牧歌の登場人物は田舎風であり、単純さを喜ぶ人間」（§213）、即ち「高いもの、都会風のもの、朗々たるものを何ら持たない人々である」[1]と付け加えているのは正しい。「彼はウェルギリウスの幾つかの文彩を、それが必要であったという理由で弁明している」。けれども、簡素なものに釣り合いよく思惟しようとする者に（§237）、すべての装飾、すべての文彩を避けるよう命ずる人は誤っていることを、他ならぬテオクリトスの次の例が証明している。およそ積極的な〈牧歌的エートス〉（§194）を保持している箇所があるとすれば、確かにそれはこの箇所に他ならない（『牧歌』七六）。

〈甘い声を雌牛は持ち、甘い息をも持っている。甘く子牛は鳴き、甘く親牛も鳴く。甘く……[2]〉

けれども、ここには装飾、文彩、頭語反復がある（§343、345）。この例はまた数多くの比喩に満ちている。それらは確かに田舎風ではあるが、やはり文彩である。

（1）セルウィウス『ウェルギリウス『牧歌』注解』序。（2）テオクリトス『牧歌』八・七六—七七。

§370

力のこの抑制と倹約をウェルギリウスは『詩選』において（§368）極めてしっかり守ったので、全体を一度にとり上げても、二つの格言しかないほどだと言われる。しかし、この二つの格言のうちの一方は、羊飼いの口にのぼるにはあまりに大きすぎるという、批評家たちの痛烈さを免れない。この批評家らが誤っていることは、その格言自体が示している。「誰もがそれぞれの快楽に引き摺られる」[1]。なぜならアリストテレースは羊飼いのことを一般に〈格言作り〉と呼び[2]、この点でセルバンテスのサンチョ・パンサと驚くほど一致しているが、そうであってみれば、羊飼いの一人が格言に対する快楽に引き摺られてどこがおかしいのか。

（1）ウェルギリウス『牧歌』二・六五。（2）アリストテレース『弁論術』二・二一・九（一三九五a六―七）。

§ 371

立派さの点で最も低い人々の最も通俗的な会話のうちに、私は格言だけでなく、修辞学者の書で文彩の名を与えられているかなり多くの他の現象を見出したし、私の他にも多くの人々がそれを見出している。しかし我々はそれらを文彩とは名付けない。なぜなら、それらは美しい思惟の部分ではないし、放置されたもの、醜いものが周りにあるので、不明瞭になっており、その結果それらのうちに固有の優美さは発見されず、ちょうど草地や路傍に自然に生えた草花のように、むしろ偶然に帰せられるべきものだからである（§26）。しかしこの忠告の目的は、もし或るひとが、他のことをしているつもりで、知らず知らず、しかし明白な装飾を簡素なものに混ぜ合わせたとしても、〈エートス〉の真実らしさを損なうわけではないということを、一層よく我々が納得することにある。このような文彩は、文彩の使い古された名称によって弁別されるが、だからといって自らの簡素さの領域を越えることはできない（§368）。「テレンティウスもまた奴隷どもに大抵は最も賢明な格言を与えてはいるが、それは本性上万人に現れるような格言である。例えば『何事も度を過ごすな』[1]」（セルウィウス『ウェルギリウス『アエネーイス』注解』一〇）。

（1）テレンティウス『アンドロス島の女』六一。

§372

簡素なものにおける大きな精神の格別な証拠は、或る種の教養の放棄である。つまり、より大きな天性、認識、精神を持つ男が簡素なものを表現しようとして、真実らしさを損なわないよう自分の扮する登場人物において、わざと誤りを犯す場合である。この例としては、テオクリトスにならったウェルギリウスが次のように書いている箇所が挙げられる。

Ⅰ：「アクタイアのアラキュントスでディルケーのアンピーオーンは[1]」。

ここで「アクタイア」とはアッティカと解釈されるが、それはアラキュントスがアッティカにあったというのではなく、ウェルギリウスは牧童の地理上の知識の欠如を装ったのである。

II：「我々の何人かはスキュティアとクレータの急流オアクシス川へ行くことになろう(2)」。

ここでウェルギリウスは、我々が行こうとしている諸民族、諸地方、諸河川についての伝統的な組み合わせを用いているわけではないし、その川をクレータにあるものとしているわけでもない。なぜなら、オアクシス川はスキュティアにあると言う人もいれば、メソポタミアにあると言う人もいるからである。そのいずれに真実があるかを牧童は知らないが、それは彼が最も無知な種類の人間だからである。

（1）ウェルギリウス『牧歌』二・二四。（2）同書、一・六五。

§ 373

ロンギーノスは第四四章で、恐らく彼自身の心にある考えを或る哲学者の口を借りて示している。つまり、その章の冒頭からの哲学者の話はロンギーノスの創作である。そこで彼は、崇高、壮麗な天性のかくも全般的な欠如が彼の時代に生じている重要な原因として、一日で男らしさの半分を奪い去る隷属を示している。その原因がたとえ十分なものであったにしても、少なくとも簡素なものを美しく思惟するには十分なだけの量の相対的大きさは、自由において一層大きなことを試みる胸に残される。

「卑屈な奴隷状態は、言いたいことを語る勇気がないので、自らの情念を小話の中に移し入れ、笑話を創作して中傷を弄んだ」[1]（パエドルス、第三巻）。

譬え話のこの発生をはっきりと確証するのは、現存する最初の寓話、つまり、王を求める樹木についてのヨタムの寓話[2]である。もっとも、それより時代の下った、奴隷や解放奴隷のイソップ童話よりも大きなもの、崇高なものを結びつけることによって息づいているものではあるけれども。

（1）パエドルス『イソップ風寓話集』三・序・三四―三七。（2）『士師記』九・七―一五参照。

§ 374

相対的に最小の心の大きさは、可能的にもそれだけの大きさのものであるか、或いは、少なくとも目下の企てのうちで簡素なものを彫琢する際には現実的なものとなっているかのいずれかである。この大きさとは、単純に立派な生きかたとそれに一致した思惟の節度を、消極的にも積極的にも追求するのに向いていて、それを欲求する（§213、214）天性、傾向のことである。それは、中間的な尺度だけでなく、最大の尺度をも同時に容れうる対象を、絶対的には大きく品位も持つが、その中では小さい方に属する自らの側から眺めるべきものとして据えることを切望、希求する[1](§215)。それは〈低さ〉(§217)の第一(§221)及び第二の類(§245)、膨張(§217)の第一(§222)及び第二の類(§263)を免れることができる。

(1) ウェルギリウス『アエネーイス』一・一八参照。

§ 375

この相対的に最小の心の大きさは、かくしてまた、十分な大きさを持つ思惟のあり方、特に絶対的に品位あるあり方(§223)をはっきり示し、卑しいものについての(§224)、或いは更に簡素なものについての下劣なあり方の思惟を警戒し、広義(§226)及び狭義の(§228)、絶対的に道徳的なあり方の思惟を求め、いずれの意味においても悪しき道徳的性格を避け(§228)、簡素なもの自体において段階と間《ま》を見事に測り(§233)、機会が与えられれば、〈ふざけ〉――あらゆる種類の笑いを狙う道化――と〈野暮《やぼ》〉――自然的に全く粗野な者の粗放さ――の間の中道、即ち、〈機転〉の名で指示されることもある、「戯れと滑稽において雅びやかに、ふさわしく振る舞う者の[1]」中道を保つことを愛するし、またその力も持っているのである(§237)。

(1) アリストテレース『ニーコマコス倫理学』四・八・三参照。

§376

私が〈機転〉に言及すれば、何人かの人は、『エフェソ人への手紙』五・四で、それがおよそキリスト教徒には禁じられたものと見做されている、ということが心に思い浮かぶに違いない。最も神聖な信仰によって不法とされたすべてのものが、美的哲学的規則のみによっても禁じられたものとして考えられうるかどうか、という点にここで関わるつもりはない。私が最も真実と考える、その箇所の翻訳を暫定的に示すだけにしておこう。「醜さと卑しさ、そしてまた馬鹿話は、あなた方の間で聞かれることすらないように」。他方、もし馬鹿話の名称で何を私が理解しているかを訊ねるなら、それは〈ふさわしからざる機転〉、「機知、可笑しみの名称によって覆い隠されているが、実は適切なもの、しかもキリスト教的なそれと反対のものであるような考え方、振る舞い方のすべて」である（§212）。

§377

「すべての外観、立場、状況が君にふさわしく[1]」その上、冗談を言う人の難関である卑しさ、悪口へ、或いは一般に天上のことを冒瀆することへ決して難破せず、しかもキケローの勧めに従えば[2]、いかなる言葉、冗談も道化師のような長口舌でなく、物真似役者のような下卑たものでもなく、厚かましい人間のような無遠慮なものでもなく、災いに遭った人々に対するもの——それでは不人情になる——でもなく、犯罪人に対するもの——それでは罰として軽すぎる——でもなく、予め用意して家から持ってきたもの——それでは興醒めである——でもなく、専ら挑発のためのもの——これは一層巧妙、温厚に応答されてしまう——でもなく、我々の、或いは多くの人の肉親に対するもの——これは憎まれる——でもなく、有力者や品位を備えた人に対するもの——これは然るべき尊敬、敬意を欠く——でもなく、誰に対しても苛酷、罵倒的なもの——これは取り返しのつかないものである——でもない、以上のような仕方で、慎重な考慮によって天性を変幻自在なものにし、当意即妙に性格を変化させ、しかも正しい、真に見事な性格を保つことは、心理学的にのみ物事を観察する人々には極めて難しいと見做すべきである。

(1) ホラーティウス『書簡詩』一・一七・二三。(2) キケロー『弁論家』八八—八九参照。

§ 378

同じキケローにとって（『義務について』一）「真正の（優雅で、洒落た、天性豊かな、気の利いた）冗談と、紳士にふさわしくない冗談の区別は容易い(1)」。前者は「時宜を得た、寛ぎの時には紳士にふさわしく」、それには「始めるべき理由があるように、切りをつける節度がある」[2]。確かにそれはいわゆる理論、抽象においては容易いだろう。一方がかなり紳士的なものであり、他方が、鉛のように、最も低い下品さ、屑へと傾くものである多くの場合には容易いだろう。澄明で、平静で、ゆっくり急ぐ心、槍の到達範囲の外、つまり局外に位置している精神にとっては、いわば自分の弁護をするわけではない裁判官のようなものだから、容易いだろう。しかし、好機は極めて早く逃げ去るので、突如思い付いて、もう口の端に出かかっている言葉を次々に語ろうとして、立派なことと道徳的に悪いものの「境界付近にある」ことを、かなり心が興奮し、戯れる〈エントゥーシアスモス〉のようなものに陥っている（第五章）ときに懐胎する場合とか、あなた自身や、あなたに近い人々を狙う他人の冗談、或いは恐れを抱いている相手の冗談を検討する場合には、上述の区別の容易さは姿を消すだろう。

（1）キケロー『義務について』一・一〇四。（2）同書、一・一三五。

§ 379

キケローが上述の箇所で、優雅な冗談の例として語っているもののすべてが本当にそうなのかどうかを更に考量したひとは、我々と同じように判断することと思う。(1)「我が国のプラウトゥス」（§262）。しかし彼についてはホラーティウスが一般的、無限定的にこう語っている（『詩論』二七〇）。

「しかし、あなた方の祖先は、プラウトゥスのリズムと諧謔を賞賛した。もし私とあなた方が都会風でないものと洒落た言葉とを切り離しさえすれば、賛嘆したのは愚かとは言わないにせよ、あまりに寛大である」。

(2)「アテーナイの古喜劇」。しかしホラーティウスによれば（前掲書、二八二）、その冗談の欠点を抑制するには法が必要だった。

「法が受け入れられ、コロスは、人を傷つける権利を剝奪され、見苦しくも沈黙した」。

(3)「ソークラテース派の哲学者たち」。しかしその者たちの指導者自身、人間たちのうちで最も賢いと神託によって明言されたのに、キケロー自身の報告によれば、ストア派のゼーノーンが「アテーナイの道化師[1]」と名付けられるのを免れられなかった。カトーは、かつてほほ笑みつつキケローに言及し、「何と滑稽な執政官を我々は持っていることだろう[2]」と言ったが、先行するカトーに従ってこのキケロー自身を不正にも「道化執政官」と呼んだ人々の言葉をも、いわば人に訴える論証として付け加えることにしよう。

（1）キケロー『神々の本性について』一・九三。（2）プルータルコス『対比列伝』「小カトー」二一・五。

§380

ところで、§377～379で述べたことは何のためであろうか。キケローは前掲書で「厳格な場面で宴会の言葉や雑談を持ち出すのは見苦しく、極めて悪しきことである[1]」と言っているが、我々はこれに同意するだけではない。簡素で、それ自身の値打ちをもって寛いで思惟されるべきことにおいてすら、聖書の助言に依って、ひどく疑われた〈馬鹿話〉、或いは四方を危険に取り巻かれた〈機転〉よりも、〈親切〉、つまり諧謔を伴った愛想のよさと丁寧な好意の方を追求することにしたい。

「不適切な笑いより不適切なものは何もない[2]」だけに、我々は一層用心してそうするべきである（§376、191）。

（1）キケロー『義務について』一・一四四。（2）カトゥッルス『カルミナ』三九・一六。

§381

簡素なことを或る種の品位をもって考えだすこと、冗談や機知に富んだ言葉を投げかけることには確かに向いた特質をたまたま持っているが、精妙さと極めて魅力的な繊細さの点で、隣接する幾つかの国には劣ると言われる国は、次のようなことを考えてみれば容易く慰めを見出すことになろう。即ち、或る民族が、この性格のみに生まれついた多くの美しい天性をその市民たちのうちに数えるとしたならば、その民族が、自分たちの獲得しうる唯一の技術を、その天性と胸の大きな衝動が多くのものをより高く持ち上げ、より重々しい役柄を引き受ける力があり、またそれを欲求している諸民族よりうまく修得するとしても不思議ではない（§249）。このような隣接諸民族には

「冗談の損失は何でもない」

からである。

§382

簡素なことを釣り合いよく思惟するのに十分な大きさを持った心と天性は、自分が大衆に一層近いことを忘れず、それ故、一層大衆に巻き込まれやすいだけに、物事と表示形式、語り方の汚れから一層純粋かつ純潔に自分のものを守ることができるし、またそれを希求する。このような天性は、あの

「私は俗人を憎み、遠ざける」(1)（§243）

という崇高なものに劣らず大衆から遠ざかる。更にまた、絶対的に大きなものにおいては最も小さいか、少なくとも目下のところは最も小さい者の一人であるかのように振る舞う精神は、生きることの一層単純な定式を守り、大部分の立派な人々の通念に反することを追い求

めることはない。そして、自分のものを大部分の立派な人々に証明しうるならば、そして、その人々に凹凸や棘なしに考えを明証的に顕わし示せるならば、そして、優れた人々に説得しようとすることをその人々に納得させ、しかも、仲間内の少数しか理解しないような謎なしにそれをなしうるならば、自分の仕事だけで手一杯になる（§244）。

（1）ホラーティウス『カルミナ』三・一・一。

§383

簡素なものにおいて優雅に努力する大きな精神は、競技場では虚飾が憎まれることを知っているので（§381、284）、膨張した、空虚な詰め物でふざけ回るよりも、或る種の乾燥の方を望む。そして、

「しばしば一時間で二〇〇行も詩を、あたかもそれが偉業であるかのように、一本足で立ちつつ口述した[1]」

場合のルーキーリウスのような、何か濁った流れよりも或る種の貧弱さ（§249）の方を高く買うだろう。他方、干からびた（§255）、血の気のない（§258）、貧しいあり方の思惟（§259）は、浅薄なもの（§261）と同様に遠ざけるであろう。最後に、「立派な人々の間では立派な交際がふさわしい[2]」という賢者たちの古い定式に従って万事を思惟し、欲求し、行為するこ

とになろう。

（1）ホラーティウス『諷刺詩』一・四・九―一〇。（2）キケロー『縁者・友人宛書簡集』七・一二・二。

§ 384

簡素なものに相対的な精神の大きさをこれまでしばしば記述してきたが、もしそれを短く美的主体の単純な立派さと名付けてよいならば、中間の物事と中間のあり方の思惟にとって十分であるか、或いは専らそれに要求された精神の美的大きさを、精神の美的高貴さと呼ぶことが許されるであろう。これは、相似的で品位ある思惟の大きさにおいて、或る種の中間の素材を麗しく眼前に据える荘重さ、気宇壮大さのことである（§189）。

§ 385

これを把握する際、キケローがどこかで「世人の好意を」少なからず「引き付ける仲介者」と呼んでいる、生まれの「高貴さ」[1]を私は決して排除しない。しかし、「レピドゥスらに直面して悪しく生きることもなく、ヌマンティアの父祖の前で夜通し賽で遊ぶこともなく[2]」（ユウェナーリス『諷刺詩』八）、

むしろ輝かしい家系にふさわしい精神が

「気高い高貴さのしるしである徳性を持つ」[3]（オウィディウス『祭暦』三・二）

とか、更に大きなことだが、

「先祖の名声によって優れてはいるが、徳性の高貴さの点では、その生まれを凌駕する」[4]（『悲しみの歌』四・四）

場合に、高貴な身分に生まれた者が抱くような天性と心の自然的持ち前や、現存し、現れつつある状態を考えて欲しい。

（1）キケロー『セスティウス弁護』二一。（2）ユウェナーリス『諷刺詩』八・九―一一。（3）オウィディウス『黒海よりの手紙』三・二・一〇三―一〇四。（4）オウィディウス『悲しみの歌』四・四・一―二。

§ 386

「足が不自由なのに戦列に下っていったとして非難されたとき、逃げるのでなく戦うことを」私は欲する「と答えたスパルタ人は」、「高貴な」答え方をしたとウァレリウス・マクシムス（三・七）に言われているが、この「高貴に」というのは我々の目下の概念で捉えられる。そしてこのひとの返答のうちに君が認めるのは、ただ単純なだけの立派さでも、逆に格別の威厳でもなく、何か両者の間にあるものであろう。そしてそれこそ正しく我々が今求めているものに他ならない。それはそれ自体既に、簡素なものに対しては十分な大きさを持つ精神より高邁なものであるから、生まれのよい人々の方が獲得し易いものである。つまり、一層高いあり方の思惟と一層洗練された生き方へ幼少の頃からいわば手を引いて導かれるからである。従ってそれは簡素なものの場合より多くの困難さを持ち、それだけ精神がそこへ高まるのは遅くなる。しかしながら、もし高貴なものに対する真に望ましい習慣付けと教育と経験によって勤勉に訓練され、目標とするところより下にある些事を軽蔑するならば、それは生まれざるをえないものである（§191）。

§387

美しく思惟されるべきものにおける中間のあり方にとって十分な品位を持とうとする精神は（§383）、泥に親しむ豚を高貴だと言う人は一人もいないであろうから、絶対的品位を記憶、固持しているが（§193）、それだけでなく相対的品位をも記憶、固持している。この相対的品位は、真の高貴さの追求と徳性が要求するものであるが（§213）、それには先ず、(1)消極的なものがある。それ故、かかる精神は、自分が一層麗しく思惟すべきもののうちに何らの無知、誤り、精神の悪しき習慣と病も認められないよう、たとえ長い手間をかけてでもすべての石を動かすこと[1]が可能であるし、そう欲するであろう。なぜなら、それらは十分に単純な立派さにはよく調和しうるものではあるが、人格と事柄の一層大きな秩序には醜くも不適切だからである。

（1）「すべての石を動かす」とは、小プリーニウス『書簡』一・二〇・一五にある諺で、「あらゆる手立てを講じる」という意味。

§ 388

「自分の関わる法を知らないのは、高貴な者には」かつて「醜かった[1]」し、多分これからもそうであろう。

それ故「最下層出身だが能弁な者は、高貴だが無学な者の事例を弁護するのが普通であるし、法の紛糾点と精神の謎を解きほぐすような者は平民から現れるだろう[2]」とユウェナーリスが言うとき、彼は自分が何か不合理なことを述べたと思っている。高貴な者がどこかで軍務に就かないのは醜いことだった。それ故、やはりユウェナーリスが

「この若者は、戦争に骨身を惜しまず、エウプラーテースと、制圧されたバターウィー人の鷲印の軍旗を求める。然るに君は、ケクロプスの末裔たるアテーナイの女どもしか求めず、五体の揃っていないヘルメース像にそっくりだ[3]」

と続けるとき、彼は自分が不合理なものに触れたと考えている。真に醜いものも先祖の慣習でそう判断されるものも、これら醜いもののうちに登録される（§212）。

（1）トリボニアーヌス編『学説彙纂』一・二・二・四三。（2）ユウェナーリス『諷刺詩』八・四七―五〇。（3）同書、八・五一―五三。

§389

美しく思惟されるべき中間のことに十分高貴な精神は更に、比較的な、即ち高貴な人々の熱意と生活に調和する品位のうちでも、⑵積極的なものを追い求めるであろう。物事のなかには、それを知り、欲求し、絶えず欲求し、実行することが単純な立派さには恐らくできないか、或いは、それをたとえやり損なったとしても、その弱さが十分弁明の余地があるけれども、もしそれをふさわしさをもって提示することができ、それまでは疑いを持っていた人々の眼前に完成されたものとして据えるならば、そのような精神、つまり大勢のうちの一つではなく、天性、徳、精神の際立った資質が秀でた精神が存在することをもはやそれ以上疑わしめぬようなものがあり、高貴な精神はそれを学んでおり、しかも十分正確に学んでいるだろう。そしてそれを終極まで完遂するすべを知っており、首尾一貫した精神で見分けることになるであろう。

§390

この品位に関連するもののすべて、または大部分のものを集めること、つまり殆ど実践哲学、数理哲学の全体を探査し、民族、年代で異なる習俗の広く広がる大海を渡ることは、短さが許さない（§212）。我々の目的にとっては不適当だが、この像のようなものをはっきり示しているのは、ユウェナーリスの助言である。

「立派な兵士、立派な後見人、無欠の判事たれ。もしいつか曖昧で不確かな事の証人として召喚されたとき、たとえパラリス(1)が嘘を言うように命じ、雄牛を持ち出して偽証を指令したとしても、命を恥より大事にし、生きることの原因を生命のために失うことは最高の罪だと考えよ。長く待ち望んだ属州がとうとう君を管理者として迎えるときには、抑制と節度を怒りに課せ。貪欲さにもそれを課せ。資産なき同盟市民たちに同情せよ。法が何を勧告するか、元老院が何を命ずるか、どれほどの報賞が立派な者たちを待っているか、いかに正当な稲妻でキリキアの海賊カピトーとヌミトルは、元老院の告発によって滅ぼされたかを顧慮せよ(2)」。

（1）アグリゲントゥムの僭主で、真鍮の雄牛に人間を入れて、ゆっくり火焙りにした。（2）ユウェナーリス『諷刺詩』八・七九—八四、八七—八九、九一—九三。

§391

今我々の話している高貴さ（§388）は、いかなるものであれ最も低いこと、卑しいことを蔑む（§195）。

「或いは、労務者にとって醜いどんなことがウォレススやブルートゥスにふさわしいだろうか[1]」。

しかし、哲学者たちの抽象的な定式によれば、単純な立派さに多分矛盾しないが、高貴な評価がその者の判断によって立つべき人々の通念と習俗によれば、中間であるが最小ではないあの品位を何がしか奪う。我々が今思い描きつつある、中間の物事を麗しく色どろうとする美的主体は、この品位を目にとめ、そこから一寸たりとも離れないよう、自ら思惟、識別によって決心している。詩人はいかに激しい検査官であることか。

「敏くもレントゥルスはラウレオルス[2]を、それもうまく演じた。私の判断では、彼こそ本物の十字架に値する[3]」。

（1）ユウェナーリス『諷刺詩』八・一八二―一八三。（2）有名な泥棒で、八つ裂きの刑に処された。
（3）ユウェナーリス『諷刺詩』八・一八七―一八八。

§ 392

優れて高貴な精神は、簡素に思惟しうるような素材や一層崇高に思惟しうるような素材においても格別の技巧を顕わし示すよう探求せねばならない。それは、言明するものだけでなく、省略するものをも思考することによってである。このとき、或いは簡素さの故に、或いは崇高さの故に提示されなかったということがわかるけれども、しかし、それが作者の心には浮かんだのであり、作者は力を弱めはしなかったが、同時にまたそれらを見事に節約もしたということがわかるような多くのことを、それらのことに通じた明敏な観客は自分の心に思い描くことになろう（§215）。

§ 393

我々が今望んでいる精神の高貴さは、〈低さ〉（§317）の特に第三の類（§276）、膨張の第三の類（§217）を警戒すべきものと考える（§279）。そして、相対的に適切なものすべてのみならず、殆ど人々の一層高貴な習慣のみにおいて支配的な段階のそれをも観察する（§228）限りで、むしろよい倫理を持つあり方の思惟を追求する。そして長い作品では特に思惟の弛緩と高揚を与えることになる（§273）。しかし広義では常に均一で（§268）、大抵は同時に狭義でも均一である（§267）ところの或る種の中庸の方を高く買うであろう（§269）。これは、中間のものに狭義でも同調させられたものであり（§270、271）、主題とそれと同時に選ばれた表示形式に応じて高くなったり低くなったりするが（§272）、思惟者の精神におおよそ釣り合う高貴さを持つ観客にとっては流暢、甘美であり（§274）、中間の物事について思惟する卑しいあり方のみならず（§278）、不安定で不確実なあり方（§280）からも離れている。

第二六節　美的なものにおける類的に最大の気宇壮大さ

§394

勝義の美的気宇壮大さが残っている。これは、最も優れた、類的に最も大きなことによって陶冶された上位の天性であり、生来不滅に向かい、死すべき身体のうちに生きているころから既に、類的に最大のことを自己の威厳に応じて思惟する力量を持ち、かつそれに全力で打ち込んでいる心である。この心は、それ故しばしば「オリュンポスの尋常ならざる宮居を賛嘆し、足元に雲（§318）と星辰を見る[1]」。しばしば「神々の生（第五節、§206）を受け取り、神々に混ざった半神たちを見」、自らも「彼らに見られるだろう[2]」。

（1）ウェルギリウス『牧歌』五・五六―五七。（2）同書、四・一五―一六。

§395

「自分の下に据えられた諸技術を自分の重みで押し潰す者は」、自分の「稲妻で焼かれる[1]」

が、この「自分の下に据えられ」ているものには、単にあの

気難しい「足でひっくり返した[2]」

つまらぬ技術だけでなく（§191）、簡素なもの、否、中間のものにすら十分なほどの大きさを持つ精神の持ち前も含まれている。かかる精神の持ち前は、この気宇壮大さと比較されたときには、その称号から滑り落ちるように見えることも稀ではないが、しかし比較の恐れの外に位置している者たちによってならば、最も優れた正当性をもって所有されている持ち前である。何らかの美的品位をもって（§193）君が思惟したものは、確かにすべて〈荘重に〉思惟されたものではあるけれども、しかしながら比較によってプリーニウス（『書簡』二・一）は、まるでタキトゥスの崇高な荘重さに触れない者たちは〈荘重に〉答えることはできなかったとでもいうかのように、「コルネーリウス・タキトゥスは、最も雄弁に答えた。しかも、彼の言葉に内在する際立った長所であるが、内容を〈荘重に〉答えた[3]」と言っている。

（1）ホラーティウス『書簡詩』二・一・一三―一四。（2）ホラーティウス『カルミナ』一・三五・一三。
（3）小プリーニウス『書簡』二・一一・一七。

§ 396

この「徳は」下劣なもの、卑しいものから引き離すだけでなく（§195）、「死ぬに値しない者たちに天界を開きつつ、拒まれた道を進むよう励まし、俗人の群れと、じめじめした土を、飛び去る翼によって撥ね付ける(1)」。そして、物事と思惟の絶対的大きさ、品位に甘んずることなく（§198、201）、「貧しい両親から生まれた者を」いつか一層高く「尋常、簡素ならざる翼が」引き攫《さら》っていくので、確かに「それ以上長く地上に留まらず、町々をあとにし、羨み心より大きな者として、透明な上天を通って」上方へと「運ばれていくだろう(2)」。

（1）ホラーティウス『カルミナ』三・二・二一―二四。（2）同書、二・二〇・一―六。

§ 397

美的なもののうちでも類的に最も大きいこの気宇壮大さは、直接には徳を自らの威厳すべてにおいて色どることを企てる。

「徳は、穢らわしい猟官の失敗を知らず、汚されざる誉れに燦き、大衆の気紛れな人気によって斧を取ったり、置いたりしない[1]」（ホラーティウス『カルミナ』三・二。なお、三参照）。

いわば何か伝染病のように国家の悪徳を忌避することも、間接的にはやはりこの精神の大きさの仕事である（§203）。

「過ちに満ちた世は、先ず結婚を、誕生を、そして家を潰した。この泉から派生した災禍は父親たちと大衆に流れ込んだ[2]」（『カルミナ』六）。

なお『カルミナ』二・一五・一八と三・一・二四及び『エポーディー』七、それに §204 参照。

（1）ホラーティウス『カルミナ』三・二・一七—二〇。（2）同書、三・六・一七—二〇。

§ 398

自然的に最も大きな物事の観想に没頭しているように見えても、かかる考察が徳性と幸福な生にいかなる寄与をするのかが直ちには明らかにならないときがあるが、そのときですら大きな精神はその理論を愛し、理解する。そして、実践家や実行家がそれを無視するのを、優れて大きな精神の上位の天性は許さない（§205）。かくして、一層真実なる聖事の洗礼を受けなかった人間の場合には、よほど優れて大きな精神でない限り、こうは言わないであろう。

「（父親なる）神自身より大いなるものは何も生まれず、それに似たもの、それに次ぐものは何も栄えないけれども、パッラス・アテーナーは彼に近い誉れを占めている」[1]

（ホラーティウス『カルミナ』一・一二）。

（1）ホラーティウス『カルミナ』一・一二・一七―二〇。

§ 399

自然的大きさに秀でる類的に最大の物事において、種的にも最大の神々に私が実例において言及したのは、類的に最大の精神を自分に形成しようとする者が、ポリュペーモスのようなもの、或いはエンケラドスや神々を侮ったメーゼンティウスのようなもの、つまり真に心の大きなものでなく、膨張的に傲慢なものを自分の心の中で組み立てないようにするためであった。むしろ、崇高なものを通じた積極的品位の第一の法則は次のものである。たとえ種的に最大のものであっても、人間的なものは何であれ、神的なものの下に置くように（§

206）。

「恐るべき王たちの主権は、それ自身の群れに及び、ユッピテルの主権はその王たち自身に及ぶ。巨人族に対する勝利に輝き、万事を眉だけで動かすユッピテルの(1)」。

（1）ホラーティウス『カルミナ』三・一・五―八。

§ 400

この定式からホラーティウス（『カルミナ』一・一二）は〈荘重に〉こう言っている。「人間の族の父にして守護者よ。あなたはカエサルを次席として支配するように。あなたより小さな者として公正に広い世界を統治するであろう。あなたは重い馬車でオリュンポスをゆさぶり、あなたはあまり純潔でない森に、敵対的な稲妻を送るであろう(1)」。ホラーティウスはまたローマ民族、つまり、ローマ人としてそれ以上大きなものを知らない民族についてこう言っている（『カルミナ』三・六）。

「神々より小さいものとして振る舞うが故に、汝は支配する。ここからすべての始まりを引き出し、ここにすべての結末を還元せよ。神々は軽視されたので、悲惨にもヘスペリアに多くの悪を与えた(2)」。

他方、『カルミナ』五で

「雷を轟かせるユッピテルが天を支配すると我々は信じてきた。アウグストゥスは生身の神と見做されるだろう(3)」と言うとき、彼は最も正当な、或いは少なくとも最も承認された従属の結果を経験したと思われる。この結果については§373で述べたが、ロンギーノスが引く哲学者の言う〈根っからの〉おべっか使いでない限り、我々はこの結果から離れない。

(1) ホラーティウス『カルミナ』一・一二・四九、五一―五二、五七―六〇。(2) 同書、三・六・五―八。(3) 同書、三・五・一―三。

§401

我々が今話している気宇壮大さについて、崇高はその木霊《こだま》であるとロンギーノスは言う(1)。確かに美的地平を超越せず、哲学の純粋な学のようにのみ物事を懐胎するわけではないが、しかし観察されうるもののうちでも専ら類的に最大のもののみに固執するので、それは理性の論理的、美的地平に共通の素材に関わる。そしてその理由及び他の諸原因から、理性類似者に混ざった理性、数学的判明性をより多く持っている。そして更に、類的に最大のもの自体において、いわば種的段階を、第二五節で述べた大きな精神よりも注意深く測定、観察する(§207)。かなり小さいと思われるものにおいてすら大きな容易さをもって完全に習慣的に各人に各人のものを配分し、自分より下であれ、自分の近くに位置するものであれ、かなり大事な誉れと品位の諸段階をとりわけ保持し、このいわば尺度に従ってあらゆる人物に適切なことを作るのが、真に大きな第一人者、王のなすべきことである。

(1) ロンギーノス『崇高について』九・二。

§ 402

それ故、高貴な思惟、生活のあり方にすら十分でない精神は、この気宇壮大さを懐胎する能力を持たないが、それだけでなく、これら類的に最大のことのうちでも種的に最大のことを常に選び取りつつ、それらのうちで一層小さいものと中間のものを飛び越え、それら一層小さいもの、中間のものを美しく思惟することは自分に釣り合わないと公言し、壮大なもののうちで最も大きなことを自分は見事に描写することができるとひどく自負している人々は誤っている（§209）。むしろ、壮大なものにおいて力を予審すべきである。この壮大なものを無視することとそれ自体が別の機会にはなお崇高なものになるであろう。というのも、壮大なものには、もう十分多くの虚飾、祭礼、黄金、王者の紫衣が外から加わっているからである。そうすれば結局、裸の威厳、つまり最大のものの一つである英雄の威厳か、または一層純粋な秘跡を、専ら心の内部で作り上げることによって一層崇高に形成する力は十分持てるだろう。「より小さい舟には自分は慣れていないが、五段櫂船《かいせん》或いはそれ以上のものを操舵することは学んだと公言する傲慢さは笑うべきものである」[1]（キケロー『弁論家について』一）。

(1) キケロー『弁論家について』一・一七四。

§ 403

崇高なものにとって十分大きな精神は、

「もし世界が崩落し、破滅に打たれても平然としているであろう」[1]（§353）

あのストア派の賢者ではないけれども、しかし一層小さな心配事には煩わされないし、神々の生を模倣する平静な晴朗さから追い出されることもない。それは最も小さなものに心を砕くことは全くなく、もし何かパルナッソスの爬虫類、つまり粗捜しのために選任された検査官が、子供たちが豆の中に見付けたといって自慢するもの[2]ではなく、些細な染みをその外套に見付けたと自慢してもあまり心を動かすこともなく、むしろ、諸規則の真の衝突においては、最も強く、精神的身長の低い人には認識すらしえない諸法則に、一層高い轍《わだち》を付けて、しっかりと従うことによって、彼らが唯一知っているその小さな技術の一層軽い心から、もし神々が許すなら最も神聖な規則を引き離し、一層小さく、一層弱い法則を撥ねつけ、叩きつけ、踏みつけるように思われる——その際、小綺麗なお節介やきは空涙を流すだろうが、しかしこれは悪くない破格である——ような仕方で自分の方法を引き離すことを、大胆な勢いで自分の仕事と考える（§210）。

（1）ホラーティウス『カルミナ』三・三・七—八。（2）つまらないもののこと。プラウトゥス『黄金の壺』五・八一八—八一九参照。

§404

我々は絶対的美的荘重さを高貴な精神のうちに据えたが（§363）、キケローも、大きなものに登高する天性を「制御する者」自身を「何か教師や技術者のようなものではなく、いわばローマ市民の中の一人で、法廷の経験を持ち、中庸な人で、しかも粗野でない者[1]」と描写している。しかし、もしこのような高貴な精神が、いわば自分自身と自分の日常的状態を忘れ、壮大なことを思惟することに実際に着手しようとするならば、燃え上がり、いわば自分から超出し、普段役割を演じているよりも大きな劇場へと連れ去られ、神々、英雄と混ざって、それらとの何らかの卓越した親しさを生みだし、まるで別世界に移しかえられたのではなく、このような社会にずっと住んでいることが明らかになるようにせねばならない（§213、396）。

「聞こえるか。それとも魅力的な狂気が私を弄んでいるのか。私には聞こえ、心地よい水と風が注ぎ込む聖林をさまよう気がする[2]」（ホラーティウス『カルミナ』三・四）。

（1）キケロー『弁論家について』一・二一。（2）ホラーティウス『カルミナ』三・四・五―八。

§405

今我々が探求している気宇壮大さは、大きな主題だけでなく、より大きなもの、壮大なものが現れる部分についても観察することを熱望する（§215）。(1)アウソニウスのあの優雅なエピグラムにおけるディードーを思い出せ。

「いずれの夫との結婚もうまくいかなかった不幸なディードー。一方の死に際に去り、他方の去り際に死ぬ[1]」。

(2)このディードーをオウィディウス『名高き女たちの手紙』七は、このような墓碑銘で描いている。

「アエネーアースが死の原因と剣を差し出した。ディードーは自分の手を用いて自決した[2]」。

(3)イーリオンの衣服と周知の寝台を積上げた火葬壇へわれとわが身を捧げるあのウェルギリウスのディードー（『アエネーイス』四・六五二）。

「定めと神が許していた間は甘かった衣服よ、この命を受け取り、この心痛から私を解き放て。私は生き終えた。そして運命が私に与えた生涯を私は使い果たした。そして今、私の大きな幽霊は地下に赴こうとしている。私は輝かしい都を立て、私の城壁を見た。夫の仇を討ち、敵になった兄に罰を払わせた。おお、幸福な者、幸福すぎる者よ。もしもトロイアの船がわが海岸に決して触れてさえいなかったならば」。

（1）アウソニウス『補遺』八。（2）オウィディウス『名高き女たちの手紙』七・一九五―一九六。

§406

英雄的な気宇壮大さはどのディードーを自分が創作したものとして選ぶだろうか。私は躊躇せずウェルギリウスのディードーを挙げる。理由を問うのか。述語づけられたものを測ってみるがよい。第一の夫が犯罪ゆえに絞首台に送られたとき、逃げることにしたが、第二の夫とまた同種の凶行を実行したのに、夫の方が刑吏の手から逃れたので、二人分の悪事で死刑にされたキガリー人のつまらぬ女にも第一のものは適合しうる。第二のものは、結婚運に対する絶望から、夫の不在中に夫の剣で自分の喉を切り裂く羽目に追い込まれた、一兵卒の妻にもふさわしいであろう。これに対し、ウェルギリウスにおいては、話題にしている彼女自身のみならず、彼女について述語づけられることもすぐれて大きい（§405）。

§407

さて、我々の気宇壮大さは、〈低さ〉の第四の類及びそのすべての種を、その醜さの段階に応じて、あらゆる努力を払って警戒するであろう（§310）。ウェルギリウスの神々は、ホメーロスの神々と同様、〈一層神にふさわしく〉語り、行動し、行為を受ける（§311）。ウェルギリウスの女傑は、自分に関する物事について、オウィディウスのディードーより壮麗に語る（§408）。

「これまでそうであった運命の進路は最後まで持続し、私の生涯の終わるときまで伸びている(1)」。

見よ、絶えざる災禍について哀訴するありふれた女性にすぎない。ウェルギリウスのディードーは、最後の災禍を除いて、一層勇敢に自分を幸福だと公言している。

「夫は内部の祭壇のところで血まみれになって倒れ、兄がかくも大きな悪業の報賞を受ける(2)」。

こちらは、夫の仇が討てず、暗殺者が罰せられず、それどころか報賞を受けていることを延々と嘆くが、あちらは、夫の仇を討ち、兄を罰したことを短く感謝する。前者はどんな女でも言いそうなことである。

「私は、亡命者として追われ、夫の遺骨と祖国をあとにし、敵に追われつつ、辛い道を運ばれる。兄と海から逃れ、見知らぬ土地に辿り着く。破約の徒よ、あなたに私が贈った海岸を私は手に入れる」[3]。ありふれた部隊長のありふれた妻に起こりえないようなものを、これまでに我々はオウィディウスの書で読んだろうか（§312）。

（1）オウィディウス『名高き女たちの手紙』七・一一一―一一二。（2）同書、七・一一三―一一四。（3）同書、七・一二五―一二八。

§408

ドイツ人の荘重さは、大いなるものの全段階を適切さをもって貫かねばならず、限度を越えて自分の精妙さを誇る隣国人に対抗せねばならない。彼らの中には（小人をどんな名で呼べばよいのか）、無限の悪から人類を解放する最も優れた最も偉大な人の苦痛を、新奇な道化者の、あの滑稽な小詩で罵り、しかもキリスト教の王国でキリスト者と見られたがっているような人[1]がいた。正義の女神は、間違いなく最も重大なこの一つのことにおいて、下劣なあり方の思惟をほんの少し用いるこの人一人を許すくらいなら、簡素なことにおいて重大な誤りを犯す一〇〇人の市民にむしろ進んで許しを与えるだろう（§317）。

（1） 一六四九年に出版された『バーレスク風キリストの受難』の著者パラリスを指す。

§ 409

そこから真に崇高なものを期待しうるところのあの大きな気宇壮大さは、すべての膨張、その第四の類、そのすべての種（§318）に背を向けているので、もしいずれかを選ばねばならないとしたら、稚拙なものの隠された下品さに巻き込まれるくらいなら、むしろ明白な〈低さ〉に落ち込む方を選ぶだろう。従って、マルティアーヌス・カペッラ、テルトゥッリアーヌス、セドゥリウス、その他これに類する人々の言葉を極めて大げさなものにする前者の不適切さよりも、後者の例の方が、最上の作家にあっては稀ではない。それ故、大口をたたく嘘と、がさつな大言壮語は、何であれ遠く離しておくように。

§ 410

美的なものにおいて類的に最大の精神は、ホラーティウス、キケロー、ロンギーノス、また、類似の事例の予期に関する心理学による理自体が、壮大なものの模倣を自分に勧めていると考えている。その結果、崇高な著作家、画家などの「手本」を「日夜手にとって読む(1)」

だけでなく、あらゆる時代の輝かしい男たちの言行を、いわば鏡を見るように注視し、時には自分の性格を許される限り、また、時には、自分が思惟で表現すべき性格を、これらの人々に似せて構成することを喜ぶであろう（§285）。また、比較的有名な人々だけに限定するわけでなく、何であれ一層大きいものを闇から引き出し、忘却の不正から救い出し、そして、たとえ他ならぬ敵においてすらその値打ちに応じて讃めることを恥ずかしがらない（§286）。

（1）ホラーティウス『詩論』二六九。

§411

既にしばしば述べた段階の大きな精神は、何か卓越したこと、傑出したことを自分が聞いたり、見たりしていることを疑わず、貨幣と羽団扇豆《はうちわまめ》を区別することをもう学んではいるけれども[(1)]、何であれ高邁なもの、格別の徳からのみ流れでてくるものが絶対的に信じ難いもののうちに数え入れられねばならないのは、我々の生まれの不名誉そのものの故ではないことを知っている（§286、301）。小さな弾みが杉油にふさわしい[(2)]衝動へ彼をつき動かすことはあまりないが（第五節）、それだけに一層強く、他人に固有の興奮を感じる。なぜなら、「ムーサが語るべき戦い」を、祖国に対する英雄的な愛を、生と徳性の輝かしい聖性を多くの人々の

うちに発見するときには、

「隠された勇気は、埋葬された怯懦《きょうだ》とあまり変わらない」

と判断するが、しかしまた
「聖なる詩人を欠くが故に、皆泣かれず、知られぬまま、長い夜に押し潰されている」

とか、もし彼自身「彼らを飾り立てずに黙殺する」ならば、ほどなく「嫉み深い忘却に摘み取られるべきものである[3]」ように思われるからである（ホラーティウス『カルミナ』四・九）。

（1）ホラーティウスは、有用なものと無用のものは区別しえないことを、「貨幣と羽団扇豆の区別がつかない」（『書簡詩』一・七・二三）と言っている。プラウトゥス『カルターゴー人』五九七—五九八によれば、俳優は舞台上で、貨幣の代わりに羽団扇豆を用いていた。（2）杉油は、書物を紙魚から防ぐのに用いられていた。（3）ホラーティウス『カルミナ』四・九・二九—三〇、二一、二六—二八、三三、三一。

§412

ロンギーノス、第二章が進んで認めているように、確かによい生まれの人々の本性は、この気宇壮大さの〈何にも勝る第一の祖型的要素である[1]〉けれども、それには、神的天性と専ら英雄的なものにのみ生まれついたごく少数の胸の中にある〈自律的な〉本性だけでなく、確かに自分の日常的な力によってではないが、しかし、優れた熟慮を介して、何か一層高く崇高なものに嚮導された、壮大な実例を介して一層強くかきたてられた生き生きした力によって、そこへ登っていく力を持ち、そう決心している高貴な精神の本性（§404）も含まれている（第二節）。

（1）ロンギーノス『崇高について』二・二。

§413

確かに、生まれたままの本性だけでは、少なくともここでは両側の頁を埋めること[1]はできないように私には思われる。言い換えれば、経験が確証するように、最上で最大の本性、或いは少なくとも優れて立派な本性ですら（§412）、その世と時代の未開さ、悪しき実例、権力者の予断、隷属状態によって、ロンギーノス、第四四章が言うように、「（噂が本当ならば）精神的身長の低い人がその中で養われる檻が囚人の成長を阻害するばかりでなく、身体の回りに鎖を巻いて彼らを縮ませるのと同様、精神のいわば牢獄、共通の獄屋[2]」のようなものによって圧迫、束縛、卑小化せられうる（§359）という結果がここから生じうるように私には思われる（§359）。

（1）帳簿の一方の頁に支出を、他方に領収証を書き込むこと。そこから、幸も不幸も決しうるものをいう。（2）ロンギーノス『崇高について』四四・五。

§414

もし何か外的自由の制約が、もし外的隷属状態が精神を圧迫し、何であれ最大の気力、興奮を鈍化させる結果になったというのなら、私はそれを決して否定しない。またもし、反対のものは反対のあり方をしているという原理に従い、或る種の内的確信を、真に卓越したものに高められるべき精神の第一の助けのうちに数え入れても、私はオリーブの外側をさまよっているようには思われまい(1)。その確信とは、過去、現在だけでなく、大部分は今後予想されるべき最も大きな出来事の豊麗な体系（この体系は、崇高と尊敬すべき徳の、最上で最大の実例を、最も単純な模倣のために提示するばかりでなく、自分自身に対する克己を言明し、すべての道徳的内的隷属状態を逃れ、自分自身に対する勝利を獲得するための最も健全な癒しを最も明証的な助言をもって与えるものであるが）についての確信、つまり、このような真実のなされたこと、なされるべきことについての確信、よからぬことを要請する僭主が命じたことを、死の恐怖によってすら強いられることがないような力と能力を神的に付与するような確信である。この確信は、内的及び心理学的自由の超自然的相補物、補完物である。

(1)　ホラーティウス『書簡詩』二・一・三一参照。「オリーブの内側には、また、胡桃の外側には硬いものはない」という諺は、明白なことを否定する者を揶揄するものであるが、ここの「オリーブの外側をさまよう」とは、中核にあるしっかりした実質をとらえていない、ということであろう。

§415

ロンギーノスは、先に引用した箇所に続けて、自分の時代に崇高な天性が欠乏した原因を、⑵全世界の平和だと説明している。しかしこの理由に彼自身あまり信を置いていない。そして、居住可能な全世界の、長期に亙る平和を期待することが許され、国父がそれによって諸王国、諸民族の最高の征服者をも越える平和の卓越せる諸技術を人々が同時に学ぶ以上、そう長く英雄たちの不足のせいにはされないよう、また、誤ってそのせいにされないよう、兄弟たちの不和の女神が十分監視していた。⑶「我々の意欲を抑圧する際限のない戦争(1)」。これについて、それがどんなものであるかを解釈者たちは論じている。

(1) ロンギーノス『崇高について』四四・六。

§416

優れた気宇壮大さの通常の状態は、精神の凡庸な感情と心の内的擾乱の上位に位置する平静（E、§四四五）の状態である。理性と下位認識能力、意志と下位欲求能力の深い調和は、優れて大きな男にもしばしば残っているが、それによってかなり情念を伴って心が動かされることも、人間である以上はあるだろう。もし弾みに運ばれるならば、〈熱狂的パトス〉へと引き去られるが、しかし、先行したり、随伴したり、後続したりする理性と理性的意識の是認を受けてである。この限りでは何ら内的分裂はない。これに対し、もし天上的精神においていつか何かの葛藤が出来するならば、それは感性的欲求が他の感性的欲求に対するもの、〈パトス対パトスの〉争いだけでなく、多少感性的なものも混ざった単なる感性的な欲求に矛盾する決断の争いでもある。この葛藤は長くもなく、限りないものでもない。大抵は、より優れた部分が勝ちを収め、この勝利は再び深い平和と以前の晴朗さを平静な精神に再びもたらす（M、§六九三）。

§
417

獣性の状態をこの状態と比べてみよ（E、§四三四）。前者には何の安息も、何の平静さも、冷静な理性と情緒と本能の調和も、それら同士の和合的調和もない。そこは

「雨雲の祖国、荒れ狂う南風に満ちた所」

であり、南風のみが、人間の全身を

「自分とともに引き攫《さら》い、一掃する」

と思うかもしれない。しかし、それは誤っていることになる。さほど後でないところで、

「東風と南風と、突風の多いアフリカ風が一緒に吹き荒れる」とあり、各々が害をなす。外的隷属がそれらに少なからぬ閂《かんぬき》をかけねばならない。「それらは憤激し、大きな響きを立てて障壁の周囲で轟く」。風どもは、休みなく内部で「争い合い」、最初の好機に「門を与えられたところから、戦列をなしているかのように突撃する[1]」。かくして哀れにもかかる精神は、或るときは黄金への呪われし飢餓に[2]、或るときは野心と傲慢さに、或るときは快の渦巻きに、或るときは怠惰に、或るときは互いに異なるそれらの幾つかに、或るときはそのすべてによって千々に乱れる。これが、崇高なものに満ちた気宇壮大さに最も有害な（§416）あの際限のない戦いである（§415）。

（1）ウェルギリウス『アエネーイス』一・五一、五九、八五―八六、五五―五六、五三、八二―八三。
（2）同書、三・五七参照。

§418

上述の嵐のうちの一つによって既に十分精神は損なわれる。ロンギーノスは、正しく卓越したもの、崇高なものの欠けている原因として、(4)〈物質欲〉を挙げ、それを麗しく〈小ささを作る病たる金銭欲の神[1]〉と呼びつつ（§45）、それと大きな浪費（奢侈の女神）との間の子供として傲慢の神と贅沢の女神を創作し、彼らから更に親に決して劣らぬ罵詈の女神、不正の女神、無恥の女神が生まれ、これらの子の間で精神の大きさは磨り減り、萎れていくとしている。(2)

(1) ロンギーノス『崇高について』四四・六。(2) 同書、四四・七—八。

§ 419

「しかし、この貪欲と財貨への気遣いが精神を染めてしまったら、杉油を塗られ、滑らかな糸杉に納められるべき歌が作られる見込みがあろうか」(『詩論』三三〇)。パエドルス自身、彼が書いた、または書いたと言われる小話についてこれを否定している(三・序)。

「私は、所有欲を完全に心から根絶し、名誉を捨ててこの生活に入ったのに、九つの学藝の集会に気難しい顔で受け入れられる。甘い利益を、学識ある苦労に優先させつつ、徹夜して巨富を蓄積しようとした者に何が起こると思うか(1)」。ホラーティウス『カルミナ』二・一五・一八及び三・二・二四参照。

(1) パエドルス『イソップ風寓話集』三・序・二一—二六。

にする。

§420

(5)〈快楽追求は卑しさを与える〉[1]（§417、418）。外的快楽への放縦な欲望は、男性的な力を何ら精神に残さず、特に、壮大なものが要求するだけの価値を全く残さないほど性格を軟弱にする。

「迷うほどの品数の宴から、皆蒼白になって立ち上がるのを見ないのか。それどころか、重い身体が、昨日の悪徳で精神をも一緒に自分の重みで押し潰し、神的な気体の粒を地面に投げ落とす[2]」（ホラーティウス『談論』二・二）。この諷刺詩は、殆ど全体がこれに関わる。理論、それも、かなり頻繁に実験を繰り返して、そのような洗練の審判者にふさわしい確実性へと高められた経験的理論を獲得するために費やされるべき時間の損失を数えてみるだけでよい。そうすれば、一層重要なことに与えられるべき時間が全く残っていないことに驚くだろう。

（1）ロンギーノス『崇高について』四四・六。（2）ホラーティウス『諷刺詩』二・二・七六―七九。

§421

(6)最後にロンギーノスは、崇高なものに殆ど、または全く高揚しない精神の原因として怠惰を数えている。これによって訓練が中断されると、持ち前は成長せず、そのことだけで持ち前に反対の廃絶、つまり真の不能へ最後は頽落する欠陥が成長する。

「君は徳を捨てて、嫉妬の女神を懐柔する気なのか。君は哀れにも軽蔑されるだろう。セイレーンのよからぬ怠惰は避けねばならない。さもなければ、よりよい生活で手に入れたものをすべて平静な精神で捨てねばならない」（ホラーティウス『談論』二・三・一三）。

野心と傲慢は膨張の自然的親であるが、これをロンギーノスは省いている。多分、賞賛されるべき名誉心から、この悪徳を十分には区別していないのか、それとも多くの人々の流儀に従って、後者、つまり悪徳が根こそぎ破壊されると、前者も同時に滅ぼされるか、或いは少なくとも無力化するのを恐れたのであろう。これに対し、一層健全な倫理学に通暁した人は、経験と歴史が十分確証しているように、両者を正しく分離することは可能であり、またそうすべきであること、心の名誉への愛に野心的な傲慢がとってかわった時代、場所では、崇高さの王国は栄えず、膨張の僭主制が荒れ狂ったということを理性によって洞察する。

§422

思惟における真の美を愛する者が、絶対的に（第一六節）大きなもの（第一五節）を、その相対的大きさに応じて（第一七節）、素材に釣り合った思惟（第一八節）、即ち簡素な（第一九節）、または中間の（第二〇節）、または崇高なあり方の思惟（第二一節）によって、最大のもののうちで最も目立つのが常である欠点なしに（第二二節）増幅しうる（第二三節）ためには、或る程度君が所有していなければならない君の心の生得的大きさを（§45）、絶対的荘重さへと構成し（第二四節）、持ち上げうる限りのところまで高めよ（第二五節）。もし崇高さにも触れるのに十分であるならば、君は恵まれていることになろう（第二六節）。

「マエオニアのホメーロスが、より先なる座を占めるにしても、ピンダロス、ケーオスのシモーニデース、脅迫的なアルカイオス、荘重なステーシコロスの歌の女神は隠れてはいない。アナクレオーンがかつて何かを戯れに歌っても、時は滅ぼさなかった[1]」（ホラーティウス『カルミナ』四・九）。

（1）ホラーティウス『カルミナ』四・九・五—一〇。

第二七節　美的真理

§423

事柄を優美に思惟する際の第三の注意点（§115、177）は、真理（M、§五一五）、それも美的真理である（§22）。即ち、感性的に認識しうる限りでの真理である。対象の形而上学的真理とは、それらの対象が、最も普遍的な諸原理と一致することであるのを我々は知っている（M、§九二）。『弁神論』第二部、三一二のライプニッツの言葉はそこから理解しうる。「或る意味で、矛盾律と充足理由律は、真偽の定義に含まれていると言うことができる」[1]。なぜなら、或る対象における形而上学的真理の表象は、それらが一定の主体の精神内部で作り上げられる限りでは、対象と表象の一致であるが、多くの人は、これを「論理的真理」と呼び、また別の人々は、これを「心的」真理、感応、対応、一致の真理と呼ぶ。他方、形而上学的真理は質料的真理[2]と呼ばれる。

（1）Gottfried Wilhelm Leibniz, *Essais de theodicée: sur la bonté de Dieu, la liberté de l'homme, et l'origine du mal*, Nouvelle édition, augmentée de l'histoire de la vie & des ouvrages de l'auteur par M. L. de Neufville, Tome seconde, Amsterdam, 1734, p. 312.（2）『形而上学』§八九参照。

§424

形而上学的真理は客観的真理と呼ぶことができ、所与の精神における客観的に真なるものの表象は主観的真理と呼ぶこともできよう。或いは、多くの人にならって、言葉の点でわかりやすく「論理的真理」と言ってもよい。ただし、事柄の点で一致するためには「広義の」と付け加えねばならない。しかし、専ら事柄のために、多少高度なことではあるが、次のことを付け加えよう。つまり、思うに、形而上学的真理――または、そう呼びたければ客観的真理――は、広義の論理的ないし心的ないし主観的真理を精神のうちに与えるような仕方で、所与の精神のうちに表象されているのであるが、時には専ら精神における悟性によって観察されうるものであり――これは、悟性によって判明に表象されたもののうちにある場合であり、狭義の論理的真理である――、時にはただ、または、専ら理性類似者と下位認識能力によって観察されうるものである――これは「美的」真理（§423）である。

§425

どうぞ、テレンティウスの『自虐者』の中で（三・五〇・一）クレーメースがメネデームスに与えている助言を読んでください。そうすれば、この男が

「真実を知り、本当のところを語っている[1]」

と答えているとき、或る種の美的真理について語っていることがわかるだろう。しばしば

「憎悪を生みだす真理[2]」を提示することも

「人も咬む真実で、柔らかい耳を痛めること[3]」

も躊躇しない諷刺詩のことを思い出したまえ。これらの諷刺詩は、いわば自分の特権によって守られている。

「笑いつつ真実を語ることを誰が禁ずるか[4]」。

そして、同じ論理を扱っているとはいえ、自分のものを一層注意深く、一層学問的に証明している一人の道徳哲学者の実践的助言と、それらの諷刺詩を比較したまえ。そうすれば、美的真理と狭義の論理的真理（§424）の相違が実例によってわかるだろう。

（1）テレンティウス『自虐者』四九〇。（2）テレンティウス『アンドロス島の女』六八。（3）ペルシウス『諷刺詩集』一・一〇七。（4）ホラーティウス『諷刺詩』一・一・二四。

§426

論理的思考と美的思考に共通するのは、キケロー『義務について』二・一八が、殆ど発生的に記述している「徳」である。この徳は、「各々の事物において、何が真にして真正であ

るか、何が各々に調和するか」（矛盾原理との一致）、「何が結果であるか」（原因から生じたものの原理との一致。M、§二三）、「各々の事物は何から生じ、何が各々の事物の原因であるか」（理由の原理〔M、§二〇〕及び十分な理由の原理〔M、§二二〕との一致）「を洞察することに」関わる。しかし、論理的思考がこれらの事物の判明にして悟性的な洞察に努力するとき、美的思考は、自己の地平内部に留まりつつ、それらの事物を感性と理性類似者によって優美に直観すれば充分である（§424）。

§427

心的で主観的な**真理**、表象の真理はすべてこれまでは単に論理的と呼ばれてきたが、もしそれを**美‐論理的**（aesthetico-logica）と呼ぶならば、(1)美的に真なるものの幾つか、否、その多くは、論理的にも真であるわけではない、というような考えはそれらを区別しない人々のものである。このことを進んで我々は認めよう。死ぬことを拒む人に対する、自然の女神のあの呼びかけをルクレーティウス（三・九四〇―九五七）は創作し、充分に真なる言葉をその後に置いている。

「自然は正当な非難を向け、真なる事由を言葉で提示しているという以外に何と答えればよいのか」(1)。

この呼びかけにおいて殆どすべてが論理的にも真である（M、§二六五、E、§二五二）。

（1）ルクレーティウス『事物の本性について』三・九五〇―九五一。

§428

(2)美しく色どられるべき諸部分における美的真理が、しばしば全体の論理的真理を与え、諸部分の枚挙が終結し、終極に達した場合のみそれがなされうることを我々は否定も無視もしない。我々としては、ただ次のことのみに注目したい――真理は、それが知性的なものである限りにおいて、美的主体はそれを直接には志向しないのであり、もし多くの美的真理から間接的に一つの論理的真理が出現したり[(1)]、それが美的に真なるものと一致するならば、理性的美的主体は、そのことを有り難いとは思うけれども（§38）、それは彼が今最も探求しているものではない（§423）。

（1）§38、123、617参照。

§429

さて、美しく思惟しようとする者だと前提される主体、または、専らその者のためにあなたが思惟する人格的対象が常に、もしくは少なくとも一定の状況下では、今、何らかの論理的真理、それも狭義のそれ（§424）を知性のみによって思惟せねばならないとするならば、この真理は美的地平より上に位置し、少なくとも現時点では無視してよい（§15、121）。自然学のみならず、数学をも修めた天文学者として、過ぎし年の金環食の運行を思惟してから、今度は羊飼いとして同じことを仲間たちやネアエラ(1)のために思惟してみるがよい。おお！今は全く放置しておくべきどれほど多くの真理を、以前あなたは思惟したことか！

（1）ホラーティウスの愛人。

§430

それらを追求し、述べることが美的地平より下にある――少なくとも、絶対的または相対的な美的大きさ（§120、178）よりも下にある――くらい、つまらない真理がある。無限につまらないこれらの真理に美的主体は注意を払わない（§191、221）。彼は、「語られざる真は一つもないように」という厳格な法則が、歴史家にすら例外なしには妥当しないと考える。

「若者たちの軍勢は、心躍らせ、ヘスペリアの岸の辺に跳び降りる。……一方、敬虔なるアエネーアースは、高きアポローンのしろしめす頂きと、恐るべきシビュッラの隠れ所たる巨大な洞窟とを遠く求めいく(1)」（『アエネーイス』六）

という箇所を彼が読むとき、アエネーアースが最初にどちらの足でイタリアに触れたかなどには注意も払わないし、思惟もしない。しかし、それは真実なのである――両足でだとすると無様だから、左足か右足かのいずれかである。

（1）ウェルギリウス『アエネーイス』六・五―六、九―一一。

§431

美的真理は、優美に思惟されるべき対象の、Ⅰ：可能性（§426）を要求する。これには、先ず、(1)絶対的可能性（M、§一五、九〇）が属する。ただし、感性的に思惟されるべきものである限りでの（§423）それである。即ち、それを自分で観得しようとする対象のうちに、互いに矛盾する徴表が何か感性、理性類似者によって観察されることがあってはならない（M、§八）。欠点が人々に平等に備わっているわけではないということは、かかる可能性を持ち、従って美的にも真である（M、§二七二）。逆に

「欠陥は同等であるとした人々もいたが、真実に出くわすと苦境に陥る。感覚と習慣が反対し、正義と公正の母たる有用性も反対する」[1]（ホラーティウス『談論』一・三）。

（1）ホラーティウス『諷刺詩』一・三・九六―九八。

§432

美的真理は、その対象の（§431）、(2)仮設的可能性を要請する（§426、M、§一六）。これは更に二つに分かれ、その一つは、(A)自然的可能性である（M、§四六九）。これは、一定の自由とあまり密接に連関せず、理性類似者によって判定されうる限りでの可能性である（§423）。私はこれを『アエネーイス』の次の部分に認める。

「そのとき万能の父、世界の至高権の持ち主は語り始めた。彼が語ると、神々の高き館は静まり、地の底から大地は震え、聳え立つアイテールも沈黙する[1]」（九・一〇〇）。

（1）ウェルギリウス『アエネーイス』一〇・一〇〇―一〇二。

§433

美的真理は、その対象における、(B)道徳的可能性を要求する。これには先ず、(a)広義のそれがある（M、§七二三）。つまり、例えば一定の人間の所与の自由、所与の人格と道徳的性格から流れでると理性類似者に思われるだけの質と量のものが自由からのみ導きだされるように、ということである。これがあの「生の真実に一層近づく[1]」ということである。これに従えば、確かに、語るのが

「成熟した老人なのか、まだ花やぐ若さに燃えている者なのか、有力な婦人なのか、勤勉な乳母なのか、広く歩く商人なのか、緑なす畑の農業従事者なのか、コルキス人か、アッシリア人か、テーバイに育った者か、アルゴスで育った者か[2]」は、どうでもよいことではない。また、作業の対象なのか、人格的なものなのかも、どうでもよいことではない（ホラーティウス『詩論』一一五）。

（1）キケロー『弁論家について』一・二二〇。（2）ホラーティウス『詩論』一一五―一一八。

§434

「私が、そして私と共に大衆が何を欲しているかを君は聞きたまえ、もし幕の下りるまで残り、『喝采したまえ』と歌い手が言うまで座っていようとする喝采者を得たいならば。君は、各々の年代の特性に注目し、移り変わりやすい本性と年齢にふさわしさを与えねばならない[1]」（一五三）。

「世代の属性と、それに適合したものに常に留まるようにしよう」（一七八）。

それ故、ホラーティウスは、いわば応用された実践哲学（§126、361、212）をも勧めた。なぜなら、それを正しく守る者は

「各々の人物にふさわしいものを与えることを心得ている[2]」（§433）

からであり、テオプラストスの『人さまざま』が開始し、後にフランスのテオプラストス[3]が豊かにしたあの技術ないし知識の有用性を、その時代に既に洞察しつつ、

「学識ある再現者は、生と性格の模範を顧慮し、そこから生き生きとした声を導くよう命じた[4]」(三一七)。

(1) ホラーティウス『詩論』一五三―一五七。(2) 同書、三一五―三一六。(3)『人さまざま(*Les Caractères ou les Mœurs de ce siècle*)』(一六八八年)を著したジャン・ド・ラ・ブリュイエール(一六四五―九六年)のこと。(4) ホラーティウス『詩論』三一七―三一八。

§ 435

美的真理は、(b)狭義の道徳的可能性(M、§七二三)を要求するが、それは、思惟する者自身だけでなく(第二四―二六節)、彼がかなり短く顕在的もしくは潜在的に証明すべき対象、要するに美しい思惟においてもである。例えばアケローンを記述する場合がそうである(§422)。ただし、この可能性は感性と理性類似者の秤にかけられたもののみである(§211)。これがあの**道徳的真理**、つまりホラーティウスによれば

「各々自分の尺度と歩幅で自分を測るのが真である[1]」

という真理である。§433、434で要求されたものを**広義の道徳的真理**と言ってよければ、これ

は狭義の道徳的真理と呼んでよい。そして我々の心と記号の一致を最狭義のそれと呼んでよい。この一致は、徳であるなら、それだけで真摯さという称号を持ち、悪徳であるなら、それだけで瑕疵という汚名をもたらす（E、§三三九）。

(1) ホラーティウス『書簡詩』一・七・九八。

§436

この道徳的真理、しかも美的な道徳的真理、麗しく思惟されるべきもの（§435、182）におけるこの品位の美的境界を、キケローは『ムーレーナ弁護』七四で見事に示している。それは彼が「しかしカトーは、厳しい、ストア派的な態度を私にとる。彼は、食物で行為を誘うのは真実ではないと言う」と語るときである。そしてカトーがまるで賄賂を攻撃するように して攻撃した習俗の美的真理を弁護して、こう答えている――「恐るべき弁論だ。しかし経験、生、習俗、国家そのものがそれを斥けている……（七五）。だからカトーよ、事物そのものが、主権の長期性が確立した先祖の慣習を、あまりに厳格な弁論によって非難するな……（七六）。あなたの言うこと、つまり」（哲学者らによって専ら知性的に把握される限りでの。§211、212）「品位による以外、人間の心は、何物によっても、官職を委託するよう誘われるべきでないということを、最高の品位を備えたあなた自身が守っていない。なぜなら、あなたに好意を持つように、あなたを助けるようにあなたがひとに懇願するのはなぜか……(七七)。名を呼び上げる奴隷[1]をあなたが持っているのは、どういうことか」。

(1) nomenclator. 特に選挙運動中の主人に同行し、出会った相手の名を主人に呼び上げる役目を持つ。

§ 437

美的真理は、II：美しく思惟されるべき対象と、原因及び原因から生じたこと(結果)との連関(§426、431)を——ただしそれが理性類似者によって(M、§六四〇)、感性的に認識されるべきものである限りにおいて(§423、M、§二一四)——要求する。例はリーウィウスのコリオラーヌスがよかろう[1]。名声と最初の権威の理由があり(第三三章)、それから護民官職に対するかなり高い気概があり(第三四章)、次いで大衆の怒りと、そこから生じたコリオラーヌス追放、そして、先行する叙述から明らかな理由によって、彼をウォルスキー人のところへ連れていく敵対的な精神、それから、主人トゥッルスと共有したローマ人に対する戦の計画(第三五章)、これらのことからの帰結として、トゥッルスの巧みな手管、及びウォルスキー人のローマ人に対する新たな憤激(第三七章)。

(1) コリオラーヌスについての叙述は、リーウィウス『ローマ建国以来の歴史』第二巻、第三三章以下にある。

§438 それから戦が布告される。将軍はトゥッルスと「マルキウス」、つまり「ローマからの亡命者」たる我々のコリオラーヌス。彼の武勇の故にウォルスキー人にとって優勢な緒戦、ローマ人民の戦慄、それからローマ人たちの最初の使節、彼らが持ちかえった「苛酷な返答」、使節は再び戻るが、敵に受け入れられない。それから懇願する司祭たち。彼らの願いも空しいので、もはや殆ど女々しい恐れがローマ人を襲う（第三九章）。母親、妻、女性の群れが、固い心を遂に動かす。このことが理由もなく起こるとは見えないように、史家は、母親の、確かにパセティックな弁論を創作している。それから敵の陣営が後退するが、しかしコリオラーヌスは、彼のその後の運命が述べられるまでは退場しない。他方、ローマでは幸運の女神の記念碑が女性たちのために完成する（第四〇章）。読者の少なくとも理性類似者を強化、刷新することによって、どれほど大きな和音がこれらの事柄のうちに鳴り響いているいることか（§437）。

§439

美的真理は、それが感性的に洞察される限りで、諸対象の絶対的及び仮設的可能性を要請する（§431〜436）。すべての可能性は、統一を（M、§七三）、つまり絶対的可能性は絶対的統一を、仮設的可能性は仮設的統一を要請する（M、§七六）。それ故、美的真理も、それが感性的にとらえられうる限りで、自己の思惟されるべきものにおける両種の統一を、即ち、表象全体の美が侵害されない限りで、思惟されるべきものにおける諸限定の不可分性を要請する（M、§七三）。諸対象のこの統一は、それが現象となる限りで、美的であろう。それは、美しい思考の対象が行為であるならば、行為の統一を含む内的諸限定の統一であるか（M、§三七）、或いは、所と時の統一を含む外的諸限定と諸関係（M、§三七）、諸状況（M、§三二三）の統一である（M、§三二五、二八一）。

「何を望むにせよ、せめて纏まりがよく、統一的であれ[1]」。そうすれば、あの快い緊密な短さ（第一三、一四節）と美しい一貫性（§437）を手に入れるであろう。この理由でアウグスティーヌスは「統一」を好んでいて、それを「すべての美の形相[2]」と呼ぶほどであった。

（1）ホラーティウス『詩論』二三。（2）アウグスティーヌス『書簡』一八・二。

§ 440

美‐論理的真理（§424）は、普遍的概念、判断のものであるか、個別的概念のものであるか、いずれかである（M、§一四八）。前者を一般的、後者を個別的としよう。一般的真理の対象において、個別的真理の対象におけるほど多くの形而上学的真理が開示されることは——特に、感性的に開示されることは——決してない（M、§一八四）。そして、美‐論理的真理が一般的になれば、その対象において表象される形而上学的真理は、それだけ少なくなる（M、§一五〇、一八四）。このことは一般的にも言えるが、特に理性類似者にとってそうである。観察しうる最大の真理を希求する美的主体が（§22）、一層一般的な、最も抽象的で、普遍的な真理よりも、一層限定され、一層一般的、抽象的でない真理の方を、そして、一般的な真理すべてよりも、個別的な真理の方を、できる限り大事にする理由はそれである。豊かさがそれを勧める（§115）。なぜなら、対象が限定されていれば、それだけ多くの相違を（M、§一五二）、従って多くのことをそれについて美しく思惟することが許されるからである。大きさ、それも自然的大きさですらそれを命ずるし、美的品位も命ずる。もしも、それの下位の差異に付け加わる重さ、荘重さ、多産さをも、ともかくも普遍の大きさに一緒に算入するならば（§177）。

§441

類の美－論理的真理は、大きな形而上学的真理の表象である。種の美－論理的真理は、一層大きな形而上学的真理の表象である。不可分的なもの、または個別的なものの美－論理的真理は、類としての最大の形而上学的真理の表象である。第一者は真なるものに、第二者は、一層真なるものに、第三者は、最も真なるものに関わる（§440）。個別的なるものの真理は、最上で最大の存在者の内的なものに関わるか、絶対的に偶然的なものに関わる。偶然的なものは、何か完全な世界の可能性としてのみ個別的なものとして表象される。それ故、偶然的なものについての個別的真理は、⑴偶然的なものを、この世界の可能的なもの、及び部分として据える（M、§三七七）（そしてこの真理は、絶対的に必然的なものの真理とともに、**最も狭い意味**での、また、一般人の語法では、端的に**真理**と呼ばれる）か、もしくは、⑵別の世界の可能的なもの、及びその部分として人間の中間的認識[1]に対して据える（M、§八七六）（これは**他世界的真理**である）。

（1）『形而上学』§八七六参照――「神は、⑵この世界とは別の世界の現実的なことのすべての限定を知っている。これは**中間的知識**による」。なお、§442、511、530参照。「中間的知識」とはルイス・モリナの用語で、可能的なものについての自然的または必然的知識と、現実的なものについての自由な知識との中間にある知識をいう。

§442 キケローの記述（『発想論』二・一六二）によれば、最狭義の（§441）「真理とは、今あるもの、前にあったもの、これからあるであろうものが、それを介して不変」（変更されざるもの）「と呼ばれる」（把捉される）「ところのものである」。彼が次のように述べるとき、彼はそれを一層小さい真理と比較しているように思われる（『トゥスクルム荘対談集』五・一三）。「徳のあの一群（一貫性、重々しさ、勇気、知恵、その他）が拷問台に引き据えられて」（飲み尽くされたときよりも、嘗められたときの方が喜ばせるストア派の真理のように一般的、抽象的な真理、または他世界的真理〔§441、440〕によって）「最も豊かな品位を備えた像を眼前に据え」（第二一節）、「その結果、幸福な生は、その像へ向かって急ぎ進み、その像を自分が見捨てるのを許さないように」（中間的認識には）（§441）「思われる。しかし、徳のその絵、像」（一般的で抽象的、または他世界的なもの）「から」（最狭義の）「事態、真理へと心を向けたとき」、（この世界、個体的具体物において個別的に）「拷問されている限り幸福でありうるか、というこの問いは」（中間的認識の他世界的対象を奪い取られ、それらすべてから切りはなされて）「そのまま残される」。

§443

一般的な美‐論理的真理のうち、麗しさを害さずに理性類似者によって感性的に表象されうるもののみが、また、その限りでのみ、美的である（§440、423）。それには三つの仕方がある。(1)顕わに、そして明白に、または、(2)暗示推論法の明示を省いて密かに、または、(3)抽象的なものがいわばそこにおいて捉えられるところの具体的な範例においてである。プラウトゥスの『捕虜』の前口上において――誰も信じないだろうが――同一性の原理（M、§一一）がこの(3)の仕方で表象されている。

「皆様方は、二人の捕虜がここに立っているのが見えるでしょう。ここに立っているのは――この者たちは二人とも立っているのであって、座っているのではありません。私が真実を語っていることの証人は皆様方です[1]」。

(1) プラウトゥス『捕虜』一―三。

§ 444

最も狭義で真なるものが感覚、または想像力、または予言を伴う予見によって真として把握される限りでのみ、その真理は美的である。そして、同じ仮設のもとで他世界的真理も美的真理であり、理性類似者で把握されるべきものは、それより多くも少なくもない（§441）。これはライプニッツによる区別と思うかもしれないが、『メッサルラ頌詩』第四巻、一で、オデュッセウスの誤りについて多くを語り、次のように締めくくっているティブッルスが既に区別している。「そして、これらのことが我々の土地で知られているのか」（最狭義で真なること。§442）、「それとも、作り話がこれらの誤りに新しい地を与えたのか」（他世界的に真なること。§441）。

第二八節　美的偽

§445

美的偽は主観的偽であり、感性的に把握される限りでの、思惟されるべき事物の真理と思惟との不一致である（§423、426）。キケローの「偽とは、その中に明白に嘘があるものである[1]」は、それが美的偽について理解され、感性的明白さが考えられるならば（M、§五三一）、最も優れた定義である。他方、彼が自分の概念を実例で説明しようとするとき、それが事柄に正しく合っているかどうかを見るのは、我々の時代の賢人たちであろう。キケローは「例えば、金銭を軽視するような賢人はありえない[2]」と言っている。

（1）キケロー『発想論』一・九〇。（2）同所。

§446

「アクイーヌムの染料を飲み込む羊毛をシードーンの紫と巧みに見分けることを知らない人は、偽を真と区別できない人ほど確実で、骨身に応える損害を受けるわけではない」（ホラーティウス『書簡詩』一・一〇・二六。§423、448）。しかし、すべての主観的偽がこれに属するわけではなく（§424）、ホラーティウスが『詩論』の冒頭で描写しているようなものだけである。

「画家がもし人間の頭に馬の首を結び付け、あちこちから四肢を集めて、多様な翼を付けることを欲し、上は美しい女性が、下は黒い魚に醜くも終わるならば、友人として見るのを許されたとき、笑いを抑えられようか。ピーソーよ、病人の夢のように空虚な外観が作られ、足と頭が一つの形式にならないならば、そのような絵に本は極めて似ていると考えたまえ」。

§447

ホラーティウスは卵からでなく、偽なることから始めている。また、洒落たことに思われようが、キケローの『弁論家について』二・三〇のアントーニウスも、やはり同じ仕方で始めている。ただし前者は美的偽（§445、446）から、後者は美‐論理的偽一般（§427）からである。なぜなら、クラッススやアントーニウス自身のような法廷弁護士の場合には、「いずれか一方が偽なることを語らざるをえず、また、一つ以上のことが」（それ自体において、客観的に、最狭義で）「真であることはありえないのに、いずれも、同一の物事について、時に応じて別のことを弁護する」[1]ことがあると主張している。それ故、アントーニウスは、フォルムでうまく論ずることすべての「条件は嘘に基づく」[2]ことを認めているし、「誇らしく真理から始めるよりも、むしろ何か品位のようなものから始めていると考えた」[3]としてアントーニウスを揶揄するカトゥッルスを容認しているのももっともである。

（1）キケロー『弁論家について』二・三〇。（2）同所。（3）同書、二・三一。

§448

或るものは美‐論理的に偽であり（§427）、しかもこの意味で嘘でもある（§447）が、それが美的に偽となるのは、それが理性類似者自体にとって明白に嘘である場合のみである（§445）。真理についての議論自体がその例となろう。独断論的哲学者とアカデーメイア派の懐疑哲学者が（論理的及び形而上学的な）「真と偽について」、その（第一にして、抽象的で、学問的な）「規範」と規準について、それらの概念について、「いかにしてそれらが」（判明、完全、学問的に）「区別されうるか」を繊細に互いに論争するとする。（普遍的に、論理的に捉えられた）「正と邪の違い」に行きつくかもしれない。「真理の」包括的で第一の「徴表」と論理的「判断」に帰着するかもしれない。いずれの側もできる限り注意深く自らの考えを弁護するとする。理性類似者は、もしかすると懐疑主義者たちの変幻自在の天性に喝采することがあるかもしれないことを除いては、まるで沈黙せる観客の如く、かなり驚愕して両者を崇拝するであろう。けれども、「同一の仕方で」、（そして同一の明証度で）「偽とも見えうることはないような見えかたをするものがありうるということを全く否定する」ところまで進む者がアカデーメイア派にいると思い描くがよい。このときには、「幼稚な振る舞いである」[1]（キケロー『アカデーミカ』四・三三）と言って、正当である以上にひどく興奮したた独断論者たちに理性類似者は共鳴するであろう。なぜなら最後の命題は美的にも偽であるから（§445）。

（1）キケロー『アカデーミカ』二・三三。他の引用句も、すべてこの箇所からである。

§449

ルクレーティウスに問うがよい（§448）。

「真と偽の知識をどんな事物が作りだしたのか、疑わしいものが確実なものと異なることを、どんな事物が証明したのか[1]」（三・四七七）と。

彼は、美的に真なるものが、と答えるだろう（§423）。

「真なるものの知識は、先ず感覚から作り出されたこと、そして、感覚は論駁されえないことをあなたは見出すだろう。……

なぜなら、真実なることによって自ずから偽を凌駕することができるから。……

それとも、偽なる感覚から生じた理性が感覚を論駁できるだろうか。理性は全く感覚から生じたのに。感覚が真でないなら、あらゆる理性も偽となる[2]」。

そして、その反対である、美的に偽なるものを示している（§445）。感覚を信じないことは「明白なことを自らの手から投げ捨て、第一の証拠を損ない、生と安全が基づく礎全体を根こそぎにすることである。なぜなら、すべての理性が滅びるだけでなく、生それ自体も即座に倒壊するだろう。感覚を信じず、断崖を避けようとしないならば……[3]」（五一一）。

（1）ルクレーティウス『事物の本性について』四・四七六―四七七。（2）同書、四・四七八―四七九、四八一、四八三―四八五。（3）同書、四・五〇四―五〇九。

§450

美的なものにおいては、すべての偽が必ずしも偽ではないことを訝しく思う人がいるにしても（§448）、遥かに限定された偽の意味が、最も完全とされている法によって確立されているのを読んだならば、訝しむのを多分止めるであろう（「偽についてのコルネーリウス法について」という題の『学説彙纂』二三）。「偽とは何かが問題になるとする。ひとが他人の自筆証書を模倣したり、冊子や計算書を切断、移記したりすることがそれであり、これ以外の場合に加算、計算で嘘をつくことではないように思われる」[1]。何ということか。偽を判定することにおいて、美的主体（§15）が法学者パウッルス[2]よりも厳格だとは（§445）。

（1）トリボニアーヌス編『学説彙纂』四八・一〇・二三（この部分の原著者はパウッルス）。（2）ユーリウス・パウッルス（Julius Paullus）。後二世紀末から三世紀はじめのローマの法学者。アエミリウス・パピニアーヌス、ドミティウス・ウルピアーヌスと並び称される。

§451

一層純粋な悟性にとっては確かに偽であることは明らかであるが、ただし、美的地平を越えて高められる場合にのみそうであるようなものがある（§16、121）。かかるものを私はローマ法の保護のもと、美的主体がそれとして避けるべき偽の数から除く。ただし、それらのうちの幾つかが理性の極めて大きな明証性をもって矛盾し合い、その結果、いわば、より大きな光によるかの如く、それらの感性的表象自体が不明瞭になるだけでなく、太陽が一層高く登ると姿を消す霧の如く、すべて霧散消失し、抑圧されるものは例外である（§423、429）。

§ 452

美しく思惟することの二つの素材において、理性類似者のみが単独で残された場合には、偽、不合理は何一つ現れないが、論理的にはこの二つのいずれもが偽であるとする。この場合、あなたがそこにおいて思惟するところの場所と時期と、専らそのためにあなたが思惟するところの人格的対象とを一層しっかり検査せねばならない。与えられた素材のうち第一のものは、論理的には偽であるが、あなたの生きているところで、あなたの時代に、あなたが特にそのために思惟している人々には偽の証明が知られていないと想定しうるか、或いは、少なくともあなたのものを美しく思考することによっては偽の証明がさほど彼らの心に現前するものとはならないであろうものだとする。これは美的偽の欠点なしに思惟されうる（§451）。

§453

選択の対象たるべき（§452）第二の素材は、何世紀にも亙って、多くの人々において精神の感性的能力には真と見えてきたものだとする。しかし、あなたの生きるところで、あなたのものを特にその人々に対して証明しようとする人々にとっては、もはやその偽が、啓蒙もされた理性の力によって明らかで、明白であり、その結果、彼らがあなたのものを検討する間に、自らの理性的確実性を忘れていることを期待しえず、努力のすべてによって、彼らから喝采の代わりに次のような叫びを絞りとることを恐れねばならないとする。

「最大の叙事詩が無から生ずる」[1]。

この第二の素材は偽、しかも美的偽に苦しむ。なぜなら、いかに無限に小さいものであれ（§430）、もしかするとまだそれに内在している真を、それが何であれ、或る種の力と喜びをもって感性的に把握することを理性が妨げるからである（§423、451）。

(1) プロペルティウス『詩集』二・一・一六。

§454

偽の中には、それに対する警戒が美的地平より下にあるほど小さなものがある（§120）。

一層優雅な思惟の間にこれが時折忍び込むかどうかには美的主体は注意を払わない（§191)。ウェルギリウスの夜の描写（『アエネーイス』四・五二二）。

「夜であった。疲れた体は、大地で安らかな眠りを享受していた。森も荒海も静かであった。星々は軌道の中程を回り、平原全体は音もない。広く澄んだ湖と茂みで起伏のある田野に住む家畜と色の綺麗な鳥どもは、沈黙の夜のもとに眠りにつき、心労を弛め、心は苦労を忘れている(1)」

において、詩人は、聞き手に理解してもらいたい動物における諸々の類の限定によって、特に夜中に徘徊する野獣を読者が思い描くことがないように警戒している。しかしもし、ウェルギリウスは無限定に、普遍的に語っているが、しかし何人かの病人や、何か一羽の小夜鳴《さよなき》鳥《どり》は多分例外とすべきである、と真面目であるかの如く主張するまでに至るならば、ウェルギリウスが生きていたとしても、あなたに答えるには及ばないと考えるだろう。

(1) ウェルギリウス『アエネーイス』四・五二二—五二八。

§455

あなたが洗練をもって思惟することに着手したものが、客観的に解された夢（M、§九一）であり、その内部と表面下には、それを遅かれ早かれ破壊することになる絶対的矛盾

（M、§一五）が隠れているとする。或いは、事物のそのような空虚な多くの外観や、それ自体は真なる外観から、空虚で、共存不可能なものの組み合わせに苦しむ架空の世界があなたの心に立ち現れるとする（M、§九二）。さて、前者、或いは後者も、⑴内的不可能性の欠点が理性類似者には全く明らかでない、または、⑵あなたとあなたの観客において格別なものであると前提すべき理性と悟性にも隠れているか、もしくは少なくとも、明証性、即ち、美しく喜びを与えようとする作品の組織全体をいわば蜘蛛の巣の如くばらばらにしてしまう[1]と予想されるべき明証性をもって現れることはないような状態のものであるとする。この夢、この架空の世界は、

「ホメーロスも、鋭いアペッレースも、こうして一つの道を追求し、事物の空虚な夢を懐胎する[2]」（プルーデンティウス）

として美的法廷によって廃棄されることはない（§452）。

(1) 脆いものの比喩としての「蜘蛛の巣」は、一一世紀の年代記作家ヘルスフェルトのランペルトが多用して以来、使われ続けた。(2) プルーデンティウス『シュンマクス駁論』二・四五―四六。

§456

このような夢や架空の世界（§455）が、⑴理性類似者自体に対しても既に矛盾するもの、

互いに否定し合うもの、不合理なものを据えるか、或いは、(2)あなたの観客においては、理性、悟性の黒いテータの烙印、即ち欠点を指摘するしるしをもう何度も付けられているとする。この場合、自分が思惟しているものは、今でも理性に逆らって思惟しているのだと観客が判断するであろうと知ることができるだろう。そしてそのような夢、そのような架空の世界は、美的な偽の故に、麗しい思考の野から亡命せねばならない（§453、431）。「画家と詩人には、何でも試みる正当な権利があるのではないか、というかもしれない。しかし、粗野なものがおとなしいものと一緒になったり、蛇が鳥と、小羊が虎と繋ぎ合わされてはいけない[1]」。

（1）ホラーティウス『詩論』九―一〇、一二―一三。

§457

かなり喚起された天性には、自然的力量計のようなものが備わっている。これは諸々の力を測るものであり、いわゆる共通感覚に関係している。つまり、原因と結果の均斉を感性的天性で計量する理性類似者である。それ故、あなたによる結果が、それが帰せられる原因の生き生きした力よりも大きかったり、小さかったりして、それ故、その結果が自然的には不可能なのだが、当該の不均斉が、今記述された諸力の数学的知識にも、理性、悟性にも最高の明証性を介しては明らかになってこないことがある。そして、このような自然的に不可能なことは、醜の烙印を捺されることなしに美的審査員のところを通過するであろう。ちょうど、天を支えていた、かつてのアトラースのように。

§458

さほど大きな「救済者に値する紛糾が」現れないところで「神が介入する」[1]ならば、また、何か事物の本性からして起こりえないことが、§457で述べた理性類似者または悟性にとって、それを思惟すべき今の時点でも最も明証的に明白であるならば、かかる思惟は美しいものから追放されねばならない（§432、453）。

「作り話はどんなものでも信じよと要請することがないように。また、食後のラミアの腹から子供が生きたまま引き出されることのないように。年長者たちの一〇〇人組は、中身を欠く詩を退場させる」[2]。

（1）ホラーティウス『詩論』一九一。なお、§309註（5）参照。（2）同書、三三九―三四一。

§459

ホメーロスの楯だけでなく、ウェルギリウスの楯を自分の心に思い描くことは、たとえ制作者たる神を思い出すにしても、§457で述べた自然的力量計には困難であろう[1]。(1)たとえ英雄であれ、人間の身長によって制約された楯に（六二六―七二九）、これほど多くの絵が、それぞれにも、また、互い同士もすべて見分けられるほど大きな場所をどうして持っていたのか、なかんずく、(2)クレオパトラが

「女王として中央で祖国の鳴子で軍勢を呼び[2]」、

船でアウグストゥスに敵対して向かったが、しかし

「やがて来る死に、殺戮の只中、蒼白になった彼女が波とイアーピュギアの西風に運ばれるように、火を治める神はした[3]」

というようなことが、一枚の絵でどうして可能なのか。繊細で巧妙な間《ま》のようなものをもって、女王は東方の軍隊と共に、(1)戦の合図をするとき、(2)逃亡するときの二度描かれていたと言うならば、今度は第一の困難が増大する。

（1）ホメーロスとウェルギリウスの楯をめぐって一八世紀に大きな論争があったことを、レッシング『ラオコオン』（一七六六年）第一八、一九章が我々に教えてくれる。（2）ウェルギリウス『アエネーイス』八・六九六。（3）同書、八・七〇九―七一〇。

§ 460

私はホメーロスにある、アキレウスの、予言をする馬どもを挑発はすまい。スターティウスに向かう方がよい。『テーバイス』一二・四九四で、テーバイの「高き門から五〇人の」敵どもは、ひとりテューデウスのみに向かって「一列になって溢れ出る」。

「これほどの武器にふさわしいと考えられるとは、何とすぐれた精神よ！(1)」しかもこれは、実際より大きなことを決して歌わなかったスターティウスほどの詩人の手になるものなのだ！　彼らはテューデウスを待ち伏せるが、彼一人に挑戦されなければ攻撃しない。そしてとうとう一人の敵によって挑発されて、周囲に立ったまま、テューデウスが手を曲げてスピンクスの岩に進むのを許している。しかもその際、一本の槍にも打たれず、無事に傷つかずにいる。一つの岩でもう彼は最初の四人の敵を殺す。その中には、たとえ四九人の夜盗と共に一人の使者を攻撃したにせよ、

「燃ゆる武勇は諸王に匹敵した、稲妻の如きドリュラス(2)」がいる。残るは四〇人。この者たちに向かってスピンクスの岩からテューデウスは「真っ逆さまに」跳び下り、敵の楯と兜で武装したときになって、漸く彼らは「密集し、一つに固まる(3)」。

今やテューデウスは「剣を抜き[4]」、彼らすべての前に「抗い難く立ちはだかる[5]」。ちょうど「ブリアレウス[6]」がすべての神々の前に立ちはだかると、「オリュンポス全山が包囲しても無駄で、これほど多くの手が休んでいると不平を言う[7]」ように（§399）。

（1）スターティウス『テーバイス』二・四九四—四九五。（2）同書、二・五七一—五七二。（3）同書、二・五八五。（4）同書、二・五八六。（5）同書、二・五九四。（6）同書、二・五九六。なお、ブリアレウスとは、百手巨人の一人アイガイオーンの別名。（7）同書、二・六〇〇—六〇一。

§461

我々が一息つく間に、はや多くの敵が全く致命的な傷を——一人は何と舌に——受けた。しかしテューデウスは「しばしばひどい傷を受けたが、生命の中心部には何一つ受けなかった[1]」。もはや敵は最後の一人しか生き残っていない。テューデウスが勝者として凱旋しつつ、なお敵対的なテーバイにも入るということにならないよう、パッラスが幻視を介して止めねばならない。最後の一人に生命とテーバイ人たちへの指示とが与えられ、テューデウス自身は、それほど多くの傷を受けていたのに、四九の死体の武器すべてでもって戦勝記念碑を建て、そして長い山嶺からこだまが反響してくる間に、二五行の詩の祈願をつけて、それをミネルウァに奉納する力と時間を持っている。

（1）スターティウス『テーバイス』二・六〇五―六〇六。

§462

一定の人物や、その人物に一旦帰属させた一定の性格の自由さに一般的または特殊的に調和せず、その自由さによって可能ではないことが、§457で述べた理性類似者の道徳的力量計を介して――その力の働きが大きかろうと小さかろうと――把捉、判断されうるのに、それがその人物に帰せられるなら、避けるべき美的偽の新たな種を与えるであろう（§458、433）。

「老人の役が青年に、大人の役が少年に委ねられてはならない……[1]」。

「語るのがダーウスであろうと、シーモーを騙して一タラントンを得た大胆なピューティアスであろうと、養子バッコスの保護者、随伴者シーレーヌスであろうと何の違いもないなどといって[2]」。

（1）ホラーティウス『詩論』一七六―一七七。（2）同書、二三七―二三九。

§463

一定の自由によって、真に〈不可能なもの〉ではあるが、この道徳的不可能性は、一方で悟性、理性、及びその一層精密な力量計にのみ現れ、他方で、少なくとも今の時点で、あなたが特にその心をとらえようとしている観客にあっては、さほど明証的に現れてこないと前提しうるので、理性類似者に現れてくる道徳的可能性を必ずしもすべて払い落とすわけではないようなものであるとする。このような道徳的に不可能なものが、優美さの規則に従って構成されるべきあなたの思惟に混入したとしても、美的判決によって偽の故に告発される気遣いはないであろう（§445）。

§464

美的法廷は、感性的地平の限界を直接に越えて、道徳的偽と不正に対する自己の非難を拡大することはないし、従って、優美さの試金石で調べられるべき思惟を美的偽の故に直接に告発するのは、理性類似者にもそのようなものとして明らかであるところの、あの合法的なもの、敬虔なもの、立派なもの、適合するものに違反する場合のみである。しかしながら、或る人が道徳的に悪しき行為を極めて巧みに隠し、その結果、はじめは理性類似者にどうでもよいもの、或いは善きものとすら見えたのだが、その人は、仮に際立って善良ではないにせよ、善良な男とは思われたかったので、そのような欺瞞から離れていることが、その人の美しい品位のなすべきことであったとする。その欺瞞自体を理性類似者はこの人の助けによってのみ発見するのだが、ひとたび誤魔化しを発見したならば、思惟しようとする人が自己において引き受けた人物にこのような欺瞞はふさわしくないことが、感性的にも極めて明白であるとする。かかる悪徳の繊細な毒を手渡すことを、たとえ直接に思惟の美的偽それ自体の故にではないにせよ、品位の醜い欠如（第一五節）の故に、悪しきことのまやかしの誘惑における醜として美的法廷それ自体が非難することになろう（§435、445）。

§465

けれども、美しく思惟されるべきものの狭義の道徳的可能性に直接に矛盾するもの（§435）は美的にも避けねばならない。かかるものをクラウディアーヌスは結び付けている（『ホノーリウスの第四執政官職について』二七八）。

「疑惑を招くような行いをなすな。友人たちには誠実であれ」。

(1)たとえそれが悪いものであっても、あなたの思考全体を通じて、あなたが徳と悪徳のどちらにつくか、わざと曖昧に思われるようにしているので、その結果、観客の理性類似者は、その力に応じて充分注目しているのに、あなたがいずれの側についているのか――通常よい習慣と見做されているものを保持する側なのか、通常悪い習慣と考えられているものを勧めようとしている側なのか――、最後になっても、自分の満足のいくほど決定することができない、というようなことがあってはならない。なぜなら、かかる仕方では、あなたは善人には疑いの目で見られ、悪人にはあまり喜ばれず、彼らの支持すら得られないだろうから。だから誰にとってあなたは美しいのか。

§ 466

⑵狐の裏に隠れている本心が理性類似者にも見透かされるような仕方で、不器用な偽善者として徳の仮面を被ってはならない。例えば、格別の友情を装うのは醜い。「偽りがはっきり顔に出る」[1]ので、一目見ただけで

「欺瞞によるぺてん師だということがわかるほどだ。彼らは、騙されているとき、愚かにも他人を騙していると思っている。口がうまく、怠惰で、誠実さは僅か」[2]

な人であるか、或いは、別の人はもっとうまく振る舞い、「万事うまくいくといって、魂を委ねるよう」、ひとのよい、ひとをすぐ信じやすい理性類似者を「不正にも誘惑した」あとになって、ようやく

「身を引き、自分の言葉すべてと、実質なき行為とを風と空の霧が運び去るがままにする」[3]（§464）。

（1）タキトゥス『年代記』四・六〇。（2）プラウトゥス『バッキス姉妹』五四一、五四八、五四二。
（3）カトゥッルス『カルミナ』三〇・七―一〇。

§467

ここは多分、次のことを一息に明確に主張、懇願する最適の場所であろう――つまり、もし誰かが本書を読んで、美しく思惟されるべきものに近づくことを欲するならば、我々が今、直接には美的に合法的な偽と呼ぼうとしているものは、尊敬すべき徳を損なうこと、魂を滅ぼすことのためにそれを悪用するや否や、間接的には美的にも（§464）、また、無論善良な心の一層重大な規則からしても合法的でないものとなる、ということがどの頁にも記入されていると、本書の言葉を理解して欲しい。この規則とそれと反対の実践とを

「もし君が忘れてしまっても、しかし神々は覚えているし、信義の女神は覚えている。この女神は、君が君の行為を後になって後悔するようにするだろう」[1]（カトゥッルス、二八）。

（1）カトゥッルス『カルミナ』三〇・一一―一二。

§468

哲学者が当然要求してしかるべき質、量を持つ理由と系は持っていないが、しかし、あなたが専ら読者に想定している人々の理性類似者が通常要求する質、量を持つ連関は、理由と系いずれの側も欠いていないものが、美しく思惟されたものに混入することがある。このような連関づけられていないものの非合理性は、美的偽（§445）という告発を受けることはないであろう。しかし、理性類似者が、自らの是認するものにおいて要求する質、量を持つ連関、一貫性が欠けているならば、あなたはすぐさま美的偽という非難を受けることになろう（§437）。

「筋に寄与せず、ぴったり整合しないものは何も幕間に歌わないように(1)」。

（1）ホラーティウス『詩論』一九四—一九五。

§469

自らの素材の、形而上学者の理性のみによって洞察されうる絶対的及び仮設的統一には、美的主体はあまり注意を払わない。それを軽視しても、美的に偽なることを思惟したとしても、資格のある判定者によって自分が悪く取られることはないと全く安心しているからである。しかし、理性類似者が同時に眼前に運ぶ統一性（§439）を傷つけたならば、たとえ所、時のそれであっても、美的偽の被告人として、恥ずかしくもかの判定者のもとに送り返されることになろう（§445）。

「一つの物を無闇に変更することを欲しつつ、海豚《いるか》を森に、猪を大波に塗り重ねる(1)」者として。

（1）ホラーティウス『詩論』二九―三〇。

§470

すべての一般的偽は、感性と理性類似者によって把握されうる限りで、美的偽でもある（§440、445）。しかし一層純粋な理性と悟性のみが偽として発見したものは、それと反対のものについてその理性がしっかりした確信を持ち、残っている真のすべての外観を急速に払い落とす人々に手渡されるとか、或いは、品位と正しさの欠如を伴うことによって、醜くなるのでない限り、美的偽という非難を受けることはないであろう。概念と多くのものに軽率に適用されうるものとにおいて誤りが重大で危険になればなるほど、それだけ一層真剣に美的主体も、一般的なものにおいて美しい思考の前に声に出さずに心の中で次のような祈願の言葉を吐いたと思われないよう気をつけねばならない。

「美しい盗みの神よ、欺くことを私に許したまえ、正当で高潔に見えるようにしたまえ、罪に夜を、欺瞞に雲を投げかけたまえ」(1)（ホラーティウス『書簡詩』一・一六・六〇）。

（1）ホラーティウス『書簡詩』一・一六・六〇—六二。

§ 471

だがそれはどのような多義性なのか。偽なるものは時に美的主体に許され、時に禁じられるのか。明白に考えを言いたまえ。私はこれまで必要な限定を行いつつ語ってきたが、これからもそのようにして進もう。最狭義の真にどんな仕方であれ対立しているもの、或いは、かかる真に対立しているように見えるだけのものは、最広義の偽、一般人の語法ではただ単に偽と呼ばれる。それ故、この世界においてなかったこと、ないこと、ないであろうことは、何であれすべて一般に偽と呼ばれ、そしてそれが怒りを与えるや否や、最も偽なるものと呼ばれる。かなり美しく思惟されるべき有限なものが、それ自体としては、自然的にであれ、広狭いずれかの意味での道徳的にであれ、理性、理性類似者双方の最も正確な判断からして可能なものであるが、しかしこの世界の可能的なものではないとする。これは最広義の偽、そして一般人の語り方では単なる偽ということになろう。

§472

美的に思惟しようとする者にとって、真理追求は極めて大きなものなので（§423）、彼は最狭義の真にすら、美しい必然性なしには違反しようとしないし、最広義の偽をすら、同じ必然性なしには思考しようとはしない（§471）。それ故、優雅な歴史家たちは「偽」（即ち、最狭義の真でないもの）「は一つもないように」という言葉を、自分に言われたものと考える。タキトゥスは、最狭義の真だと彼には思われた、ドルーススの死についての歴史を語り終えると、その死について、自分の叙述と対立する噂を付け加えている（『年代記』四・一二）。「私が噂を説明、明示せねばならなかった理由は、偽なる風説を明瞭な範例で駆逐し、信じ難い内容のことが流布し、熱心に受け入れられているが、我々の作品を手にするであろう人々がそのようなものを真実なこと、怪異へと頽落していないことに優先させることがないように、ということであった」。

§473

それ故、厳重で厳格な歴史、系統学、地誌学、年代学、その他、最狭義の真理に関わる諸学科に、何の目的もなく、何の観察可能な必然性もなしに優美さが矛盾するならば、それらは優美さの優れた裁判員たちによって、確かに思惟の優美さに数え入れられない。ウェルギリウス自身、年代学に背反して、多分純潔なディードーをトロイアの指導者と共に同一の洞窟へ導き降ろすときには[1]、偽を語る必然性を観察するようには思わなかった人々に何度非難されたことか。オウィディウスにあるピュータゴラースの朗唱に次のような詩句がある。

「スパルタは有名だった。ミュケーナイは偉大な町として栄えていた。ケクロプスの城郭アテーナイも、アンピーオーンのテーバイもそうだった。スパルタはつまらぬ土くれである。高きミュケーナイは倒れた。オイディプースのテーバイのうち、名前以外に何があるか。パンディーオーンのアテーナイのうち、名前以外に何が残っているか[2]」。これは必然性なしに年代学に矛盾しているので[3]、多くの人々によって後代の挿入のうちに数え入れられてきた。

(1) ウェルギリウス『アエネーイス』四・一六五―一七二参照。(2) オウィディウス『変身物語』一五・四二六―四三〇。(3) ピュータゴラースはおよそ前六世紀、枚挙された諸都市の荒廃は後代。

§474

美しい思惟内容の中に必然性なしに持ち込まれた時代錯誤と〈歴史上の知識の欠落〉がどんなものであれ、それが理性類似者に欠点として現れるや否や（§473、445）、それはすべて美的偽に属する。ウェルギリウスの「三段櫂船《かいせん》」はこれに属する。ただし、繊細な、気の利いた言い方で故意に「キマイラ」を語っているのだとしたら別である（第五巻、一一八）。「都市の構築物をトロイアの若者が三段になって駆り立てる。三列を成して櫂は聳え立つ」。

衝角が英雄時代よりもあとに発明されたという理由で、その「青銅張りの船尾」をこの世界から追放することはできない。プラウトゥスでは、彼のソーシアスだけでなく、未来になってようやくヘーラクレースの「父として正式の結婚によって公認される」ことになっていたメルクリウス自身が、『アンピトルオー』でしばしば「ヘーラクレース」に誓っているので、望むならプラウトゥスを修正するがよい。

（1）プラウトゥス『アンピトルオー』ほかに登場する奴隷。（2）トリボニアーヌス編『学説彙纂』二・四・五参照。

§475

しかし、全体の美を損なわずにこの世界にそれ以上留まることはできない、という或る種の必然性が、美しく思惟しようとする者にはいつか生ずるであろう。そのような道程において、§456で描写された架空的世界の領域のそばに留まるや否や、彼の天性はむしろ別の可能的諸世界にまで足を伸ばさねばならないであろう。彼の思惟した結果には、美的でもある他世界的偽が存在する。しかし、もし§455で描写された境界を跳び越えないならば、他世界的なものにおける美的偽という告発を受けることはない（M、§四四五）。エパプスは、たまたま最狭義の真をパエトーンに語っていたのである（オウィディウス『変身物語』一・七五二）。

「君は無分別にも母親の言すべてを信じ、偽りの父親の像によって増長している[1]」。

（1）オウィディウス『変身物語』一・七五三―七五四。

§476

しかしオウィディウスの『変身物語』の世界では、パエトーンの祈願の中にある（二・三五）

「巨大な世界の共通の光よ」

は、最狭義でも真であり、同時に他世界的にも真である（§441）。

「ポイボスよ、父よ、この名の使用を私に許してもらえるなら[1]」

は、他世界的に真である（§441）。もっとも、夢の架空的世界としては、オウィディウスが生きた時代と場所、そして彼が専ら読者として想定した人物の点からすれば、美的偽ではない（§455）。

「そしてクリュメネーが、偽りの像のもとに過ちを隠しているのではない……[2]」。これは、パエトーンの物語を前提としたならば、オウィディウスの前述の世界において美的にも偽であったろう。

「証拠をください、お父さん。それによって私があなたの本当の子であると信じられる証拠を。そして、我々の心からこの迷いを取り除いてください[3]」。これは他世界的真であり、オウィディウスが専らそのために書いた同時代人にとっては、当時美的に偽ではなかった。

(1) オウィディウス『変身物語』二・三六。(2) 同書、二・三七。(3) 同書、二・三八―三九。

§477

美しく思惟しようとする者は常に真理の友人であるが（第二六節）、しかし普遍的なものについての（§440）あの最も抽象的な真理や、あの最狭義の真理の奴隷ではないことが（§441）もう或る程度明らかになったと思う。

「詩人たちの多産な自由は、無際限に広がる。そしてその言葉を歴史的忠実さによって拘束しない[1]」（オウィディウス『恋の歌』三・一二）。

このような趣旨の考えを確証することになる多くの例がそこには集められている。

「詩人を証人として聞くのは尋常なことではない[2]」。

つまり、もう私はすべての人に明白に書いているといってよいが（§471）、麗しい天性が、

「中央が始まりに、終わりが中央に相違しないように嘘をつき、そのように偽を真に混ぜ合わせるとき[3]」、

美的審査員のことを忘れない（§467）あのムーサは

「輝かしく嘘をつく神、永遠に高貴な乙女[4]」

である。

（1）オウィディウス『恋の歌』三・一二・四一―四二。（2）同書、三・一二・一九。（3）ホラーティウス『詩論』一五一―一五二。（4）ホラーティウス『カルミナ』三・一一・三五―三六。

第二九節　美的真実らしさ

§478

「一体いつまでおまえは我々の忍耐を悪用するつもりなのか。どれほど長くおまえのその狂気は我々を愚弄するというのか。いつまで大胆さは制御されず気儘に振る舞っていくのであ

ろうか」。しかし、あなたは論理的及び倫理的真理の師として公に任命されて、それがかつては輝かしいものであったかの如く、嘘と偽りを真理に混ぜることを、何にもまして高貴な仕事として勧めるつもりなのか。§279で描写した学派出身の何人かの人は、大略かかる仕方で私に抗論してくれるのが聞こえてくるようだ。しかし、優れた人々よ、あなたがたを時折不快にさせる我々の哲学的無感情へ我々は平静な心で戻ることにしよう。ギリシアの安全が掛かっているわけではない。

「不正は長く、経緯は長い。けれども、しかし大きな輪郭だけを追求しよう[1]」。

（1）キケロー『弁論家』二七参照。（2）ウェルギリウス『アエネーイス』一・三四一―三四二。

§
479

「沈められた真理を隠れ場所から引き出すこと[1]」（五一三）がいうほど理性類似者に容易だとあなたがたは考えるのか。クラウディアーヌスの『ホノーリウス賞賛』がいうほど理性類似者に容易だとあなたがたは考えるのか。私も大きな権威を引いてあなたがたと論争することにしよう。真理は深みに位置していて、そこから引き出すのは困難だとデーモクリトスが考えたことを思い出さないだろうか[2]。あなたは少なくともキケローを聞くことになろう。私が是認したい以上のことを彼は語っているが、しかし、今問題になっていることを説明するだろう（『弁論家』末尾)。「一般の同意と耳」(及び理性類似者)「の快という二つは、判断にとって最も些細なものであるが、この二つに関わるこの物事」(弁論家に、従って美的主体に関わること)「においてだけでなく、最も重大な物事においてすら、私が保持したり、私の判断を嚮導する支えにするためのものとしては、極めて真理に似ていると私に思われるもの以上に確固たるものは何も私は見出さなかった。その真理自体は隠れ所に隠れているからである[3]」。

(1) クラウディアーヌス『ホノーリウスの第四執政官職について』五一二。(2) ディオゲネース・ラーエルティオス『哲学者列伝』九・七二(ディールス&クランツ編『ソークラテース以前哲学者断片集』六八B一一七)、キケロー『アカデーミカ』二・三二参照。(3) キケロー『弁論家』二三七。

§480

確かに、充実し、すべての点で最も完成されたものとはいえないが、しかしながら充分であり、反対のものすべての危惧を排除する真理の認識、洞察へ真実らしさを越えて学を介して登ることが、一層純粋で判明な理性、悟性に許されることも時々あることを、私はキケロー(§479)と懐疑主義者とアカデーメイアの徒(古及び新)に対抗して認めよう。それのみならず、すべての偽から何らかの真なるものを区別するのに十分な完全な確実性と意識が少なからず、精神の感性的で混雑な表象にも内在していることも付け加えよう。このことは、最近の独断論者のうち少数の者は多分認めるだろう。

§481

或る種の真理——その中には美的な真理もあるが（§423）——は、理性類似者によってそれとして（§480）、完全に、即ち、完全な確実さと説得性をもって認識されるであろう（M、§五三二）。しかしこの真理は、一体いかなるものであろうか。⑴人間的認識の第一の、最も普遍的な幾つかの原理。これは、既に殆どすべての本性、即ち自然的形而上学者（M、§五三三）に自然が植え付けたので、共通感覚という名称を授けられ、十分に、そして十分以上に明証的である（M、§五三二）。しかし、誰にでも自ずから明らかであるように見えるこの明証性そのものの故に、それを一層重さを伴って、その真理の光のすべてにおいて、多くの論証と同意への誘いとをもって、明確かつ明白に思惟することは、稀にしか、もしくは決して許されない。大抵の場合、それはいわば前提され、麗しい暗示推論法を介して省略されたものとして、観客が自分で思い描くべきものの一つとして観客の手に残される。

§482

⑵いかなる欠点の侵入によっても暴行を加えられず、我々が直接に感覚するようなあの直

観的な最も少数のもの。私がこれに含めるのは、あの広義の経験ではなく、狭義の経験だけである。この狭義の経験は、何らかの感覚を内に含む一切の認識の複合体である。互いに矛盾し合う二つの学説が、それにも拘らず、同じこの経験に確信をもって訴えている。しかしその彼らですら、それがあまり確実性を持っていないことを認めている。もし、一層美しく何かを考えだすつもりならば、感覚以外の、魂の他の下位能力の表象の多くが、狭義の経験に貫入せねばならない（§140）。私は、この狭義の経験が理性類似者にとっても完全に確実なものでありうることは認めたが、これ自体は必ずしも常に万人にとってあの完全な真理であるわけではない。しばしばそれらの信頼性は全く注目されず、時には詭弁と屁理屈――それがいかに空虚なものであっても――によって破壊され、また、理性と悟性の概念によって強化されない限り、殆ど根こそぎにされてしまう。

§483

麗しく思惟する間に知覚されるべき多くのものは、完全に確実というわけではないし、それらの真理が完全な光によって目立つわけでもないことは、極めて明瞭な考察によって明らかになっていると思う（§481、482）。しかし、いかなるものにおいても、感性的偽が醜なしに知覚されることはありえない（第二八節）。ところで、それについて我々が完全に確実なわけではないが、その中にいかなる偽も知覚しないようなものが真実らしいものである。従って、美的真理（第二七節）は、その本質においては真実らしさ、即ち、たとえ完全な確実性には達していないにせよ、観察されうる偽を些かも含まないような真理の段階である。

§484

観客や「聴衆は」、見たり聞いたりするとき、「心のうちに或る予期を持つ[1]」。「それは大抵の場合に生ずること、普段生ずること、通念となっていること、これらとの一定の類似性を含んでいること――これは」（論理的に、そして最広義で）「真であろうと」（論理的に、そして最狭義で）「偽であろうとかまわない――[2]」、「我々の感覚から容易に離れないもの、こういったものについての予期である[3]」。これらのことが〈エイコス〉、即ち真実らしいものである。美的主体がこれを追求せねばならないことにアリストテレースもキケローも同意している（§483）。なぜなら、このような事柄において、理性類似者は、たとえそれらの真理性について確信していないにしても、何らの偽も観察しないのが普通だからである。この故に「発見とは言い分を」（美的に）「蓋然的なものにするための、真なる、もしくは真実らしい事柄の案出である[4]」とキケローによって記述されている。

（1）アリストテレース『アレクサンドロス宛の弁論術』一四二八a二五参照。（2）キケロー『発想論』一・四六参照。（3）キケロー『弁論家について』一・八三参照。（4）キケロー『発想論』一・九。

§485

それ故、美的に真なるもの、即ち真実らしいもの（§484）には次のものがあることになろう。⑴より先なるものである限りでの、感性的及び知性的に完全に確実なもの（§480～482）。⑵感性的にのみ完全に確実で（§482）、いまだ知性はその活動を行っていないもの。⑶より後なるものである限りでの、論理的及び美的に蓋然的なもの。蓋然的なものとは、同意を拒むよりも、同意を与えるよりも、同意を与えることの方に多くの理由があるもの、非蓋然的なものとは、それに同意を与えるよりも、拒むことの方に多くの理由があるものであるから、同意したり、それを拒んだりするための、疑いと決定の諸理由が判明に認識されるときに論理的蓋然性が生まれ、もし感性的に認識されるならば、美的蓋然性が生まれる。それが何らかの美‐論理的蓋然性である場合、その名称は、その本質的契機から引き出されている。非蓋然性についても事情は同じである。従って、蓋然的なものはすべて真実らしいものであるにせよ、蓋然性の領域よりも真実らしさの領域の方が広い（§483）。

§486

美的真実らしさには、次のものがあることになろう。⑷論理的にはもしかすると疑わしい、否、非蓋然的なものですらあるが、美的には蓋然的であるもの（§485）。⑸あなたが専らその人々のために麗しく思惟することになる人々以外の人々にとってだけでなく、当のその人々にとっても他の折りに、同意を妨げる諸理由を一層豊かに懐胎したときには、美的にも疑わしく、非蓋然的であるけれども、少なくとも目下あなたの思考の系列の間だけは、あなたの手渡すものについての美的蓋然性を持っているか、もしくは少なくとも、あなたのものに残っている真実らしさのすべてを不明瞭にするに足るだけの、反対のものに重みを加える諸理由を精神に現前させないようなもの（§484）。

§487

告発者たちに与えられたキケローの助言を参照することにしよう（『ロスキウス・アメリーヌス弁護』五七）。「諸君はそれに値する者たちを最も攻撃すべきである」（その者たちの罪は完全に確実で、論理的かつ最狭義に真であるか、または論理的かつ美的に蓋然的でもある）。「これは最も大衆の好評を得る。次に、もし望むなら、誰かが犯罪を犯したことが真実らしいときにも、嫌疑において吠えかかるようにせよ」（たとえ罪が完全に確実でもないし、論理的に蓋然的でもないし、万人にとって美的に蓋然的でもないにせよ、あなたがたが専らその好意をかちえたい人々にとっては美的に非蓋然的ではない）。「それもまた認められうる。だが、もし父を殺したとして或る人を告発したが、理由や仕方を述べることができず、嫌疑」（どんなものであるにせよ美的真実らしさ）「なしに吠えかかるとする。この場合、誰もあなたがたの足を砕かないが、もし私がこの人々をよく知っているならば、月のはじめの日すべてをも憎むほどあなたがたには忌まわしいあの文字[1]を彼らは額にひどく烙印し、あなたがたは、その後あなたがたの運命以外の誰も告発できないほどであろう」。

（1）レミウス法によれば、誣告に対する罰の一つとして、額に「K」、即ち「誣告」に当たるラテン語「カルムニア」の頭文字を烙印する、というものがあった。これを受けた者は、同じくKの字で始まる毎月一日（カレンダエ）をも憎むほどになるという意味。

§488

哲学者キケローは別の例を与えるであろう（『神々の本性について』一・六五）。「これらの自然哲学者の神託（真空は存在しない）を私は口から吐く。真か偽かはわからないが」（論理的には完全に確実だが、理性類似者にとってはそうではない。§482）。六六「しかし、これらはあなたがたのものよりも真実らしい。なぜなら、或る種の粒子があり、或るものは滑らかで、或るものはざらざらし、或るものは円く、部分的には角があり、或るものは湾曲し、凹みがある。そしてこれらから天と地が、何ら自然に強いられることなく、一種の偶然的衝突によってできた、というのが、デーモクリトスやそれ以前のレウキッポスの妄言だから」（これらの妄言を説明するのは §486であろう）。

§489

美的偽は、その本質的契機からすれば、偽に似たものと命名されるべきであることは、反対のものは反対のあり方をしているということからして、既に明らかだと思う（§483）。偽に似たものとは、それが偽りであることについて、我々はなるほど完全に確実というわけではないが、そこからいかなる真理も際立って輝き出ることがないようなものである。悟性には完全に確実なものと悟性には蓋然的なものとがあるとする。しかし、このいずれも、美的には疑わしいもの、または非蓋然的なものであったり、あなたが特に気に入られたい人々の理性類似者に自己の真理性のいかなる論証も与えなかったりするものだとする。この人々の理性類似者にその偽性が明白ではないにせよ、美的真実らしさを欠いており、あなたの人格的対象にとって少なくとも慣れ親しんだものでないものに見えるが故に（§484）、その人々の心の内部の予期を欠いているので、このような偽に似たものを捨象せねばならない（§485、486）。

§490

「夜の幽霊とテッサリアの奇現象を笑う[1]」人々がいる。彼らがその理由を知っているか否かには、美的主体は心を注がないだろう。そのような観客には、妖怪や、誤って魔術と呼ばれている諸技術は何であれ理性類似者を介して極めて滑稽なものに見えるので、その人々の場合、このような幻像には何一つ優雅な真実らしさが残っていないということで、美的主体には十分であろう。従って、この理由だけからでも、特に自分の読者に想定する人々の目から、美的主体はそのような偽に似たものすべてを遠ざけるだろう。もしウェルギリウスの読者が、今日の多くの人のように、物事を決める際の手掛かりとなる占星術を大したものと思わない人々であったならば、自分たちは太陽が嘘つきだなどとは言わない、むしろあなたこそ、このような着色で真実らしく見せかける嘘つきである、と彼らの一人がやり返すのを恐れて（§489）、きっと彼は次のようには書かなかっただろう（『農耕詩』一・四六三）。

「太陽が嘘つきだと敢えて言う人がいるだろうか。彼は、暗い騒擾が迫っていると、欺瞞と隠れた戦争が膨らみつつあるとしばしば警告する」。

（1）ホラーティウス『書簡詩』二・二・二〇九。なお、§818参照。

§491

完全な確実性を持ち、最狭義で真であるもののみを提示するわけにはいかない美的必然性を我々は前に仄めかしておいた。これらの必然性の幾つかをここで述べねばならない。(1)博学である義務はなく、まして全知たる義務はない美的主体は、その形而上学的真理を完全には知らない物事について思惟せねばならないだろう（§423）。(2)その狭義の論理的真理を厳格に証明することはできない思惟されるべきものに出会うかもしれない（§424）。(3)美的にすら必ずしも完全には確実でないことが生ずるかもしれない（§427）。(4)その正確な真理が判明性の地平からは出ないような思惟されるべきものを思い付くかもしれない。美的主体にこの真理が認識されると、それだけ一層それが彼の読者の理解力に向いていないことを知るようになる（§429）。これらすべての場合に、或る種の真実らしさへと逃れねばならないだろう（§479）。

§492

「私が知ろうと努めているのは些細なこと。ユッピテルについて君はどう考えているのか」[1]という問いを向けられた場合の殆どすべてのローマ人は第一のケースであった。

「冬の星は、なぜかくも大洋につかろうと急ぐのか、また、どんな遅れが遅い夜の邪魔をするのか」（『アエネーイス』一・七四八）

と歌うイオーパスは第二のケースだったと考えたい。

「見るがよい、私が持ち去るのをためらっているうちに、灰自体がひとりでに、震える炎で祭壇をとらえた。万歳！　確かに何かある。そしてヒュラクスは戸口で吠えている。信じてよいのか。それとも愛する者たちが自分で夢を偽造しているのか」（『詩選』八・一〇六）

と言うあのウェルギリウスの女は第三のケースであった。ホラーティウスから私が引いた道徳的主題をしばしば美的に取り扱っている、一層精密な哲学者は第四のケースであろう（§126）。

（1）ペルシウス『諷刺詩集』二・一七―一八。

§493

美しく思惟しようとする人が、完全に確実な最狭義の真理からは離れ去らねばならない美的必然性が生ずるのは、(5)措定すべきものが、厳密に真であるか、単に真実らしいだけなのかを検査するほど大きな意義を持っていないとき（§430、454）、(6)それ自体において可能であるかどうかは、あまり明白でないが（§431）、それを思考する理性類似者には何の不合理性ももたらさないことは明白であるような物事を思い付いたとき（§431、455）。(7)あなたが思惟する際に思い付く出来事について、その諸原因の生き生きした諸力に充ち溢れたその出来事が、その諸力に釣り合うかどうかを、あなたの力量計は正確には決定できないけれども、その諸力を感性的に認識したならば、その出来事がいかなる理由よりも著しく小さかったり、大きかったりすることはないことが自然的力量計には明らかであるとき（§432、457）。

§494

ウェルギリウスが次のように歌うのは第五のケースに当たる（一・七〇六）。

「内には五〇人の侍女がいる。長い列に食物を並べ、炉で火を焚く仕事が彼女たちにはある。他に一〇〇人の侍女と、同数の、年の近い召し使いたちがいて、この者たちはご馳走で食卓をおおい、杯を据える」。

ここで彼は計算の誤りをしているのではなく、概数で満足している。第六のケースに入るのは、アエネーアースが

「おお、あなたを何と呼べばよいのか、乙女よ。あなたの顔は人間のものではないし、声は人の響きではない。女神に違いない。アポローンの妹か。それともニンフの一族か」(1)

と言う場合である。第七のケースとしては、ウェルギリウスがニーススとエウリュアルス(2)を描写しているのを読むがよい（第九巻、一七六―四五〇）。スターティウスの偽りと並べてみれば（§460、461）、その真実らしさは一層輝き出るだろう。

（1）ウェルギリウス『アエネーイス』一・三二七―三二九。（2）共に『アエネーイス』の登場人物。アエネーアースの部下。

§495

完全に確実な最狭義の真理から真実らしさへ、かなりしばしば移らねばならない美的必然性が生ずるのは、(8)広義の道徳的なあり方の思惟（§226）によって今や新たな〈エートス〉の種類（§193）を観察しようとする者が（§433）、ひとたび設定した道徳的人物の性格、父祖の習俗と習慣、時代、祖国などに著しく和合するように見え（§434）、いかなる理由の点でも理性類似者の道徳的力量計に抵触しないが（§462）、しかしその出来事の真理は最狭義の、完全に確実なものではないような出来事を描くことに取りかかるときである。祖国トロイアのためにアエネーアースに武器を帯びさせるウェルギリウスがこのケースであった（第二巻、三〇九）。

§ 496

正確に認識された真理の代わりに、真実らしさを抱く美的必然性が生ずるのは、⑼正しく行為する幾つかの弾みが、優れた男子の周りにある際、端的に立派であるか、高貴であるか、ともかく英雄であるその男子が真に何をなしたかを歴史が語らず、経験も語らないが、これに対して〈エートス〉と狭義の道徳的なあり方の思惟とが、彼が何をなすべきであったかを教えるときである。この場合には、仮に単に真実らしいものに過ぎずとも（§435）、この道徳的真理へと慎重に逃げるべきである（§463〜467）。このケースには、パッラス[1]の葬儀でアエネーアースが何を語り、何をなしたかを記述しようとするウェルギリウス（第一一巻、二五―一〇〇）、及び、作られた弁論を自分の記述に挿入した、殆どすべての昔の歴史家たちが含まれる。

（1）ウェルギリウス『アエネーイス』の登場人物。エウアンドロスの子。トゥルヌスと戦って殺される。

§ 497

⑽美しく思惟されるべきものの最狭義に、そして完全に確実に真である諸理由、及びそのような真実の帰結が知られていなかったり、美的地平より上位に位置していたり、或いは、

他の原因、例えば品位や適切さの点で持ち出すことができないけれども、かといって、醜い裂け目や、全く何の原因もなく生じたものが、感性と理性類似者に投げかけられるべきではないとき（§436、468）。このケースに当たるのはウェルギリウスがその英雄に勇気を行使する多くの大きな理由、即ち多くの大敵を与えるべきだと考えるときである（第七巻、六四一）。「女神たちよ、今やヘリコーン山を開き、歌を興したまえ、どの王たちが戦争に燃え上がっているか、どの戦列が各人につき従い、戦場を充たしたか、既にそのとき、イタリアの母なる大地がどんな男たちで栄え、どんな武器で燃え立ったかを。なぜなら、女神たちよ、あなた方は記憶もしているし、述べることもできる。我々には噂の微風が辛うじて滑り込んでくるだけだ」。

§498

⑾多分それが最狭義の真理であるとか、少なくともそういう噂があり、観客の心の中に既にそれらに対する少なからぬ予期があるとかいう理由で、或ることを美しく思惟すべきではあるが、それが美的統一をかなりひどく害するように思われるとき（§439、469）。なぜなら、結合しえないものを醜く結びつけたと見做されないよう、この場合には多くの真実らしさが必要であるから。ウェルギリウスが

「汝には思いもかけないことだが、安全の第一の道はギリシアの町から開かれよう」

（六・九六）

という、逆説的で予期せざる神託の実現を描写することに着手したとき、一人の指導者のもとにギリシアとトロイアの武器が招集されるということが理性類似者に悪く判断されないよう、ウェルギリウスがいかに努力して不測の出来事を和らげようと心を注いでいることか。第八巻で「神」が介入してくるが、それはその「救済者に値する紛糾が」現存しているからである。その神とは、父なるティベル川神で、彼は

「ラティウム族と絶えず戦を行っている」（五五）

アルカディア人のもとに赴け、という助言を与える。アエネーアースは自ら出発し、弁者を送らず、自分はトロイアに生をうけただけでなく、

「ラティウム人たちに敵対する槍」（一一七）

でもあると直ちに述べている。

§ 499

⑿一般的なものについての、概念の抽象的領域に及ぶ論理的真理が深みに隠れているので、美しく思惟しようとする者の悟性、理性をもってすら、そこから引き出すことができなかったり、或いは、通常起こり、それへの予期が心の中にあることを含まないが故に、たとえ全くの偽ではないにせよ、少なくともあなたの格別の人格的対象には、あまりに高く、あ

まりに遠くから求められたものであるように思われるであろうとき。これに対し、同じ一般的なものについての、もう一方の通念が、最初に考えたときには真でありえなくとも、一層大衆的で、より大きな真実を何らか呼吸しているものとして（§440）、理性を傷つけず、悪しき欺瞞から離れていて、邪悪な欺きなしに勧められうるとき（§470）。国家の安全は戦争によって武器を介してこそ真に獲得されるというのは、論理的には真だが、しかし

「戦には何の安全もない[1]」。

怠惰な閑暇以外のすべてを恐れ、自分より上に認めるものすべては自分には関わらないと心から判断する人々がいるけれども、

「いかなる困難も人間にはない。我々は、愚かさ故に天をも求める[2]」。

(1) ウェルギリウス『アエネーイス』一一・三六二。(2) ホラーティウス『カルミナ』一・三・三七―三八。

§ 500

⒀最大でありうる真理の追求自体が、時には嘘をつくこと――つまり、最広義の偽、もしくは論理的、最狭義に真であるのかどうか自分には分からないことを思惟すること――を美的主体に強いるとき。極めて抽象的で、一般的で、普遍的なもの、つまり、約二〇の徴表を

持つものを美的主体が正確に認識された真として思惟することができるとする。更に、一層限定度の高いもの、一般性、抽象性の低いもの、他の美しさを侵害せずに前者に代置しうるようなものを思い付いたとする。これには四〇の様々な徴表があるとする。それらのうち一〇について、それらがあらゆる様態において真であることに美的主体は疑いを持っているか、或いは、美的偽は与えないにせよ、一層純粋な理性の検査に対しては弁護されえないことを知っているとする（第二八節）。残りの三〇は、特に理性類似者に明らかである限りでは、真理の包括的諸原理によく和合し、論理的には真で、完全に確実である第一のものより一〇の徴表だけ大きな豊かさ、品位、光などを同時に主題に与えるとする。この場合、前者を選ぶと、二〇の徴表を持つ真を与えることになろう。後者を優先させると、少なくとも四〇－一〇＝三〇の徴表を持つ真を提示することになる。従って、真理の追求自体が、真なる前者より偽なる後者を優先させるよう駆り立てることがありうる（§441）。

§501

優れた男子は、愛する者からのものであれば公正でない嫌疑にも時には譲歩する、という一般的真理がある。さて、その真理はリーウィウス、二・六を読むとき、理性類似者には最も大きく現れる。「執政官ウァレリウスに対し、妬みだけでなく、ウェリアの頂き(1)に建築したが故に王権を狙っている、という苛酷な罪状をも伴った嫌疑が生じた。その高い、要塞化した場所では砦は不落であろう、というのである。さて、人々が集会に招集されると」、そのときウァレリウスは特に次のように語った「『市民諸君、P・ウァレリウスの建物は諸君の自由の妨げにはならないだろう。諸君にとってウェリアは安全であろう。私は建物を平地まで引きおろすだけでなく、嫌疑を受けた市民たる私の上に諸君が住めるよう、丘の下に置くことにしよう。ウァレリウスよりよく自由を話しうる者たちがウェリアに建築するがよい』。その後、直ちにすべての材料がウェリアの下へ運び降ろされ、家は坂の最も下に建てられた」。こうして世論は「方向を転じ」、彼はそれ以降「民衆派」と見做され、「そこからプーブリコラ（民衆の友）という別名がついた(2)」。このリーウィウスの真理を、最初に述べたあの一般的真理より大きいと判断するのは、或る意味で正当であるが、リーウィウスが弁論を偽造したことを忘れてはならない（§496）。

（1）ローマのパラーティウムの丘の中の高所。（2）リーウィウス『ローマ建国以来の歴史』二・七・五―六。

§ 502

⒁大衆の通念のみならず、事実の優れた批評家たちにも、特別に偽に似ていると思われるのに、麗しく思惟しようとする者には、その真実らしさを多くのもので守る力や余裕がない

とか、或いは、それが認識される限りでは、もし単独であり、広義の偽によって飾り立てられないならば、思惟されたものの美に要求された豊かさ、品位、光（§22）を欠くとかいうような仕方で最狭義の真が得られているとする（これはさほど稀なことではない）。最狭義の真と置換、混合されるべき他世界的真理が必要であるように思われる多くの場合が、ここでは一つに凝縮しているのがわかるだろう（§444、475）。

§503

美しく思惟しようとする者は、いわゆる真理から或る種の真実らしさのみへ移るよう、これほど多くの必然性に強いられているのだから（§491～502）、彼が「詩人になる」ことも稀ではない。

「詩人は、書き物用の板を取って、決してこの世になかったことを求める。そしてそれを発見し、嘘を真実らしいものにする」[1]（プラウトゥス『プセウドルス』（第一幕）第四場、八）。

しかし美的主体は、形而上学的真理と美‐論理的真理を、対象とその表象、物事と物事についての観念として区別しつつ、この美‐論理的真理は完全に明瞭であるとか、さほど明瞭でないと指摘する。前者は真理、後者は真実らしさと呼ばれる。哲学者は、前者を完全な確実性、後者を不確かなもの、蓋然的なもの、疑わしいもの、非蓋然的なものにおける真理と呼ぶ。それ故、美的主体は美しい真理を完全に確実なものだけに求めるのではなく、同時にまた、醜くも偽に似たものに愛好者の目に気付かれずに忍び込むのではない限りで、そして勿論偽の醜さそれ自体は捨てつつ、蓋然的なもの、疑わしいもの、非蓋然的なものの不確かさのうちにも美しい真理を探索するよう勧めるのである（第二八節）。

（1）プラウトゥス『プセウドルス』四〇一―四〇三。

§504

美しく思惟しようとする者は、§503の助言に従い、偽の噂が周りで音を立てていても、大抵は不確かなもののうちに唯一の真理を追い求めつつ、偽りと嘘という「誤った名称を用いないよう人々に教える(1)」。或いは、言葉は流暢でありつつ、物事と生活についての真理を心中有り難いと思う。それは、偽りと嘘の森と言われるものの真ん中で、「慎みの女神、正義の女神の妹である、破れざる信義の女神、隠れなき真理(2)」が、充ち足りた光に照り映えつつ、自らの姿を現すときである。

（1）ホラーティウス『カルミナ』二・二・二〇。なお、§525註（1）参照。（2）同書、一・二四・六。

第三〇節　虚　構

§505

思惟するときほど多数の個別概念でもって我々がそれを感覚したわけではないが、しかもそれを感性的に認識せねばならない場合、それを創作せねばならない（M、§五八九）。それ故、広義の虚構（M、§五九〇）、即ち心象を結合、分離することによって形成された諸観念は、美しく思惟されるべきものの最大の部分を構成する。

「快のために創作されたものは、真に迫ったものであるように[1]」（§504）。

(1) ホラーティウス『詩論』三三八。

§506

真に迫ったものであるだけでなく、それ自体最も厳密な意味で真である多くのものは、広義の虚構によってのみ美しく感性的に思惟することができる。美しく思惟しようとする者の

諸対象のうち、「それを私はこの目で見たし、
　それに大いに与《あずか》っていた(1)」

と語りうるようなものが幾つあるだろうか。そして、これらの虚構に欠けているのは狭義の経験であり、しかもそれが純粋に赤裸々に語られた場合のみである。この世界の残りのものには三種ある。先ず、歴史的には忠実に、しかし狭義の経験はすることなしに語られる場合の過去のこと。次に、時間的には現在のことだが、その場にはないものとして感性的に把握されること。最後に、（例えば建築家が、作られるべき塔の姿を予想するように）たとえ結局はこの世界において私の予測通りに実現するとしても、今のところは未来のこと。これらは（広義の。§505）虚構であり、それらを最も厳密な意味で真である虚構と呼んでよかろう。

(1) ウェルギリウス『アエネーイス』二・五―六。

§507

従って、虚構のうちにも、いわば真偽、真実らしさがあり、それらに各々一般的なものと個別的なものがあり、後者には、この世界の認識に関与するものと、他世界的なものとがあることになろう（§445、441）。一般的なものは、それ自身の規則を持っている（第二九節）。個

別的なもの、つまりこの世界についての麗しい認識の一部分は、最も厳密な意味で真であるか（§506）——これには、⑴過去に起こった物事、⑵現在の出来事、及び、⑶思惟者自身が厳密な意味で経験することはできないが、未来のことを据えるもの、の三種がある——或いは、さほど真でないかのいずれかである。この世界の認識によって把握されるが、しかし厳密には直観的でないもの、つまり広義の虚構（§505）は、**広義の歴史的虚構**である。

§508

ローマ人たちの起源をウェルギリウスとリーウィウス、第一巻が語るのは、実際の経験によるのではなく、広義の歴史的虚構による（§507）。アエネーアースは、敵であるギリシア人たちに気付かれずに逃亡したと前者は述べ、後者は、「古くからの友好の実績」の故に、そして彼が「常に平和とヘレネー返還の主張者であった[1]」という理由で「アカイア勢はアエネーアースに対して戦の権利」を行使しなかった、としている。前者は、アエネーアースが先ずトラーキアへ行ったとし、後者はマケドニアに行ったとする。アエネーアースのイタリア到着直後に起こったことを、両者は別の仕方で心に懐胎している。前者では、アスカニウスはクレウーサの息子ユールスと同一人物である。後者では「アスカニウスはラーウィーニアの子である」としているが、更に付け加えて「これがアスカニウスだったのか、それとも、これより年長で、トロイアが無事だった頃にクレウーサを母として生まれ、トロイアからの父親の逃亡に同行し、ユーリウス氏が自分たちの名のもとと呼ぶユールスがアスカニウスだったのか、私は論ずるつもりはない。誰もそんなに古いことを確実なこととして主張できはしない。どこで誰を母として生まれたにしても、少なくともアエネーアースから生まれたことは明らかである」(2)。最も厳密な意味で真なる虚構が、どこで誰を父として生まれたのであれ(§506)、二人のアスカニウスの話は、何にもまして広義の歴史的虚構であり(§507)、『アエネーイス』におけるアスカニウスは真実らしい登場人物である(第二九節)。

(1) リーウィウス『ローマ建国以来の歴史』一・一・一。(2) 同書、一・三・二―三。

§509

広義の歴史的虚構は、美しく思惟しつつある者において、彼自身が経験したのではない、この世界の全認識を包括している。これには二種ある。(1)この世界の、最も狭い意味で真実の出来事を、未経験者の眼前に据えるもので、これは、最も狭い意味で真なる虚構である(§506)。(2)我々に感性的に知られた、この世界のすべての出来事と、出来事を囲む諸契機とを前提しても、なお起こりえたであろうもの、または起こりうるであろうもの。これは、たとえ詩人によって思惟されても、**狭義の歴史的虚構**であろう。

§510

ウェルギリウスのトゥルヌスはアエネーアースにのみ、他方、リーウィウスの「トゥルヌスは、アエネーアースと同時に、ラティーヌスに対しても戦を仕掛ける」、そして後者では「原住民とトロイア人は、勝ったのに指導者ラティーヌスを失う」という結末になる。ウェルギリウスのメーゼンティウスはアエネーアースに殺される。リーウィウスのメーゼンティウスはアエネーアースに敗れるが、「人間の務めの最後のものを成し遂げて」アエネーアースは埋葬され、メーゼンティウスは生き残る。これらの著者の一方のみを読む人は、その著者の狭義の歴史的虚構の叙述が疑わしいものでありうるとは思わないので、それをむしろ最も狭い意味で真実である虚構だと考えるだろう（§506）。しかし、双方を比較する人は、リーウィウスの権威によって、ウェルギリウスの物語を狭義の歴史的虚構のうちに数え入れることは許されない（§509）。

第三一節　詩的虚構

§
511

思惟しつつある人、及びその人の指導で思惟しようとしている人々が前提すべきものとして周知の状況と、この世界の確実な仮設、出来事とに照らし合わせれば、この世界では可能なものとしての場を持たないが、この世界の可能なるものではない別の仮設を前提するならば、中間的認識[1]によって美しく、また醜く起こりえたであろうもの、もしくは起こりうるであろうものが創作される場合、かかる他世界的虚構（§441）は、その発見者がいわば新しい世界を創作によって創造するのであるから[2]、たとえ歴史家によって言明されるときでも詩的と呼ばれる。

（1）§441、442、530参照。（2）§34註（2）参照。

§
512

『アエネーイス』一・一九―八五のユーノーの怒りは詩的虚構、嵐（―一二七）は歴史的虚構である。海原を鎮めるネプトゥーヌスは詩的（一一六〇）、トロイア人たちのアフリカ落ちは、もし雄鹿が疑いを招かなければ、歴史的である（一二二七）。ユッピテルとウェヌスの会話とメルクリウスの使い走りは詩的虚構である（三〇八）。

「さて、敬虔なるアエネーアースは夜通し考えを巡らし、優しい光が与えられるや否や、外に出て、見知らぬ場所を探索し、自分がどんな岸辺に風でやってきたのか、（未開に見えたので）どんな人間や動物が支配しているかを調べ、仲間に調べたことを報告しようと決心した[1]」（三一七）

は歴史的虚構である。ここから第一―五巻にまで広がった、ディードーについての詩的虚構が始まる（§509、511）。

（1）ウェルギリウス『アエネーイス』一・三〇五―三〇九。

§513

かなり洗練された多くの天性によって選びとられ、前提された、あらゆる種類の、複合的で、あまり一貫性のない虚構の体系を、我々は代喩的に詩人たちの世界と呼ぶことにしよう。デカルトのものも含めて哲学者たちの宇宙創成論の多くが、古い神学者たちの神統論と同様、ここに場を見出す。また、神話は、あのよく知られたギリシア、ローマ神話だけでなく、インドからエッダ(1)に至る他の諸民族の〈父祖伝来の〉神話もすべてこれに属する。聖者伝は、歴史的または詩的に創作されたすべての部分がこれに属するし、通常の描かれ方、彫られ方をした聖者たちの肖像自体もそうである。この世界のうち、一つの新しい土地は、カバラ的世界で、これは、かつて極めて暗いところに住んでいた四元素の住民を伴っている。

(1) 古代アイスランドの代表的文学。九—一三世紀に書かれた『古エッダ』は、神話、英雄詩、教訓詩を含む。一三世紀にスノッリ・ストゥルルソンによって散文で書かれた『新エッダ』は、作詩法をその内容とする。

§514

詩人の世界にはキマイラ、つまり、その対象に内在すべき形而上学的真理の一切から見捨てられた虚構の、極めて広い領域がある。これを、詩人の世界のうちのユートピアと呼ぶことにしよう。架空の世界の大きな部分が詩人の世界に入ってきてから後は、美しく思惟しようとする者は、限度を越えて(§456)それに触れることはない。この規則に違反しているのは、先ず、(1)かつてギリシアやローマでは、優れた観客が理性類似者によって不適切なものに深入りする度合は、精神的に未成熟な現代ほどではなかったという事情の違いを考慮に入れず、古代人の多くの神話によってたわ言を言うことが、古代人と同じように今でも自分には許されていると考える者たちである。

§515

(2)最も真なる宗教の、最もよい、最も大きな体系に、そのようなたわ言を混ぜ合わせたり、聞き手に不吉な予言をしたりする者たち。たとえ公のものではないにせよ、かなり成熟した自分の感性的判断、趣味だけによって、全く首尾一貫しない光と闇の結合を聞き手が検査してみるならば、この者たちは蛇を鳥にでなく(1)、天使、或いは少なくとも鳩に繋ぎ合わせているように見えるであろう（§415）。ウェルギリウス自身、『農耕詩』第一巻で、

「畑を守ることを仕事とし、幾つかの種から新しい収穫を育てるすべての男神、女神たちよ」（二一）

と、田舎の神々なら何であれ助けに呼び出しつつ、

「この神々を庭に生やしている聖なる民族(2)」（ユウェナーリス、一五）

だけが崇拝している神々を、一つも自分の神々に混ぜないように正しく用心している。

（1）ホラーティウス『詩論』一三「蛇を鳥に繋ぎ合わせる」を踏まえている。なお、§456註（1）参照。
（2）ユウェナーリス『諷刺詩』一五・一〇—一一。

§516

或る種の詩的虚構（§511）は詩的世界（§513）に属する。それは醜くユートピアに触れることはない（§514、515）。それは、詩的世界の一部分に合致しつつ、詩的世界の先取りによって心に懐胎されねばならない。ここで「合致しつつ」とは、積極的な意味で言っているのである。つまり、創作によって他世界的に創造する自己の世界を懐胎する際、自分の優れた読者が事柄を美的に検討するであろうと想定すべき範囲において、詩人の世界の、正しく認識された部分に、自己の世界がうまく整合するようにしなければならない。そして、詩的世界の与えられた領域において、伝統的な仕方で自分の出来事を据えねばならない。そして、その領域との美的統一を持たねばならない。そして、その領域から自分の真実らしさを受け取らねばならない。このような**詩的創作表象を類比的**と呼ぼう。

§517

第二九節によれば、ホラーティウスが、かかる創作表象の規則を与えている。「たまたま書き手が、名誉あるアキレウスを再演するようなことがあれば、アキレウスは、活発で、怒りやすく、非妥協的で、気性が激しく、法に従わず、武器のみを頼るようにせよ。メーデイアは残忍で、無情で、イーノーは涙もろく、イクシーオーンは不誠実で、イーオーは流浪し、オレステースは悲しんでいなければならない」(『詩論』一二〇)。この箇所で私はベントリー(1)にならって「名誉ある」の代わりに「ホメーロスの」と読む気に少なからずなっている。最も優れた詩人ホメーロスによって永遠化されるという、アレクサンドロス大王すら羨む最高の名誉が与えられたが故に「名誉あるアキレウス」と呼ばれている、という理由はわかるのだけれども。ウェルギリウスも、殆どこれらの詩的虚構だけで満足した。

(1) リチャード・ベントリーは、イギリスの文献学者で、ホラーティウスの校訂本を出版。

§518

詩的世界の一部分に極めて似ているというわけでもなく、また、それに寄与し、ふさわしく整合することもないような仕方で、新しい世界を創造する詩的虚構は、全く未知のものである。(1)詩的世界の真実らしさが観客には前提されるが、上述の虚構には、この真実らしさが補助とはならないため(§512)、(2)類比的虚構(§516)であるなら発見したであろうような、かなり多くの予期が観客に欠けているため、(3)かかる未知の虚構は、詩的世界自体によって慣れ親しんだものではなく、この世界でも生じえなかったものであり(§511)、かくして多くの人には偽に似たものと見えることになるため（§489）、もしも、それにもかかわらず真っ直ぐの踵で立ち、(1)十分の票を得るべきならば、(2)際立った内的真実らしさ、かなり麗しく結び付けられたものの格別の秩序、継起的なものの、多くの光で目をうつ調和と和合、かなり目立つ統一性、そして一般に格別の美しさを持っていなければならない（第二七節、§22）。

(1) ホラーティウス『書簡詩』二・一・一七六「倒れるのか、真っ直ぐの踵で立つのかには無頓着である」を踏まえている。なお、§277註（2）参照。(2) ホラーティウス『詩論』三四三「快に有用性を混ぜ合わせる者は満票を得るだろう」を踏まえる。なお、§188註（2）参照。

§519

それ故、ホラーティウスは、『イーリアス』のように大きな名声を持つ詩から一片を切り取ることが

「未知の、語られたことのないものを初めて持ち出すよりも」

正しいと考えている（『詩論』一三〇）。§518で論じた虚構の名称（「未知の」）を私はこの箇所から取ったのである。しかしもし、このようなものを敢えて試みる人がいるならば、次のような忠告を与えよう。

「もし、いまだ試みられていないものを舞台にかけ、あえて新たな人物を形成しようとするのならば、はじめに登場した姿を最後まで守り続け、首尾一貫していなければならない。共有財を自分固有に語るのは難しい(1)」。

これは、誰一人知らぬ者はいないような一般的真理を、初めて個別的な例において十分美しく据えることだと解釈するのが正しいように私は思われる。なお、ここで個別的な例というのは、我々以前にはいまだ誰も部分的に麗しく描写したことがなく、今でも全く未知の例のことである。しかし、このことは多くの人が思っているよりも大きな困難を伴う。

(1) ホラーティウス『詩論』一二五―一二八。

§520

なるほど、詩的世界との何らかの類比を示すが、ずっと後になって、自分のものとした筈のこの類比に逆らって、その詩的世界の領域をひどく打ち壊し、それに矛盾することを主張し、それの〈エートス〉に反するもの、つまり純粋な偶然によってそこで起こるもの、何の目的もなく起こるもの、その世界においては不可分のものを分けるようなもの――こういったものを観客に提示する詩的虚構があるが、このような虚構は**破格的創作表象**であろう。

§ 521

破格的創作表象が、この世界でも、あの詩的世界でも生じることができないようなものであり、内的に特別に真実らしいものであることもできないようなものである場合、もういわば心の内に着想してしまったからといって矛盾を犯すならば、優美さにかくも必要な真理ないし真実らしさを一体どこから受け取ることができようか（第二七、二九節）。最も狭い意味での真なる虚構を生み出すことを欲しなかったか、或いはなしえなかったので、リーウィウス（第二巻）が、アエネーアースの死についての詩的虚構による名声を損なわぬよう、いかに慎重に用心しているかを見るがよい。彼は言う。「彼を何と呼ぶのが正当にして当然であるにせよ、彼はヌミーキウス川の上に葬られている。ひとは彼をユッピテル・インディゲス（土地のユッピテル）と呼んでいる」[1]。

（1） リーウィウス『ローマ建国以来の歴史』一・二・六。

§ 522

しかし、このような破格的創作表象に関係づけてはならない場合がある。それは、(1)最も狭い意味で真なることを語るべき歴史家と、他世界的なことを創作することが前提の詩人との間に意見の不一致がある場合である（§519）。従って、「アエネーアースはディードーを愛していたか」という問題はここには関係しない。因みにこの問題については、文献学者アッテイウス[1]が特別に一巻の書を公刊したと言われている[2]。というのも、ウェルギリウスのあと、ユスティーヌスがウェルギリウスに反して、ディードーは貞節で、純潔だったと語ったが[3]（第一八巻）、年代学的根拠はユスティーヌスに有利だからである。この点、アウソニウスとシーリウスは、この世界と詩的世界のいずれに従うかについて自由さを持っていた。それ故、アウソニウスは、別々のエピグラムにおいて、このいずれかに従っているが、これは確かに重大な過ちではない。§408で述べたエピグラムでは詩的世界に、第一一一番では、この世界に従っている。

「読者たちよ、私のことについては、神々の密通と同棲を歌う輩、嘘を語る予言者たち、真実に歌で暴行を加え、人間的諸悪に神々をなぞらえる輩ではなく、むしろ歴史家の言うことを信じて欲しい」。

（1）ローマの修辞学者、文法学者。サッルスティウスとアシニウス・ポッリオーの友人。（2）四世紀の文法学者カリシウスの『文法学』一・一七参照。（3）ユスティーヌス『フィリッポス史提要』一八・四以下。

§523

他方、シーリウスは、ウェルギリウスの詩的世界に従ったが、詩的自由も用いた（第八巻）。ウェルギリウスでは一層大きな統一をもって一層密接に続き合っているものが、このシーリウスでは散漫になっている。死に瀕したディードーは言う。

「長き夜の神々よ、あなた方の神能を一層大きなものにするのは目前に迫り来る死です。どうか御加護をお願いします。そして、炎に征服された亡霊を静穏に受け入れてください。アエネーアースの妻、ウェヌスの義理の娘、夫に復讐した女として私は我々のカルターゴーの砦が構成されるのを見ましたが、今は、大きな体を持つ幽霊としてあなた方のところへ下っていきます。甘き愛ゆえにかつて知られていた夫が、多分今も私を待っていることでしょう。以前の労苦を分かち合うことを望みつつ[1]」。

§405、406と、このシーリウスのディードーとを比べてみるがよい。これは、ウェルギリウスのディードーに劣るのと同じ位、オウィディウスのディードーより優れているだろう。ちょうど、§520で述べたアウソニウス的ディードーが、§405で述べたアウソニウスのディードーより大きいように。

（1）シーリウス・イタリクス『ポエニー戦記』八・一四〇―一四七。

§524

(2)我々に先立つ詩的世界との違いが極めて小さいので、そこから生ずるように見える偽が、多分§454に正当に数え入れることができると考えてよいほど小さなものである場合。ホメーロスの詩的世界では、パトロクロスはアキレウスより年長なのに、アイスキュロスは年少として創作し、そのため詩人たちの大敵プラトーンから悪くとられた(1)。このようにアイスキュロスはホメーロスの詩的世界から離れているが、公正な審査員なら、この離脱を上の場合に数え入れるだろう。それ故、マルティアーリスは、これほどの哲学者の権威によっても、ホメーロスよりむしろアイスキュロスに従うのを止めなかったし（『エピグラム集』一一・四四）、スターティウスは、新たにいわば中道を選びとり、その『アキッレイス』で、パトロクロスはアキレウスと

「気力の点でも、年齢の点でも等しい」

とするのを遠慮しなかった。

（1）プラトーン『饗宴』一八〇A参照。

少なくともこれらの虚構が嘘であることは君も認めるだろう、という異議を唱える人がいるかもしれない。もしそうなら、なぜ君は定義し、例示し、区別し、類比的なものを勧めているように見えるのか、とそのひとは問うであろう（§516）。確かに「誤った名称を用いないよう大衆に教える」(1)（§504）ことは私自身は諦めている。それ故、私は大衆の語り方で明瞭に考えを述べたのである（§477）。けれども、聖アウグスティーヌス（『福音書の諸問題』二・五二）(2)が次のように言うとき、彼は多分私より幸いである。「我々の創作することすべてが嘘であるわけではない。何も指し示さないもの」（いかなる真理にも関わりを持たず、美的偽に関わり、それのみならず、道徳的偽にも関わるもの、醜いしるし）「を創作するときに嘘となる。これに対し、我々の虚構が何らかの指示作用に関わるとき」（例えば、それの表象が十分に品位を持つ何らかの比喩的なものにおいて、たとえ完全に確実な真理を提示できないにしても、少なくとも不完全に確実な真理を提示し、また、何か最も大きな真理を提示できないにしても、それに極めて近い真理を純白の心と純粋な手で提示する場合など）、「嘘ではなく、真理の何らかの比喩である（§26）。他方、賢者、聖者たち、或いは主御自身によって語られたことすべてが」、（最も狭い意味での真理という）「日常的理解に従えば、かかる言葉に真理がとどまらないが故に、嘘と見做されるだろう。……何らかの真理に関係づけられる」（これはまた詩的でもありうる）「虚構は比喩であり、関係づけられない

§525

ものは嘘である」。
(1) ホラーティウス『カルミナ』二・二・一九―二一。(2) ジャック・パウル・ミーニュ『ラテン教父全集』三五・一三六二。

第三二節　物　語

§ 526

一般的判断ないし学理は、理論的か実践的かのいずれかである。実践的学理が美的に思惟されたものが格言である。それを包摂する上位概念を明るくする、ないし一層明瞭にする下位概念が範例である。格言の範例で、厳密な意味で創作されたものが寓話である。最も狭い意味でも真である小さい話でも、伝わっているうちに尾鰭が付き、創作が付け加わることによって力を獲得するが故に、広義では寓話と呼ばれることがある。例えば、天寿を全うする前に、奢侈のために死にかけている人が、

「新しい、悲しからざる寓話が宴全体を流れる」[1](ユウェナーリス『諷刺詩』一)

と言う場合である。けれども、我々はこの語を専ら狭義で、最も狭い意味での真なる陳述と

対立させて用いるべきであろう。

（1）ユウェナーリス『諷刺詩』一・一四五。

§527

物語は、(1)狭義の歴史的虚構（§526、509）、即ち、詩的虚構が全く貫入していない（§511）、単純と呼ばれるものであるか、(2)詩的虚構（§511）であるか、(3)歴史的、詩的虚構が混合されたものである。第二、第三種の虚構は架空的と呼ばれる。我々は、虚構との類比に従って、第一種の物語を歴史的（§526）、第二、第三種の物語を詩的と呼ぶことが許されよう。

§528

歴史的物語（§527）とは、短い物語が中間に時折挿入されていても、陳述という名、否、歴史という名をすら受け取るものである。他方、詩的物語とは、それについてキケロー『発想論』一・二七が、いわば「市民の裁判から離れていて、娯楽のために語られ、書かれる」（麗しく思惟される）「が、有効な訓練にもなる種類の陳述」について語り、それを記述して、「それ」（陳述）「は」（最も狭い意味で）「真実な物事も」（最も狭い意味で）「真実らしい物事も含まない。例えば、『有翼の巨大な蛇が馬車に繋がれて』の如きもの」と言っている。

§ 529

クインティリアーヌス、第四巻は、「陳述の三つの種類」を枚挙している。(1)「歴史」(少なくともその本質的契機からいえば最も狭い意味で真実なもの)、(2)「物語、即ち、悲劇や抒情詩に関わり」、(最狭義の)「真実のみならず」、(最狭義の)「真実の外観からも離れているもの」、(3)「粗筋、即ち」、(最広義の)「偽ではあるが」、(最狭義の)「真実に似たものとして喜劇が創作するもの」(1)。それ故、小さな物語も、我々にとっては詩的な物語である(§526)。そして、彼が粗筋と呼ぶ物語は、喜劇詩人は皆それが物語であることを認めるが、大抵は喜劇の粗筋と呼ばれ、それが正しい。それは、我々が歴史的と呼んだ物語の一種である(§527)。テレンティウスの前口上の冒頭を見るがよい。

「詩人が書くことに初めて心を向けたとき、自分の作った物語が人々に喜ばれることだけが自分の仕事だと信じていた(2)」。

(1) クインティリアーヌス『弁論家の教育』二・四・二。(2) テレンティウス『アンドロス島の女』前口上。

§530

従って、真実とは、最も狭義のそれ、つまり個別的（歴史的）なものであるか、他世界的、つまり詩的であるかのいずれかである（§441）。それと同様に、美しく思惟されるべきものの普遍的特質である（§22）美的な真実らしさ（§483）も、最広義の偽すら知覚されない最狭義の真実らしさ（歴史的）であるか、それとも、かかる最広義の偽は認められるが、観客は、目覚めているときの愛すべき夢[1]によって一気に、中間的認識[2]を介して別の世界へ移しかえられ、あの別の世界の十分に可能なものが一気に前提され、矛盾、裂け目、飛越があまり生動的に目立つことなしに、すべてがうまくぴったりと整合するかのいずれかである。後者が他世界的（詩的）真実らしさである。前者は歴史的虚構、物語に、後者は詩的虚構、物語に属する（§509、527）。

（1）クインティリアーヌス『弁論家の教育』六・二・三〇参照。（2）§441、442、511参照。

§531

オウィディウス『変身物語』三・六五七にある誓言

「その神自身（バッコス）にかけて（というのも、彼よりも身近な神はいないので）、私はあなた（ペンテウス）に誓う、とても信じられないかもしれないが、真実を私はあなたに述べると」

において、何も完全に確実には誓われていないと理性は見るけれども、理性類似者は歴史的真実らしさを見るであろう――つまり、誓いをしているアコエテースは、爪先まで素面《しらふ》の男として描かれているが、そのような善良で貧乏な漁師が、密儀とバッコス的盛儀すべてによって、バッコスに対する熱狂に陥り、かかる出来事を本気で誓うに至った、と。詩的真実らしさは、このあとの部分にのみある。つまり、もし目覚めているときの愛すべき夢を他世界的虚構によって追っていくなら、ギリシア、ローマ神話との類比に従って、他の者たち、即ちバッコスを攫《さら》った者たちは海豚《いるか》に変えられ、アコエテースのみが、今ペンテウスに投獄されたが、

「ひとりでに扉は開き、誰も解かないのに手枷がひとりでに腕から外れた(1)（という話だ）」ということになる。

（1）オウィディウス『変身物語』三・六九九―七〇〇。

§ 532

以上のことから、また、あの周知の区別、即ち、物語を蓋然的と非蓋然的に分けることも把握しうる。理性類似者が何であれ物語の真実らしさに注目し（§530）、同意または不同意の理由の一層細心な計量へといわば燃え上がり、最狭義の真理を証明する理由のみを同意の理由に数え入れ、何であれ真理の他の理由は無視するとする。そのときには殆ど歴史的物語のみが蓋然的なものの秤に残り、他のすべて、または殆どすべての物語を非蓋然的なものの軽々しさが上方へ取り去ってしまうだろう。それ故、狭義において蓋然的な物語とは、それがこの世界から他世界的なものへ、或いは、全く架空の世界へ追放されることよりも、それをこの世界の可能なるものとして立てることの方に、より多くの理由があるように見えるもののことである。これに対し、狭義において非蓋然的な物語とは、それをこの世界の可能的なもののうちに数え入れるよりも、その逆の方に、より多くの理由があるように思われるもののことである（§485、486）。

§ 533

それ故、真理、虚構、物語、真実らしさと同様に、美的蓋然性をも、歴史的、つまり最狭義の真理に重みを加える指標と、詩的、つまり他世界的真理に重みを加える指標とに分けることにしよう（§441、509、511、527、530）。（歴史的に、及びこの世界において）非蓋然的な物語のすべてが、最広義の偽に似たものとして（§489）、（他世界的なものも含めた）美的蓋然性すべてを失うわけではなく（§531）、多くの美的真理を含むことができる（§441、423）。

§534

パエドルスの第一の寓話は、それより真実なことは何もないことを時代の習俗が証明しているので、我々はスピノザの論証を省くことができるにも拘らず、狭義の非蓋然的なものである（§532）。他方、第三巻の第一〇寓話は、予め「愚かな考えで悪しく判断するよりも前に、真理を大いに探求せねばならない」と断っているが、叙述の素材を正しく吟味したあとでは、その歴史的蓋然性を失うことはないであろう（§533）。もっとも、最初の寓話が創作されるや否や、彼の語るような断りが与えられるのは、かなり異常なことではあるが。

§535

真実らしさにあまり密接に関わるわけではないが、美しく思惟しようとする者がそこにおいて丁寧に注意を払うべきものを包括するために、物語の或る種類を付け加えよう。物語において、不幸から幸福への目立つ転変が節目〈ペリペテイア〉であり、それを含むのは紛糾し、絡み合った物語である。それの部分は〈デシス〉つまり結節、〈メタバシス〉つまり転換、そして最後に〈リュシス〉つまり解決である。

§536

劇の物語が、このような紛糾した物語の実例——時に喜劇的、時に悲劇的な——であることを知らない者がいようか。しかし、幸福な結末の悲劇を創作しようと企てた人は、それほどには幸福な成功を収めなかったが、それと同じように、真に悲惨な結末を喜劇に付与することを思い付く人がいるとしたら、その人々は、あまりよく自分の務めを果たしていないことになるだろう。その理由は、どんな詩の固有の形式からでも、かなり美しく取り出すことができる。ここでは、節目を持つような物語として思惟されるべきは、単に劇の物語だけではないことに注意しておけば十分であろう。叙事詩そのものにおいても、それに含まれる多くのものは、エピソードのように、これに属する。しかしイソップ物語の幾つかを切り取ってくるのがよければ、少なからぬ数がここに移ってくるだろうが、それらの節目は実際には藺《いぐさ》の中に求められることになろう[1]。

（1）諺で「藺の中に節目を求める」とは、実際には何の障害や問題もないのに、それがあるかのように言うことを意味する。

§537

物語の範例が理性を備えたものである場合、それは理性的物語と呼ばれる。もし範例が理性を欠くものと見做される場合、それは教訓的物語と呼ばれたり、作り話、譬え話、訓話、〈イソップ譚〉と呼ばれる。最後に、一部は第一の集合、一部は第二の集合から結び合わされてできたものがあり、それは混成的物語である。

§538

理性的物語の三つの種類、或いはむしろ下位の集合を例として付け加えよう。(1)神的範例、ないし神的なものの範例、しかも理性的なそれを持つものは、神学的物語、及び狭義において神話的な物語である。(2)愛の範例を持つものは、ミーレートス風物語[1]、及び狭義のロマンスである。なお、広義ではロマンスは詩的虚構に一致する。(3)崇高にして名誉に値する武勇の範例を持つものは、英雄的物語である。これらに、別の種類または集合を付け加えることもできようし、また、より大きな物語、例えば叙事詩は、時折それらすべてを同時に包括することもある。それは、「象徴と神々の代弁と思考の架空的苦行の中へ自由な魂を投入し、その結果、証人による正確な言葉の忠実さよりも、むしろ」（英雄たちの純粋な愛について）「正気を失った精神の予言が現れる」[2]（ペトローニウス）ときである。

（1）猥雑、異常な恋愛をテーマとした小話のジャンル。ミーレートスのアリスティデースがそのような小話集を編んだことに因んで名付けられた。ペトローニウスやアープレイウスの小説中に挿入されたものが有名。（2）ペトローニウス『サテュリコン』一一八・六。

第三三節　証明する論証

§539

美的主体たる我々が次に考えるべきは、証明する論証である。その唯一の力、または、より強い力、または少なくとも専ら考察すべき力（§143）は、美しい真実らしさ、及び真実、つまり、いかに小さいものであるにせよ、いかに多くの偽に覆われているように見えるにせよ、真理のこの楽園に分け入ることを識っているすべての優れた人に対して自己を証示し、快く容易なものとして出現するような真実を思惟されるべきものに提示し、それで思惟されるべきものをいわば包むことである。

§540

そのような論証すべてにふさわしい序を我々はルクレーティウス、第二巻に読む。

「今こそ我々にとって真なる理由に心を向けよ。……それ故、目新しさそれ自体によって怯えて、理由を心から払い落とすのを止めよ。むしろ鋭い判断によって考慮せよ。そして、君にそれが真実と思われるなら、手を上げよ。また、もし偽であるなら、これに敵対せよ。なぜなら、心は理由を探求するのだから[1]」。

けれども、これほどの前置きのあとで、このようなことを公言した者が、世界の多さについて必ずしもすべてのことを語っているわけではない。もっとも、全く語っていないわけではないが。クインティリアーヌスは、これに役立つ論証の大きな集積を書き連ねつつ（五・一〇）、証明するものと説得するものだけが重要であるとして、それのみに論証という名を用いている。しかし彼自身、「書くことに捧げられたすべての素材[2]」を論証と呼びうると忠告している。従って、思惟するためのすべての素材も、他の表象の理由となる表象であるから論証である（§26）。

（1）ルクレーティウス『事物の本性について』二・一〇二三、一〇四〇―一〇四四。（2）クインティリアーヌス『弁論家の教育』五・一〇・九。

§ 541

クインティリアーヌスが、証明する論証と説得する論証を区別しないことは既に見た。それ故、彼は「暗示推論法、帯証推論法、推論法」(1)、つまり、幾何学者におけるような「明証的な証明」(2)を証明のうちに数え入れている。しかし今それらを私が遠ざける理由は、以下に一層明らかになろう。美的真理の論証と照明する論証とは別である。それらを合成してみるがよい。そうすれば、結局のところ説得する論証を持つことになろう。説得する論証はすべて証明するが、必ずしもすべての証明する論証が説得するわけではない（§22、539）。それが真を説得することもあろう。しかし目下のところは、証明するものとしてのそれに注目しているのである。

(1) クインティリアーヌス『弁論家の教育』五・一〇・一。(2) 同書、五・一〇・七。

§ 542

我々は、クインティリアーヌスの上記の箇所の描写で満足することにしよう。そこで彼は言う。(証明する)「論証とは、それによって或るものが別のものを介して推論され、疑わしいものを疑わしくないものを介して確立する証明を与える理由である」[1]。おお、これは何と多くを要求していることか。続けて「論証を正しく取り扱おうとする者は、万物の力と本性を、そして、それらの各々が大抵どんな結果を生むのかを知っていなければならない。〈エイコス（ありそうなこと）〉と呼ばれるものは、ここから生ずるからである」[2]。しかし我々は、「知ってい」るとは、美的に知っていることであり、「万物」とは、それについて美しく思惟することを企てているすべてのことと解釈することにしよう。なぜなら、一般に彼の要求を満足させることは、「長い、不可能な、或いはむしろ無限の仕事である」[3]ことを彼自身が認めているのだから。

（1）クインティリアーヌス『弁論家の教育』五・一〇・一一。（2）同書、五・一〇・一五。（3）同書、五・一〇・一八。

§ 543

しかし、このような論証の幾つかの種類に進もう。その際、先にもう十分論じた（第一〇節）トピカはそれ以上探査せずにおく。措辞の文彩には派生形反復がある。それは、根源と起源の点で同族の語が結び付けられるものである。例えば、オウィディウス『黒海よりの手紙』二・五で

「熱意ある人よ、あなたの心もムーサへの熱意で占められている。天性ある人よ、あなたは私の天性に好意的である[1]」。

この文彩が、証明する論証、即ち、クインティリアーヌスの言う「語源論による定義[2]」、つまり〈オノマトロギア〉から引き出されたもの、ないしあの「キケローが用いなかったら、笑止すべきものと考えられていたであろう、源語的に繫がった語からの[3]」ものとなる場合には、思考の文彩となり、多くの真実らしさとともに、時折用いねばならない（§26、539）。

（1）オウィディウス『黒海よりの手紙』二・五・六三—六四。（2）クインティリアーヌス『弁論家の教育』五・一〇・五九。（3）同書、五・一〇・八五。

§ 544

なぜなら、麗しく思惟しようとする人が味方にしておきたい観客の多くには、次のような予期が欠けていないからである。⑴我々の賢明な父祖は、類似した、同族の語で、やはり同族で、類似した物事を表示することを欲した。⑵全面的に、または大部分同語反復的な命題は、同一的でもある。これが、語源論的論証、及び、語源的に繫がっている語から洗練をもって引き出されるべき論証の基礎である（§543）。もしもキケローが、饗宴で共に飲むよりも、共に生きるべきだと欲しているとするならば、ギリシア語の〈共に飲むこと（シュンポシオン）〉よりも彼が好んだ「共に生きること（コンウィウィウム）」の語から、我々ゲルマン民族にすらもっともだと思われる訳語を作ってくれるであろう。至福を意味するドイツ人の本質的な語から、徳と幸福も幸運に劣らず至福に属するということを、ドイツ人自身に美的に証明しようとする者の論証も、自国語の愛好者ドイツ人のところでは幾つかありうるだろう。もし誰かが、学校の味がしないよう、その論証を技術者の手で旋盤にかけて丸くしたならば、の話だが。

§ 545

数え上げられつつある思考の文彩のうち、**理由追加**は、すべてを一層麗しく証明する論証とあえて定義してよかろうから、ここで第一に引くのが正当である。次に**着色法**は、緊密に組み上げられた理由追加であるが、あとで述べる着色法と混同してはならない。ちょうど、或る種の気遣いは讃められるが、すべての気遣いは十分ふさわしく咎められるようなものである。このような複合的理由追加は、キケローの『プランキウス弁護』にある。「プランキウスの官職獲得に対するその階級（徴税官）の格別の熱意があったことを否定するような者がいるだろうか。それも不当なことではなかった。父がもうずっと長く徴税官の筆頭であったためか、彼が同僚に特に愛されたためか、最も熱心に遊説したためか、息子のために懇願したためか、その階級に対するこの男の財務官職と護民官職の奉仕が最高であったことが明らかだったためか、或いは、この者を飾ることによって、自分がその階級を飾ることになり、自分の子らに配慮することになると彼らが考えたためかはわからないが[1]」。

(1) キケロー『プランキウス弁護』二四。

§546

着色法の例は、ユウェナーリス『諷刺詩』六・二二九にある。私が誤っているのだろうか。それとも、どこか別のところでは、最も狭義で真なのだろうか。「しかし、彼女は奴隷か騎士の抱擁に身を投げている。『さあ、クインティリアーヌスよ、どうかここで何か着色法（§545）を語りたまえ』。クインティリアーヌスは『私は動けない。自分で語るがよい』と言う。女は『あなたはあなたの欲することをなし、私は自分の好きなようにすることで、かつて一致した。あなたは大声で海と天を混ぜ合わせるがよい。私は人間だ』と言う。現場をとらえられた女どもほど大胆なものはない。彼女たちは犯罪から怒りと気力を受け取る[1]」。あのウェルギリウスの使い古しの格言自体（§499）、着色法に他ならない。この着色法で（『アエネーイス』第一一巻）「トゥルヌスの栄光を横目で見つつ、嫉妬と苦い針に苛まれた反抗的な」

「ドランケースは」、「扇動に有能な」精神を隠すが（三六二）、トゥルヌスにひどく非難される（三九九）。

「『戦争には何の安全もない』だと？　そんなたわ言は、ギリシアの頭目とおまえ自身の状況に対して言ってやれ[2]」。

（1）ユウェナーリス『諷刺詩』六・二七九―二八五。（2）ウェルギリウス『アエネーイス』一一・三三六―三三七、三四〇、三九九―四〇〇。

§547

全体と零について語られたことは、格言がここに関係づけられるのがどれほど正当かを教えてくれる（§525）。なぜなら、一般的なものの下に包摂された個別的なもの、下位のものの真理は一般的なものから推論されるのが普通だからである。他方、証明する格言は、理由追加であることもあれば（これは更に、完全に確実である場合と、美的に蓋然的な場合に分かれる）、また、着色法でもあることもある（§545）。前者の例はサッルスティウスの導入部である。「自分こそ他の動物どもより卓越することを希求するすべての人は、這いつくばり、食欲に従うものとして自然が形づくった家畜の如く無名に一生を送らぬよう全力で努力するのがふさわしい[1]」。後者の例。「体力よりも天性の力によって栄光を追い求めること、そして、我々の享受する生そのものは短いから、我々に対するできるだけ長い記憶を作りだす方が正しいように私には思われる[2]」。

（1）サッルスティウス『カティリーナ戦記』一・一。（2）同書、一・三。

§ 548

最も優れた道徳の人は、邪悪な行為の真実らしさを与えようとして、悪しき精神が最も悪しく振る舞う際、それを曲解して口実に使う実践的原理の一つを生み出すよう強いられるときには、着色法である格言（§546）を自分の文中に挿入することも稀ではない。エウリーピデースの格言[1]はこれに属するが、ただし、キケローが訳している[2]のとは別の意味で挙げられた場合である。カエサルは、何度もそれを自分のものにしている。

「もし法を侵害すべきならば、支配することのために侵害すべきであり、他のことでは敬虔さを陶冶するように[3]」。

しかし、一方では、悪人の心からこのようなことが言明されているのが十分明らかであるように、他方では、曖昧さを持っていたり、洒落た美しいものとして懐胎されていたりして、その結果、不当に喜びを与えるのではないかと恐れられて然るべきほどになっていることのないよう、十分な注意が必要であろう（§465、467）。

（1）エウリーピデース『ポイニッサイ（フェニキアの女たち）』五二四―五二五参照。（2）キケロー『義務について』三・八二参照。（3）スエートーニウス『皇帝伝』一・三〇。

§549

格言を、**事実**について述べられたものと、**権利**（正義と公正）について述べられたものに区別するのも有用である。前者は、或る種の道徳的事柄、つまり大抵はそうであること、普通起こることを、一般的に眼前に据えるものであり、思考の論証であるからといって、模範を証明、勧奨するものであるかのように曲解してはならない。

「黄金への呪わしい飢餓よ、おまえはどこへでも人間の心を強制していく(1)」。後者は、徳性に関わる一般的なことを提示し、同時にまた、何が、それらにおいて真なること、賞賛されるべきことを肯定しつつ措定するのかをも示そうとするものである。

「汝らは、忠告されて、正義と神々を軽視しないことを学べ(2)」。

なされていることとなされるべきこととがかなり頻繁に混同されていることを日常経験が教えているだけに、§547で述べた注意は、ここにうまく当てはまるだろう。「人目につかぬ所で、公の場でと同じくらい道徳的善に対する気遣いを持つ人はいかに少ないことか。名声を重んじる人は多いが、良心を重んじる人は少ない(3)」（小プリーニウス『書簡』三・二〇）。最後に、格言において§174を思い出そう。そして我々が「生きることの教授者(4)」と思われたくないならば、我々がたまたま最も荘重であるように見えるときに、〈格言作り〉[5]の細い血管を模倣していると思われないよう、格言を軽率に積み重ねないようにしよう。これについては§370参照。

（1）ウェルギリウス『アエネーイス』三・五六―五七。（2）同書、四・六二〇。（3）小プリーニウス『書簡』三・二〇・八―九。（4）キケロー『弁論家について』三・五七。（5）§370註（2）参照。

§550

幾何学者に倣う精密な哲学者たちは、真なる定義、特に発生的定義が、真理を取り出すことにいかに有効であるかを知らねばならない。美しく思惟されるべき多くのことについて論理的厳密さをもって懐胎されたこの定義が、優雅に思考しようとする人に認識されているならば、たとえ悟性が判明に認識したのと同数の分節と徴表によってそれ自体は表現されず、全く省略されたり、或いは、一層多くの徴表、指標を貫入されて、理性類似者にとっては一層充実し、一層緊密な描写（名目的であれ、実質的であれ）へと割られているにしても、嚮導者たる一般概念のように、より多くの優美さへ至る道を広げ、ユートピア的創作表象の忌まわしい内的不可能性を警戒し、描写されたものの内的、及び時には外的可能性、その最初の統一性、原因との連関、及び最初の帰結を、美的技術の諸規則に従って容易に美的真理のうちへと飾り立てられるべきものとして差し出すことになる（第二七節）。従って、定義は、省略されたり、顕在的には思惟されなかったりしたものであれ、十分見事な描写へと変形せられたものであれ、証明する論証のうちに私は選びとらざるをえない（§539）。

§551

美的定義と描写については、それを論じる特別の場が、我々の学科のうちにある。ここでは、美しく証明することにおけるそれらの力と効果のみに注目すべきである（§550）。かつてギリシア人たちは、大海に自分と自分のものを委ねるときには、いわば道案内として大熊座の進行を見上げたが、これに対してフェニキア人たちは、もっと直接に北極星に従って操船した。それと同様に、美しく思惟されるべきことについて心に懐胎された定義が真実、正確になるほど、麗しい思考の経過全体が一層真実らしく、真で、確実なものになり、他方、優雅に思惟することの最初の観念が、より鈍重で、より多くの誤った付随観念に溢れていればいるほど、美的偽自体へ一層転化しやすくなる。偶然、運命、名声、名誉、富、友情、公事などについて美しく思惟しようとするとき、それらが何であるかを、万人並にしかその本性によっては知らず、最も無知な者と同じくらいしか知らないのに、自分が一番それについてよく洞察していると考えている者を思い描いてみよ。ここから、あの多数の偽なる格言が[1]、多数の、真実らしいものですらない像の醜悪化が、多数の、およそ何一つ語らない語の曖昧さが生ずる。

（1）テレンティウス『アンドロス島の女』一二六の「ここからあの涙」を踏まえている。

§552

証明の一層優雅な論証のうち、訂正、つまり修正のみを我々は推奨しよう。真なることと、真理自体がそこにおいて磨かれる正確なこととが、そもそもどう異なるのかを先ず精神で熟考してみよう（M、§五一五）。ここから次のように推論することにしよう。必ずしもどんな性質の真理でも正確であるわけではないように、美的真理、及び、鈍重で、あまりに民衆的、否、平民的な真実らしさすら思惟されうる。この真理は、いわゆる学問的な純粋理性、悟性の試金石ではないにせよ、感性的ではあるが、一層精妙な趣味と成熟した判断力との試金石によって、その中心的部分は検証されうる。この真理から付随観念——すべてが偽というわけではないにせよ、少なからぬ美的偽をもあなたの素材に持ち込む恐れがあるもの——は、研磨によって取り除かれうる。これが正確な美的真理と真実らしさである。

§553

あの極めて推奨されるべき努力（第六節、§22、423）は、思惟の最初の勢いでもって、鈍重な概念を抑圧し、これを、物事と思考内容のいわば円滑な個別概念や、他の一般的なものの正確な概念と取り替えたり、或いは、それらのものの予期を自らの格別の観客のうちに前提しつつ、かかる予期を、普通そうであるようなものとして、先ず〈ありそうなことに従って〉明確に思惟し、次いで、たとえ小さなものであれ、美的偽の汚れから浄化し、修正することによって整え作る。これが例えば訂正である。ホラーティウス『談論』二・六に従って思い描くがよい。麗しくも快活な宴会出席者たちの間での

「話は、他人の別荘や家についてでもなく、レポースの踊りが下手かどうかについてでもない。そうではなくて、我々に一層関係し、知らないことが悪であることを我々は論じ合う。人間は富で幸福なのか、徳によるのか、実益と正義のどちらが我々を友情に至らしめるのか、善とは何か、善の極みとは何か、など[1]」。

見よ、これが、親密なものにおいても一層真実に麗しい会話の、隠された訂正であり、美的に真なるものを一層正確に探求する者たちの実例である。なぜなら、

「隣のケルウィウスは、こういったもののうちから、状況に応じて老婆の物語をしゃべってくれる[2]」

からである。

（1）ホラーティウス『諷刺詩』二・六・七一―七六。（2）同書、二・六・七七―七八。

§ 554

美的なるものにおける一層正確な真実を追求する、このような談話の見事な成果、十分に普及した通念の新たな訂正を『カルミナ』四・九で読むことができる。「多くを所有する者を幸福と呼ぶのは正しくあるまい。幸福な人という名を一層正しく占めるのは、神々の贈り物を賢く用い、厳しい貧困に耐えるすべをこころえ、悪しき醜行を死よりも恐れる人である。親友や祖国のために死ぬことを恐れるあの者ではない(1)」。例えば、富の或る種の少し鈍重な概念において、大抵の人が無限につまらぬものと見做す偽なる付随概念を、エイローネイア的誇張を介して、美的にも明白な偽へと高める、ないしむしろ打ち落とす技巧がこれに属する（第二八節）。例えば、ホラーティウス『談論』二・三・九四がそうである。「すべてのもの、徳、名声、誉れ、神的なものも、人間的なものも、美しい富に従う。富を形成した者は、有名で、勇敢で、正しい人となるだろう。賢人か。賢人でもあり、王でもあり、そして、望むなら、何にでもなれよう」。

(1) ホラーティウス『カルミナ』四・九・四五―五二。

第三四節　絶対的な美的真理追求

§555

美的に真なるもの、真実らしいもの、虚構、物語の森の中を、美しく思惟しようとする者は逍遥することができる。この森が大きくなればなるほど、その中で気ままに迷わず、むしろ、偽によって醜くする自分の誤りを万人が見るだろうと考えるためには[1]、これほど大きな天性と心情を持つ、洗練された人格において、個別的な真理追求に個別的に注目せねばならない。**真理追求**というこの名には、ふさわしい天性だけでなく、多くの労苦を伴って訓練され、美‐論理的真理を洞察するのに慣れた天性も包摂される。しかもそれは、どんな性質の性向でもよいわけではなく、全体の美を保全したまま許されうる限り最大の真理を自らの思考にもたらそうとする、精神の強固な意向である。精神のこの性格は、一般に美しく思惟されるべきものすべてに必要だと私は判断するが故に（§22）、**絶対的で普遍的な真理追求**と呼ぶことにしよう（§29、45）。

（1）ホラーティウス『詩論』二六五―二六六の暗示引用。

§ 556

内実のある多くの哲学者たちが、すべての徳を真理への愛のうちに基礎づけていることを知る人々には、絶対的な荘重さからも、同じことが証明されるだろう（第二三節）。イギリスで最高の美の裁判員の一人は、[1]「すべての美は真であり、すべてが作り事である詩においてすら真理が支配的で、全体の完全性を作り上げる」としている。しかし、真理の一層厳格な愛好者には、美‐論理的真理の段階を、もっと高く求める方がよかろう。最も小さい段階は、最も小さい形而上学的真理の、最も小さい表象である。それ故、対象の表象が、⑴より豊かで、⑵より大きく、品位があり、⑶より正確で、⑷より明瞭、判明で、⑸より確実、堅固で、⑹より熱烈なものになればなるほど、[2]そしてこの対象が、⑺より多くのもの、⑻より大きく、荘重なものを含み、⑼より強い規則に、⑽より適合するものを含めば、美‐論理的真理は、それだけ一層大きくなる（§437、M、§一八四[3]）。

（1）シャフツベリのこと。（2）『形而上学』§六六九参照——「従って、認識は、それが広く、高貴で、真で、明瞭（つまり生動的または判明）で、確実で、熱烈であればあるほど大きい（§五一五、五三一）」。（3）『形而上学』§一八四「最小の形而上学的真理とは、一つのものにおける多くのものの最小の秩序（§一七五、八九）、或いは、包括的原理との最小の一致（§一七六、九二）である。それ故、存在者において、一層多くの、一層強い規則に従って、一層多く、一層大きなものが結合されていれば、その存在者における真理は一層大きくなる（§一七五、一八〇）」。

§557

(1)最大の真理は、美‐論理的なものではなく、狭義の論理的なものであり（§424）、(2)そのような仕方で一つを認識する者は、すべてを知るのであるから、かかる真理は、人間の手には入らないし、最大の論理的真理においては、いかなる事物も人間の悟性によって認識されることはない——以上二点の証明は必要ないと私は考えたい。つまり、人間のうちにある美‐論理的真理すべてには、全知においてのみ獲得しうる最高の論理的真理の、無限に大きな欠落があるということは、形而上学的悪(1)である。そして、かなり健全な知性の最も熱情的な真理追求が、それを知ることは不可能ということがわかる段階にまで達することはありえないし、また、すべてを手に入れるわけにはいかないということを知ったからといって、直ちに何一つ知ろうとしなくなるわけでもないのだから、かかる追求は、広義の最高の論理的真理の無限に小さい部分——即ち入手可能な部分——で満足すべきである（§556）。

(1) malum metaphysicum. ライプニッツによれば、現実的世界が、神によって創造されたにも拘らず、多くの不完全性を含むこと。

§558

広義の論理的真理に形式的完全性を与えるのは、§556の(1)〜(6)であり、質料的完全性を与えるのは、(7)〜(10)である。それ故、真理へ向かう人間の努力は、専ら形式的完全性を志向することもあれば——これは、質料的完全性の犠牲なしにはなしえない——、専ら質料的完全性を包容することもある——これはやはり形式的完全性を失うことなしにはなしえない[1]（§557）。豊麗であるだけでなく、十分でもあり、十分大きいだけでなく、その対象に相似、適合し、真であるだけでなく、正確でもあり、何らの偽も内在せず、ただ明瞭であるというだけでなく、完全に明瞭であり、すべてのものから対象を区別するのに十分であり、しかも判明であって、かなり多くのレベルでその徴表のすべてが明瞭であり、確実であるだけでなく、完全に確実で、厳密な論証が可能であり、反対のすべての恐れを排除し、感動的であるだけでなく、同意を強制し、是認を絞り取り、或る種の快と必然的欲求を引き出す認識が誰かに与えられるとする[2]。

(1) Cf. Kant, *Refl.* 2368「外延的明瞭性は外的徴表、内包的明瞭性は内的徴表による。……他方を損失せずに、一方の認識を完全にすることは不可能である」。(2) 以上の記述において「AだけでなくBでもある」という言表形式が六回繰り返されている。この六つの観点は§22で示された認識の完全性の六つの成分であり、他方Aは認識一般の完全性のそれ、Bは論理的認識の完全性のそれである。

§559

これらはすべてよいことではあろう。しかし、これほど完全な理性で人間が観想する対象とは、どのようなものであろうか。それは、個別から生まれた普遍である。個別は、個体的差異に至るまでの多数の差異の無数の徴表のようにして、何らかのそれ自身の縮尺に応じて、多数の最も大事な、最も強い規則に最も適合するものを含んでいる。形而上学的真理は、かかる個別においてのみ最も限定度が高くなる。それ故、個別は、個別として表象されるならば、一般に最大の質料的完全性を表象に与える。普遍が生ずるのは、この個別から、(1)十分である表象を越えた余分なものが捨てられるとき、(2)対象に相似的な認識において措定される段階よりも大きく、荘重なものが捨てられるとき、(3)それが真かどうか、所与の正確な認識によっては十分には洞察されないものが、認識に何らの偽も残らないよう、捨てられるとき、(4)判明な区別には必要でないものが、所与の主体にとって明瞭になることを拒むものと共に捨てられるとき、(5)所与の主体にとって、いまだ完全には確実ではないもの、厳密に証明することはできないもの、反対である恐れが残っているものが捨てられるとき、(6)逆へと動かし、同意を妨げ、ともすると不快すら創り出しうるようなものが捨てられるときである[1]。

（1）以上、(1)〜(6)は§22で挙げられた認識の完全性の六つの成分を観点としている。

§560 人間的な学科、学の対象、ただし普遍的なそれ（§559）がこのように成立すると、完全であり、しばしば美しくもあり[1]、狭義でも論理的である真理が、堅固な学識を持つ人々の精神に生まれてくる。しかし、それに包摂されている個別に匹敵する形而上学的真理が、かかる普遍にもあるのかどうかは疑問である。私としては、論理的認識[2]、真理に含まれている重要な形式的完全性を購うには、その論理的認識、真理における、多くの大きな質料的完全性の損失を伴わざるをえなかったことは、哲学者たちにとっては極めて明らかでありうると思う。なぜなら、抽象は損失でないなら何であろうか。円さという、より大きな価値が要求するるのと同等の質料の損失を少なくとも伴わない限り、不規則な形の大理石から大理石の球を作ることができないのと同じことである。

（1）悟性、理性の美（§38参照）であろう。（2）ここでは、広義のそれか、狭義のそれかは不明。いずれでも意味は通ずる。

§561

美－論理的真理の追求は、時として、(1)その質料的完全性（§558）に特に向かい、従って、できる限り限定された形而上学的真理の対象を包容することは、既に前提されているものとしよう。1(a)(2)いかなるものであるにせよ緊密性の妨げを、抽象を介して意図的に刈り取ることが、ここでの意図ではない。1(b)しかしまた、全様態的限定の、最も広い領域を完全に表示することは、人間の力の及ぶところではない。2(a)我々の理解の大きさを越えるものが努力によって分離されるわけではない。2(b)しかしまた、限定されていて、しかも、殆ど、もしくは完全に現実的な事物のすべての重さを把捉し、正しい契機に対応させることは、人間的知性にはできない。3(a)何らかの仕方で偽の外観を纏いうるようなものを分離することを我々は決心しない。3(b)しかしまた、殆ど個別的ともいえる、かかるあり方の対象の、無数の契機における真が、常に明らかになるわけでもない。4(a)一定の要求された明瞭性を持たないものを切り捨て、意図的に闇の中に追放するのは本意ではない。4(b)しかしまた、対象の個々の契機を、この明瞭性へと高めることは、力、場所、時間が許さない。5(a)多少なりとも不確実なものを切り捨てる気はないが、5(b)最も限定された真理の対象に一致するもののすべてを、思惟しつつ厳密に証明することもできない。6(a)快、不快を与える多くのものを切り捨てることを決心しているわけではないが、6(b)しかしまた、それを思考しようとする人が、確実で、熟慮された布告によって効果的に欲求、回避しうるような仕方ですべてを示すには力が十分でない。

（1）つまり、§558～560で形式的完全性が説明されたのを受けて、ここでは質料的完全性を説明する。（2）以下、形式的完全性に対する質料的完全性の特色を二つの側面から記述していく。一つは、それが論理的真理のようにものを捨象せず、従って、量的な損失がないということであり（a）、他は、その代償として、概念的判明性という質的利得がないということである（b）。これらが、§22で挙げられた認識の六つの成分それぞれについて語られる。

§562

美－論理的真理の完全性は、合成されたものであり（§556）、両者を中程度に達成しようとするならば例外が避け難いことがわかるだろう（§560、561）。真理の一層厳格な愛好者の、一層純粋な悟性、理性は、§560で記述された形式的完全性を精密な学によって追求するが、その際、学問的なものの形式的完全性へと導かれた、自己の普遍的、抽象的なものに、質料的に完全な真理という相補物、補完物を力に応じて付け加えることは、理性類似者と何らかの段階の感性的認識に任せる。

§563

しかし、理性類似者によって真理を追求する者も、これに劣らず真理の堅実な愛好者であるが、かかる者は、自らが手をつけずに省略したものを委ねるべき一層下位の感性的能力を、もはやそれ以上持っていない。従って、真理の質料的完全性のためとはいえ、最も限定された形而上学的真理を多く含んでいるものを全く無視することは敢えてしない。それ故、この真理の質料的完全性があまり損失を被らぬよう、美的真理を追跡する際には、最高の形式的完全性の諸規則の例外を作ることが彼には一層必要なこともある（§558）。

§564

最も普遍的なもの、最も抽象的なもの、人間が達成しうる真理の最高の形式的完全性へ、§559で記述した技術を介して持ち上げられるべきもの――こういったもののうちで、論理的地平から完全に捨てられたものや、論理的地平から引き離され、理性が捨象した、限定度のかなり高い多くの種差に再び包み込まれたものを、そして特に、美‐論理的真理の最大の質料的完全性を示す独一的なもの、個別的なもの、限定度の高いものを、美的地平は、自らの材料、カオス、質料（§129）として享受する。美的地平はこれらのものから、たとえ完全な形式ではないにせよ、美しい形式（§558、14）へと美的真理を切り出すが、その彫琢の間に、質料的に完全な真理が消え去るのをできるだけ少なくし、洗練のために磨くことによってできるだけ擦り取られないようにする（§563）。

§565

従って、美しく思惟しようとする者は、かなり限定度の高い素材、即ち下位の類か事物の種のうち一つを選ぶか、それとも、上位の類へ登ることがよいと思われるとしても、純粋な学が省く多くの徴表と指標によって、それに衣を着せるか、それとも真理の質料的完全性が支配する個別的主題を選択するがよい。それを極めて多数の徴表で包み込むがよい。美しい形式が許さない徴表は捨てるがよい。⑴短いが、しかし優雅に充実した緊密さ、⑵絶対的及び相対的な麗しい品位、⑶真理そのものの質料的完全性、⑷洗練された生動性と、思考に必要な輝き、⑸内的説得力、そして特に、⑹生命と、快、感情への効果が、[1]それらの一つだに欠くわけにはいかない徴表は残すがよい。しかし、たとえかなり醜い偽は一つも内在しないにしても、形而上学的真理が、これらかなり多くの徴表において、完全な光に至るまで、思考する人に洞察されていてはならない。その特殊的事例を幾つか§491～502で挙げた美的必然性を、私はもうここで一つの普遍的定式へ組み入れたと考えてよかろう。それは、真理を認識するときの諸規則の衝突に際しては、真実らしさの、かなり愛すべき形式に含まれるべき、質料的に一層完全な真理のために、真理の一層完全な形式の例外を作る必然性である（§483）。

（1）この六つは、§22において、（感性的）認識の完全性として挙げられている。

第三五節　相対的な真理追求

§ 566

絶対的な真理追求、ただし美的なそれは（§565）、真理の三種、及び、それが関わる質料的に完全な真理の段階に応じて、相対的に現れる。その質料は、⑴一般的なもの、⑵この世界の現実的なもの、⑶他世界的なものである。一般的なものを優雅に表現するのが、**美－学理的なあり方の思惟**である。この世界の現実的なものを麗しく描写するものは、**美－歴史的なあり方の思惟**と呼ぶことにしよう。こう呼ぶわけは、最も厳密な真理において据えられるべき未来の事柄は少数である、ということである。最後に、他世界的なものを優美に思考するあり方を、詩歌によって表現されるのではないときでも、一種の新しい代喩によって、**詩的なあり方の思惟**と命名しよう。

§ 567

美－学理的なあり方の思惟は、⑴諸学科に素材が分配されているのに従って、神学的、哲学的などと命名されていて、神学的なこと、哲学的なことなどを思惟する学問的で講義的なあり方と共通の名を持ち、⑵しばしば、かなり高く上昇することによって、論理的、美的地平と共通のことを観想し、⑶自分の主要原則と省察の重要な契機とを、外延的判明性を介して、美しい悟性に正しく提示する。それ故それは、学問的で形式的に哲学的なあり方の思惟と大抵は混合され、しばしばそれと結合するのも不適切ではない。しかし、本当は別のものであるから、それと常に区別する方が、優美さの利得も学の個別的利得も生じてくるのである（§566）。

§568

学理的なことを思惟する二通りのあり方、つまり論理的と美的の混同から、二通りの考えが予断を支配している。それは、⑴或る普遍的認識の第一原理の、かなり厳重な悟性的、理性的理論が問題となっており、なしうる限り正確、判明、確実にそれを取り扱わねばならないときなのに、滑らかでもなく、真実らしくもなく、十分明白でもなく、ごく僅かしか確実でない真理の弱い説明に留まり、それが耳や目に十分快く、理性の計量に耐えるように見えるだけでよく、実際には、理性類似者の計量を耐えさえすればよい、とする者たちの考え。⑵学であまり訓練されていない人々の理解力や、全く一般人の知性にそれを表現するために、しかも肉声で表現するために、或る学理を思惟し、しかもそれを、極めて短い定義、極めて正確な公理、極めて判明な概念の分析と完全に確実な論理で、甲斐なくも飾り立てようと苦労する者たちの考え（§567）。

§569

論理－学理的なあり方の思惟と美－学理的なあり方の思惟という名称は、それらの本質的契機から付けられたものであるが、両者は、形式のみならず、特に最初の段階でそれに合致するように思われた素材の点でも互いに異なっている。前者は、自己の主題の原理を専ら追求し、後者は、原理から生じたもの、帰結するものを追求する。前者は、主に自己の主題を包摂する普遍的なものを引き出し、後者は、その主題が包摂する下位概念に特に注目する。素材は学科全体からその名を受け取ったが、どんな科学にも、順序が第一のものがあり、また、総合的な道筋において最後のものがある。諸学科を通じて、論理的なあり方は主に前者を、美的なあり方の思惟は後者を追求する。従って、どんな学科においても、論理的なあり方の思惟が終わるときに、美的なあり方の思惟が始まるとおおよそ言うことができる（§566）。

§570

物事を一層内的に洞察した者たちは、狭義の学がこれまでそれについて開発されてきた事物の類と、個別的なものとの間に、なお下位の類と種の大きな間《ま》が介在し、この領域には論証者は稀にしか降りず、精密な実験家や観察者がそこへ上昇しても、稀にしか成功しないことを正しく見てとる。特にこれが、美－学理的なあり方の思惟が走る競走路である。彼は、ここから自分の主題そのものを最もよく選ぶか、或いは、一層高いところから引き出された主題をもそこまで引き降ろし、たとえ論理学者たちの秤によれば、それによって形式的には多少正確ではなくなっても、より大きな質料的真理（§440）、好ましい真実に至らしめるのである（§565）。

§571

美－学理的なあり方の思惟における比較的な真理追求（§566）は、⑴美－論理的地平に属する場合の素材そのものについての、または、その素材の類と上位概念についての狭義の論理的真理をも不断に探求するであろう。それは、講義で表現するためではないにせよ、選び取られるべき一般概念における真実らしさを顕在的に思惟することを嚮導するものとしてである（§429、424）。⑵不合理性にまで至るか、殆どそれに近い矛盾を何かもう悟性と理性がその中に発見した一般概念を、上述の真理追求は警戒するであろう。それも、隠れている不適合性を自らの理性で最も確実に洞察し、観たり読んだりする他の仲間たちに美的に十分示しうるような観客たちが、このような美－学理的思考にはありそうなだけに、一層細心の注意を払うであろう（§431〜435）。

§572

美－学理的なものにおける真理追求は、⑶自分の素材と諸原理との連関を一層短く、最も重要な諸帰結との連関を一層豊かに、それぞれ最も真実らしいものとして最も生動的に彩り、その際、望ましい説得力、または、拒絶すれば多くの不快を生み出す力のある説得力をも持つようにすることに特に専念する（§437）。⑷理性が直接に輝きでるには下位すぎるものに進むよう何かが誘うとしても、そのものと不可分に結び付いたものを完全な確実性をもって認識するために、彼の補完物を据えるべく、すべての石を動かす（＝あらゆる手立てを尽くす）であろう（§439）。

§573

美－学理的なものにおける真理追求は、⑸思惟者が、確かに論理的にも真であることを知っており（§571）、下位認識能力と上位認識能力の調和を介して、今度は美的に真なるものとしてはっきり示されるべきものを、最も進んで自分の聴衆に提示するであろう。もしこれが許されないならば、やはり同じ調和の故に、自分にとって論理的に非蓋然的なものより、自分にとって論理的に蓋然的なものを優先させるであろう（§485）。これが彼の格別の観客にも真実らしいものだと彼は判断し、それに安んじて満足するか、それとも、この観客に対してはそれがあまり真実らしさを持たないと推測するかのいずれかである。後者の場合、彼は、麗しく証明する彼の論証に真実らしさを与える好機を捉え、自分の思っている真実から少しも引き離されず、観客に合わせて逆のことを考えるよりも、むしろ観客を自分の思考内容に引き付けるよう努めるか、或いは、自分にとっては蓋然的だが、観客には疑いもなく十分非蓋然的なことに真実らしさを与えることを所と時が許さないかのいずれかである。

§574

美しく思惟しようとする者が、自分には蓋然的だが、自分の聴衆には真実らしいものでもないし、真実らしいものに自分の力ですることもできないと洞察している学理に取りかかるとする（§573）。自分にとって蓋然的なことと、観客にとって真実らしいことが対立することのような場合、真理の愛好者は、(1)もし両者を捨象することが許されるならば、このいずれをも措定しないが、(2)もし、美的必然性によって、このいずれかを措定せねばならないのであれば、特に顧慮すべき自分の格別の観客にとって真実らしいものが、(a)日常的ではあるが、全く無害な誤りなのか、それとも、(b)それを愛好する者たちは、たとえ間接的にであれ、道徳的偽という告発を受けて然るべきであるような、一層危険な誤りなのかを、厳粛に考量する（§470、467）。前者(a)の場合、彼は、ちょうど哲学者や数学者が自分の発見的虚構を用いるように、彼の観客の考えを用いるであろうが、後者(b)の場合、道徳的偽という生来の非難に自分の良心と名声を曝すよりも（§464）、むしろ、誤って最広義の偽を思惟したと思われる方を欲するであろう（§471）。

§575

美－学理的なものにおける真理追求は、(6)例証のためだけでなく、§572、569のためにも、彼の素材の実例に大いに関わるであろうし（§526）、実例においては、普遍的なものよりも個別的なもの、一般概念よりも個別概念、他世界的なもの、架空のことよりも（§472）最狭義で真であることを優先させ、そうではなく、他世界的なもの、架空のことと麗しい必然性が呼んだ場合には、それが作り話や美的に発見的な虚構（§574）であることを隠さないであろう（§565）。

§ 576

美-学理的なあり方の思惟は、何をなし、何を止めるべきかを明示する、一層近い主題か、さほど近くない主題を持っている。後者が理論的な、前者が実践的なあり方の思惟である。実践的なあり方の思惟は、勧奨されるべき主題を持つ忠告的なあり方であるか、諫止《かんし》されるべき主題を持つ論駁的なあり方である。キケローの修辞学と哲学の著作は美-学理的なあり方の思惟の実例であるが、特に義務論は実践的なあり方の思惟の実例である。ルクレーティウスは美-理論的なあり方の思惟の実例である。諷刺詩は論駁的なあり方の実例である。これらにおいてユウェナーリスは、全く創作された実例を差し出すよりも、むしろ

「フラーミニアとラティウムの墓によってその遺骨が被われている者たちに何が許され
ているか

を知る(1)」方を欲している。

(1) ユウェナーリス『諷刺詩』一・一七〇―一七一。

§ 577

どんな種類の美-学理的なものにおいても、真理追求は(§576)、(7)たとえ最も完全に確

実に認識すべきものを取り扱うにしても、一定の**真実らしさ**を越えて上昇することは当面ないであろう。我々はこれを**学理的**真実らしさと呼ぶであろう。それは、学理が完全に確実なものとしては与えられていないが、その中に偽、内的矛盾、完全に確実なものや、少なくともこの学理より確実なものとの矛盾、そこから学理を導き出すべき諸原理や、学理から導出されるべき諸帰結との全体的不整合が、格別の人格的対象に前提されうるだけの大きさを持つ能力としての悟性、理性、理性類似者に知覚されない限りでのことである（§483）。

§578

なぜなら、定義が論理学の技術の厳格な法則に従って整え作られないとき、それは直ちに、(1)美的な描写へ巧みに再分解される――これは、一般的命題が、それが形成されるもとになった直観的判断を暗示推論法のように省きつつ、なお経験として提示され、公理や二次的公準が一次的公理と混ぜ合わされるのみならず、多くの定理と問題が、論証不能なるもののように仮定される場合である――か、それとも、(2)それについて完全に確実であるとは確信できないところの、たとえ美しく、時には洗練された、弁論風の隠蔽形式であるとはいえ、論理的には不当な飛越によって証明される――これは、註が優位を占め、大部分の場所を使い尽くす場合である――かのいずれかである。仮に、最も完全に確実な主題を持っているにしても、かかる思考から、学理的真実らしさ（§577）以外の何が今出現するであろうか。

§579

もし紙幅が許すならば、学理を思惟するこのあり方と、精密に思惟する論理的、悟性的なあり方（§568）との混同が根源となって、そこから次の三つの結果が生じたことを、哲学史にとってもっと豊かに示せたであろう。⑴哲学者、その他、殆どすべての教養人たちは、何世紀にも亙って、数学者たち――即ち、自分のものを自分の読者に提示することによって、予告するのみならず、実行することにもよって、悟性と理性を特に教育することこそが本当であるとした者たち――に、堅固さと確実性の点では負けてきた。⑵この二つのあり方の思惟を、混同とは言わないにせよ、常に結合はするプラトーンの弟子たちは大きな不確実性に陥った。ただし、アリストテレース派は例外で、その指導者は、我々が哲学する場合、論理的に真なるものと美的に真実らしいものとの間にどれほど大きな違いがあるかを彼の講義用の著作で示した。⑶独断論者と懐疑論者の間、また、それらに近い者たちの間での、永遠の論争（§9）。

§580

絶対的美的真理追求（第三四節）は、その質料的完全性の最高段階においては、美的なものを思惟する歴史的なあり方（§466）に特に留意するものとして比較的には現れることになろう。この歴史的な思惟のあり方の、⑴最も通常の類は、事実、つまり過去の個々の事象を記述するものである。⑵美的主体の現在の精神状態を表現するものも、無視しえない類である。⑶さほど頻繁にではないが、しかし、思ったよりもしばしば観察されるのは、未来を予見するものである。もし第二のものを経験的、第三のものを予知的なあり方の思惟と呼ぶとすれば、**美－歴史的なあり方の思惟**は、**狭義の歴史的なもの**であるか、**経験的**であるか、**予知的**であるかのいずれかということになろう。

§581

§580で述べられた、優美な思惟の第一の類の例は、「古いローマ人の順境と逆境を述べた名高き著作家たち(1)」、第二の類の例は、キケローやプリーニウスが、自分に関わる物事が起こっているとき、それについて記録した少なからぬ書簡、及び、愛と苦悩のうちに書かれた、愛と苦悩についての詩である。

「悲惨にも、私は、何の役にも立たない言葉を空しく浪費する。語り手の重い水が、自分の口に迸る。……そう、我々は敗れたし、助かる見込みは全くない。そして、私が語るうちに、涙が私の顔を濡らす。ああ、なんと速い炎によって雲は私に輝いたことか。

なんと大きな轟音が天から響くことか[2]」。

(1) タキトゥス『年代記』一・一。(2) オウィディウス『悲しみの歌』一・二・一三―一四、三三―三四、四五―四六。

§ 582

美‐予知的なあり方の思惟が、例えばウェルギリウス『詩選』四のような、真実または虚構の予言にのみ求められることを私は欲しない。むしろ、すべての尋常ならざる神占なしで、精神が、現在、過去、及び一般的なものから、未来へと嚮導されるべきときには、いつもそれを他のあり方の思惟と混合されたものとして観察する方がよい。「いつの日か、これらのことを思い出すのも楽しいときがあろう。おお、一層苛酷なことを耐えた者たちよ、これにも神は終わりを与えることであろう[1]」(ウェルギリウス)。「親よりもよい運命が我らを何処へ運ぼうとも、行くことにしよう、同志たちよ、仲間たちよ。……勇敢にして、私とともに、しばしば一層悪しきことを耐えた男たちよ、今は葡萄酒で憂いを追い払え。明日、我らは大海に再び船出することになろう[2]」(ホラーティウス『カルミナ』一・七)。

（1）ウェルギリウス『アエネーイス』一・二〇三、一九九。（2）ホラーティウス『カルミナ』一・七・二五―二六、三〇―三二。

§583

美しい思惟の、狭義での歴史的なあり方と、美的なものにおける経験的、予知的なあり方は、次の三者とは異なっている。⑴気に入ったものを快い叙述の優雅な織物に織り込む前に、記憶と悟性的判断と理性の駆使によって、伝承、伝聞、評判、誹謗、虚構、物語などの雑多な寄せ集めから自分の素材を選択する限りでの、歴史家の一層厳格な論理的、批判的配慮、特に予備的なそれ。⑵直観的判断と狭義の実験によって感覚された事柄を、誤りの侵入と暗示推論法的に省かれた予め抱かれた一般的通念とを、力相応に警戒しつつ、悟性に据える限りでの、哲学者のうち真に実験家、観察家の名に値する者たちの論理的気配り。⑶政治家などが、いわば監視塔からのように、自分の国家の未来の状態を測る限りでの、論理的、合理的予測。

§584

美―歴史的なものにおけるこの真理追求は、大部分、精神の下位能力によって行われるので（§583）、広義の虚構（§505）を必要とするのみならず、たとえ少ししか拡大しない思考においても、最狭義で真であると自分が完全に確実に認識したものの間に、あまり確実でない一般的なもの、個別的なもの、つまり、この世界で真に可能であるかどうか確信を持っていないものを挿入するであろう（§507）。それ故、この真理追求は、真実らしさを越えて上昇することはないが（§483）、だからといって、どんな真実らしさでもよいから、それに触れようと努めるわけでもない。挿入された彼の一般的命題においては、学理的真実らしさ（§577）を抱き、一方、個別概念においては、彼の思惟が歴史的忠実さに拘束されているのであるから、最狭義の真実らしさ（§530）を抱く。この最狭義の真実らしさは、狭義の歴史的虚構すべてを必ずしも忌避するわけではないが（§509）、これら歴史的虚構においても、道徳的偽、浅薄な党派根性、軽信、そしてすべての詩的虚構の故に告発されても仕方ないものすべてに背を向け、ユートピア、この世界以外の最善の世界をも忌避する（§566）。

第三六節　詩的な真理追求

§585

美的な真理追求のうち、絶対的なもの（第三四節）は、既に示された他の諸理由によるほかに、次のようなとき、詩的なあり方の思惟（§566）へ向けて誘発されうる。⑴麗しい充実に要求されたものを十分には歴史が提供せず、優れた男が、歴史的忠実さを巧みに壊すよりも、むしろ一層美しい豊麗さを考えだしつつ公然と嘘をつく方を望むとき。⑵最も狭い意味での真実らしさ（§584）すらそれを抑圧することをあまり許さない人間的なものを常に許している歴史よりも多くの品位、或いは威厳すらをも、創作された他世界的範例が与えることになるとき。⑶上位の諸理由の故に散漫であったり、或いは、人間的弱さの故に、首尾一貫性がより少ないこの世界の事物からよりも、他世界的なものからの方が、より多くの道徳的真理や性格、場所、時のより大きな統一や、より目立つ連関、そう言ってよければ、より引き締まった連関を期待しうるとき。⑷骨格となる内容に対する予測が観客にあるため、この世界に属するけれども、観客には全く知られていない部分に位置する出来事よりも、他世界的なものの方が観客によりよく知られていると期待しうるとき。歴史的なものには通じていないが、ミーレートス風物語やイソップ小話の世界には十分通じている多くの人がいる。⑸最狭義の真実によるよりも、虚構による方が信頼を得ることを期待しやすいとき。この期待がさほど珍しいものではない証拠は、「思ってもみなかった」と言う必要が、どれほど多くの人に、どれほど多くあるかを知る者のうちに見出せるであろう。⑹最狭義の真実が、専ら志向されている生命以外のすべてのものを持つことになると予見されるとき（§561）。

§586

さて、もし絶対的な真理追求が、美しく思惟しようとしている者をして他世界的なものを創作するよう駆り立てたならば（§585）、既にそれは詩的真実らしさの追求に変わっている（§530）。詩的真実らしさが歴史的真実らしさ、及び最狭義の真実らしさと同一であることは決してないから、もし学理的な真実らしさ（§577）か最狭義の真実らしさのいずれかにそれを数え入れる必要があるならば、詩人たちの〈エイコス（ありそうなこと）〉を学理的な真実らしさの方へ数え入れることにしよう。アリストテレースも同意見で、「歴史家は起こったことを、詩人は起こるべきであるようなことを述べよ」と命じ、「それ故、詩は一層普遍を、歴史は個別を語るが故に、詩は歴史よりも優れ、哲学的だと賞賛している。というのも、普遍とは、かかる人がかかることを語ったり、なしたりするのは必然または真実らしさに従って生ずる、ということであり、個別とは、アルキビアデースがなしたり、なされたりしたことである」[1]。

§587

（1）アリストテレース『詩学』第九章、一四五一b四―一一参照。

詩人、即ち他世界的なことを創作する者が、或る人物がまだ生きていたことが歴史的に真実らしいか確実であるような時と所において、その人が死亡すると創作することがある。このような場合、あまり教養のない何人かの批評家は歴史の法則で詩的真実らしさを検査し、それは破格であるという抗弁にはそれ以上耳を傾けず、直ちに真実らしさに対する違反の旨をもって詩人に有罪を宣告するが、これは誤りである。作家が、かなり荘重な素材から新たな世界を創造するとき、歴史的創作のみに留まり、作家の創作するものは何であれ最狭義の真、多分あらゆる黄金より貴重な逸話と見做しつつ、思惟には何の欺瞞も潜んでいないと感じるように誰か優れた人を誘ったときに自分の仕事を最も良くなしたと考えるとしたら、かかる作家は誤っている。かかる手管は間接的に美的な偽も幾分か持っているように思われる(§464)。

§588

論理的及び学問的蓋然性、或いは歴史的蓋然性、及びあの仮設——即ち、その仮設のもとでは、麗しい中間的認識の対象が詩的虚構を介して、もしかするとこの宇宙でも生じうるかもしれないし、新たな宇宙のいわば基盤、基礎であるような仮設——の最狭義の蓋然性に、特に詩的真実らしさが存するわけではない(§511)。また、宇宙の第一原因、元素、根源要素を一層徹底的に検討するのも理性類似者のなすべきことではない。なぜなら理性類似者は結果として生じた現象に頼るから。これに対し、詩人たちの熟知の世界から（§573）それについて幾つかの予期を自らのうちに既に持っていることを、類比的虚構が理性類似者の眼前に据えるとき（§516）、それはいかなる仮設をも補助定理として把捉し、いわばよく知っている橋のようなものを通るかのように、この仮設を通って、あなたの新しい世界へ「跳躍する準備ができているし、ばったり倒れ、口をあけている沼に沈むのではないかと、古い木材に立っている小橋の脚を恐れることもない[1]」（カトゥッルス）。

(1) カトゥッルス『カルミナ』一七・二―四。

§589

詩的なあり方の思惟（§580）は、或る程度麗しく、少なくとも下品でない例外（§585、25）であるから、その真実らしさは、(1)破格が全体の美を傷つけずにすむような最小のものであることが理性類似者には明らかであるか、または、(2)確かにそれに対立するものが目立たず、美的必然性（§491～503、565）なしに創作されたものは何もないと真に言いうるように思われることかのいずれかに存する。前者を積極的な詩的真実らしさ、後者を消極的と呼んでよかろう。

§590

従って、詩的なあり方の思惟の真実らしさを判定する際の第一の問いは、そもそものあり方を選択することが美的に必然的であったのか、それとも、もしかするとそれと対立するものが、見事に教育された理性類似者にも明らかなのか、というものであろう。かくしてクインティリアーヌスは、「ギリシアの歴史家たち」が、どれほど小さいにせよ詩的に真実らしいことを自分の文中に混入するとき、彼らの「詩的破格」に異議を唱えているが、歴史にはこれらが占める場は全くないのであるから（§584）、この攻撃は正しい。この真実らしさは、いわば外的なそれであり、作者の条件、作品ないし詩的に真実らしいものが混入されるべき全体の品位、あなたが気に入られたいと思う重要な観客の性向に相関的である。この真実らしさは、公準としてひとたび選択した、一層限定された思惟のあり方の定義から、仮設的に演繹しうると大抵我々は前提する。

§591

叙事詩には神学的、英雄的物語が、創作の物語には詩的なあり方の思惟がふさわしく、従ってそれぞれに特有の真実らしさがある。これらは公理的に自明である。そこから生ずる公準。叙事詩人、イソップ詩人等々たらんとする者はこの真実らしさを求めるべし。それ以上の思考そのものの美的判定は殆ど生じない。作者が立派に、賢明に、自己及び特に予想されるべき自己の聴衆に調和的に叙事詩人、イソップ詩人等々になる決心をしたかどうかは、真実らしさには、従ってまた思考の内的美には直接には触れない。

§ 592

第二の問いは、散文作家であれ、韻文作家であれ、画家であれ、彫刻家であれ、他のものであれ、ともかく創作者が我々を導き入れようとする新しい世界は、優雅に実現すべき彼自身の意図によって、この世界に次ぐ最善の世界なのか、また、その新しい世界では、主題はこの世界で思惟されえたであろうよりも真に完全で優雅なものとして、目覚めている者の快い一種の夢に差し出しうるのか、また、麗しい目的に寄与するこの契機のみにおいて、新しい世界は我々の世界と異なるのか、他に多くの多様なものが空しくそれのうちに措定されるのか、というものである。オウィディウスはその『変身物語』で、詩人たちの一種の最善にして最大の世界を描写しようとしているが、この世界と一致する年代順のようなものを観察しようとしている。

「世界のそもそもの始まりから自分の時代に至るまで、途切れずに歌を導きたまえ[1]」。

(1) オウィディウス『変身物語』一・三―四。

§593

およそ詩人に可能であった最大限の量の嘘をつきつつ詩的に創作しようとする人でも、少なからぬ人が学理的に真と認め、大部分の人が真実らしいと認める史実から始め、そこで初めて虚構をその史実に挿入するが、この虚構は、それが歴史的なものの境界を越えていると予期する者は一人もいないか、或いは、最も顧慮すべき読者の中にはいないようなもののみである。見よ、先ずカオスが目に入る（五―二〇）。

「神とよりよい本性がこの争いを取り除いた」。

「水の重さが地の重さより軽いのと同程度に火より重い」（五三）。

火、水、地、風がもう分かれる。風は

では、ポンプが空気の重さを発見したのか。しかし、生命体にまで至る万物が生まれる（―七五）。

「これらよりも神聖で、高い知性を抱き、他のものに支配をふるいうるような動物はまだいなかった。人間が生まれた。よりよい世界の起源たるあの宇宙制作者が、神的な種からそれを作ったのか、それとも、生まれたばかりの大地」

だったのを、プロメーテウスが

「万物をしろしめす神々の似像へと形づくった。最初に黄金の時代が生じ、復讐なしに、自発的に、法なしに信義と正義を培っていた（九〇）。……一層悪い金属の時代に直ちにすべての悪行が突入した。慎みと真実と信義は逃げた。その代わりに欺瞞、瞞着、陰謀と暴力と悪しき所有欲が現れた（一三〇）。……悪事に共謀していると考えてよい。彼らが受けるに値するすべての罰を直ちに与えよ（そのように決定する）（二四三）。……けれども人類の滅亡は嘆きになる（二四六）。……心配することを神々の王は禁じ、以前の人々とは異なる、不思議な源を持つ種族を約束する（二五二）。……もはや海と陸は何の区別も持たなかった。すべてが海原であり、大海には岸辺も欠けていた（二九二）[1]」。

およそこの世界から知らないうちに少しずつ離脱した人々が、いわば夢を介してあの世界、つまり、岩から人間が、ダプネーから月桂樹が、イーオーから雌牛が、雌牛からイーオーが、そして

「彼が華麗な驚異としてそこから生みだす[2]」

他のものが生ずるような世界へ移しかえられるのにはもう十分詩人は最狭義の真と歴史的真実らしさを供応したように思われる。

（1）オウィディウス『変身物語』一・二一、五二―五三、七六―八〇、八三、八九―九〇、一二八―一三一、二四二―二四三、二四六、二五一―二五二、二九一―二九二。（2）ホラーティウス『詩論』一四四。なお、§75註（2）参照。

〔§594は欠落している〕

§595

これらの問い（§590、592）は、唯一のものでもなければ、主要なものでもない（§585、588）。他世界的なものを据えることは必要であろうし、それらとこの世界との違いは、必要以上に大きなものではなかろう。もう第三の問いが生ずる。あなたはあなたの客人たちを物語の未知の難路へと美的必然性なしに誘い入れてしまうよりも、むしろ詩人の世界全体と、その一層豊かで、品位があり、真実らしく、よく知られた（§22）領域からあなたの新しい虚構を引き出した方がよいのか。それとも、前者、つまり完全性に反対のものは理性類似者によっても見付けられうるのだろうか（§513、516）。ここでもやはりホラーティウスの規則を繰り返すのがよかろう。

「周知のことから仮構された歌を私は追求しよう(1)」。虚構の詩的真実らしさは、それがこの世界から離れ去る点において詩人たちの世界に類似、調和し、しかもその程度は、ひとが思惟する全体の美が許すほどであることを特に要求する（§484）。

（1）ホラーティウス『詩論』二四〇。

§ 596

それ故、ギリシア、ローマのものだけでなく、あらゆる神話の伝聞、密儀、伝承は、一定の主題について一定の人々のために思惟するひとに推奨されるべき詩的世界の一画を与えうるだろう（§594）。また、その原初的混沌と、少しずつ塗り重ねられた派生的世界、飾りを区別しうるからといって、この世界自体における古《いにしえ》の詩人たちの不一致に異議を唱えてはならない。さほど時間的に隔たっていない詩人たちが、彼らの前には殆ど生まれても、充実してもいなかった詩的世界を自分に熟知のものとすることにかつて携わったときの困難さを考えてみるがよい。かかる困難さは今日殆どすべて消失している。もはや他世界的なものに一層深く沈むとき、

「古が証人にならない限り、誰がこれを信じようか」（『変身物語』一・四〇〇）

という主張を証明するオウィディウスの議論をよく考量すべきである。ニンフに変えられた船についてのウェルギリウスの言葉もそれに調和する。

「事実の証拠は古くなるが、噂は永遠である[1]」。

（1）ウェルギリウス『アエネーイス』九・七九。

§597

第四の問いはこうである。詩的創作を行う者は詩的世界のユートピアに触れ、§456で述べた境界を越えて進み、しかも、聖所荒らしをやっているところを理性類似者自体によって見付けられるような仕方でそうするのか、それとも、このような陰鬱な野を「砕かれたコップ」と単なる「夢の解釈」[1]によって増幅したのか（§574）。フランスの叙事詩人の第一人者は、これより遥かに麗しく、まるでギリシア人とローマ人のユートピア的中間界から大小様々な素性の神々を呼び出したかの如く予言をする隠者、憑依のダイモーン、天界と冥界に互ってアンリ大王の案内者として聖王ルイを創作している。[2]

（1）ペトローニウス『サテュリコン』一〇・一。なお、§818註（2）及び（3）参照。（2）ヴォルテール『アンリアッド』一・五・六―七。

§598

第五の問いはこうであろう。別々であるならば、美的に洞察されるべき可能性に関しては十分よい状態にありうるのに、一つに集められると共存不可能になるようなものを詩人は結びつけなかったか。これは三つの仕方で特に生ずるだろう。⑴永遠の敵対関係で切り離された詩的世界の諸領域が混ぜられる場合。その例は§515である。なぜなら、詩人たちの世界は自分の島、半島を持ち、詩人たちの

「結合しえない諸地方を、思慮深い神が大洋をもって切り分けたのも無駄で」

はないからである。それらの間に介在する「浅瀬を跳び越える」[1] のはうまくない。⑵それ自体では美的矛盾を何も含まないが、詩的世界のひとたび選びとられた部分には抵触し、必然性なき変則的虚構を生むようなものが詩人たちの世界に付与される場合（§520）。

（1）ホラーティウス『カルミナ』一・三・二一―二二、二四。

§
599

⑶他世界的なものへ一旦は超出した我々に対し、この世界の現象、しかも最狭義で真なるものが予期に反して提示されるが、この現象たるや創作された世界と両立しえず、それによって我々は、目覚めているときの自発的な夢からいわば覚醒し、本来なら、まるで現前しているかのような詩人の幻想に進んで従いつつ、幕が下りるまで眺めていたかったものが、すべて虚構のもの、しかも狭義で虚構のものであると、いまだその時になっていないうちに多少意に反して認めることを強いられてしまう場合。この欠点を避けるためにアリストテレー

スは、詩人が「たとえ事実を」、つまり最狭義で真なることを「詩に作るとしても[1]」、彼は弁明に値すると正しく判断したが、しかし彼が詩人にそれを許したのは、それが同時にまた真実らしくもあるときのみであり、またその限りにおいてのみである。この真実らしさということを、私はその広袤《こうぼう》全体において解釈する。つまり我々が創作するあの新しい世界でもこの世界と同様に場所を占めるように詩的真実らしさを持つものとしてである。なぜなら、そのときこの世界でなく、あの世界の観られた諸部分は、喜びのための自発的な夢を軽率にも粉砕してしまうことはないであろうから。

（1）アリストテレース『詩学』第九章、一四五一b二九。

§600

第六の問いはこうである。この世界以外の最善の世界を自分の目的のために選んだ詩人は（§591）、詩的世界の結合しえない諸部分（§598）のうち、詩人のその目的にとって最善である部分、領域に合わせて類比的な彼の虚構（§516、595）を形成したか。殆どすべての宗教は詩人たちの世界に何らか自分の部分を持っている。殆どどんな国の歴史も、その支配の最初の時代に遡ろうとするならば、虚構とかなり不確かな伝聞の「雲間に頭を隠している[1]」。

それ故、例えば古代エジプトの秘儀をトルコ人に、ゴート人の神話を中国人に付与したりすれば、その詩人は詩的真実らしさに対して誤りを犯していることになろう。他方、キリスト者としてキリスト教についてキリスト者たちのために何かを創作するとき、いつも常にギリシア人やローマ人の迷信の中に住むとしたら、その者たちは誤っていないだろうか。ミルトンの世界はもっと真実らしい。

(1) ウェルギリウス『アエネーイス』四・一七七。

§ 601

第七の問いはこうであろう。全く知られていない虚構を敢えてひとが持ち出した場合、また、第八の問いは、極めて変則的な虚構を形成した場合、かかる虚構において最初は虚偽らしく思われるもの一切を補償しうるに十分な内的真実らしさを持っているので、最終的虚構が醜い変則でなく、むしろ詩的世界の修正と見做されうるかどうか、というものである(§518、520)。第九の問い。寓話の格言(§526)は、事実についての広義の道徳的学理的真実らしさ(§577)を、また、権利については同時に狭義の真実らしさを持っているか(§433、435)。それとも、作者が格言を事実のみについて真実としているのか、権利についても真実であることを欲しているのかが、寓話の結末から十分に明らかであるか(§548)。

§602

パエドルスの第二巻の第一寓話は権利についての格言を持っている。その例は、泥棒には拒否した獲物の一部を罪のない旅人に残すライオンである。

「確かに傑出した賞賛されるべき例だ。だが実際は、貪欲は豊かで、慎みは貧しい」。

第二の寓話が事実についてのみのものとされるべき格言を持つことは、女好きの男の醜い禿頭からわかる。

「愛していても、愛されていても、いずれにせよ男が女に毟《むし》られることは実例ではっきりわかる」。

これに対し、第三巻の第五寓話は、賢明な男は、不正を加える者に感謝をし、その者を一層有力な復讐者に唆《けしか》けることで不正に耐えることがある、という極めて分かりやすい格言を与えるかもしれないが、これではとても狭義で道徳的に真なる格言にはならなかったであろう。それ故、確かに寓話が語られてはいるが、たとえ極めて一般的なものにせよ、一層真実な格言がこう書き加えられている。

「成功は多くの人を破滅へと誘惑する」。

§ 603

格言のこの道徳的真実は、寓話の真実らしさにおいて注目すべき主要なものである（§600）。けれども、二次的なものがそれに結合されうる。第一〇の問い。狭義の陳述という称号を与えられているので、歴史的虚構を越えて進むべきではない物語が、それにも拘らず詩的破格に陥るのか。それとも、この物語は、歴史的虚構の諸法則を巧みに守っていても、多くの人に最狭義の真と見做され、目立つ損失を彼らに与えてしまうほど、一層重大な事柄においては誤りうるのだろうか（§527、587）。学理的真理を欠き、今示した二つの誤りをいずれも内包する物語の例は、テュアナのアポッローニオスについての物語におけるピロストラトスであろう。

§ 604

第一一の問い。物語は、詩的物語（§527）も含めて、狭義で蓋然的なものも、狭義で非蓋然的なものも、その必要があると思われる場合には、等しく良く格言の学理的真理を表現しえないだろうか（§532）。ここで、等しい良さとは全体の等しい美のことであり、たとえ詩的なもののみにせよ一層真実らしい蓋然性を燦かせるものに比べて、歴史的蓋然性を喜ぶ者たちは、この全体の美を必ずしも常に手に入れるわけではないであろう（§533）。それとも、物語は、たとえ美しくかつ正当に非蓋然的であっても、格言を十分説明するために要求される数、質の非蓋然的なものしか含まないのだろうか（§589）。ロンギーノスが、やはり詩的で、私の意味では狭義に非蓋然的でもある『イーリアス』ではなく『オデュッセイア』の物語愛好を咎めているのは[1]、これが原因だったと思われる（§311）。

（1）ロンギーノス『崇高について』九・一一。

§605

第一二の問いは、このように十分美的な真理によって何がしかの悟性、理性が人間以外の動物にも帰属させられる特にこの現代においては、或る種の譬え話は理性的である方が正しく、美しいのか、それとも混成的であるよりも単に理性的でのみある方が正しいのか（§537）ということに専ら存するわけではない。むしろそれは、虚構の人物、つまりそれ以外の点では動物、否、植物と我々が見做している人物に、それぞれ真実らしい〈エートス〉が帰属させられ、この〈エートス〉は、詩的世界との類比によって、或いは自然史の伝承が不十分であることによって、或いは我々が専ら読者として想定している者たちの通念によって、各人物に調和するのだろうか、という問いである（§495）。

『アエネーイス』の理性的物語において、敬虔なアエネーアースは詩人がひとたび彼に課した〈エートス〉を担いつつ、次のようにして最初に舞台に登場する（一・九六）。

「アエネーアースの四肢は忽ち冷たさに麻痺し、彼は呻き、両手を天に向けてこう声を上げる。『おお、父祖の顔の前で、トロイアの高い城壁のもとで死ぬという運命を与えられた者たちは、三倍も四倍も幸福である！』」

§ 606

こうして敵トゥルヌスに対しても寛容になり始めたとして彼は最後の幕を締めくくるが、トゥルヌスの

「高い肩に不幸なベルトが見えた。トゥルヌスが傷つけ、うち負かして地面に倒し、敵の形見として肩につけていた少年パッラスの帯は、周知の鋲に煌いた。アエネーアースは残酷な嘆きを思い出させる戦利品を目にとめると、狂乱に逆上し、怒りも恐ろしく『私の仲間の戦利品を身につけた者よ、お前は私から逃れられようか。パッラスがこの傷でお前を、パッラスが屠り、邪悪な血によって罰を科すのだ』と言いつつ、哮《たけ》り立って剣を真向かいの胸に埋め込む。しかし、彼の四肢は冷たさに麻痺し、憤りつつ生命は呻き声をあげて、影どものもとへ逃れいく[1]」。

呻き声と、冷たさに麻痺した四肢は、はじめはアエネーアースに、終わりは敵にある。けれども、神々、祖国、仲間に対しては敬虔なアエネーアースは首尾一貫し、常に一にして同一

にとどまっている（§605）。

（1）ウェルギリウス『アエネーイス』一二・九四一―九五二。

§607

第一三の問い。ここで端的に、かつ勝義において紛糾し、絡み合った（§535）物語と呼ばれうるようなものにおいて、あの美しい連関が見出されるか。その連関とは、すべてを大団円と解決に向けて準備するような連関であり、これは結節部自体においては一層疎遠、転換部においては一層密接である。この連関は、思慮を欠く者たちにとってこそ真実らしさを欠くものとはいえ、普通は真実らしいものとして生じる。なぜなら、最も予期に反したものであるとはいえ、過去、現在の延長上から未来が生じたように見え、それらすべてがあの快い統一性、つまり、思惟内容は何も欠けておらず、解決が生じたあとでは、それ以上欠けているものは何もありえないように見える統一性を保持するような仕方で過去を現在に挿入するからである（§437、439）。また、道徳的真実らしさ、及び、名前自体を課す際の或る種の類比への配慮もここでは小さくない（§594）。

「さて、もし同一の人物を使うことがこの人に許されていないなら、どうして多忙な奴隷たちを書き、良い主婦たち、悪しき娼婦、大食の食客、自慢好きの兵士、子供が取り替えられたり、奴隷に老人が欺かれたり、愛し、憎み、疑うことなどを描くのが許されようか」[(1)]（テレンティウス『宦官』前口上）。許されるどころか、しばしばそうすべきでもある（§433）。

（1）テレンティウス『宦官』三五―四〇。

§608

第一四の問い。不器用な理性類似者にすらそのように見える神人同形説なしに神的実例をそれに包摂しうるほど十分格言は壮大か。それとも、神的なものの実例は、より小さなものからより大きなものに及ぼす議論を介して、それらから神的なものを理性類似者を介して推論しうるようなあり方をしているのだろうか。それとも、いずれの場合でも、すべてのものは本当に理性類似者の正確な判断によって〈神にふさわしい〉状態にあるのだろうか（§435、399）。パエドルスの第三巻、第一七寓話においてイソップ物語に神的なものを混ぜるのがふさわしいのかを先ず問うてもよい。しかし、これはそのままにしておこう。次に、
「神々が、実を結ばぬ木を選び、
かつてそれを自分の保護下に置こうとしたのはなぜか」
と訝《いぶか》しむミネルウァに

「ユッピテルは原因を話した。『名誉のために実りを売ると思われないように』」。ミネルウァは、その実り故にオリーブの方を高く買い、

「神々の父親、人間を創った者は」

自分の考えを修正し、今度はこう考える。

「我々のなすことが有用でない限り、誉れは無価値である」。

§ 609

上述の寓話の格言はこうである。

「役立たないことは何もなさぬよう、短い物語は説き勧めている」。

そこで

「ユッピテルは樫の木を、ウェヌスはミルテを、アポローンは月桂樹を、キュベレーは松を、ヘーラクレースは高いポプラを気に入った」

のである以上、あとでユッピテルが熟慮して初めて誉れは無価値だったのであり、ユッピテルが最初に持ち出したあの壮大な主張と理由づけは中身のない装いであったと前提する以外の仕方で、実例を創作するだけでこの格言が明らかになるかどうかがここで問われる。ユッピテルの最初の主張、理由づけは何しろ大がかりなものであるから、解釈者の多くはそれを理解することすらできず、次のように読み方を変えようと甲斐なくも努力してきた。「我々

に与えられるべき神的崇拝を代価に果実を人間に売ると思われないよう、我々は実りをもたらす木を人間たちに残し、実を結ばぬ木を我々のものとする」。しかし上述の木々は今日に至るまで詩的世界では上述の神々の保護下にある。いくつの真実らしさが同時に欠けていると認められるだろうか（§608）。しかし、真の宗教から離れるや否や、どこにこのような醜さを発見しないでいるだろうか。

§ 610

第一五の問い。ときに盲目の、ときに正しい洞察を持つ愛についてのミーレートス風物語は、他の物語と共通の真実らしさの他に、特に広義の道徳的真実、真実らしさを至る所で保持しているものなのか（§433、495）。このミーレートス風物語が例証しようとしている格言、即ち、賞賛されるべきことについての言表と、「甘い恋を恐れ、苦い恋を経験する」[1]者に通常生ずるようなことを、創作された陳述の経過と結末自体を介して十分潜在的に事実についてのみ明示する格言と、それらを実践的原理のように用いる人物たちの性格とを十分に識別したか（§549）。

（1）ウェルギリウス『牧歌』三・一一〇。

§611

一層麗しく実践的な（§610）ミーレートス風物語の格言、即ち作品全体の究極目的、標的である格言は、最も一般的な次の二つの定式に還元される。一つはウェヌスのそれである。「恋を一度もしたことのない者は今こそ恋をすべし。恋をしたことのある者も今こそ恋をすべし(1)」。もう一つの定式は、かなり多くの恋について美的にも真なる次のものである。恋を一度もしたことのない者は恋をするな。恋をしたことのある者も恋をするな。それ故、作家は忠告的または論駁的格言を自分の中心的格言として選んだならば（§576）、それに応じて狭義の道徳的真実らしさ（§435）にも実直に留意すべきである。そうしないと、良き習俗に矛盾することを勧めたり、§211、214から考察された徳が要求するか、或いはせいぜい機嫌の悪いときにしか非難しないものが実例において証示しているものを諫止《かんし》することになってしまう（§467、470）。

(1) 作者不明『ウェヌスの徹夜』の各詩末にあるリフレイン。§902参照。

§612

第一六の問いが殿《しんがり》をつとめるであろう。英雄的物語は、それが他の物語と共通に持っている真実らしさの他に、自らに特有の真実らしさ、即ち、重要な英雄の人柄が常に自己に一にして同一であり続け、確かに〈弛み〉と一種の弛緩を時には受けても、その点においてすら崇高であり、自発的に纏まり、更には以前の際立った輝きへ高まるような真実らしさをしっかりと保持しているか（第二一、二六節、§433、538）。アエネーアースはカルターゴーで「道草を食っている」ようにユッピテル自身にも見え、

「これほどの大事の栄光も彼を鼓舞せず、自らの誉れのために労苦を引き受けるのでもない[1]」

けれども、さほど時をおかず、自ら眠りを目から払い落とし、壮麗に、しかし大言壮語の過ちに陥らず、アスカニウスを励ますことができよう（第一二巻、四三五）。

「少年よ、私から勇気と真の労苦を、他の人々から運を学べ。……父アエネーアースも、伯父ヘクトールもおまえを燃えたたせるように」。

（1）ウェルギリウス『アエネーイス』四・二三二—二三三。

§613

美的真理（第二七節）を美的偽（第二八節）から正しく区別し、真実らしさにおいてそれを一層麗しく提示し（第二九節）、その際、様々な虚構（第三〇節）、時には詩的な虚構（第三一節）、また物語（第三二節）も用いて、自分の語るもの、創作するもの、閑談と思われるものが証明を要するときには見事に証明し（第三三節）、いつでも自己の真理追求を（第三四節）、どんな種の真実らしさを追求するにせよ（第三五節）、詩人となるときでも（第三六節）、麗しく示すならば、その人は

「私の判断では自然と真理の卑しからざる作者[1]」（§104）（ホラーティウス）

であろう。

(1)　ホラーティウス『カルミナ』一・二八・一四―一五。

第二巻

序言

美学第一巻の序言で行った約束を果たそうとして、その公刊後に残された時間、私が企て、そのときに予告した梗概が短く示している織物を一層詳しく織り上げる仕事に着手した。遅からざる印刷は先行する著作に追い付いたし、今読者に提供すべきもので終結せねばならない事態に忽ち至ってしまった。というのは、私をベッドに投げ込んだ病気は極めて重く、極めて執拗で、私や同僚のみならず、最も熟練した医師たちにすら、しばしばもうだめだと思われたほどだったからである。思うに、中断された小品はもう長い間宙に浮いたままであったし、書店に抵抗することが正当だとも私が判断していたならば、今なお宙に浮いていたであろう。この書店はこれまで忍耐強く遅れに耐えてきてくれたし、このような書を書くのに適した力を死よりも多く約束してくれるような健康上の理由はいまだないのであるから、目下のところ、既に印刷されたものをこれ以上押さえておくようにこの書店を説得するのはそれだけ難しくなった。私事を語る著者は大抵嫌われることを私は知らないわけではない。そんなことを知りたがるのは大衆だけであるから[1]。美的確実性の素材すら決して汲み尽くさず、麗しい認識の最も甘い美である生命、明晰な道筋、そして美しい弁論では美辞、実演と普通いわれるあの優雅な記号論に触れず、また、かつて第Ⅱ部と呼んだ美学の実践的部分と、より近い弾みをこれらの思考に与えた講義の口述内容によって既に形づくっていた個々のこととに足を踏み込む見込みがない理由のみを私としては手短に述べたかっただけである。しかし、親愛なる読者よ、諸君の中にもし私を気遣い、私を知り、私を愛してくれるひとが残っているとしたら、幸運は他の人々から学ぶとして、(2)ほぐしえないと思われる病の縺《もっ》れの中をもう八年もさまよっている私からは、最も優れたことを立派に思惟することにかなり早くから慣れることがいかに必要かを学びたまえ。なぜなら、今の私の状態では全力でそれをすることができない以上、何をなすべきかが私は本当にわからないからである。

一七五八年三月三一日　オーデル河畔のフランクフルトにて

（1）テレンティウス『アンドロス島の女』一八五、キケロー『アッティクス宛書簡集』一三・三四参照。
（2）ウェルギリウス『アエネーイス』一二・四三五—四三六、§612参照。

一般美学

第1章　発見論

第三七節　美的光

§614

思惟における（§18）真の美（§17）と洗練を追求する者は、第四の場所では（§115、177、423）、思惟内容すべての光、明瞭性、及び明晰性を追い求めるように（M、§五三一）。ただし、この光は美的な光でなければならない。これは理性類似者が事物の相違を知覚するのに十分なほどでなければならない（§22、M、§五三二）。クインティリアーヌス（八・二）はこの明晰性を雄弁の第一の長所の一つとして大いに勧めつつ、極めて正当にも「語における明晰性」（§13）と「物事の明晰性」を区別している。前者はここでは取り上げない。後者は、それによって、麗しい思考の対象が「明晰になり、不注意な聞き手にも明白[1]」になるようなものである。

（1）クインティリアーヌス『弁論家の教育』八・二・二三。

§615

論じられる物事を把捉することに、悟性と理性の力といわゆる活力とを、あまり厳格には向けない者をも、ここで「不注意な」者とか「聞き手」と呼んでよいのならば、私は進んでクインティリアーヌスの考えに従おう。実際この極めて優れた修辞学者はそう考えていたと私は殆ど確信している。なぜなら、「自分のところにある曖昧さを自分で払い落とし、自分の知性の光のようなものを弁論の闇に持ち込むほど、判定者」（観客、読者、聞き手）「の緊張は」必ずしも常に「鋭い」わけではないということを自分の主張の事由として付け加えているからである。他方、もし「多くの思惟から引き離された[1]」、注意の散漫な者、或いはあなたが思惟することとは全く別のことを思い巡らしている者、或いは酔眼朦朧とし、まどろんでいる者、要するにあなたの思惟に理性類似者を向けようとせず、その能力もない者だけを「不注意な」者、或いは「聞き手」と呼ぶとするならば、かなり麗しく思惟されるべきものがたとえこのような人にとってはあまり明白でなくても、だからといってそれが美しい光を欠いているなどとは一般に私は決して認めないであろう。

(1) クインティリアーヌス『弁論家の教育』八・二・二三。

§616

優美さの規則に従って我々が思考するものはすべて、「たとえそれを見つめなくとも太陽が目に入ってくるように、弁論が」聞き手の「心に入ってくるほど明瞭」でなければならないわけではないと私が言っているのは、理由のないことではない(§615)。裁判官が「理解できる、ということではなく、理解しないことがありえないように弁護士は注意すべきではあるが」[1]、麗しく思惟しようとする者が皆弁護士であるわけではないし、彼が自分の人格的対象と見做してよい者が皆、ローマ人の小判事が通例そうであったような裁判官であるわけではない。

(1) クインティリアーヌス『弁論家の教育』八・二・二四。

§617

美的光、明白さを絶対的なものと相対的なものに分けるよう真理そのものが命ずる。前者は美しい思惟すべてに必要なもの（§614）、後者は、かなり麗しく思惟されるべきもののみに溢れさせるべき段階の光である。後者の例は§616で見た。判明性、適合性、深遠性、そして知性のいわゆる純粋性（M、§六三七）による明瞭性の内包は決して美的光（§614）ではない。従ってまた絶対的光でも相対的光でもなく、論理的光である。従ってそれは、美しく思惟しようとする者によっていわゆる中心目的として直接志向されるわけではない（§14）。ただし、それを主題について自らのものとしたならば（§551）、それは麗しい思考の間にときには彼に役立つこともありうるし、また、主題の少なからぬ部分が感性的な光に照り映えているときには、美しい悟性（M、§六三七）にとって外延的に判明な（M、§六三四）全体の観念を間接的に手に入れてもよい[1]。

（1）§38、123、428参照。

§618

それ故、事柄において直接志向される美的光は、すべて事柄の感性的明白さ、徴表の多さによる明瞭性の外延（§617）である。絶対的な光もこれに含まれる。他方、相対的な光とは、生動的な思惟と素材の輝き、光輝（M、§五三一）である。タキトゥス（『年代記』一三・三）は、「幼少の頃からすぐ彫刻や絵をつくり、歌や馬を御する訓練をし、時折詩を作ったネロー」（何と様々な営みの集まりであることか）「に生動的精神を」[1]帰している。小プリーニウス（『書簡』三・一）は、スプーリーナが[2]、「立派なことである限りにおいて義務を果たし、政務を執り、属州を統治し、閑暇を多くの労働に値するものにした」だけでなく、「老いても朝三マイルの散歩をし、身体と同じくらい精神を鍛練し、すぐ後に馬車に乗った」が故に、彼には「活動的で生動的な身体がある」[3]と考えている。ここには、驚くべき動きの多様さと日常生活の変化がある。

（1）タキトゥス『年代記』一三・三・三。（2）後一世紀のローマの将軍。老後も田舎で活動的な生活を送り、抒情詩を書いた。（3）小プリーニウス『書簡』三・一・四—五。

§619

従って、或る特有の多様性と、いわば互いに押し合う諸徴表の急速な迅速さが認められ、耳目を引くような仕方でそれらの徴表が迸ることで、あの思考の輝き、光輝がその部分においては発出するが、その全体はあくまで明白で、絶対的に明瞭でなければならないような、そのような思惟を生動的と呼ぶのは、極めて正当であるように私には思われる。[1]かくしてクインティリアーヌス（四・一）は、序が明晰であることを正当にも要請しておきながら（§

617）、「もっとよく心をとらえたとき、既に暖めたときには、一定のトポス、つまり、それの持つ自然的な豊かさが」或る種の「放恣の周りに輝きを溢れさせ、それが注目されないようにするトポス」[2]のみを許している。彼はここで自然的な豊かさを輝きの母のようなものとして尊重しているが、キケロー（『ブルートゥス』三六）も、「この豊麗さ、見せかけのものではなく、自然な輝きを持っていたあの新鮮な樹液と血気をヒュペレイデース、アイスキネースらに」認めている（§104、115）。

（1）ここは重要なテクストである。というのも、徴表の数という量が輝きという質に転化するメカニズムが語られているからである。これについては、松尾　一九八五、六一頁参照。（2）クインティリアーヌス『弁論家の教育』四・一・五九。

§ 620

麗しい思考の輝かしい生動性は、次に一層詳しく扱うその熱気、生命（§22）と混同してはならない。それをなしうる場合には、思惟が光り輝くだけでなく、熱気をも帯びるよう、この両者を結び付けるのが正当でもあり、美しくもある（§142、143。なお、クインティリアーヌス、八・三を参照せよ）。けれども、これら二つの美は、思惟においてはその本性上分離しているものであり、これらの精密な理論によって別個に論じられるべきものである。更にまた、一方が他方なしに認められることも稀ではない。この意味でキケロー（『法律について』一・六）は「アンティパテルは」その先行者たちよりも「もう少し鼻息が荒く、確かにその人は粗野で粗削りな力を持っていた」（感動させる力と生命を欠いていなかった）「が、しかし輝きと熟練はなかった」と語っている（§619、256）。

§621

キケロー（『善と悪の究極について』四・五）はまた、カトーのストア派的政治理論がカトーの心を動かし、国家に奉仕するよう駆り立てる度合は、アカデーメイア派的理論がキケロー自身を動かすほど強くはないといってカトーに異議を唱えようとはしないであろうが、ストア派的理論は「政治的なことについて、潤いのない文体で定義、分割する」のに対し、それらに関する「アカデーメイア派は国家について多くを、法律について多くを書き、諸学藝における多くの規則だけでなく、弁論においてよく語ることの範例をも書き残したが故に、アカデーメイア派の弁論は輝いている」といってカトーを遠慮なく非難している。輝きの真なる概念をこの箇所から引き出せば、今の私には十分であり、キケローの異議申立てはどうでもよい（§251、252）。同じキケローが（『ブルートゥス』二三八）、「著しく輝く、極めて粗削りな弁論」を、鍔《つば》ぜり合《あ》いをしているとして記述している箇所も我々の目的のために参照しておこう。

§622

見せかけの輝きでなく、自然な輝きが要求されることはもう二回述べた（§619）。思惟の主要な洗練のうちいかなるものについての忠告も、この麗しい思考の輝きについての忠告ほど必要ではないとせねばならない（§22）。なぜなら、自然の正しい模倣からこれ以上に逸脱しやすい思惟の洗練はないからである。「そして、外観にとらわれる者たちは、体毛を毟《むし》り取り、肌を滑らかにし、カールした髪を針でくしけずり、自分のものでない肌の色に輝く者たちには、無傷の自然が与えうるより多くの美しさがあると考えるので、身体の美は悪しき性格から生ずるように思われる程である[1]」（クインティリアーヌス、二・五）。さて、思惟における自然な輝きとは、(1)それを得るには、無理に歪曲された才覚、あまりに強く張り詰めた才覚ではなく、精神の自然な才覚だけで十分であり、その結果、「自然に従って」流れ出た思考が、「天性からは何も得ていないと思われるような[2]」ものである（§104）。

（1）クインティリアーヌス『弁論家の教育』二・五・一二。（2）同書、二・五・一一。

§623

思惟における自然な輝きは、(2)思惟の対象たる素材と物事によく適し、適合し、いわば固有なので、それの中に持ち込まれ、飾りのために塗られたというよりは、それらの素材、物事や、それらについての思惟から必然的に現れ出たと認められるほどであろう。従って、この優美さの愛好者は、もし何らかの「論述対象が」内的、内在的実質を介して「光りうる見込みがない」ならば、無縁の絵の具で輝くよう強いるよりも、むしろそれを「捨ててしまう(1)」。思惟の自然な輝きは、(3)専らその人々のために思惟する人々の自然的理解力、地平、天性、特質、心性、いわゆる肉眼によく釣り合っているので、その人々の目を眩ますことなく、しかし光で充たしつつ、魅力的に照らしつつ、しかし不都合に燃やすことなく、彼らによって疲労なしに受容されうるであろう。自然な輝きのこの第三の要件に注目しない者たちは、例えば自分たちの本性、思惟、感覚の仕方、特質、専攻にあまり調和しない思惟内容を読むときに、自分たちは作者が教えたり、共に楽しんだりしようと特に決心した者ではないと認めるべきなのに、その輝きがどこにも知覚されないと言うのである（§104、キケロー『弁論家について』一・八一参照）。

（1）ホラーティウス『詩論』一五〇。

§624

「絵では、荒く、未熟で、地味で、暗いものを喜ぶ人もいれば、輝かしく、快活で、明るいものを喜ぶ人もいる。各々のものは、その類においては傑出し、類は多くある以上、何か規則、定式のようなものを表現するすべがあろうか。私はこのような思い込みによってこの試みから引き離されなかったし、あらゆるものにおいて或る最も優れたもの」（最も美しいもの）「が、たとえ」（多くの人には）「隠れていても、存在し、そのことに通暁した人によってそれは判断されうると考えた」（キケロー『弁論家』三六）。美的なものにおいて美の絶対的光を欠いたもの（§617）、絶対的に荒く、未熟で、地味で、暗いものを喜ぶ人々がいたならば、その人々は誤っており、そういってよければユーノーの代わりに雲を抱いているのである[1]。しかし、絵の場合と同様、一般的にあらゆる美において、絶対的と呼ばれる光ですべてのものが目立っていさえすれば、

「まるで白いカミルレか橙色の罌粟《けし》の如く綺麗な顔で輝く[2]」（カトゥッルス）

のはすべてのものではなく、幾つかのもの、つまり比較的明るいもののみである。幾つかのものは、あの輝かしく、極めて明るいものに比較されるときは暗く見えるけれども、真に、見事に明白なものであり、そして、一目見ただけでは荒いと判断されるものは（§621）、すべてではないにせよ、上品に

「多くのものが詩の中で輝く[3]」（ホラーティウス）。

(1) §106註(1)参照。(2) カトゥッルス『カルミナ』六一・一八六―一八八。(3) ホラーティウス『詩論』三五一。

§625

絶対的な美的光を欠いていないものを、端的に明晰で(感性的に)明白な(§617)あり方の思惟、他方、相対的な光も輝かせているものを、輝かしい、光輝あるあり方と呼ぶとしたら、次のように言う先行者クインティリアーヌス(八・三)に従っていることになる。「欠点なしに明晰に(§619)語る者たちが得る報酬はささやかであり、何か大きな徳を獲得したというよりは悪徳を欠くということである。……キケローは、ただ判事に伝達するだけで、そして有用に、正しいラテン語で、明白に伝達するだけでは、煌《きらめ》く武器の輝きで(§282)―彼が達成したと我々が知っていることを達成しなかったであろう。「しかし、この装飾は(繰り返してよいが)(§622)男性的で、力強く、実直でなければならず、女々しい軽薄さも、見せかけで目立つ色も愛好してはならず、血気と力によって輝いていなければならない(§619)。このことは極めて真実なので、この悪徳はこの最大部分において徳に隣接するが故に(§622)、この悪徳を犯す者ですらこれに徳の名を付けるほどである。従って、頽落した者の誰も、私が上品に語る者の敵だと言ってはならない。これが徳であることを私は否定しない。しかし私は彼らにそれを認めない[1]」。

（1）クインティリアーヌス『弁論家の教育』八・三・一、三、六。

§626

自然的光輝の猿真似、見せかけをホラーティウスは実例で嘲笑している（『詩論』一五）。「荘重で、大きなことを約束した始まりに、広く光り輝く紫の布切れが大抵は一つ二つ縫い付けられる。それは、聖林、ディアーナの祭壇、心地よい野を通って流れる水の流れ、ライン川、雨を示す虹が描写されるときである。しかし当面こういうものの場はなかった(1)」。

ここには、浮かれすぎの画家たちに対する嘲りがある。そういった画家たちは、美しいだけでなく、新しさの点でも優れたものを引き出す見込みが特にありそうな、十分見事な素材を選び、それについて作者自身、君の期待以上に大きなものを約束しておきながら、いざ事に当たると、模倣者たちの盲目の畜群(2)は、問題となっている事物の本性が進んで与えるであろう何か新しいものを充実した光のうちに差し出すことを知らず、格別の光輝を要求するものを明るくすることを知らず、統一を無視して、全く別の、或いはあまり関連のない他の物事へ注意を逸らす。こういった余所事が整合性の良くない作品に持ち込まれたのは、それが既に真に美しい天性によって輝かしく彩られているのに、もし神々の心に適わば、何か難解でアジア的な華美さ（§325、623）を介して更に一層輝かしく彩ろうとしたためである。

「マルスの森とアエオリアの岩に近いウルカーヌス山の洞窟を私以上に熟知した住み処としている者は誰もいない。風が何をするか、アエアクスがどんな影を投げかけるか、どこからもう一人の人が盗まれた小皮の黄金を引き取るか、モーニュクスがどんな山とねりこを投げるかを、フロントーのプラタナスは、砕かれた大理石は、絶え間ない朗読者によって砕かれた柱は叫んでいる。最大の詩人からも最小の詩人からも同じものを予想してよい[3]」（ユウェナーリス、一・八）。

(1) ホラーティウス『詩論』一四―一九。(2) ホラーティウス『書簡詩』一・一九・一九参照。(3) ユウェナーリス『諷刺詩』一・七―一四。

§627

ユウェナーリスの言う最小の者たちのうち他の画家たちは、§125で我々が指摘したように或る大きな天性の一層大胆な言葉によって欺かれる。キケローの『ストア派のパラドックス』序にあるのは、このようなものである。「弁論によって輝き、いわば磨き上げられないほど粗放なもの（§621）、未開なものは何もない」。なぜなら、自らの力を頼りにするそのような主要な男たちは、主張を一層徹底的に洞察してみれば、思惟において麗しい人間の「義務について偽なる決定をし、技術が何をなしうるかではなく、自分たちが」たまたま「何をなしうるかを開陳した」ということを、上述の画家たちは感じないのである。それ故、今問題にしている小綺麗な小物ども（§356）は大抵自分を傑物と考え、あの人々の予言を実現し、キケローあたりが時折まどろみつつ言ったことを、ミネルウァではなくフォルトゥーナ（幸運の女神）の助けを借りて試みることが自分の仕事だと推論する。それ故、彼らは、彼らの本性では最小の光輝しか許さないものとしか考えだしえない素材を求め、すべての神々の意志に反してそれに多くの無縁の草花と多くの飾りを被せるので、その結果、イソップ物語に出てくる自分のものではない羽を自慢する小烏《こがらす》と違わない主題を彼らの最も大事な観客に差し出すが、技術に通じていないようなその観客ですら、自分たちに提示された板絵から自然な喜びを引き出すことができなかったと白状すればするほど、自分は良いものを思惟したと常に喜ぶのである（§623、119〜121）。

§628

しかし見事な思惟内容に被せられた見せかけを真に自然な光輝から見分けるのに苦労したり、或いは苦労しても見分けられないのは、本性上そうであるヘリコーン山にいる精神的身長の低い人のみではなかろう（§359）。中程度の天性にもそれは極めて困難になるときがある。それは、若い頃に萎縮した悪しき習慣が真に優雅な本性に扮し（§622）、それらが生きる時代の不正とそれらが生きる場所の辺鄙さが最も美しい物事の内的本性を覆い隠しつつ、常に表層に執着することを強制し、また同時代人の判断力も同じ事情でかなり堕落しているので、見せかけの美のみを自然そのものの娘として崇拝する習慣がついているときである（§622、623）。しかし美的なものにおける一層恵まれた天性（第二一七節）は、ちょうどキケローの『ブルートゥス』二六一におけるカエサルのように「理性を用いつつ（§38）、悪しき頽落した習慣を純粋で頽落していない習慣で改善し」、明晰な思惟の優雅さ（§625）に或る種の格別の「装飾を付け加え、いわば良く描かれた絵を良い光のうちに据えるようなものであって、一種の光輝を持ち、老獪でない」思惟の「あり方を保持している」。

§629

思惟の輝きと光輝は感性的明白さの一種、否、一段階であるから、論理‐学理的なあり方の思惟は、かなりそれを欠いている。それは、美‐学理的なあり方の思惟が悟性的明白さの一層強い段階を欠くのと同様である（§617、567）。論理‐学理的な思惟が形式的に哲学的、学問的であり、一層確実な理性と一層純粋な悟性にとって見通しやすい明白なものであればあるほど、輝きと、理性類似者にとっても透徹した明白さは少なくなる（§578）。学理的なあり方の思惟が生動的光輝を多く持てば、それだけ論理学ではなく美学に関係付けられるべきである（§568）。それ故キケローは、新しい世代の中でも考えの一貫しない何人かの者に対し、自分の哲学的著作の思惟のあり方を美‐学理的と判断している。『善と悪の究極について』一・六で彼は言う。「輝かしく書かれてもいるし、ギリシア人からの翻訳でもない書物」（私の哲学書）「よりもギリシアのものを優先させる理由は何か」。『ストア派のパラドックス』序で次のように言うとき、なお一層はっきりと彼は考えを提示している。「学校でテティカ（一般命題に関するもの）と呼ばれているものを我々のこの弁論文体へ移しかえるときに私が普通用いる修練のあり方を味わってください」（§569）。

§630

「デーモステネースが、もしもプラトーンから学んでいたことを保持し、公表しようとしたならば、華麗に輝かしくそれをすることができたであろうと私は思う」というキケロー『義務について』一・六と私は考えを同じくする（§567）。しかし、もし彼が華麗に輝かしくそれをしたとするならば、もし彼が哲学的な議論の仕方においてデーモステネースであることを明示したとするならば、そのときには私の考えでは彼は理性と悟性にできる限りの明証性をもって訴えようとしたのではなく、むしろ理性類似者を大きな説得性の光で明るくしようとしていたのであろう（§629、568）。

第三八節　美的曖昧さ

§ 631

光と明瞭性の欠如、反対は「曖昧」であるが、他方、光と明瞭性は感性的であるか悟性的であるかのいずれかであるから（第三七節）、古人たちが〈感性の点での〉曖昧さを〈知性の点での〉それから区別したのは極めて正しかった。感性的に把捉されるべきもので、外延的明瞭性と美的光を十分持っていない物事、思惟は〈感性の点で〉曖昧である。それ故、何であれ学を介した一層判明、純粋、深遠なものを理性類似者は獲得しないのであるから、もしそれを理性類似者のみで観察しようとしたら、それが曖昧だと嘆くだけでなく、〈感性の点で〉曖昧だと感覚することになろう。

§ 632

悟性と理性を介して把握されるべきもので、明瞭な徴表と正しく洞察された理由によって区別したり、一層平明に言表したり、完全に証明したりするのに要求されるだけの内包的明瞭性、判明性、純粋性、深遠性を持たない物事、思惟は〈知性の点で〉曖昧である。それ故、美的に明晰であるばかりでなく、美しい光に輝いているかなり多くのものを理性類似者だけに手渡しておきながら、しかも一層判明に把握し、一層深遠に理性によって精査しようと努めたならば、しばしばそれが曖昧だと嘆くだけでなく、〈知性の点で〉曖昧だと感覚することになろう。

§ 633

明白さと光には中心的な賞賛が与えられ、この賞賛されるべき明瞭性に真に対立する曖昧さにはきっと恥ずべき非難が与えられる（§23）。この曖昧さは、物事、思惟のものであるか、表示形式つまり語と句のものである。ここでは前者、しかもかつて〈感性の点で〉と呼ばれた種（§631）のみが我々の問題となる（§614）。麗しい思考を通じて少なからぬものが〈知性の点では〉曖昧であってよく、それらのものの精密な定義は深みに隠されており、その連関が理性によって明証的に洞察されることは殆どない。優美の法則に従って検査されるべき自己のもの（物事と思惟）において美的曖昧さ、つまり美的光の欠如を免れることが許されさえすれば、真に美しい天性（§632）は、殆ど純粋な学にしか関係しないこの曖昧さに注意を払わない（§632、614）。

§634

美的曖昧さには二つある。一つは美的なものにおける絶対的な光(§617)の欠如であり、これは美的闇、及び単なる夜と呼ぶことにする。もう一つは相対的な光、つまり或る種の輝きと際立った光輝との欠如である。後者は更に二つに分かれ、一つは、悪くない破格(§25)によって生ずる見掛けのみの欠如で、美的陰影と言われる。もう一つは、真の美に要求された生動性の本当の欠如、欠落であり、これが美的闇と一緒になると、極めて粗放なあり方の思惟を与えることになろう(§621)。常に丁寧に美しく思惟しようとする者は、夜そのものを恐れるだけでなく、或る種の粗雑なもの、つまり確かに明晰ではあるが(§625)、しかし欠点を伴って相対的には

「あまり明瞭でないものに光を与えるよう強いるであろう[1]」。

§635

他方、陰影については、形式の便に応じて、時にこれを追求し、時にこれを避けるであろう(§614)。

(1) ホラーティウス『詩論』四四八。

麗しい思惟の途中で麗しい倹約（§164）を知らない者によって可能な限り多くの光においては構成されず、可能な限り多くの外延的明瞭性を伴っては拡張されないものがある。このようなときに使われる一切の技巧は自然を模倣するものであり、我々はこれを陰影という名のもとに包摂する。例えば、主題にあまり連関しないものが、いわば遠方から示されるだけで、ちょうど霧に蔽われるように視覚的に大きさが次第に減少していくような場合である。つまり、等間隔をおいた一様な柱で支えられた柱廊は、事物の本性からして、

「端から長い全体が見られると、少しずつ狭い錐の先端へとまとまり、屋根を地面に、右をすべて左に結びつけ、遂には錐の曖昧な先端へ縮小してしまう」（ルクレーティウス、四・四三〇）。

ちょうどそれと同じように「漸く明けはじめた頃の薄暗がり[1]」を経て少しずつ短い日中が開かれ、それと真夜中との間には「日没後の薄暗い光[2]」がある。

（1）タキトゥス『年代記』四・五〇・一。（2）リーウィウス『ローマ建国以来の歴史』二四・二一・七。

§636

美しい思惟内容のうちに醜い曖昧さを生み出すものには、先ず、格別の観客の理性類似者に期待しうるだけの注目の過度の(1)内包がある。それは、或る大衆的なあり方の思惟を装い

つつ、実際には理性の地平にのみ残されるべきだと思われるものを懐胎し、それを正しくとらえるには、悟性、理性の教育された多くの経験を要求するような仕方でそれを観客と共有する場合である（§121、615、622）。また、過度の(2)外延と(3)延長（M、§六二八）が試みられる場合もそうである。これには二つの場合がある。一つは、麗しい領域にとってはもう十分明白、明晰であるのに、(1)なお新しい光輝、目を眩ませる（§633）生動性、全体や主題や主題の中心部分の美しい考察から心を逸らす多くの徴表の多様さをその周りに溢れさせる場合（§629、M、§六三八）、もう一つは、十分明白で明晰なものが、(2)次から次に新しい註解をされ、絶えず華美な拡散で（§165）あまりに長く照明されるので、とうとう事物、思惟の山に疲れた精神は弱まり、森によって刷新されるよりも、むしろ圧倒される場合である（§623）。

§637

キケローが『発想論』二・一五六で次のように言うとき、彼は悪しき曖昧の第二、第三の発生に同時に触れているようである。「曖昧な物事が語ることによってより明白になるように、明白な物事は弁論で一層曖昧になるということを見ないならば、一つ一つの論点の実例を挙げることを躊躇しないであろう」。どういうことか。それらの実例は、他の場合には証明するものであるか、或いは十分短いものとして最も煌《あき》らかな光によって飾り立てたであろうが、この場所では目を眩ませたり、多くのものによって分けられたものを長々と多くの人に提示し、ここでは観客の目を疲れさせてしまったことであろう（§636）。

§ 638

一層醜い美的曖昧さが生ずるのは、(4)絶対的にそれ自体では曖昧な主題、かなりのものに見えるが、実際はキマイラのようなもの、つまり何でもないもの、または少なくとも相対的に、観客だけでなく、作者自身の理解力にとっても極めて曖昧なので、それを感性、想像力でも、悟性の力でも達成できないのに、それにも拘らず他人に提示すると約束した物事を、ひとが優雅に解説すべきものとして選び取った場合である。これに属するのは、「あの大きいが、自然的でなく（§622、623）、人工的な（§110）、アンティポーンの夢解釈である。神託と予言の」かなり多くの作り事、及び真なることの多くの「解説も同じである。それらにおいては多くのものが曖昧で不分明である」（キケロー『占いについて』一・一一六。なお、二・一一五参照）。

§ 639

良いこと、それ自体は正しく明白なことについて、それらを全く知らずに（それももっともではあるが）論じようと空しくも努める人々には二種類ある。第一の種類は一層無垢で単純で、それだけにその醜さを開示しやすい。それは、殆ど知らない物事について大きな断絶をもって、心でなく流れで表示形式を流出させ、他の誰も分からない曖昧なもので曖昧なものを提示し、思惟者本人が分からなかったのだから、他の誰も分からない闇で、ぼんやりしたものを照らすことを向こう見ずにも始めるとき、うまくやったという確信を愚かにも持つ人々である。もう一つの種類は一層狡猾で、いわば老獪な人々で、最も優れた物事についての同じ無知において同じ無恥から何についてでも麗しい思考を企てるが、しかし十分巧みな配慮で自分の心の闇を覆い隠し、自分の無知の罪を、問題となっている素材、物事そのものに都合よく転嫁し、観客自身でなく、思惟されるべき物事のうちにそれらが理解されえない原因を求めることを彼の観客（同じように物を知らない者をその中に見出すのは困難ではない）に容認するような人々である。こうして自分の観客の欠点を甘やかし、見逃すことによって、このような作者は退場するとき観客に容赦されるだけでなく、しばしば賞賛すらされる。この作者一人が事物の闇を見ているのであり、他の人々は、もっと博識だと思われたいために、この闇を正午の太陽に喩えつつ偽りを言うのである（§638）。

§640

この曖昧さ（§636、637）の幾つかの例を、神々の本性についてのキケローの書は我々に示している。その第三巻、九四はこう言っている。「コッタはこう言って終えた――『大略こういうことを私は神々の本性について考えている。それを否定しようというのではなく、いかにそれが曖昧であり、いかに難しい説明を持っているかを読者が理解するようにと私は話した』」。なぜならば、それらの経過全体を通じて最も明証的な宗教の自然な諸問題が、ギリシア、ローマの迷信と哀れにも混ぜ合わされているからである。これらの迷信の大部分は、ストア派が不運にも哲学の保護下に受け入れようとしたもので（§636）、それらすべてをエピクーロス派は、最も真なる宗教の真実の先取をもって、少なくとも心中では嘲笑していた（§637）。アカデーメイア派のコッタは、それらを攻撃する際、ストア派が夢の解釈を挙げるたびごとに（§638）、その曖昧さを自らの権限で誤って嘲笑し、他方、エピクーロス派が、神的なものにはあまり注意を払わないのに、何一つ神々について語らなかったと思われないよう、神々の肉や血のようなもの、そして中間界の期間を長々と開陳したときには、エピクーロス派の空虚な謎と恥知らずな大胆さに良く触れ、他方、「神慮について最も神聖かつ先見的に構成されたあの理論にかなり激しく引き入れられた」ときには、一層真実な宗教を認める者には明白だが、それ自体としては曖昧な多くのことを巧みに創作している（§639）。

§641

§638で指摘した一層醜い曖昧さの実例は、§639で述べた二つの病のいずれか一方または両方に苦しむ多くの昔の化学者、とりわけ錬金術者たち（彼らにとってはすべてのもの、特に賢者の石は深秘である）、また、真に神的なものに飽きたらず、自分及び自分の仲間のために新しい神秘を考えだす多くの最高の神秘家、また、
「聞き慣れぬ言葉の謎で曖昧な歌を二七たび魔術的な口でつぶやく[1]」（オウィディウス）
場合の、魔術を装う者すべてと、ダイモーンとの深夜の交流である。

（1）オウィディウス『変身物語』一四・五八。

§642

美的曖昧さの第一の原因（§636）を警戒しようとする者は、一つ一つでは明晰で、輝かしくさえあるが（§625）、それらが属する全体の美を損なわないためには、しばしば理性類似者によって混同、混合されるすべてのものを互いに区別することを周到に慎むであろう。或る麗しい絵の中に「クニドスのギュゲース」とかいう者がいて、全体の美を損なわないためには、
「少女たちの一群の中に入れた場合、解いた髪と不分明な顔ゆえに曖昧な相違は、鋭敏な客人たちをも欺くほどで」（ホラーティウス『カルミナ』二・五・二一）
なければならないだろう。そのときには密告者の役を演じ、楽しみの集会を乱そうとするな

かれ。むしろ、鋭敏な判別力は余分だから、都合の良い陰影でそれを覆い隠せ（§634、M、§六四五）。

§643

最も良いものをも醜くする曖昧さの第二の道（§636）を闇雲に進むのは、I：自らの格別の観客が実際よりも優れ、優秀だと考え、実際に観客が所有、行使しているよりも強い鋭敏さと豊かな注目、洞察の力を観客に帰属させるので、それほど大きな天性を自分の天性の尺度で満足させることは難しいと考えて、ありうる限りの輝きをできるだけ一箇所に押し込み、招集し、そうして

「控えめであるが故に大抵曖昧さの外観を呈する[1]」

者である。

（1）ホラーティウス『書簡詩』一・一八・九四—九五。

§644

同じ闇の道を見出すのは、II：自分自身について、自分と自分の思惟の権威について、不

当に壮麗に考え、従って自作がいわば謎のように読まれ、語と同数の重量によって傑出したものとして読み返され、自分の絵の筆致の一本一本に観客が執着し、留まり、見たものを心で反芻し、長々と考量して、望むだけのことを達成してしまわない限りは、一歩も一目も進まないことを無言のうちに要求する者である。「ヘーラクレイトスが極めて曖昧で、デーモクリトスが決して曖昧でない[1]」のは多分この理由による。前者は、警句の点で、〈暗い人〉というその名にふさわしかった。良く配列され、飾られた後者の弁論は、読者の理解力（§643）と自らの権威を巧みに測る人のものであり、更にキケローが磨きをかけたので、それだけにあまり哲学的でない読者の支持を得た[2]（§251）。

（1）キケロー『占いについて』二・一三三。（2）キケロー『弁論家について』一・五〇の暗示引用。

§645

力動的美学（§60）は、この薄暗い二つの道（§643、644）を用心するであろう。自らの格別の観客にある注目を拡大する力を計算し、美しい思惟をしようとしている人を観客が十分に理解し、彼の心といわば相似的になろうとしているかどうかが疑わしい場合には、暗闇に隠されているよりも、明白すぎるように見える方を選び、他方、観客に対する自分の権威を計量し、美しい思惟をしている人を観客が一〇度繰り返し読もうとしているかどうかが疑わしい場合には、最後の読書でようやく理解されるよりも、最初の読書ですぐ理解される方を選ぶ（§636）。正当に推奨されて然るべきこの計算を特に行うのは法廷の「弁護人たち」で、彼らは時には「曖昧で、知られていない法を判決へと開示し、明らかにせねばならない[1]」（§615、616）。作者の控えめ（§643）ないし高慢さ、傲慢さ（§644）がこの計算を怠ったとせよ。その人にはホラーティウスにならってこう苦情を言うのがふさわしいだろう。

「短くあろうと私が努めると、曖昧になってしまう[2]」。

「すべてをあまりに短くするときに生ずる曖昧さもやはり用心せねばならない[3]」（クインティリアーヌス、四・二）。

（1）キケロー『弁論家について』一・一七七。（2）ホラーティウス『詩論』二五。（3）クインティリアーヌス『弁論家の教育』四・二・四四。

§646

けれどもプラトーンはその広さにも拘らず、曖昧さのすべての徴表を逃れることはできなかった。このことは好意ある判断者キケロー（『アカデーミカ』四・一二三）においてすらそうである。避けるべき曖昧さの第三の原因（§636）に対する最良の解毒剤である緊密な短さ（§166）はそれほどの難事である。同じキケローの『善と悪の究極について』二・一五では

「可能であるのに平明、明瞭に語ろうとせず、また、自然学者たちのように（§639）曖昧なことについてでも、数学者たちのように人工的なことについてでもなく、はっきりとした身近なこと、大衆に広く普及したこと」、つまり快「について語っている」が、しかし理解されないようなエピクーロスが非難されている。真の快が身近で、大衆に広く普及したことだと考えられている点でかなり疑わしい異議申立てに何らかの真理が潜んでいるとすれば、それは次のことである。つまり、万人に読まれるべき書に彼の実践学の講義を振り分ける際、多少冗長であり、緊密な短さを疎かにしたことこそがエピクーロスの美的誤りである。このことからして、注意を十分に広げてエピクーロスから快の理論全体を汲み取った者は少数しかおらず、多くの人々はその一部を全体であるかのように摑み取り、エピクーロスの多くの書から時にはこの一片、時にはあの一片をさっと注目するだけで摑み取ることになったのである（§636）。

§647

一層醜い曖昧さの第四の泉（§638）を塞ぐためには、(1)何か美的に偽なるもの、熱に魘《うな》される者の夢を美しい思惟で飾り立てようと夢見てはならない（§456）。なぜなら、真理への愛だけでなく、明白さの努力もそこから引き離す。なぜなら、このような絶対的に曖昧なものには真の美的光（§614）が欠けているだろうから。(2)詩的世界の虚構自体においてユート

ピアを住み処としてはならない（§514）。このユートピアでは、異邦人にも道があるが、それは

「ちょうど、定かならざる月による僅かな光のもと、ユッピテルが影で天を覆い隠し、黒い夜が世界から色を奪い去った道[1]」（ウェルギリウス）

のようなものである。

（1）ウェルギリウス『アエネーイス』六・二七〇―二七二。

§648

(3)どんな主題についてであれ、明晰に思惟する前に輝かしく思惟しようとしてはならない（§619、625）。(4)明晰にすら提示しえないものを自然な光輝で照らしうると期待するな（§622、623）。しかしまた見せかけの光輝で汚そうとしてもならない（§626、627）。(5)もし何かが〈知性の点で〉あまり曖昧とは思われないからといって、それを美の規則に従って思惟しようとするとき、すべての美的曖昧さをそれだけで免れていると思い込むな（§632、633）。(6)一つ一つの観念の明白さと、据えられるべき全体の明白さとを混同し、前者があるからといって、とりわけ必要な後者があると軽率に結論してはならない。(7)天性の暗闇を物事、素材のせいにしようとしてはならない（§639）。

§649

「すべての認識は多くの困難に妨げられていて、物事そのものに曖昧さがあり」（客観的曖昧さ）、「我々の判断は弱さを持つ」（主観的曖昧さ）。「それ故、非常に古い学者たちが、望むことを発見するのは困難だとしたのは理由のないことではない」（キケロー『アカデーミカ』四・七）。しかし、もし事柄自体に絶対的曖昧さが隠れていて、それ自体として表象されえないものならば、境界を越えてそれらに触れるべきではない（§647）。素材がそれ自体としては明瞭で判明だが、我々にとってはその本性上明晰にすらなりえず、まして輝くことはありえないと思われるならば、周りを囲む暗闇が物事自体によるものか、我々の判断の弱さによるものか、あまり私は論じたくない。ただ一つ私が強く言いたいのは、曖昧な物事自体についていわば反抗的に多くを語り、しかもそれを何度も行い、ふさわしい陰影でその物事を包まず、むしろそれを説明、否、それどころか、空虚な謎で照明しようと空しく努めることはするな、ということである（§634、635）。

§650

美的曖昧さ一般を警戒しようとする者は〈感性の点では〉余分な繊細さにはなるほど関心

を持たず、それに手をつけないまま〈知性の点での〉曖昧さすべてを追い払おうとする人々の手に残す（§631、632）。また、全体の美を損なわないためには、それ以上もはや細片に切り分ける必要のないものを混ぜ合わせることをなるほど恐れない（§642）。しかし、麗しい判明性と分析を知らぬ、混雑し、**混乱したあり方の思惟**は、これを避ける。なぜなら、一定の素材の全体のうち、美的必然性によって多くの部分、多くの要素が注目されねばならないので、それらは一つに混ぜ合わされ、観客の視野に同時に積み重ねられて観客の目を眩ませ、その大きさで彼の注意力を圧倒するや否や（§636、637）、継起的な光輝に輝く諸部分の全体を美しい悟性に差し出すための論証の「はっきり区分された軍勢[1]」が要求されるからである（§428、618、クインティリアーヌス、四・二参照）。

（1）リーウィウス『ローマ建国以来の歴史』九・一九・八。

§651

従って、もっと長く、例えば何時間にも亙って思惟を引き延ばすことが許されるならば、個々の明白さも正当に要請される。例えば、美しい悟性が法廷弁護人（§616、645）によって全体の観想を介して外延的判明性の光を与えられる場合である。その場合、諸部分が既に極めて平明に語られ、キケローの『弁論家について』三・五〇でクラッススが言う「フーフィウス」や「ポンポーニウス」とかいう男の思考のあり方よりもきらびやかに或る種の光によって飾られているので、理性類似者は刷新される（§617）。このフーフィウスやポンポーニウスが「弁論を始めるや否や、極めて注意しないと自分は理解できず、その弁論は混雑をきわめ、混乱をきわめ、第一のものも第二のものもなく（§650）、物事に光を向けるべき弁論が、曖昧さと闇をそこにもたらし、或る意味で言葉同士が怒鳴り合っているように思われるほどである」とクラッススは言っている。

§652

他方、美的光は、論理－学理的あり方の思惟を特に喜ばせ、それを明るくするあの光とは異なる（§629、630）。同様に、理性類似者のために書かれたのではない理性の言葉を理性類似者のみによって理解しようと苦労する読者が、学問的に語る哲学者や数学者にいわば特有で自然的であるとこぼす曖昧さは、〈感性の点での〉曖昧さ（§631）ではあるが、美的ではない（§633）。また、「我々が」このような「曖昧さを、書き手の欠陥にではなく、理解しない者の無知」ないし不注意「に帰し(1)」てから初めて、数学者たちの一層確実な哲学は明証性を獲得ないし保持することになろう。しかも、我々が曖昧さを読み手の所為にする際の条件として、その判断に真理の意識と精神の平静さが伴っていなければならない。その真理の意識と精神の平静さとは、ゲッリウス（二〇・一）の「カエキリウスが十二表法の極めて難解な点を」[2]聞き手の所為にした場合のそれではなく、大衆が粉と棒を告発する理由[3]であるあの闇を数学者たちが聞き手の所為にした場合のものと同じものでなければならない。

（1）ゲッリウス『アッティカの夜』二〇・一・五。（2）同書、二〇・一・四。（3）キケロー（『トゥスクルム荘対談集』五・六四）は、幾何学者が机の上にガラスの粉を引き、その上に棒で図形を描くところから、アルキメーデースを「粉と棒で仕事をする小人」と呼んでいる。

§ 653

弁論家の領域、従って同時にまた、美しい天性の領域を最も広く述べているキケローの書におけるクラッススですら、すべての学識とかなり重要なものの学から弁論家を締め出す者たちに論駁するという想定でこう語っている（『弁論家について』一・六八）。「哲学は、自然の曖昧さ（§639）、議論の繊細さ、生と性格の三部に分かれているのであるから、前二者は捨て、我々の怠惰に委ねよう。けれども常に弁論家のものであった三番目を保持しないとしたら、秀でるための土俵を何一つ弁論家に残さないことになってしまうだろう」。だが、私としては前二者を捨てはしないし、前二者の確実な学が弁論家に、そして一層優雅なことを一層実り豊かに思惟しようとするすべての者に特別に有用であり、何人かにとっては必要であると言いたい。もしアントーニウスの喝采を望むのでない限りは、良く幸福に生きる規則を悟性で捉え、理性で証明するがままに、むき出しで自分のものに挿み込むことを、美しく思惟する者たちに敢えて忠告するという仕方で、私は性格と生についての第三の場を確保することはしない（§121）。けれどもまた、悟性と理性の規準に従って一層正確に嚮導された思考の中には何も曖昧なものは残っていないと、それらの検査へ専ら理性類似者のみを向けようとする読者たちに思われるような仕方で生と性格について思惟することが、哲学者としての私の務めだとも思いたくない（§652）。

第三九節　美的陰影

§654

美しく思惟しようと準備している間に薄暗いものをうっかり滑り落としてしまった者ですら、多くの人からなかなか許しを得ることができず、まして故意に「曖昧さの秘所を利用し」、例えば「同一の語句が別の時には別の物事に適用されうるようにした(1)」者は、殆どすべての審査員の一つ一つの計算によって有罪を宣告される、ということになったのは、これまでに考察された美的醜さの所為であった。しかし陰影は、ひとりでに生ずることもあれば、制作者によって幾つかの物事に誘い入れられることもあるが、いずれの場合でも必ずしも常にマイナスの評価を受けるわけではない（§634）。君が明晰に思惟した幾つかのものに（§625）なお一層大きな光を（§617）溢れさせようと思えば、できることもある。しかしそれは、緊密な短さ（第八―一四節）、ふさわしい品位と大きさ（第一五―二六節）、愛すべき真理（第二七―三六節）、一層上品に懐胎されるべき全体の明白さ（第三七節）、本気の説得性、心の動きと興奮、こういった美点（§22）のうちそこから期待しうるものが、或いはまた、その大部分が、光、輝きの所与の程度から全体の美が増大したよりも一層多くの損失をも同時に受けるという仕方で、である。そのとき、このような相対的光の欠如は、自然に生じたものとして我慢するか、それとも悪くない破格（§25）として推敲の熱意で世話してやるがよい（第六節）。

（1）キケロー『占いについて』二・一一一。

§655

キケローの書『占いについて』から一つの際立った例を引こう。キリスト教と我々の習俗を教えられた現代の人々に対して、最近の作者はこの神占を麗しく思惟せねばならない。キケロー（第一巻、三五）のように、「私は原因を見出せない」という言葉を自分に投げかけてみるがよい。「多分それは自然の曖昧さの中に覆い隠されているのだろう」と自らに答える者は見事に紛糾を解いたと判断されるだろうか（§649）。それが学校教師たちの言う一種の秘められた性質であることを認めてしまったと、それだけで多くの人に思われないだろうか。それとも、狂乱したエトルーリア全土が内臓で占ったことすべてを多くの謎で賢明に提示するだろうか。それとも、たとえ正気であっても、稲妻の釈義と人を最も欺く前兆の解釈において彼は冗長なのであろうか。それとも、大地の轟き、唸り、重要で真実の動きが市民たちに予言したことを適切に定義するのであろうか。それとも、むしろ古人たちの予言術はすべて迷信の影の中にうち捨てて、自然の光のみにより良く従うのであろうか（§654）。

§656

§654で我々が述べた批評家たちのうちに、その権威に対して戦わねばならない者がいるならば（§479）、その者は自分の、というよりはこの点では我々のキケロー『トピカ』三を繙《ひもと》くがよい。そこでキケローは、アリストテレースのトピカの「書をトレバーティウスが」読まなかったのは「その曖昧さの故であった」と語り、「哲学者たちはアリストテレースを知らないが、彼が語り、発見した物事によってだけでなく、その言葉の信じ難い豊麗さ、甘さの点でも哲学者たちは魅了されるべきであったから、なおさら無視すべきでない」と言っている。従って、学識あるトレバーティウスとかいう男でさえ読むのをしりごみするが、しかし信じ難いほどの甘美さを剝奪しはしない一種の曖昧さがあることになる。これは暗闇（§

614）ではないから美的陰影（§634）である。

§657

I：緊密な短さが照明することも捨てることも許さなかったようなものには、陰影をつけねばならない（§654）。「なぜなら、陳述において避けるべきだと何人かの技術書の著者たちが説明している反復、〈繰り返し〉、〈剰語〉を私は省く。なぜなら[1]」それらが真に余分ならば、陳述だけでなく、あらゆるところで、「短さのためばかりでなく、余分なものが語られるときは倦怠を伴う[2]」という理由からしても「避けるべき欠点であり」、従って、聞き手の注意を必要なものから引き離すという危険を伴う。むしろこれに属するものは、見事な思考の或る部分が「あまりに長くならないようにする技術」であり、「それは、後回しにしうるものを後回しにしつつ、しかも後回しにした点に言及することでなされる。例えば、『彼がどんな殺害動機を持っていたか、どんな共犯者を得たか、どんな仕方で陰謀を巡らせたかは証明の所で述べよう』というのがそれである[3]」（クインティリアーヌス、四・二）。

（1）クインティリアーヌス『弁論家の教育』四・二・四三。（2）同書、四・二・四四。（3）同書、四・二・四八。

§ 658

Ⅱ：美しい思惟の他の部分と比べた場合、些事と共に省くことは品位の点でできないが（§191、193）、思惟の均一なあり方（§267）がそれらを照明するために留まりうるほどの大きさは持たないようなものには陰影をつけねばならない（§654）。例えば「ランプの光が太陽の光によって不明瞭にされ、掩蔽《えんぺい》され、塩水の滴がエーゲ海の大きさの中に消滅するように、また、クロイソスの富の中の銅貨一枚の追加、ここからインドまでの道程の中の一歩のように、善の究極がストア派の言うようなものであるときには、身体に備わるものすべての評価は、徳の光輝と大きさによって不明瞭にされ、見えなくなり、消滅することは必定である」（キケロー『善と悪の究極について』三・四五）。従って、英雄的な徳の絵においては、また、天性の上位の資質の途中で身体の形状についても何らか言及せねばならない場合には、麗しい品位は一種の陰影なしにはなかなか均一に思惟しえないだろう（§186、299）。

§ 659

Ⅲ：美的に正確な真理が省くことを禁じ、しかも（§552）特に道徳的真理（§433〜436）が照明することを禁止するものは陰影づけられねばならない（§654）。同族的な実例に留まろう（§658）。「極めて小さいので曖昧になり、見えないものがある」、そして、それは陰影づけるよりもむしろ省略すべきであるように思われる「というのならば、我々もそれを認める」。例えば「エピクーロスが快について言っていること、つまり最も小さな快はしばしば曖昧になり、見えなくなる」ので、それらについては全く沈黙するのが美しいというのがそれである。しかし、徳の客引きがそれらを明晰、平明（§625）にすら述べられないと、そのことが、正確な、特に美的主体の（§211〜215）真実らしさに反することになるほど「大きな、身体の利益、時間的に長い多数の利益は上述の部類には含まれない。それ故、その貧しさの故に曖昧になるものの場合、それがあるのかないのかは、我々にとっては全くどうでもよい」。また、それが思惟されるのかどうかは、全体としての美にとってはどうでもよい「ことを認めざるをえないことになる。他方、曖昧化がさほどではない物事においても、やはり違いがそれほど大きくないことがありうる」。従って、このようなものは大まかにあっさり示すことを真実らしさの美は命ずるであろう。「然るに、身体上の善は、以上の二つのうち後者のものにより似ている。なぜなら、それは何がしか寄与するものを持っており」、それは最大の労苦ではないにせよ、「何がしかの労苦には値するからである」（キケロー『善と悪の究極について』四・二九、三〇）。

§660

Ⅳ：美しい思考にあっては全体の美は必然的に最大であらねばならないが、その一部分が充実した光のうちに燦《かがや》いていて、全体の明白さを妨げる恐れがあるほど大きな光を容れうるものは、全体の明白さが部分の光を克服してしまうまで曖昧化せねばならない（§654）。「小さいものは大きなものによって曖昧化せねばならない」（キケロー『善と悪の究極について』五・五八）。他方、全体はいかなるその部分よりも大きいから、全体の最も優れた明白さすら曖昧化する部分の光輝があるとしたら、それは美しい思考を醜くしてしまうだろう。例えば、簡素な素材、或いは中間的な素材を一つ持っていながら、最も重大な行為、自然の一層厳格な定式に従って懐胎された道徳的善、

「太陽のなめつくす炎の輝きをも暗くする」(1)（カトゥッルス）

天体についての知識、自然が秘め隠しているのを理性が探求しうる事物の観想、国政——こういったものの共通トポスに弾みで滑り落ちてみるがよい（§642）。それらのものの直観によって良い主題、例えばポストゥムスの三頭の山羊（§222）が眼中から失われ、消え去ってしまう（§263、279）ほど多くの光輝をそれらに集めないように警戒せよ。それらの輝きは別のときには自然なものであるが（§622、623）。

「いかに一定の時刻に星が沈み、いかにラトムスの岩の下へこっそり追放しつつ、甘き愛が月の女神を天の軌道から誘惑するかを」(2)（カトゥッルス）。

（1）カトゥッルス『カルミナ』六六・三。（2）同書、六六・四—六。

§661

V：獲得しようと苦労している説得性に対する妨げがかなり明瞭に提示されることになりそうだが、それを全く省略するわけにもいかないならば、陰影づけねばならない（§654）。つまり、「信頼性のために据えられた補強物は、それ自体で解除されるか、或いは曖昧化するか、或いは逸脱によって見えなくならねばならない[1]」とキケローは『弁論術の分析』で考え、一二一で「告発者の陳述がすべての論証を撒き散らし、弁護を曖昧化し、いわば事がなされたのではないかという疑いを一つずつ引き起こす説明」であることを望み、「他方、弁護人は嫌疑を強める論証を省略または曖昧化し、物事自体の結果と結末を陳述する」よう命じている。従って、テオドーロスの学派は明晰に提示することが必ずしも有用ではないと言ったが（§170）、それは美的明白さを必ずしもすべて無視してもよいというのではなくて（§618）、すべてのものを等しい相対的な光のうちに据えること（§617）が必ずしも対立するいずれの側にも等しく寄与するわけではないからであった。これと同じ規則から判定しうるのは、クインティリアーヌスが「幾つかの事例では真理を曖昧にせねばならないというのは笑止である」とし、その事由を挿入して、「曖昧化しようとする人は、偽を真として語るのであり、しかも真として語った偽においてはできる限り明証的と思われるように努めるべきである」と言っている箇所（四・二）である。或る真理に陰影をつけることと、その真理の代わりに反対の偽を真であるかのように語ることとは決して一にして同一ではないから、あえて真として示唆しようとするものすべてにおいて、必ずしもそれができる限り明証的に見えるように賢明に彫琢する必要はない（§659）。

（1）キケロー『弁論術の分析』一五。

§662

VI：全く省略するわけにはいかないが、狙っている心の感動を引き起こす見込みのないもの、または反対の感情を引き起こしそうなものには陰影をつけねばならない（§654）。もしアエネーアースが、女王も知らず、守護兵も知らぬうちに異国の都にこっそり忍び込み、安全を求めて急ぎ足で神殿に近づくならば、そこから自分の英雄に尊敬が豊かに溢れることはあまり、或いは全くできないことを予見したウェルギリウスが何と言っているかを見るがよい。

「雲に覆い隠されて立ち入る。言うも驚くべきことなり」[1]（『アエネーイス』一・四四三）。また、味方の者たちが裁きに引き出されるのを見て、しかも近づいたり、言葉で助けたりせず、むしろ

「未知のことが心を騒がす」

が故に恐れることをあらゆる人が英雄的と考えるだろうか。そこでアエネーアースとアカー

テースは
「変装し、周りを囲む雲に包まれて[2]」（五二〇）
いるが、女神の
「言葉に勇気を得、勇敢なアカーテースと父アエネーアースは……すべてが安全で、船隊も仲間たちも受け入れられているのを見た」
あとでは、我々が求め、何人かの人は多分希求していた英雄を再び目の当たりにすることになるだろう。それ故、
「周りにたちこめる雲は急に切り裂かれ、明澄な空気へと浄められる。アエネーアースは立ち上がり、顔と肩は神に似て、明るい光の中に照り映えた（§619）。なぜなら、母自らが息子に優雅な髪を、若さの紅紫色の輝きを、目に喜ばしい誉れを吹込む（§659）。ちょうど、妙手が象牙に花やかさを加えたり、銀やパロスの石が黄金に包まれるときのようにである[3]」。

（1）ウェルギリウス『アエネーイス』一・四三九。（2）同書、一・五一五―五一六。（3）同書、一・五七九―五八三、五八六―五九三。

§ 663

麗しい思考の途中で

「多くの影が占める場もある[1]」

場合を我々は見た（§654〜662）。ところが、通常ではなく、破格であるこの思惟のあり方を、最も優れた技術書の著者たちですら「曖昧化」とも呼んでいるのを我々は見たのであるから、破格が全く必要でない思惟においてすら小さい天性がそれを得ようと努めるのはまずいことになる。しかも、かかる天性は陰影でなく、単なる暗闇、極めて荒いあり方の思惟に陥る（§634）。「また或る人々は月並みな語り方を恐れるために」、それを保つよう真の美が要請するときですら、「輝きの外観に魅かれて語りたいことすべてを豊麗な多弁で包み、その系列自体を類似の他のものと結び付け、混ぜ合わせ、息の続く限度を越えて延びていく[2]（§636）」。

§ 664

（1）ホラーティウス『書簡詩』一・五・二八。（2）クインティリアーヌス『弁論家の教育』八・二・一七。

「また、或る人々は短さを熱愛し、必要な語すら弁論から取り除き、語ろうとすることを自分が知っていれば十分とばかり、他人のことは何も考えない。だが、聞き手が自分の天性では理解できない言葉を私は余分と呼びたい」[1]。ここで「聞き手」とは、十分に注意深い者、かつ語り手が自分の格別の人格的対象に前提しただけの質と量の注意深さを持つ者のことである（§615、616）。「しかし、その説得はもう多くの人々の心を捉え、その人々は、解釈を要するのが優れた選り抜きの言葉であると考えるようになっている。しかし聴衆の中には、それを理解したとき、それを聞いたのではなく、自分が発見したような気になって、自分の鋭敏さで楽しみ喜ぶようなものを快いとする者もいる（§643〜645）。それ故、何人かの人は努力さえしてこの欠点に陥っている。しかし、これは新しい欠点ではない。〈スコティソン（わかりにくくせよ）〉というギリシア語を使って、語ることを曖昧にするよう弟子たちに命じたティトゥス・リーウィウスのうちに既にこの規則のようなものがあったのを私は見付けたからである。ここからあの『全く良かった。私は理解すらできなかった』が傑出した讃め言葉になったのである」[2]（クインティリアーヌス、八・二）。

（1）クインティリアーヌス『弁論家の教育』八・二・一九。（2）同書、八・二・二一、一八。

§665

その努力が優雅な思惟内容を取り巻くとき、ウェルギリウスの『アエネーイス』九・三六の

「おお市民たちよ、どんな一団が黒い暗闇に取り巻かれているのか」

というカイークスの言葉のように、不吉を予示する人々が、まるでトロイアの馬からのように、この干からびた教師（§255、256）の学問から出現するが、そういう人々が生き残っている限り、この教師の最も哀れな「名誉をいかなる忘却も決して不明瞭にすることはないであろう(1)」。

「多くの闇を厚くまとう松明《たいまつ》は(2)」（ルクレーティウス）

プローセルピナのものであっても、決してウェヌスのものではない。むしろ「ウェヌスははじめに天空と日から生まれたのであり」（キケロー『神々の本性について』三・六〇）、その平凡ならざる天空の女神は、

「おまえが見つめるとき、死すべき者の視覚を遮って鈍くし、周りを湿気で暗くする雲をすべて奪い去るであろう。おまえは親の命令を何も恐れるな。そして教えに従うことを拒むな」（§614、662、『アエネーイス』二・六〇四）。

これらの教えのうちで最も先に、最も古く、また、最も明証的に思惟されうるのは、せっかく優美の女神たちの吉兆に恵まれながら、

「(語るも不思議なことだが) 喉から巨大な煙を吐き、盲目の闇で家を包み、目から見通しを奪いつつ、洞窟の中で煙吐く夜を巻き起こし、火を闇と一緒にする」(『アエネーイス』八・二五二)

ときのカイークスを模倣するな (§633)、というものである。

(1) キケロー『マルケッルスのための感謝演説』三〇。(2) ルクレーティウス『事物の本性について』五・二九六。

第四〇節　光と影の正しい分配

§666

優雅に思惟しようとする者は感性的明白さを最も固持する (§665)。しかし同時に教養と飾りで自己を飾ろうとするならば、次の二点に格別の努力を払うべきである。(1)自然が許したのより大きくも小さくもない輝きが、自然な思考のすべてと据えられるべき全体とになければならない (§622、623)。(2)この輝きを構成するために、相対的美的光が、次のような仕方で、美しい全体的思惟のすべての並列する部分に亙って釣り合いよく分けられねばならない。即ち、(1)より強い部分には、それがより弱い部分の光で不明瞭にならず、照明されるだけのものが、また、(2)より弱い部分には、より強い部分の光でそれが照明されるのではなく、陰影を与えられるだけのものが、あらゆる部分に分配され、それより小さいものも大きいものも分配されることはない――そういう仕方で、である（§634、658）。このいずれをも、光と影の正しい慎重な分配と呼ぶことにしよう。

§667

光と影の正しい分配者が、Ｉ：思惟しようとする全体の自然な輝きと輝きの段階を手に入れようとするならば（§666）、(1)自己の主題と選択または指定された素材の本性（§623）とを、なしうる限り良く測ることになろう。そのなかには

「暗がりを好むものもあれば、光のもとで見られたがるものもある」[1]（§624）

からである。そして素材の本性を一般的に、いわゆる抽象的にのみ観察するだけでなく、現時点でそれが懐胎されるときのすべての付随状況、例えば、どこで、何時思惟されねばならないか、所与の素材の十分充実した思考はどれほどの時間に亙って延長または短縮されねばならないかをも同時に全力で考量することを私は勧めたい。なぜなら、相対的に短いものからは排除せねばならないかなり多くの陰影を、より長いものは許すからである（§167）。

（1）ホラーティウス『詩論』三六三。

§668

更にまた、物事を計量し、その相対的大きさと品位（§178、185）を探査しなければならない。葉だけでなく、もはや都市やフォルムは大抵

「牧者にふさわしい影を」

知らない（§368〜372）。同一の英雄が、次の三つの仕方で描写されるときには、本性上全く等しからざる光を要求する。それは、(1)

「柔らかいマヨラナが花と甘い影で香りつつ彼をかき抱く」（『アエネーイス』一・六九七）

揺り籠で眠るときと、(2)男子が敵から祖国を、怪物から土地を解放し、

「そのとき震える森が上方から被い（§203）、恐ろしい影で黒い森が脅かす」（『アエネーイス』一・一六八）

ときと、(3)ちょうど

「パルナッソスの小さな月桂樹が母親の大きな影に庇護される」（ウェルギリウス『農耕詩』二・一九）

ように、年老いてから自分の栄光の後継者のうちに自己の徳も再生されるのを静かに喜ぶと

きである。

§669　見せかけと着色へ陥る輝きへの努力（§626、627）以上に天空的なもの、〈低さ〉を多く生む原因は見当たらないだろうから、素材のこの計量は一層必要である（§668）。このことは崇高なものにおいて特に顕著である（第二二節）。薪の山を組み上げるのに十分大きな森（§203）が、詩人の中でも悪しき幾何学者たちに生ずるや否や、それは直ちに

「豊かな影にそれほど恵まれた森がアルゴスの山間とリュカエウス山の間に聳《そそ》り立ち、頭を星辰へ持ち上げたことはかつてなかった」（§322）

ようなものとなる。この森が切り倒されると、非常に大きな災いがあり、

「占領された砦を掠奪することを将軍は貪欲な勝者に許したので、合図が聞こえるか聞こえないうちに、もう都市は見つからなくなるだろう。矢鱈に彼らは引きずり、撒き散らし、追い払い、持ち運ぶ。戦のときの轟音の方が小さいほどである」（スターティウス『テーバイス』六・九〇―一一七）。

§670

その技巧が崇高さの一層荘重な光のうちに隠れるのでない限り、照明する文彩の間で〈悪さをすること〉（第一七章）を真に壮大なものにおいては許さないロンギーノスは、自然的輝きの一層真なる達人（§667）である。「太陽光線が周りに溢れると弱い光が消え去るように、修辞学者たちの技術は崇高さによって見えなくなる。絵で起こることもこれと異ならない。つまり、色による影と光は同一画面上に並んで置かれているのに、光の方が先に目を引き、一層目立つだけでなく、一層近く見える。従って、感情と崇高なるものは生命に一層近いが故に、自然な親近性と光輝によって」、単に着色するだけの（§142）「文彩より常に秀で、卓越し、それらの技術を影の中へと覆い隠す」。しかし照明するだけの文彩は、同時に増幅し（§329）、感動させもする（§666）文彩の陰影のようなものにすぎないよう調節せねばならない。

§671

更にまた、光と影の正当にして用心深い分配者は、自己の素材の本性を計量してから、その真理と真実らしさの程度に注目すべきである（§667）。一般的及び個別的真理の相対的光は、必ずしも常に一致したり、同等であるわけではない（§440、561）。美 - 学理的あり方の思惟は、論理 - 学理的、及び学問的あり方の思惟が恐れない（§652、566）〈感性の点での〉曖昧さを持つわけではないが（§631）、光の使用を一層調節することによって、美 - 歴史的、そして特に詩的あり方の思惟が持つ多くの輝きからは離れている（§566、561）。キケローが、素材的には哲学的なその著作において、講義風のあり方の思惟を追求しなかったことは既に見たが（§629）、美‐学理的に哲学しようとする者は、「ストア派に対してはいかに尖鋭に、いかに難解に」自分は「論じ」なければならないかを予見する（『アカデーミカ』一・七）。

§672

『善と悪の究極について』第二巻、一五は、「ひとが、理解されないような話し方をしても、二つの場合には非難されないことになる。一つは、自然についてあまりにも曖昧に語ったヘーラクレイトスのように、故意にそうする場合であり、もう一つは、プラトーンの『ティーマイオス』のように、言葉でなく事柄の難解さによって話がわからなくなる場合である」ということを認めるまでに至っている。つまり、学理的な人が曖昧であっても非難を受けないのには二つの場合がある。もし故意の曖昧さを、学問的、講義的思考によって〈知性の点での〉曖昧さに陥らぬよう、わざと〈感性の点での〉曖昧さを求めたものと解釈し（§631、632）、ヘーラクレイトスの自然学の著作はそのようなものだったとするならば、それは確かに非難はされないが、その場合、ただ理解されまいとして語ったのではなく、専ら理性類似者のみを読解に向け、理性を緊張させるのを拒む読者に理解されまいと語ったのである（§652）。

§673

もし故意の曖昧さを、彼が特に注意を払うべき観客がまどろんでおらず、当然要求される注目を示しているのに、これを煙に巻こうとする曖昧さと解釈するならば、またもしヘーラクレイトスが少なくとも時折憂鬱質と市民に対する侮蔑からそれに陥ったのならば（§644）、これは非難を受ける（§663〜665）。もし事柄の曖昧さを、精神の切尖《きっさき》をもっと熱心に働かせる他の人々ならそれを美しく理解できるのに、自分の感性から本性上遠い事柄を精神によってすら理解しようとしない大多数の人々の弱さと解釈し、その場合、論じようとする人自身は当の事柄を明晰、判明に洞察しているならば、またもし『ティーマイオス』におけるプラトーンが、この意味で多少曖昧な事柄について語っていると感じるならば、彼のこの曖昧さは、この原因の故に確かに非難を受けるものではないが、ただ理解されまいとして語ったのではなく、感性から本性上遠い事柄の観想が厳格なものになろうと、弛緩した快いものになろうと、等しく精神を研ぎ澄まそうとする人々にしか理解されまいとして語ったのである（§671）。

§674

もし事柄の曖昧さを、キマイラ、客観的夢[1]、ユートピア的虚構、及びそれらの解釈に固有の絶対的曖昧さ、或いは、人間の直観からは

「神が闇夜で覆い隠す[2]」

ので、美的主体にとっては蓋然的な仕方で予見することすらできず、それについて論じる者すらそれがわからなかったり、または、少なくとも心で明晰に把捉しないような事柄の曖昧さと解釈するならば、そしてもし『ティーマイオス』でのプラトーンが少なくとも時折このような事柄を描写しようとしたり、別の道を通れば避けうる事柄の曖昧さに陥っていると認めるならば（§646）、この原因での曖昧さは非難を免れないし（§638）、事柄の曖昧さをもって弁明しても甲斐ないであろう（§639、647〜649）。なぜなら、「〈理解不能なこと〉」即ち「声音は明白だが意味は不明なことは最も悪い[3]」からである（クインティリアーヌス、八・二）。

§675

（1）§455参照。（2）ホラーティウス『カルミナ』三・二九・三〇。（3）クインティリアーヌス『弁論家の教育』八・二・二〇。

最後に、或るひとが難しい事柄について論じるときには、事柄全体を隅々まで汲み尽くし、やり残した仕事——つまり、それをもっと明瞭に洞察して欲しいと思うひとがいまだにいるようなもの——は一つもないと判断されるような仕方が望ましいが、すべての事柄と技術、否、言語にすら全く通じていない人々がそのひとをそういう仕方で把握しない場合に、そのひとは理解されないと言うならば、この意味で理解されないような仕方で語ることは、確かに非難されるべきものではないが、しかしこれは二つの仕方だけでなく、多くの仕方で生ずる。

「そして我々はこの寛容さを求め、互いに与え合う[1]」。

「万人に等しく美味しいと思われるすべての食物を調理するすべを心得ているあの料理人が生まれねばならない」（ホラーティウス）。

この意味では、すべての学理的なひとは、理解を得られない多くのひとに出会うだろう（§671）。こういう人々はいわばつちくれのように個別的なもののみに登録されたひとか（§404）、ユートピア的とは言わぬにしても、他世界的なもののみを心で思い巡らすのに慣れたひとである（§441、514）。

（1）ホラーティウス『詩論』一一。

§676

自らの素材の本性を計量した、光と影の正しい分配者（§667）は、美しいものが醜く、醜いものが最も美しく思惟されうる（§18）というように、思惟の美の点で違いが出てくる限りで、素材の本性の内的醜さや美しさにも注目せねばならない（§203、204）。つまり、醜の美しい像は美の忌まわしい醜悪化とも、ウェヌスの美しい似像とも違った仕方で影と光を混合すべきことを誰が疑うだろうか（§666）。最も醜い小女の、形式的には美しい絵をオウィディウス（『恋の歌』一・八）は遣手婆《やりてばば》のもう一つの姿で示している。

§677

「思うにこの女は変身し、夜の闇の中を飛び回り、老いた体は羽で被われる。私はそう思うし、噂もそうなっている。目にも二つの瞳孔が輝き、両の眼から光が射す(1)」。この老婆の「葡萄酒に濡れた光(2)」より一層目立つ光が一層赤い目にたとえあったとしても、彼が讃めようと企てるいかなる女においても、この光、この輝きは沈黙しなかったであろうか。

(1) オウィディウス『恋の歌』一・八・一三―一六。(2) 同書、一・八・一一一。

最後に、自己の素材の本性を賢明に考量する者は、光と影を慎重に分配するには（§667）、その素材がそれ自体もう十分確実なものと思われるか、それとも、燦く理由からその明証性のすべてを得ることを望むべきか、それとも、それは理論的か実践的かという点について配慮せねばならない（§576）。なぜなら、理論的なものや、証明しても仕様がなく、そのあり方を再考しても無駄に思われることにおいては、全く退けるべきか、または、陰影を介してのみ示すべき多くのものが輝きうるだろうからである。つまり、宇宙の最高の真理についての論争とか、かなり激しい感情をかき立てねばならないと予想される場合とか（§661、662）、フォルムにおける告発者の最も激しい罪状指摘とか、盗賊に囲まれて、最もさし迫った生命の危機を自分の頭から払いのけようとする場合である。

「花咲く草花を地面に撒き散らす者は誰か。また、緑の木蔭で泉を囲むのは誰か(1)」。

(1) ウェルギリウス『牧歌』九・一九—二〇。

§678

光と影の慎重な分配者は、(2)§150で我々が記述したような自らの本性を、自然的だが厳格な力量計（§457）によって、§667～677に従って考察された所与の素材の本性と照らし合わせて全力で考量するであろう（§666、622）。

「近づくや否や、ちょうど雲間に昇る新月が見えた、或いは、見えたと思うように」（『アエネーイス』六・四五四）辛うじて何かを「認めた」場合には、それを自分が選ぶことはないであろうし、上べの色によってしか染めることのできないようなものを、あえて飾り立てようとはしないであろう（§626、648）。

「修辞学の影から戦闘へと下りてきた」（ユウェナーリス、七・一七三）人は、特にこのことを心に刻むがよい。そして、どんな素材でも闇雲に選び取り、§639で指摘した無内容な反復（バットロギア）に陥ったり、陰影に満ちた見せかけ（§109）に陥ったりするほどに、自己の技術のトピカ、論証、文彩、詞華、常套句、円環文などに頼ることはない。

§679

光と影の正しい分配者は、(3)専らその者のために麗しく思惟することがふさわしいし、また、そう意図しているところの人々の本性を計量するであろう（§666、623）。美的なものにおいて最も卓越した天性で、「自分のためではなく、全世界のために自分は生まれてきたと考えて」いても、美しく思惟しようとする際、全人類が自分の人格的対象であるとし、注意を欠いていても、格別の、近くにいる観客だけを選び出すことはない、ということはありえない。むしろ、麗しい作家の中でも第一級の者は、自分の書を一定の人々に捧げたから、彼がどんな質と量の読者を眼前に据えていたかは、被献呈者の状態から測り知ることができよう。もっともそれは、この極めて美しい習慣が、商売とは言わないにしても、陳腐な献呈の習わしに堕するまでのことではあるが。美しく思惟しようとする者が、自分の観客として特に選び出す者の本性を、自分の本性及び素材の本性と比べ合わせ、また、それら同士を比べ合わせて、できる限り限定された状況、情態において考察すべきである（§667、678）。

§680

思惟の洗練を目指すとはいえ、不運にも大衆受けを狙わねばならない者は、一種の流れのみが明晰さのすべてであり、それが何を意味していようと、一本調子に

「続き、曙光の最初の輝きから夜の暗闇まで連なる話を、特に、それが最も大きな叫びとともに流れ出た場合に」

（ルクレーティウス、四・五四〇）、それを明瞭、明晰と名付ける人々を無視できないであろう。この人々を素材の豊かさ（第九節）、天性の迸り（第一二節）、そして、腹と肺が許す限り（§678）満足させる際に、響きはよくても無内容なたわ言よりも、トポスによって美しく、正しく性格づけがなされたもの[1]の方を喜ぶひとが大衆の中にいることを忘れない方がよ

い。たとえ、他の最も美しいものは、重さと技術の点で断念するにしても（§226）、これらすべてを多少は要求するこの人々にも同時に注意を払う方がよい（§434）。

（1）ホラーティウス『詩論』三一九、§226参照。

§681

少数だが、一層洗練された趣味をもつ読者で満足することが許される者は（§275）、その人々の本性、理解力、特質、習慣、予期を細心に探求すべきである。それに十分通じた者は、同一の物事を、異なる面で、異なる光に対して提示することができるだけに、なおさらそうである。観客にとって最も快いと予想される物事の面を、そういう光に当てるべきである。こうして、或る人には十分喜ばれる照明が、他の人にとっては陳腐で、プロレタリア的であったり、陰影に満ちた衒学的なものであると思われることになろう。或る人々にとっては好ましいものが、他の人々の理解力を越えたり、輝きの代わりに闇を生むことになろう。例えば、古代の遺物、一定の歴史、自然のかなり内的な観想から引き出されるべき材がそれである（§679、666）。

§682

光と影の正しい分配者は、美しい思考を通じて、II：主要でない部分の光によって主要部分が曖昧にならず、その陰影によって照明されるのに必要なだけの影と光をその個々の部分に溢れさせるであろう（§666、667）。これは明晰な道筋の中心的規則の一つであり、その論述に至ったとき、もっと豊かに提示すべきものである（§13）。今のところは、その一般的概念のようなもので我々は満足する。これによれば、例えば、(1)我々の求める正しい分配者が中心的な部分の一つをかなり美しい光に溢れさせた場合、一層大事であり、それだけになお一層大きな輝きにふさわしい別の部分へそこから直ちに移らねばならない観客の目が疲れて曇ってしまうことを恐れねばならない。自然を模倣する者が心得るべきは、前の部分の

「ユッピテルの大きな樫の木が古い力によって枝を伸ばし、また、ぶなの茂みで黒い森が聖なる影に沈む、影の多い谷を、熱の只中にあっては求める」（『農耕詩』三・三三〇）

ことである。これによって元気を取り戻したら、自分の仲間と共に新しい光へ向けて出発するがよい（§637）。『アエネーイス』第五巻は、この原因故に第四巻と第六巻の間に置かれた影である（§634、635）。

§683

(2)今問題にしている慎重な自然模倣者は、自己の思考全体の主要な部分、従って最高の光を要求する部分に近づけば近づくほど、ちょうど、正午に影が最も小さくなるように一層「影を引き絞る」[1]。(3)特別の品位を気宇壮大に、一層明証的な確信を一層堅固に、一層激しい感情を熱烈に、それぞれ表現すべき部分に到達したならば、

「葉を地面に撒き散らし、泉を影で囲むこと[2]」

だけを描くのに時を浪費してはならない（§670、677）。他方、この一層強い決戦に至る前とか、美しい秩序が、ちょうど音楽の協和音のように、それらの大きな声に何らかの中断の静寂を課す場合は（§682）、

「木蔭に身を休め、手入れによって美しさを増すのが慣らいの」（オウィディウス『変身物語』一〇・五三四）

ウェヌスを思い出す（§665）。

（1）オウィディウス『変身物語』三・一四四。（2）ウェルギリウス『牧歌』九・一九—二〇。なお、§677末尾参照。

§684

光と影の正しい分配者は、(4)既に明晰さの原因からしても、いかなるものをも闇雲に思惟することがないように制御されるだろう。つまり、内的にもっと限定されたものとして心で形成しうるだけでなく、一種の陰影を伴わせることも許されるものを、最も抽象的で、最も限定度の低いものとして思惟することはないだろう（§440）。「マエケーナース」を叙述せねばならない場合に、ホラーティウスが『談論』二・八・二一で

「セルウィウス・バラトローとウィビディウスを」

とやっているように、「幾つかの影を引きつれている」のが美しい仕方である。もし「徳」を美しく描写するのなら、それには「いわば影として名声がつき従うだろう。求められるべき理由を名声自体は何も持っていないけれども（§212）。この話題全体は我々においては軽視すべきものであるにしても、我々の仲間においては無視すべきものではない」（キケロー『トゥスクルム荘対談集』一・一五）。醜いカーニディアですら、ホラーティウスにとっては影の

「巨大な群れを伴わ(1)」（§676）

ないわけではない。

「なぜいちいち述べねばならないのか。影（幽霊）どもがサガナと語り合いつつ、どのようにして悲しく鋭い声を響かせ合ったかを」（ホラーティウス『談論』一・八・四〇）。

（1）ウェルギリウス『アエネーイス』二・四〇。

§685

光と影のこの正しい分配が初歩的で容易な技法の一つでないことは、絵でもそうであったし、日常の記録によっても証明されるところでもある（§666、682）。最初の「絵は、太陽にあたった物体が作った影の輪郭線を囲んだものにすぎな[1]」かった（クインティリアーヌス、一〇・二）。「第二の絵は単色のもので、もっと手の込んだものが発明されてからはモノクローム的と呼ばれたと言われている[2]」（プリーニウス『博物誌』三五・三）。「最後に技術は自らを際立たせ、色彩の違いが互いに引き立て合うような光と影を発見した。次に、光とは別の輝きが付け加えられた。それは光と影の間にあるが故に調子（トノス）と呼ばれた[3]」（第五章）。

（1）クインティリアーヌス『弁論家の教育』一〇・二・七。（2）大プリーニウス『博物誌』三五・三・五・一五。（3）同書、三五・五・一一・二九。

§686

像の最も明るい部分は勝義の光、最も暗い部分は勝義の影と呼ばれるが、ここまで我々が勧めてきた慎重な分配をこの両者の間に行うことによって、調子と呼ばれるあの輝きが生まれる（§685）。かくして、「自然と同じことは技術、例えば造形や絵画の技術にも移しうる。そして、このようにいわば物言わぬ技術でこのことが不思議ではあるが本当であるならば、弁論、言語ではどれほど驚嘆に値することか」（キケロー『弁論家について』三・二六）。「弁論において、あの最高の栄誉と賛嘆は、照明を当てられたものがそれによって一層際立ち、目立って見えるよう、或る種の陰影、奥行を持っている(1)」。

(1) キケロー『弁論家について』三・一〇一。

§ 687

それ故、光と影を良く分配する技巧は或る種の学識なしには獲得されないものであるし、それが適用された場合には、それに関わる学問を十分身につけた熟練者によってしか気付かれないものである（§685）。「我々には見えないものを画家はいかに多く陰影と目立つ部分のうちに見ることか」（キケロー『アカデーミカ』四・二〇）。プリーニウスはトラーイヤーヌス賞賛についての自らの書を、ごく短い書簡でウォコーニウスに送る際（三・一三）、この規則のみに言及した。「絵画では他の何物にもまして影が光を引き立てる。同様に弁論も、高揚するだけでなく、調子を抑制するのもふさわしい」。しかも、品位の直観によってだけでなく、「様々に姿をつくることによって」も行われる（§619）。それ故、彼の祈願はこうである。「少なくとも秩序と姿の移り行きとが同時に」読者によって「顧慮されるとよいのだが！（§682）なぜなら、輝かしく発見し、壮麗に言表することは、時に蛮人でもしている。適切に配置し、様々な姿を与えることは、教養ある人士以外には無視されている[1]」。

（1）小プリーニウス『書簡』三・一三・三―四。

第四一節　美的色彩

§688

物理的なものにおいて「色彩」とは見られた光の変容である。同様に、美的光（§614）の変容が美的色彩である。§545で述べた着色は、証明と同時に照明もするのであるから、今我々が扱う色彩の中に存しうるとはいえ、美的色彩にはあまり密接には関わらない（§142、143）。§685で述べたあの調子はこれに属するが、美的色彩全体を尽くすわけではない。ちょうど、光と影、白と黒、質料と欠如の或る種の混合から無鉄砲にも全色彩を導き出そうと試みる物理学者はもはやいないのと同じである。すべてのうちで最もこれに関わることが少ないのは美的虚飾、わざとらしい（§110）生動性（§626、627）である。今、我々のウェヌス（§665）のものであるのは、
「真の色彩、しっかりとした、潤いに充ちた身体[1]」（§619、622）（テレンティウス『宦官』二・三）
である。

（1）テレンティウス『宦官』三一八。

§ 689

すべての美的色彩は、明晰に描かれるべきだと考えられているという共通点を有する（§648、625）。

「なぜなら、何も見えない闇の中で色彩はどのようなものでありうるか。色彩は光の中でこそ真っ直ぐの、または斜めの光に照らされて反映するのだから」（ルクレーティウス、二・八〇〇）。

ルクレーティウスが色彩の真の発生、つまり乱反射の程度の差を既に知っていたかどうかをここで問うのは本筋を外れる。すべての変容は、質か量か、同時に両者のものかのいずれか

である。同様に、美的色彩もまた、先ず質の点で異なり、次に、その仕方で異なる色彩の類がいずれも更にいわば種的差を持ち、この量の変化により、部分的に次々と新たな色彩の全体が生まれ、こうして一つの全体の

「どの一つの純粋な輝きのうちにも（§619）、互いに大きく異なる多様な色彩が存する」（§688、ルクレーティウス、二・七八三）

のがわかるだろう。この点で、全体の統一において快い諸部分の多様性を示しつつ、均一な単調さ故にあまり喜びを与えない（§688）

「一つの輝きだけをすべてのものが持つことがないように、物の多様な色彩は妨げる」[1]（ルクレーティウス）。

(1) ルクレーティウス『事物の本性について』二・七八六―七八七。

§690

ところで、モノクロームの絵は、「単色」を用いても、その単純さが妨げとならない場合には最初に喜びを与えたし、「今でも存続している」[1]。そして、十分すぎるほど色は多彩だが、その唯一の長所は色の多様性である絵よりも、単彩画の方が高価なことがしばしばある。それと同様に、美しい思考全体において質の違う多くの美的色彩を追求したり、それら

の数の多さを常に追いかける必要はない（§685）。幾つかの美しい思惟内容、特に短いものには、質の点では一色しか備わっていなくとも——ただしこの一色は、真実で自然でなければならず（§688）、量の点では、光と闇の正しい分配によって（§666）常に素材に相応すべく調節されているが（§267）——、思惟の全過程を通じて一色が支配するあり方の思惟は十分麗しいものたりうる。例えば、粗くなったり、滑らかになったり、沈んだり、高まったり、悲しげだったり、楽しげだったりする（§688）。

（1）大プリーニウス『博物誌』三五・三・五・一五。

§691

「四色だけで、アペッレース、エキーオン、メランティウス、ニーコマコスら最も高名な画家たちは不滅の作品を作った。そのとき彼らの絵はそれぞれ町の財になった」。然るにプリーニウスの時代には「紫が壁にまで普及し、インドが川の泥と蛇や象の血を供給するようになると、高貴な絵はもう存在しなかった[1]」（『博物誌』三五・七）。それと同様に、質の点でも異なる幾つかの色を結合する美しい思考においては、それらの色の豊麗さや変化の妙を求めるよりも、むしろ、用いられる色は少数だが、「互いに引き立て合い」、描写対象の本性に合った調子を保たねばならないし（§685）、また、それらの色が無理な「色の配置、移り行き」や、わざとらしい〈ニュアンス〉[2]（§688）を持たないようにしなければならない（プリーニウス『博物誌』三五、第五章）。

（1）大プリーニウス『博物誌』三五・七・三二・五〇。（2）同書、三五・五・一一・二九。

§692

物理的な色彩、それも原色のみならず派生色、単純色のみならず複合色、そして特に原色と同族色の合成色――例えば赤、黄土、緑、空色――の諸段階に同時に注目するならば、等級は無数にあるが、外延的または内包的に強さと速さの点で一層大きな光の量は、類的、種的な相違を構成するか、少なくともそれを含有する（§689）。同様に、質の点で異なっていたり（§690）、光と調子の段階の点で相違したりしている美的色彩には、殆ど自然と自然における限度、極限と同じほどの数の秩序があり、それを越えたり、それを除いては真の光も真の色彩も存在しえない。しかし、これらすべての変容の相違を、一定量の美的光は含有する（§688）。

§693

従って、色彩の完全な枚挙を無鉄砲にも企てるような者はいないから、プリーニウスの分割にとどまろう（『博物誌』三五・六）。「色は粗放であるか花やかであるかのいずれかである」[1]。絶対的な美的光（§617）が許容する最も黒い影から、美的色彩の異なる諸段階と諸秩序を経て、最も白い美的輝きに至る調子の尺度を思い描くことにしよう（§619）。この尺度における幾つかの調子は中間的である。中間的調子以下に留まる色彩は粗放であり、それを越えるものは花やかである。

（1）大プリーニウス『博物誌』三五・六・一二・三〇。

§694

かくして、我々は単に荒々しいだけのあり方の思惟を斥けるが（§634）、正しく懐胎された粗削りの、粗放なあり方の思惟は、麗しい思考そのもののうちに場を占めうる。それは、粗放な色が支配するもので（§690、693）、あの「荒々しく、粗放で、地味で、暗いが、それなりに優れている絵」に喩えられうる（§624）。これに対立するのは花やかなあり方の思惟で、そこでは花やかな色彩が支配的であるか、有力であるか、独一的であるかのいずれかであり、「輝かしく、快活で、明るく」、やはり「それなりに優れている絵[1]」に喩えられるべきものである（§624）。

（1） キケロー『弁論家』三六。

§695

粗削りのあり方の思惟が排除、忌避するのは美的光、感性的明白さ、否、必ずしもすべての輝きですらなく、ただ大きな輝きのみである（§694、693）。アントーニウスがキケローの『弁論家について』三・五一でクラッススの修辞的弁論について述べているように、「荒々しい物事について輝かしいこと、貧しいことについて充実したこと、平凡なことについて新しいこと」が存在しうる。しかし、荒々しい物事の真にして自然な色彩は粗放なもの以外にはなく、荒々しい物事について花やかな思惟をすれば見せかけを作ることになるだろう（§688）。クラッススの弁論は輝いているが、それは美‐学理的あり方の思惟として輝きうる限りでのことであって、美‐歴史的、或いは詩的あり方の思惟と比較した場合、常に粗削りで、粗放である（§671、566）。

§696

粗放な描写はウェルギリウス『アエネーイス』四・二四七にある。
「頭で天を支える険しきアトラース、松を戴く頭は、絶えず暗黒の雲に取り巻かれ、風雨に打たれ、厚く積もった雪に肩は蔽われ、老いた顎からは急流が落ち、荒々しい髭は凍って硬ばるアトラース」。

やがてアエネーアースの花やかな描写がある（§694）（二六一）。

「そして彼には碧玉の星を鏤《ちりば》めた黄金色の剣があった。肩に掛けられた外套はテュロスの紫に燃えていた。これは富めるディードーが贈り物として作り、細い黄金を織り込んだものであった」。

ここで互いに極めて近く並べ置かれた像の色彩は、互いに何と引き立て合っていることか。それらの並置と転移には、いかに自然な〈ニュアンス〉があることか（§691）。

§697

自らの妻を攫《さら》うボレアースの荒々しい描写をオウィディウスから付け加えよう（『変身物語』六・七〇二）。

「彼は翼を広げた。大地全体がその突風に打たれ、広い海は恐れ戦《おのの》く。山の頂きを越えて砂埃の裾を引きずりつつ地面を引っ掻き、闇に隠れて、恐怖に震えるオリテュイアを、恋しつつ褐色の羽で抱く」。

アエネーアースの別の花やかな描写については§662を参照せよ。それぞれのあり方の色彩を、いわば遠くから眺めるように短く示しているのはタキトゥスで、彼は「ファラスマネスは自分の軍の武器が屹立する戦列と、黄金で色どられたメディア人の軍隊とを同時に示す。つまり、こちらに男たちを、あちらには戦利品を」と語っている（『年代記』六・三四）。

§698

美的色彩の両方のあり方は、道徳的なものから区別される限りでの自然的なものにおいて描かれるか、道徳的なものにおいて知覚されるかのいずれかである。それらの真にして自然な色彩は〈エートス〉の第三種（§195、495）を与えることになろう。これによって道徳的性格を与えられた思惟のあり方（§226）は、徳性や人物、国民たちの性格といった道徳的なものを明晰に表現するのに十分であるばかりでなく、それらのいずれにも、ふさわしい場、調子、光と影の調合、色彩を割り当てることを心得ている（§193）。かくして、或る種の徳の、最初に現れてくる仮面には、粗放な色彩と多少荒々しいあり方の思惟が、そしてすべての徳の真にして自然な美しさがふさわしいであろう。しかし徳の内的な相貌は花やかな色彩を許す。或る種の悪徳の、最初に現れてくる外観には、花やかな色彩と、快活で明るいあり方の思惟がふさわしい。すべての悪徳の醜さには、粗放な色彩と、多少曖昧なあり方の思惟がふさわしい（§676、694）。

§699

ホラーティウス『カルミナ』三・二四にある際立った例を見よう。そこでは、(1)奢侈を、それが先ず現れるがままに、花やかなあり方の思惟で描写する。

「手を触れられたことのないアラブの宝とインドの富よりも豊かな富を持つ者は、ティレニアの海全体とアープーリアの海を豪邸で占拠するがよい[1]」。

すぐ続けて、この悪徳の真の内的状態を多少粗放に描写する。

「もし無情な必然の女神が、高く聳える屋根に鉄の釘を打ち込むならば、君は精神を恐怖から、頭を死の罠から解き放つことはないだろう[2]」。

彼は続いて、同じ粗放さによって、より無垢な性格の、最初に現れてくる持ち前を一層荒々しく描写し（八―二八）、やはり多少荒々しいままで、奢侈の内的な醜さを眼前に据える仕事へ戻る（二九―四四）。

（1）ホラーティウス『カルミナ』三・二四・一―四。（2）同書、三・二四・五―八。

§700

ところが、多くの人の目には隠れているこの徳の真の本性から節制を勧めようとして、富を捨てるよう命ずる。突如花やかにこう言う。

「我々は、叫び声と追従者の群れが呼び合うカピトーリウムへ、或いは最も近い海へ、宝石や石、黄金や無用のもの、最大の悪の種を捨て去ろう[1]」。

これが勧告としていかなるものであれ、有力な市民の大多数にはいかに奇異に見えるかを彼は正しく予見している。そこで更に彼は自らの徳にくるまりつつ、それを粗放に証明する。

「悪事を十分後悔しているなら、邪悪な欲望の元を根絶し、柔らかすぎる心を、もっと厳しい修業で鍛えるべきである[2]」。

しかし自分の忠告の成果については期待していないように見えるので、内面も表面も不健全な悪徳の厳格で粗放な像においては鎮静する（§698）。

（1）ホラーティウス『カルミナ』三・二四・四五—五〇。（2）同書、三・二四・五〇—五四。

§701

オウィディウスは、彼の創作する四つの時代を叙述する際、自然的色彩と道徳的色彩を結びつけている（『変身物語』一）。黄金時代の道徳的状態をできる限り花やかなあり方の思惟で追求し（九〇—一〇〇、§594）、次いで、同じ花やかさを自然的状態にも鏤めることへ進む。

「大地は自らすべてを与えた。……永遠に春が続き、種なくして生まれた花を西風は心地よいそよぎで穏やかに撫でた。……川には時に乳が、時にネクタルが流れ、緑のウバメガシからは金色の蜜が滴《したた》り落ちた」（一一二）。

§702

白銀時代の描写では彼は調子を落とし（一一二―一二四）、青銅時代をその人々とともに「荒々しい武器に対して一層手の早い」（一二六）と短く叙述するときには、更に調子を少しずつ落とす。鉄の時代を記述する際にはいかに全体がささくれ立つことか（§594）。

「強奪で生計が立てられる。客と主人、舅と女婿同士でも安全でない。兄弟間の好意も稀である。夫は妻を殺しかねず、恐ろしい継母は青白い鳥兜を調合する。息子は臨終までの父親の歳を早くから勘定する。敬虔は敗れて倒れ、最後に乙女アストライアーが、殺戮に汚れた地を去って天へと昇る。しかし、聳え立つ天界とて地上より安全にはならない。巨人族が天の領域を侵し、高い星に届くまで山を積み重ねたと言われている」（一五三）。

§703

ホラーティウスがこの点でも輝かしく嘘をついているのでなければ、「アリスティッポスにはすべての状態、外観、境遇が似合った」（ホラーティウス『書簡詩』一・一七・二三）けれども、そういう人は少ないか、全くいない。経験が全面的に類似、相等であることはない、という原理を何よりも確証するのは、性格と人格、習俗と振る舞い方の相違である。しかし、それらを区別しうるように表現する際、各人の固有の本性を模倣することは極めて大事なので、ホラーティウスは『詩論』八六で次のように語ることによって、その一事を弁えぬ者は詩人の名に値しないと言っている。

「割り当てられた役割と作品の色彩を守ることができなければ、どうして私は詩人と呼ばれようか。学ぶのが恥ずかしいといって、どうして私は知らぬままでいられようか。喜劇の内容は悲劇の詩行で提示されることを欲しない。更にまた、テュエステースの饗宴は、日常の、短靴にふさわしいような詩行で語られると不満である（§690）。どんなものも、それぞれに割り当てられた、ふさわしい場を持つように」。これは、自然的、機械的なものにおいても言える（これはかなりやさしい）が、特に道徳的なものにおいて言える（これはかなり難しい）（§666、691）。

第四二節　美的虚飾

§704

美的虚飾の定義（§688）、及び幾つかの類（§626、627）は既に見た。けれども、真の色彩からそれを見分けることの困難さと必要性は、それらについて独立の論述を要求するように思われる（§628、625）。真の色彩は、粗放であるか花やかであるかのいずれかだが（§693）、同様に虚飾の方も、あまりに粗放で、多少どころか、かなり荒々しいか（§634）、或いは、あまりに花やかで、虹のように

「太陽に向かいあって、一〇〇〇もの多様な色を呈する(1)」

かのいずれかである。ウェルギリウスの、あの

「戦と男を我は歌う(2)」

は多少荒々しい響きがする。詩全体の中央あたりの

「戦争、恐ろしい戦車、そして多くの血で泡立つティベリス川を我は見る(3)」

は一層粗放である。けれども、扱われている事柄を真の色彩が本性に従って表現している。そして粗放さの、異なる段階がそれぞれ割り当てられた役を保持し、ふさわしい所を得ている（§703）。

(1) ウェルギリウス『アエネーイス』四・七〇一。(2) 同書、一・一。(3) 同書、六・八六―八七。

§ 705

この多少荒々しい色彩と、ルーカーヌスの荒々しい虚飾とを比較してみるがよい。「単なる内乱を越えた、エーマティアの平原での戦争と、悪事に与えられた正当性とを我は歌う。そして、勝利を得た右手を自分の内臓へ向けかえた有力者たちと、親戚同士の戦争と、支配の契約が破れたために動乱の世のすべての力で行われた戦いが共同の罪に至ったことと、軍旗が同じ旗章の軍旗と敵対しあったことと、槍が槍に迫ったことを歌う。何たる狂気か」、おお詩人（ウァーテース）よ[1]、そもそも「放埒は何と大きいことか[2]」。或る「叙事詩圏の作家は」こう「始めるがよい[3]」。「自らの場をふさわしく[4]」得ているのではなく、不当に満ち溢れた色彩は虚飾である（§703、688）。

(1) ウェルギリウス『アエネーイス』六・六五「おお、至聖なる予言者（ウァーテース）よ！」参照。
(2) ルーカーヌス『内乱』一・一―八。(3) ホラーティウス『詩論』一三六。(4) 同書、九二。

§706

シーリウス・イタリクスは既にウェルギリウスより粗放に予告する（§704）。

「アエネーアースの一族の栄光を天にまで高め、猛きカルターゴーがオエノートルス（イタリア）の支配に屈することになる戦争を私は歌い始めよう」(1)。

この始まりだけで、皮肉なホラーティウスは「おお、何たる大言壮語か」(2)と異議を唱えるだろう。けれども、クラウディアーヌスの『ゴート戦記』の始まりと比べれば、これでもまだ十分自然な色彩があると言えよう。『ゴート戦記』では「盗まれた小皮の黄金」という冒頭にすら陳腐な虚飾（§626）が塗り付けられている。

「オーエテエースとコルキスの国を求めてアルゴーが、人跡未踏の入江の入り口、寄り集まる岩で武装した海を大胆にも突破するとき、危険が近づくと皆は恐れ戦《おのの》いたが、ひとりテュピスのみは、神の加護により、軽微な損害だけで船を無事に守り、断崖による危険な破滅を避け、ころげ回る岩の衝突を巧みに躱《かわ》し、晴れやかに大海へ船を導いたと言われている(3)。……（以下、三五まで）」

（1）シーリウス・イタリクス『ポエニー戦記』一・一―三。（2）ホラーティウス『詩論』九七参照。
（3）クラウディアーヌス『ゴート戦記』一―八。

§707

このような荒々しい虚飾（§704）は個別的なもの（§708、706）、美‐歴史的なあり方の思惟（§566）を醜くしうるだけではない。同じ理由から、美‐学理的な者もそれを警戒せねばならない。これらのあり方はいずれも、時に道徳的なものに対立する限りでの自然的なものを、時に道徳的なものを提示するからである（§698）。美‐学理的なもののうち、理論的なあり方の思惟もそれに陥りうるし、実践的（勧奨的または論駁的）なあり方の思惟も陥りうる（§576）。これらに関わる者は、割り当てられた役割、及び自然な色彩と虚飾の境界を越えないように用心せねばならない。なぜなら、学理的なあり方の思考はすべて多少荒々しい点を持っているように思われるし（§695）、道徳的なものの色彩においては、一層頽落が容易だからである。それは、同一のものについて、時に外的、性急に洞察し、時に内的、徹底的に洞察して、二重の判断をしがちであることによる（§698、703）。

§708

美‐実践的虚飾（§707）のうち、今我々が斥けようとしているのは、ユウェナーリスが『諷刺詩』二で次のように書くときに纏っている、かなり濃密なものとは異なる。「クリウス家の人を装いつつ、バッコス狂いのように生きている人々が、徳性について何か語ろうとするたびに、この男はサルマティアと氷の海へ逃れたくなる」[1]（§362）。思惟における虚飾のうち、ここで非難すべきはもっと薄いもので、より真なる幸福を意識してはいないといえ、悪意も悪しき精神も持たない者のそれである。例えば、美‐学理的な者が自然なもの、虚飾的でないものと解説する至福の真の色彩について問われたとする。その場合、ストア派は、彼らの言う賢者の祖型、及びそこから派生した思惟、言語の定型に従い、「それらを頑強に摑んで、彼らの口」や精神「から離そうとしない。彼らは言葉の点でも、性格の点でも」、思惟のあり方そのものの点でも、「一層荒々しく、とっつきにくく、無愛想になる」（キケロー『善と悪の究極について』四・七八）。善、悪、徳、幸福、至福の、あまりに粗放な虚飾が彼らの絵に導入されるのはこの理由による（§704）。

（1）ユウェナーリス『諷刺詩』二・一―三。

§709

或るエピクーロスの徒は§708と同じ仮設のもとに、ただ一つの快を追求することになろう。この快を容易なもの、一般に普及したものとして心の中で形成し、我々の天上のウェヌスの体系全体でなく、その一部分のみを心で把握したならば（§646）、無闇に柔弱化し、至福の穏やかな特徴を幸福にも模倣するという軽率さに陥ることになろう。しかし至福の特徴を一層荘重、厳格なものとしても表現するよう「厳しい徳と、信義で武装した心は命じているし、正義への愛は、敵意を耳にしているから」（シーリウス、一一・二〇五）陽気なものをそれに巻きつけることを欲しない。或いはまた、かかるエピクーロスの徒は、少なくとも軽薄な絵筆によって、紛《まが》いものの光の輝きをまずく配置しつつ塗り重ね、従って、花やかすぎる虚飾なしに全体を据えることはできないであろう（§704）。これらについてのペリパトス派の理論に従っていたら、至福の真の色彩からさほど離れることはなかったであろう（§688）。

§710

美しく思惟しようとする者は、性格、徳、悪徳について、美的色彩の正確な真実によって（§552）「包括的なもの、即ち（何とかうまく言い表すならば）普遍的なもの、または永続的なもの」[1]（クインティリアーヌス、二・一四）を自己に親しいものにするようにさせられるが、それは実践的なことに学理的に触れようとするときのみならず（§707）、最狭義の真であれ、他世界的なものであれ、個別的なものについての道徳的なあり方の思惟は、個別的なものの観念を形成する際、あの包括的、一般的なものをいわば嚮導概念として用いるという理由によってもそうなのである（§653、547）。或る人がもしキュニコス派の学問から徳及び性

格一般に、より粗放な外観を擦り付けたとしたならば、自分が叙述もしくは創作する一定の人物の個別的徳として、

「サルディニアの草よりも苦く、なぎいかだよりも荒々しく、打ち捨てられた海の藻よりも無価値な[2]」（ウェルギリウス『牧歌』七）

徳を描写することになるだろう。

（1）クインティリアーヌス『弁論家の教育』二・一三・一四。（2）ウェルギリウス『牧歌』七・四一―四二。

§711

或る人がもしアリスティッポスの規則[1]に嵌り込んでいて、徳と性格のすべてのあり様を花やかすぎる外観で表現するならば（§704）、この人の仕事場からは

「真の守護者、厳格な監督者[2]」

として、具体的なものにおいて、そして個人が守るべきものとして（§710）、飾り立てた、小綺麗な、小粋な、紫衣を纏った、薔薇の冠をつけた、芳香剤の香りのするものが現れてくるだろう。ちょうど「ファレルヌムの葡萄酒で割ったヒュメットスの蜂蜜を飲み[3]」、

「料理皿と輝く食卓との間で、狂気の輝きに視線が鈍り、偽りのものへ傾斜した精神が

良いものを拒む」（ホラーティウス『談論』二・二・四）ときのように。

（1）§703参照。（2）ホラーティウス『書簡詩』一・一・一七。（3）ホラーティウス『諷刺詩』二・二・一五―一六。

§712

およそすべての教養は、実践的なものであれ理論的なものであれ、それが真実であればあるほど、それに関わる事柄、それに包摂される個々のものに一層真実な色彩を塗るのに大いに寄与する（§63〜67）。しかし、本性に中程度に恵まれ、この本性のみを模倣する天性が虚飾を避けるには、偽りの色彩ですべてを染め上げる予断によって頽落した教養を持っている場合よりも、むしろ何の教養もない方が容易であろう（§707〜711）。これと同様、特に一層真実な美的技術の教養は、物事における真の色彩を探求し、外観のみのものを避けるのに大いに助けになるが（§68、69）、偽なる技術の規則は、そのような技術を全く知らないより有害である（§73）。なぜなら、君としては安全だと思ってそれらの規則に従っているのだろうが、しかし単に自然な勢いだけだったならば多分陥らなかったであろう（§52）虚飾、外観（§688、110）を摑んで、わざわざ本性を捨てているのである。

§713

美的技術、例えば、修辞学や詩学の欺瞞的規則の中には、偽りのもの、自らを守る真の小綺麗な外観を美的にも持たないほど偽りのものがあり、それらは確かに真なる色彩から虚飾へと逸脱させる危険を伴うが、その危険の大きさは次のものに比べると小さい。それは時に大いなる権威をもって弁護され、時に幾つかの場所で都合よく応用されるが、しかし論理学者の言葉を借りれば量の点で誤っており、特殊的にのみ真であるのに、包括的なものと考えられている規則である（§73）。それだけに美的主体は、「不変の必然性に縛られた」少数の美の「法則」と、時には優れているが、「まるで他ではありえないかのように、何人かの者はそれに命令として従う」が、それは誤りであることが多い忠告とを区別すべきである。なぜなら、規則の「大部分は事例、時、必要、機会に応じて変化する。絵、彫刻で見られるように、態勢、表情、姿勢を変化させるのがふさわしい。いかなる部分でも崩壊、失効することがありえないような種類の包括的規則は、滅多に見出されない」[(1)]（クインティリアーヌス、二・一四）からである。

（1）クインティリアーヌス『弁論家の教育』二・一三・一―一四。

§714

あまりに弛んだ規則によって物事の真の色彩からまだあまり虚飾へ逸れていない人々の多くをそれへと捩じ曲げるのは盲目の模倣である。彼らはたとえ「多少荒々しくとも、カトー」とかいう人「の弁論」は愛され、是認されると考える（キケロー『弁論家』一五二）。そして喜びを与えようとすると、突如荒々しくなる（§704）。

「どうだろう。もし粗野な一人の人間が渋面と跣《はだし》ときっちりしたトガを織る人でカトーの真似をするならば、カトーの徳と性格を再現するだろうか。その欠点の点で模倣される模範はひとを欺く」（ホラーティウス『書簡詩』一・一九・一二）。

他方、少なからぬ者が詩人たちやクルティウス(1)の花を喜ぶと考える人もいる。それ故、彼らは、どんな機会が与えられたときにでも、花やかにふざけ回るときにこそ自分を妙手と考える（§254）。

「おお、模倣者どもよ、隷属せる家畜よ！　君たちの雑音はしばしば私の憤怒を、しばしば哄笑をかきたてた！」

（1）クイントゥス・クルティウス・ルーフス。一世紀のローマの歴史家。悲劇と修辞学の混淆した花やかな文体で『アレクサンドロス大王伝』を著した。

§715

かつてアッティカの麗しい天性は賞賛を受けた。「その種類は多いが、この人々」つまり盲目の模倣者たち（§714）「は、一つの種類だけをとって、それがどんなものかを推測した。つまり、荒々しく、洗練せずに語る人がそれを正確、平明にしさえすれば、その人のみがアッティカ風に語っていると彼らは考えた。この人のみという点で、彼らは間違っていたが（§713）、それがアッティカ風であるという点では誤っていなかった」（§694）（キケロー『弁論家』二八）。しかし彼らの誤りがどれほどのものであったにせよ、それは彼らに、あまりに荒々しい虚飾を、花やかな物事の真の色彩として勧めざるをえなかった（§704、248、260）。実際のところ、ギリシアにも、ローマにも、時に応じて粗放な色彩と花やかな色彩を極めてうまく使い分けた古典作家たちがいて、彼らは正当にも賞賛を受けている。彼らを模倣する際には特に「何も乱雑に、何も捩じ曲げて」思惟「することのないよう配慮せねばならない」（キケロー『発想論』一・二九）から、古典的著作の中に自分のものに似たものをほんの少しでも見付けただけで満足している盲目の模倣者たちは、いわばスープを調理するように色彩を混ぜ合わせ、キケローとかデーモステネースのようなひとの最も見事な思惟のあり方を全く異質なものへと捩じ曲げて虚飾を作る以外に何ができようか（§688）。

§ 716

花やかな色彩は「快によって我々の感覚を最も刺激し、一目見たときは最も鋭く動かす」。しかし、しばしば「我々は一種の倦怠、飽きの故に最も早くそれらから離れる（§693）。近年の絵では、多くのものが色彩の美と多様さの点で昔のものよりもいかに花やかであることか。けれども、最初の一瞥で我々をとらえたものが、あまり長くは喜びを与えないのに対し、その我々が古い絵では、あの荒々しい古風なものそれ自体によってとらえられる。歌においてコロラトゥーラと裏声は、一定に保たれた厳格な声よりもいかに柔らかく、精妙であることか。けれども、粗放な者のみならず、よくあることだが、大多数の者がそれに反対の声を上げる」（キケロー『弁論家について』三・九八。なお、九九、一〇三参照）。そしてそれが花やかすぎる虚飾に対する優れた解毒剤なのである（§704）。

§ 717

けれども、粗放すぎる虚飾よりも、花やかすぎる虚飾の方が多くの人々の嫌疑を受けてきた。その人々は

「滓で顔をべとべとにした(1)」

人々の虚飾よりも辰砂《しんしゃ》、藍、紫の方を虚飾と判断する。「粗放（厳格）な告発を」準備する

人は、たとえ人間性のすべての境界を越えたとしても、虚飾でなく、憎悪を生む真実を自分は描写し、黒い烏賊《いか》の汁と純粋な緑青ではなく「粗放（厳格）な世話を」与えていると思われることになろう。あまりに悲惨な粗放さを避けるために、オウィディウスは花やかなものを遠ざけるという仕方でそれに言及している（『悲しみの歌』一・一）。

「紫の外観を持つヒアシンスを纏わぬように。その色彩は悲哀には似合わない。また、表紙を朱で、頁を杉油で目立たせてはならないし、黒い額に白い角を生やしてもならない。そういった身なりは幸せな冊子を飾るがよい。私の運命を忘れないのが君にはふさわしい」。

（1）ホラーティウス『詩論』二七七。（2）ホラーティウス『諷刺詩』一・四・一〇〇—一〇一参照。「黒い烏賊の汁」は奸計の象徴。（3）大プリーニウス『博物誌』二四・七・二八・四三。（4）オウィディウス『悲しみの歌』一・一・五—一〇。

§ 718

同じ技巧にアペッレースも秀でていた。この技巧「だけは誰一人模倣することができなかった。作品が完成すると、彼はそれに黒いワニスを塗った。それは、それ自体が反射によって色彩の明瞭度をかきたて、埃と汚れから保護し、しかも、手にとって眺める者にしか見えないほど薄いものであった。しかし加うるに、ちょうど雲母を通して遠くを見るときのように、色彩の明瞭さが視線を妨げることがないように、しかも同じものがあまりに花やかな色彩に密かに粗放さを与えるように、という大きな計算もあった」[1]（プリーニウス『博物誌』三五・一〇）。詩人があまりに厳格で悲惨な虚飾を、また画家が花やかな虚飾を用心深く避けるのはそれほどの大仕事である（§717）。しかし私はオウィディウス『悲しみの歌』三・一〇にある、いわゆるあの祝祭的なものが、化粧した女衒風のものを持つことを恐れる。

「詩が足を引きずり、一行おきに遅れるのは、韻律の理法故か、長い道のりの故かのいずれかである。……頁が色を失い、青ざめるのを君は眺めるか[2]」。

しかし実際は書簡は赤面しないからである。

（1）大プリーニウス『博物誌』三五・一〇・三六・九七。（2）オウィディウス『悲しみの歌』三・一・一一―一二、五五。

§ 719

これまで我々が虚飾と呼んできた（§688）欠陥ある、頽落したあり方の思惟についてクインティリアーヌスはこう述べる。「軽く揺するだけで落ちんとする小さな花によって輝いているが[1]」、他の欠陥あるあり方の思惟のように、「よりよいものと比較すれば、脆弱で、消滅していくものである。ちょうど、外観だけを染められた羊毛は、本物の紫と比べられない限りは快いが、本物で染められた布と比べると、優れたものの相貌によって圧倒されてしまうのと同じである。硫黄で赤く染められた布に比すべきこの頽落したものを一層鋭く判断するならば、目を欺いた偽りの色を失い、言い表しようもない見苦しさによって色を失ってしまう。従って、それは太陽のないところで、ちょうど或る種の小さな動物が闇の中では小さな火に見えるように輝くがよい[2]」（第一二巻、一〇）。もしこのような見せかけの美を片隅、影から日向、大きい劇場の中心へと引き出したならば、そのような美から

「湿った白粉と鰐の糞で付けられた色はもう剝げ落ちてしまう[3]」（ホラーティウス『エポーディー』一二）。

（1）クインティリアーヌス『弁論家の教育』一二・一〇・七三。（2）同書、一二・一〇・七五―七六。
（3）ホラーティウス『エポーディー』一二・一〇―一一。

§720

美しく思惟されるべきものには「表面のみが染められたのではなく、内部まで血の通った美しさの色彩が内在するのがふさわしい」（キケロー『弁論家について』三・一九九）。これは即ち素材、思惟主体、及び人格的なものにおける格別の対象の本性によって規定された美的

光の変容のことである（§688、622、623）。「姿の品位そのものは、色彩の立派さに守られねばならない[1]」（§188）（キケロー『義務について』一・三〇）。然るに、それは「いかなる虚飾も持たない真実の色彩のことである」（§423）（キケロー『ブルートゥス』一六二）。その「輪郭には」新しい「絵の具の花は」、ありすぎるよりもむしろ「欠けている方がよい」（同書、二九八）（§691）。けれども本性に随う多様さは欠けていてはならない（§689）。なぜなら、自然な色でも、本性上定められた境界を越えて延ばされ、一本調子に続けられると、表面的なものにすぎなくなるからである。ここからクインティリアーヌスが「カッシウス・セウェールスに最も多くの天性、驚くべき激しさ、最高の洗練を」割り当てておきながら、「荘重さ」のみならず、「弁論の色彩」も欠けているとしていることは理解される。なぜなら、「彼は思慮よりもむしろ気分と、刺すような機転に従った[2]」（一〇・一）からである。

（1）キケロー『義務について』一・一三〇。（2）クインティリアーヌス『弁論家の教育』一〇・一・一一七。

§721

色彩と色彩に対立する虚飾との幾つかの種類に進もう。例えば、I：キケローは「外来の弁論家には都会風に色づけられた弁論」が欠けているとする。そして「では、その都会風の色彩とは何か」という問いに対してこう言っている。「何であるかはわからない。ただそれが或るものだということはわかる。ブルートゥスよ、君がガッリアに行けばそれがわかるだろう。わが国の弁論の音には何かもっと都会風のものが反響し、響き合っている。そしてそれは弁論だけでなく、他のものにも現れる」（『ブルートゥス』一七〇）。それともこの色彩は、何かはわからないが、現代フランス人が自分の言葉にのみ認め、外の言葉には否定しているのと同じものなのか。これに似た虚飾を示すのはカトゥッルスの「スフェーヌス」である。

「麗しく、機知に富み、雅びな人である。たった今まで道化、或いは何かそれよりも陳腐なものに見えていたのに[1]」。

この人はまた詩においても虚飾と明白な醜さの驚くべき混合を示す。それは、

「お洒落で雅びなあのスフェーヌスが、今度は山羊飼いか穴を掘る仕事をする人にしか見えなくなる。それほど武骨になり、変貌してしまう[2]」

ときである。

（1）§105参照。（2）§105参照。

§ 722

II：悲壮で厳格、そして鋭く激しい色彩を結びつけよう。ルティーリウスの語り方においてそれが結びつけられていたとキケローの書ではされている（『ブルートゥス』一一三）。前者は悲哀にふさわしいもので、悲劇の一部を除いては他にはふさわしくない。しかし「厳格さの」色彩といったものがあり、これは「妬まれないだけでなく、人気を得さえする」。なぜなら、キケローの『縁者・友人宛書簡集』九・一四のテクストを私は「上流階級のすべての人々だけでなく、最下層の人々も喝采する注目の厳格さ[1]」と読み、「……注目の真理」とは読まないからである。照り映える興奮の慎みからなる真実の色彩があり、その「類全体は」例えば「判事の心を激烈で激しい興奮の炎に燃え上がらせうるような法廷において際立っている」（キケロー『弁論家について』二・一八三）。「弁論の始まりが激烈、戦闘的でなければならないことは確かにあまりない」けれども（同書、三一七）、作品の色彩をよく知っていたキケローは「自分が激しく論じていることは認めるが、怒って論じているのではない、と言っている」（『ピリッピカ』八・一六）。

（1）キケロー『縁者・友人宛書簡集』九・一四・七。

§723

これらの色彩のふりをするのは、例えば「荘重な額と悲壮な眉で頑固に国庫の利益に寄与」し、「第一人者たちには決して欠けていなかった[1]」とプリーニウス（『頌辞』四一）が考えている者たちの虚飾、及び、戯れ、軽口のみならず、人間性にも反する、思惟、判断の厳格さである。このような激しい厳格さを、

「注目しているフォルムにいる厳格なエウメニデースの群れ[2]」（プロペルティウス、四・一一）

だけは愛するがよい。真実の興奮と見せかけの興奮を同時に描いているのはキケローで、『弁論家について』一・一八二で、美しく思惟する者の性格を次のように規定している。「次のものは弁論家の助けとなる。声の穏やかさ、表情、慎みのしるし、語の丁重さ。もしかなり激しい告訴をする場合」（ここに真実の色彩がある。§722）、「強いられて止むをえずそれをしていると思われるようにせよ。……正しい人、謙虚な人、激しくない人、頑固でない人、好戦的でない人、辛辣でない人の持つすべての特徴」（ここに頑固で辛辣な起訴人の虚飾がある）「は、大いに好意を博する[3]」。マクロビウス（六・八）が、「激しいというのは、過度の勢いと心の力を備えたもの[4]」を指すとしているのは適切、かつ正当だが（M、§六九九）、同様に「激しい苛酷なあり方」の思惟は、それに「穏和、穏健のあり方」が混ぜ合わされぬ限り、真実の、賞賛すべき色彩よりもむしろ虚飾を示すことになるだろう（キケロー

『弁論家について』二・二〇〇)。

(1) 小プリーニウス『頌辞』一・四一・三。(2) プロペルティウス『詩集』四・一一・二二。(3) キケロー『弁論家について』二・一八二。(4) マクロビウス『サートゥルナーリア』六・八・一八。

§724

それ故「弁論の刺々《とげとげ》しさは、大抵の場合、他の色彩で和らげねばならない」(クインティリアーヌス、一一・一)。そこから刺々しいあり方の思惟も、穏和、穏健さのあり方も色彩である(§723)ことを推論できよう。「精神を扱う技術者が」後者を弁《わきま》えていれば、自分の武器が「向かうべき敵の事情をも多少考慮しているように思われることに成功する」[1]。悲しみにふさわしい色彩(§722)に、「危機に瀕している者に必要な危惧の色彩」[2]、及び、過ちを犯した者たちに「いかなる弁明も出来ないとき、後悔のみが持つ」[3](同所)色彩をも付け加えよう。

「美しき大地がいかに多くの色彩を生み出すか見るがよい」[4](プロペルティウス)。しかし、あまりに「恐ろしく、激しい」[5]、または女々しい思惟のあり方の虚飾や、絶望した者のひどい戦慄、以前になしたことの浅ましく、低俗な呪詛や取り消しへ頽落しないように用心せよ。

（1）クインティリアーヌス『弁論家の教育』一一・一・八五。（2）同書、一一・一・四九。（3）同書、一一・一・八一。（4）プロペルティウス『詩集』一・二・九。（5）クインティリアーヌス『弁論家の教育』一一・一・三。

§725

Ⅲ：**抑えられたあり方の思惟**とは、敬意ゆえに精神の力と勢いを抑える者のあり方である。思惟主体に払われた敬意があればそれが要求する程度に、また、対象や論敵となる事柄、人物や、思考の格別の観客になるであろう人々に〈エートスに応じて〉思惟主体自身が払うべき敬意が（§698）要求する程度に、上述の低いあり方の思惟が豊かさの希求、品位、真理への正確な志向、輝き、装飾、一層激しい論証、論争で中和される限りで、それは真の、自然な色彩を保持する（§622、623）。それはまた道徳的で（§226、227）、均一で（§267）、狭義の節度あるあり方の思惟（§270）を無視することはないであろう。それはキケロー『義務について』一・九〇の規則である。「我々が上位にあればあるだけ一層謙虚に振る舞うように勧めている人々は、正しい規則を示しているように思われる」。

§ 726

これに対し、美しく思惟しようとする者が自己の品位を忘れたり、或いは何らかの事物や人物に対して偽りの、怖気《おじけ》づいた敬意を示したり、低徊からそれらを装って、ふさわしく優雅に示しえた筈のあの豊麗さ、品位、真理の公言、装飾、非難、論争、精神の勢いから自己を引き離したりすることがあるが、抑えられたあり方の思惟がそれほどまでに沈下するや否や、それは「低い、抑えられた、柔弱な、女々しい、砕かれた、卑しい(1)」あり方の思惟であり、〈低さ〉（§217）でもあり、虚飾でもある（§688、725）。

（1）キケロー『トゥスクルム荘対談集』四・六四。

§ 727

それ故、クインティリアーヌス（一一・一）は、「高揚した事例においては、抑えられたあり方(1)」の思惟を欠点に数え入れている。「高揚した事例」とは、より真実な誉れに対する敬意は払いつつも、精神のすべての勢いと細心の神経によってすべての豊麗さ、品位、装飾、熱烈さをもって論ずるべきであり、かつその必要がある事例のことである。同じ箇所で彼はこれに極めて多く寄与する他のものにおいて「ソークラテース」の例を持ち出している。ソークラテースが「もし抑えられた弁論（§726で」判事たちの心を「摑んでいたならば、無罪判決に寄与していたであろう[2]」。しかし「それは彼には最もふさわしくないことだったので、自己の罰を最高の栄誉と見做すような仕方で弁論を行った」。クインティリアーヌスはこう付け加えている。「彼は同時代人にあまり理解されなかったので、後世の判断によって自分を守った。つまり、老年の最後の短い時間と引き換えに永世を手に入れた[3]」。

（1）クインティリアーヌス『弁論家の教育』一一・一・一三。（2）同書、一一・一・九。（3）同書、一一・一・一〇。

§ 728

更に続けてクインティリアーヌスは上の箇所で「最も低劣な人間である護民官と潔白について論争するよりは、祖国を去る方を選んだ」スキーピオー・「アーフリカーヌス[1]」に言及している。悪しき意味で抑えられたあり方の思惟（§726）を避けることを英傑はそれほど大事に考えた。クインティリアーヌスによれば、その源は「あの一層低い悪徳、低劣な諂《へつら》い、つまらぬ恥らい、あらゆることにおいて無視された権威であり、これらは大抵あまりに追従的たらんとする人々に起こる[2]」。虚飾であるときの低劣なあり方の思惟にそれほどまでに対立する荘重な者は、しかし次のように問う。「しかし判事がそれを理解もしくは把握できないことのないよう、時に弁論を抑え、縮めねばならないことを知らない者がいようか」[3]（§725）。クインティリアーヌスは更に「公の場で母が息子の首を攻撃したクルエンティウスの裁判においてすら、両親に払うべき敬意を忘れなかったキケロー」[4]においてそれを讃め、「小さく、あまり危なくないことにおいては、一層穏やかで、抑えた弁論を」[5]命じている。

（1）クインティリアーヌス『弁論家の教育』一一・一・一二。（2）同書、一一・一・三〇。（3）同書、一一・一・四五。（4）同書、一一・一・六一―六二。（5）同書、一一・一・六四。

§ 729

Ⅳ：高められた大胆なあり方の思惟は、品位のために精神の力と勢いを強める者のあり方で、これによって、必ずしも常に崇高ではないにせよ、高められた思惟、言論がなされる（§287）。ここでは傲慢さの外観を警戒せねばならない。Ⅴ：滑稽で遊戯的なあり方の思惟があり、そこでは、「特にあまり節度、慎みを持たないものにおける、わざとらしい道化」を避けねばならず、また一般に「あまりに滑稽であろうとしてはならない」[1]。Ⅵ：荘重なあり方の思惟があり、そこでは老人の権威が何か未成熟だと認められるようではならない。Ⅶ：甘美なあり方があり、その「気の抜けた甘さ」[2]をキケローは斥けている。しかし、これらについては十分であろう（§692）。

（1）クインティリアーヌス『弁論家の教育』一一・一・三〇。（2）キケロー『弁論家について』三・一〇三。

第四三節　照明する論証

§730

その（唯一の、または有力な、または当面最も考慮すべき）力が所与の表象に光を溢れさせることであるのが解明（説明）する論証である。かくしてそれらは悟性的または感性的明白さ（§614、618）を与える。前者は解析的（分析的）と呼ばれ、例えば「各々のものの固有の意味を解明する定義」（キケロー『弁論家について』一・一九〇）がそうである。後者は少なくとも絶対的な明晰性（§617、625）を、そして時には一種の輝きを示し、その本質的部分から照明する（色どる）論証と呼ばれる。キケローは『縁者・友人宛書簡集』五・一三で「何度も語らねばならないし、指示するだけでなく」（それはかなり曖昧にもなされうる）「解明もせねばならない[1]」と判断しているが、後者をルッケイウスが明瞭に洞察することを望んでいる。

（1）キケロー『縁者・友人宛書簡集』五・一三・二。

§731

虚飾を避ける最も正当な用心（第四二節）は、色どり、照明する論証、文彩において（§730、26）、照明以外に豊かさ、品位、真実らしさその他の思惟されるべきものの長所のすべてまたはその幾つかに貢献する装飾のみを追求し（§142）、他方、色どるだけで、それ以上全体の美に寄与しない装飾は、控えめな手で[1]散在させるか、それとも贅沢品として切り落とすよう勧めるであろう[2]（§164）。

（1）ホラーティウス『カルミナ』三・一六・四四、§164註（2）参照。（2）ホラーティウス『詩論』四四七参照。

§732

充溢的（M、§五一七）及び複合的（M、§五三〇）表象は、他の諸条件が等しいならば、それ自体、複合度の低いものよりも光り輝くし、それが徴表であるところの思考全体の論証が照明するものになりうる（§730）。それ故、それらは充溢度、複合度の低いものより尊重される。特に、付随表象自体も同時に何かを証明したり、心を動かしたりする場合にはそうである（§731）。うまく選ばれた付加形容語の大いなる技巧はここに基づく。美しいものはすべて実例に富む。その第一の詩におけるウェルギリウスの第一の選歌をとろう。そこではアマリュリスのことを「君は歌う」とは言わず、

「『姿よきアマリュリス』とこだまを返すことを君は森に教える」（五）

と言う。「この」都は「都の間で」大いに「頭をもたげた[1]」ではなく、

「低い肝木の中で糸杉が一頭地を抜くほど[2]」

と言う。「老人の」自由が自分のところへやってきたとは言わず、

「剃ると一層白い髭が落ちるようになってから[3]」

と言う。我々は決して彼を忘れないだろう、とは書かず、

「軽い鹿たちが天界で草を食《は》み、大波が海岸に剝き出しの鳥を捨て、東西の境界が侵され、放浪のパルティア人がアラル川の、ゲルマーニア人がティグリス川の水を飲むようになっても、彼の表情は我々の胸から消え去らないだろう[4]」

と書く。もう夕方になっていたとは言わず、

「はや遠い農家の屋根の頂きからは煙が立ち上り、高い山々からは、より大きな影がおちる[5]」

と言う。

（1）ウェルギリウス『牧歌』一・一、二四。（2）同書、一・二五。（3）同書、一・二八。（4）同書、一・五九—六三。（5）同書、一・八二—八三。

§ 733

活写、つまり或るものの生動的描写は、照明するだけでなく（§618）、証明もする（§550、551）から、色どる論証の中でも、かなり優れたもののうちに数え入れられて当然である（§731）。現前化とは一層熱のこもった活写である。それ故、現前化は照明する論証の中でも最上のもののうちに入る（§731）。人物描写、つまり、かなり道徳的な現前化はその一種である（§226）。例はルーキアーノス、テオプラストス、そしてフランスにおけるテオプラストスの第一の模倣者であろう。(1)

（1）§434註（3）参照。

§ 734

連関した表象、及び結合ないし連結した表象の一方は、もし他方と同時に生動的に注目（M、§五一六）される、即ち比較（M、§六二六）されるならば、他方を解明、否、照明さえする（§730）。それ故、美しく思惟されるべき後者の代わりに前者を据えること、または、生動性を失わずに後者に前者を結合することは、**比較から照明する論証**を与えるであろう。これを**思考からの比較**と呼ぶ人もいるが（§730）、我々は文彩として（§26）、**広義の比較**、対照と呼ぼう。それは類似法を含むが、類似からとられるものとは別の多くの論証の種類に拡散している。例えば、

「天の心にはそれほどの怒りがあったのか[1]」（『アエネーイス』一・一五）及び、すぐ後のカルターゴーの、⑴年代、⑵住民、⑶位置、⑷富、⑸戦闘心、⑹ユーノーの贔屓からの照明（一六―二二）がそうである。それから他の事例と比較されて、アエネーアースに対する憎悪が続く（二三―三六）。最後に思考の概括がくる。

「ローマの族を建てるのはそれほどの大仕事だった[2]」。

(1) ウェルギリウス『アエネーイス』一・一一。(2) 同書、一・三三。

§735

増幅する論証では拡大が（§330）、証明する論証では理由追加が（§545）、それぞれ増幅、証明に関わる個々の他の文彩を自己の懐に包括するように見えるほど中心的な文彩であるのを我々は見た。それと同様に、照明する文彩においては広義の比較が一般的、中心的なもの

であるとしよう（§734）。それなしには活写すらありえず（§733）、他の一層高く考察された文彩は、いわば源としてのそれに合流する。なぜなら、類似、匹敵、一致するもの、つまり一般にかなり目立つ同一性を示すものからは、他の類似、匹敵、一致するもの、かなり目立つ同一性を示すもの（M、§七〇、五七二）が認識されうる、従ってまたかなり生動的にも認識、照明されうるから（§730）、広義の比較は自己のもとに、⑴類似、匹敵、一致するもの、かなり目立つ同一性を示すものから照明する論証を包摂する。この文彩は、類似、匹敵、一致するもの、かなり目立つ同一性を示すものが結合される場合には、その本質的部分から類似法と呼ばれる（§734）。それらの一方が他方に思惟によって置換されることもありうる。

§736

一層類似、匹敵、一致するもの、そして釣り合いのとれたものを、理性類似者の秤に従って、類似法が互いに比較すればするほど、一層それは美しくなる（§735）。類比、比較された両者に共通の述語は比較点と言われる。比較点の判定には量の測定のようなものも含まれる（§314、315）。類似するものから照明する論証を健全な知性の人間が持ち出す理由は、比較される一方が他方と全面的に同一と見做されるということではない（M、§二六九）。従って、それらの間に何らかの相違が見出されたからといって、類比全体が失効すると言うのは誤りである。もし思惟Aにおいて Cを照明しようとして、Aに似たB、つまり、その中で同じCを美しく、輝かしく観想しうるようなBを取るならば、類似法の主語たるAは、類似法の項たるB――即ち、有効な類似物――を介して照明される。その際、たとえBがAのうちにはないDという述語を持ちうるにしても、Cが比較点になっている。他方C、即ち構成された比較点は、類似法全体の眼目であるが、理性類似者の秤自体によればこの比較点自体が、質または量またはその両者の点において、AとBで大きく異なるあり方をしているならば、類似法の美を手に入れにくいということはいえよう（§315）。

§737

類比におかれたものが比較点において量の違いを発見された場合、少なくとも弁明に場を与えることになろう（§736）。例えば、

「小さなものの喩えに大きなものをもってきてよいならば[1]」

とか、自分の妻の敬虔さをリーウィアの母親らしい敬虔さと比べるオウィディウス『悲しみの歌』一・五の

「壮大なものを小さなものになぞらえてよいならば[2]」

がそれである。類似法の例を与えるのはキケローの『ホルテンシウス』である。「紫に染めようとする者は、先ず或る種の薬剤に羊毛を浸す。それと同じように、精神は文学とこのよ

うな学問によって前もって陶冶され、知恵の把握へ向けて洗礼を受け、準備されねばならない(3)」。更にまた『ロスキウス弁護』ではこう言っている。「火が水に投げ込まれると直ちに消え、冷やされるように、偽りの告発はたとえ沸騰していても、最も純粋で潔白な生のうちに取り込まれると、すぐ瓦壊し、消失する(4)」。更に「必ずしもすべての畑にすべての穀物や樹木を見出せないように、必ずしもすべての犯罪があらゆる生活において生ずるわけではない(5)」。

(1) ウェルギリウス『農耕詩』四・一七六。(2) オウィディウス『悲しみの歌』一・六・二八。(3) キケロー、断片五、二三。(4) キケロー『喜劇役者クイントゥス・ロスキウス弁護』一七。(5) キケロー『ロスキウス・アメリーヌス弁護』七五。

§ 738

照明だけを行う論証よりも、同時に他の効果もあげる論証を上位に置くように命ずる規則を(§731)クインティリアーヌスは類比によってこう照明している(八・三)。「誰かが私に百合や、菫《すみれ》があり、快い泉水が湧き出ていると示してくれた土地の方を、豊かな収穫やたわわに実をつけた葡萄の木があるところよりもよく耕されていると考えるべきだろうか。実をつけないプラタナスや刈り込まれたミルテの方を、葡萄と結婚した楡《にれ》や豊かなオリーブよりも私は望むべきなのだろうか。お金のある人々は前者を持つがよい。だが他に何も持たぬとしたら何だというのか。……そして私は私の樹木を順序よく一定の間隔に直すだろう。あの∵の形の植え方よりも見よいものがあるだろうか。しかしそれは土地が水分を均等に吸収するのにも役立つ。高く伸びるオリーブの梢を私はナイフで刈り取るだろう。それはもっと姿よく、円く繁るだろうし、より多くの枝にすぐ実りを産むだろう。腹が引き締まった上に、更に足も速いなら、それは一層よい馬である。競技者が見た目も美しく、四肢が訓練で引き締まっていれば、競技にも一層向いている。真の美しさは効用から切り離せない(1)」。

(1)　クインティリアーヌス『弁論家の教育』八・三・八―一一。

§739

類似法のこの（§735）「種類においては、類似のために採用したものが曖昧であったり、知られないものであったりしないよう特に注意せねばならない。つまり、他のものを照明するために取られる当のものは、照明を当てられるものよりも明瞭でなければならない。それ故、我々は確かに詩人たちには次のような例を許すことにしよう。

『ちょうどアポローンがリュキアの冬営やクサントスの流れをあとにして、母なるデーロスを訪れるときのように(1)』。

しかし不明なものを明白なものを証明しようとすることは弁論家にはふさわしくないであろう[2]」（クインティリアーヌス、前掲箇所）。一層一般的に法則を言い表そう——すべての比較と照明の（従ってまた類似法の）項は、我々が特に注目すべき観客にとって、比較、照明（そしてまた類似法）の主語よりも知られたもの、生動的なものであるように（§736）。それ故ウェルギリウスのようにその専ら注目すべき読者がギリシア神話の詩的世界に極めてよく通暁していることを前提しえた詩人は、クインティリアーヌスにある類似法を正当に企てうる。例えば神殿に来るディードーのあの類似法のような（『アエネーイス』一・五〇二）。

「エウロータースの岸やキュントスの山々でディアーナはコロスを訓練し、それに続く一〇〇〇のオレイアデス[3]はそこここに密集する。彼女は肩に箙《えびら》をかつぎ、悠然と歩みつつ、すべての女神を凌ぐ。ラートーの物言わぬ胸を喜びが貫く。ディードーはちょうどそのようだった。そのように喜びを抱きつつディードーは皆の中央を進んだ。事情と王国の将来とに心を急《せ》きたてつつ」。

（1）ウェルギリウス『アエネーイス』四・一四三—一四四。（2）クインティリアーヌス『弁論家の教育』八・三・七三。（3）山のニンフ。

§ 740

特に神話学者でも地理学者でもない大衆を聴衆として注目させねばならない弁論家は、ちょうどキリスト教徒のために書く詩人の如く、これらの類似法を避ける（§600）。

「白い疣取《いぼた》の木は落ち、黒いヒアシンスは摘まれる[1]」

という牧歌の表現は、この類似法の項が、田野にも植物学にも通じていない読者にはやや曖昧になりうるかもしれないにせよ、美しい類似法である。なぜなら、牧歌はそういう読者をその主要な人格的対象とはしていないからである。

（1）ウェルギリウス『牧歌』二・一八。

§741

「今述べた類似法の種類は弁論を飾り、崇高で（§336）、花やかで（§693）、快い、驚嘆すべきものにする。なぜなら、何であれ遠くから求められれば、それだけ一層新しさをもたらし、予期せざるものだからである[1]」（クインティリアーヌス、前掲箇所）。彼は「遠くから求められたもの」を「平凡なもの」に対立させる。美しいものを期待する者に陳腐、平凡な照明を与えることほど調子外れなことはない。なぜなら、始まるや否や嫌悪を、そして聞くこと、観ること、一般に注目することに対する倦怠を引き起こすのだから、それが抹消、抑圧する照明の明瞭性をどうして志向しえようか。ポイボス、アレクサンドロス大王、太陽といった使い古しの陳腐な比較に私が対立させたいのは、遠くから求められたものよりも、むしろ新奇で異常な比較である。遠くから求められた論証とは美的に不当な飛越を犯すもので、実際には介在するが、省略された表象が多い故に、注目すべき格別の観客の理性類似者が、それと、特に思惟されるべき事柄との優美な結合を観察するのは困難であるか、全く不可能であるものである。遠くから求められた論証、従って文彩、照明、比較、類似法は、広い土地を回っていくが故に（§138）断絶を生ずるので、緊密さに背反し（§166）、比較の主語と項が、それらにいかなる不可分性も優美に認めえないほど離れているが故に美的統一性に反する（§439）。従って、それらは注目を均等に広げるよりも分散させてしまい、〈頂点〉に至るまで続けるよりも、むしろ滞留、放棄するように命ずるから、新しさのどんな外観を呈するにせよ、賛嘆させるために採用するより、むしろ警戒、捨象すべきである。

（1）クインティリアーヌス『弁論家の教育』八・三・七四。

第四四節　大きいものと小さいものの比較

§742

　広義の比較、照明するもののうち中心的な文彩（§735）は、自己のもとに、(2)部分と全体、全体と部分、上位概念、類、種と下位の類、種、個、下位のもの、個、種と上位のもの、種、または包摂する類との比較を含む。[1] 全体から部分が、爪から獅子が、類から種と個が、シノーンからギリシア人が[2]、ギリシア人から人間一般が認識されること、従ってまた、一層生動的に照明されることを知らない者がいようか（§730）。他方、全体はその部分より大きく、上位概念は他のものと共にそれに含まれる下位概念より大きく、広く、より多くを自己のもとに含むのであるから、このような概念間の記述された比較を**大きいものと小さいものの比較**と呼ぶことができよう。比較の主語が、より小さいもの、部分、または下位概念であるのを**上昇的**、比較の主語が、より大きいもの、全体、または上位概念であるのを**下降的**と呼ぼう。

（1）§735の(1)を承ける。（2）ウェルギリウス『アエネーイス』二・七九参照。

§743

　上昇的比較には、(a)一つの全体の部分または一要素をその全体から、より明るいものにするようなものがある。ウェルギリウス『農耕詩』一で、耕作者の最初の規則のうちに「その土地の耕作と場所の持ち前、各々の地区が何を受け入れ、何を拒むのかを予め知ること」（五三）を選び取っている。或る一人の「飽くことなき農業従事者」（四六）が所有するような一つの場所の耕作と持ち前について語られるのであるから、比較の主語はごく小さい土地の部分である。彼がその土地の耕作と持ち前を予め知ることによって何を理解しているかを照明しようとして、彼はこの田野の全体、土地全体を選ぶ。この土地ではどこでも「ここに穀物が、あちらには葡萄が一層豊かに生じ、別のところには木々の果実と草が、命じられてもいないのに、青々と繁る（五六）。……次いで自然はこれらの法則と無窮の契約を一定の土地に課した。それは、デウカリオーンが無人の土地に初めて岩を投げたときである（六二）」。

§744

上昇的比較には、(b)下位の一層限定されたものを据える表象を、その下位表象よりも上位にあり、それほど限定されていないものを示す表象を介して照明するものがある。従って、この本性を持つ上昇的比較には次のものがある。α：その個を包摂する何らかの種や類による個の照明。ディードーを恐れるべきことをメルクリウスは自らアエネーアースに説こうとして、彼女をいわばその類にあたる彼女の性と比較する。

「女はいつも変わりやすいもの」（『アエネーイス』四・五六九）。

β：その何らかの類による種の照明。田舎の仕事の種である耕作は「心労で人間の心を鋭くする」（『農耕詩』一・一二三）ものであるが、その類によって照明される。

「ひどい労苦と、窮状における切羽つまった欠乏はすべてを克服する」（一四六）。

γ：それより上位の類による類の照明。年を経ると頽落する種子という類は、その最上位の類によって照明される。

「このように万物は定めによって悪しき方へ落ち込み、滑りつつ後退していくのか」（一九九）。

§ 745

種または類へ上昇するこの比較は、時に共通トポスによる照明と呼ばれ、時に格言から（§526）、時に述語の一〇の小トポスから求めるよう勧められ、発見されることを約束される（§133、134）。美しく思惟しようとする我々にそのような論証の一つが自然の理によって現れてくるならば、我々はそちらの方を高く評価するだろう。なぜならば、それは照明する際、(1)常に証明もするが（§547〜549）、それは優雅なことである（§731）、(2)個、種、または第一の類であるAが思惟されると、Aを包摂するBが、いわばAの上位の種または下位の類として心に浮かぶという発見的媒介は、一層洗練された比喩の機能たりうるからである。然るに、このB自体が、次には個別概念または一般概念の自然な連合に従って、自己のもとに包摂されたA以外の表象C、D、Eを再生するであろう。このC、D、Eは、同一種のもとにある個、またはAと並列して同一類のもとにある種、または、包摂された一つまたは多くのものの同一類のもとにあって、Aと並列する類の表象である。この場合、BによるAの照明は上昇的比較であり、そこからCまたはDまたはEの一つまたは多くによるAの照明が類似法として生ずるであろう（§735）。

§746

下降的比較（§742）には次のものがあろう。(a)一つの全体が、α：その一部分、または、β：その全体に包摂された複数の部分、徴表の列挙によって照明される場合。βは列挙法と呼ばれる。アエネーアースは照明しようとして、

「山のような馬を」(1)

と言うが、これは与えられた部分の大きさから聞き手が自分で他の部分の量や全体の豊かさを測り知るようにさせるものである。そして彼は一部分へ下降する比較によって、こう付け加える。

「脇腹には樅《もみ》の板を組み込む」（『アエネーイス』二・一六）。

（1）ウェルギリウス『アエネーイス』二・一五。

§747

列挙法（§746）には二種ある。一つは一層隠蔽されたもので、その種を伴うすべての定義、描写、活写に潜在している（§733）。なぜなら、定義、描写されるべき全体はすべて、その定義、描写の途中で幾つかの徴表、部分が精査されることによって照明され、これによって我々は証明する論証をも手に入れるからである（§550、731）。もう一つは、もっと公然とした、もっと優雅に拵え上げられたもので、この後に続く他の下降的比較と共に、やがて示されるべき共通の命名によって包括されるまでは、特殊な文彩の狭い名称を保持する。それは豊麗さの記録として（§148）、暗示黙過、或る種の集積を伴う累積法に含められるだろう。十分荘重な諸部分の〈枚挙法〉（§298、348）は、証明を越えて（§731）、求められた大きさと品位を我々が分割するものに与えうるだろう。個々の徴表や部分における内包的光、判明性が理性類似者から退けば退くほど、それは部分の数と外延的明瞭性を楽しむ（§730）。もし美しく思惟しようとするなら、そこから美しい思考の中心的対象全体を、その諸部分の解明なしに送り出すのも悪くないだろう。しかし、その思考を完全なものとして眼前に顕在的に据えることを私は勧める気はない。開始した思考を或る程度継続する方が優れてはいるが、しかし完成する前にその幾つかの部分を影のうちに投げ入れ、観客がなお自分で思い描く分を持っているように思って、隠されている部分はもしかするともっとよいものであり[1]、列挙によって全体を汲み尽くしたと思われる場合よりも一層多くあると考えるようにせねばならない（§654）。

（1）§146参照。

§748

アエネーアースに母親が贈った楯の諸部分を進むウェルギリウスを我々は既に見た（§459）。カトゥッルスが第六三歌で、

「昔の人間の姿を模様に持ち、英雄たちの徳を驚くべき技術で示す[1]」（五〇）衣服を分割するとき、そうしたい人は五二―二六五では彼についていくがよい。しかし、二六五で「これらで」とではなく、「そのような」と続けるとき、自分は分割を完成しなかったことを示している（§747）。学校風に荒っぽい言い方をするなら、我々は一つの下位分割を取り上げることにしよう。

「しかしイアッコスは別のところから花やかに跳び出した（二五一）。サテュロスら踊りの群れとニサで生まれたシーレーノスらを伴い、アリアドネーよ、あなたを求め、あなたの愛に燃え上がって、彼らはそのとき狂乱の心をもって、至る所を足早に荒れ狂

い、『エウオイ』とバッコス狂いの叫び声をあげ、『エウオイ』と頭を反らして」（これが全体である）。

「その一部は、蔽われた先端を持つテュルソスを振り回し、一部は、引き裂いた若い雄牛の体を投げ、一部は、輪になった蛇を自分の体に巻きつけ、一部は、暗い聖具、俗人が聞こうとしても甲斐ない聖具を中空の箱に充たし、別の者たちは、嫋《たお》やかな掌でテュンパノンを打ったり、磨かれた青銅で澄んだ音を鳴らす。多くの者は、角笛を吹いて、ぼーというざらついた音を出す(2)」。

オウィディウスによる太陽神の宮殿の描写（『変身物語』二・五―一八）とコリュンナ(3)の描写を彼の

「どうして一つ一つ述べる必要があろうか(4)」

と比べてみよ。すべての部分を顕在的に完成しているというよりは、むしろ手をつけただけのものである。

（1）カトゥッルス『カルミナ』六四・五〇―五一。（2）同書、六四・二五一―二六三。（3）オウィディウスの架空の恋人の名。（4）オウィディウス『恋の歌』一・五・二三。

§749

下降的比較（§742）には、(b)上位のものや類や種が、自分のもとに包摂する一つまたは複数の下位のものによって証明される場合もあろう。下位の一つのものによる場合は実例（§526）、複数のものによる場合は分割である。この分割が、完成へ向かって少なくとも半ばを越えて進んだということが、美的に真実らしいならば、それは美的帰納である。分割、ないし或る所与の表象のもとに包摂された諸表象の枚挙が美的列挙を伴うとき、完全であれ不完全であれ、文彩としてかなり優雅に思惟されるならば、それは分配という名で際立たせられる（§747）。従って、この本性を持つ下降的比較は、α：一つの上位類を、それが包摂する一つないし複数の下位類や種や個を介して照明するか、β：最下類を一つないし複数の種、個、それのもとに包摂される表象を介して照明するか、γ：種をそれが包摂する一つないし複数の個を介して照明するかのいずれかである。

§750

実例のかなり大きな実例としては、先ずすべての物語がある（§526）。『アエネーイス』は「敬神の徳篤き英雄が、かくも多くの災禍を被り、かくも多くの苦労をする」[1]ことを輝かしく解明する。『イーリアス』は、一層多くの例で次のことを照明する。

「もし王たちが何か愚かなことをすれば、アカイア人たちが苦しむ[2]」。ルクレーティウスは先ず、十分一般的な実例でウェヌスの支配を解明する。

「あなたによってすべての種類の動物は宿され、生まれて日の目を見る（五）。……女神よ、最初に空の鳥どもが、あなたの力に胸をうたれて、あなたとあなたの来臨とを告げ知らせる。それから野の獣どもが、よく繁った草地で踊り狂い、急流を泳ぎ渡る。こうして、あなたの魅力と誘惑にとりつかれ、動物の本性全体が、あなたの誘うところならどこへでも喜んでついていく[3]」。

しかし、実例でウェヌスの支配を照明しつつ、

「愛の永遠の傷に征服され、あなたの膝にしばしば身を投げ出し、そうして滑らかな首を反らせて見上げつつ、女神よ、あなたに対する渇望の視線を愛によって育む[4]」（三八）

マルスの個別的人格と個体に下降するまでは鎮まりえなかったように思われる。

（1）ウェルギリウス『アエネーイス』一・九―一〇。（2）ホラーティウス『書簡詩』一・二・一四。（3）ルクレーティウス『事物の本性について』一・一、四―五、一二―一六。（4）同書、一・三三―三六。

§751

彼はまた、

「かつて宗教は今よりも多くの罪、冒瀆的な行いを生んだ（八四）。宗教はこれほど多くの悪を説き勧めえた（一〇三）」

という一般的な主張に、迷信の無数の種を例として含めるのではなく、或る一つの酷い行いだけを含める。

「ダナオスの民（ギリシア勢）の中から選ばれた指導者たちが、アウリスで乙女イピアナッサ（イーピゲネイア）の血で処女の女神の祭壇をひどく汚したのはこうしてであった……[1]」。

ホメーロスも、トロイアを目指す船を叙述する際、幾つかの種に留まることをせず、個々の船の列挙へと下降する。ウェルギリウスは、アエネーアースに対する戦の準備をする者たちを一般的にイタリアに分配することで満足しない。

「それまでは冷静で不動だったアウソニアが燃え上がる。徒歩で戦場へ行く準備をする者もいれば、馬上高く聳え立って、埃まみれになって疾走する者もいて、皆武器を要求する。滑らかな楯と煌《きらめ》く槍を濃密な脂肪で拭き清め、砥石に斧をあてる者もいる。そして軍旗を運び、ラッパの響きを聞くのを喜ぶ」（七・六二八）。

しかし彼は個別へと下降することによって進んでいく（六三〇—八一七）。

（1）　ルクレーティウス『事物の本性について』一・八四―八六。

§752

§556～565でその理由をかなり高度に探査し、そこから美的なものにおける端的に明晰なあり方の思惟、そして特に輝かしいあり方の思惟が、いかにそれを要求するのかを（§625）演繹した（§569、575）規則を、最もそれにふさわしいこの場で、一般的かつ学校で受け入れられた用語で表現して勧めるのがよかろう。もし論理的、学問的なあり方の思惟が彼の中心的対象であるならば、他の条件が等しいなら、個別的なものすら例外とせず、抽象的なものにおいて考察することの方を喜ぶ。他方、美しく思惟しようとする者は理性類似者によって自らの素材を、具体的なものだけでなく、できる限り限定されたもの、つまり個別的なもの、個体、人物、行為において観想することが許されるならば、最も喜ぶであろう（M、§一四九）。

§753

それ故、一層近い全体、種、またはさほど離れていない類と比較しても、比較の主語が同じくらいよく照明されるだけでなく、証明もされうるときには、上昇的比較は無鉄砲にも最大の全体、事物の最高類へ深入りすることはないであろう（§575、752）。なぜなら、こういう下位の類を理由もなく跳び越えるならば、かなり遠くから求められた論証（§741）を持ち出すことになるし、主要な観客にとってはたまたま比較の主語よりも知られていない比較の項を選ぶことになるからである（§736、739）。なぜなら、大抵上位類と最大の全体の知識は一層抽象的なものの方へと考察する学によってのみ獲得されるからである（§567）。§743が示す上昇的比較においてはそう言える。ウェルギリウスは、その時代にすら知られていないわけではなかった万物の必然的相違（M、§二六九―二七二）に上訴せず、土地と、その産物の相違にのみ留まる。

§754

それ故、上昇的比較は、全体または上位のものを述べる際、この全体または普遍から、比較の主語の幾つかの並列する部分と他の並列する類または並列する種へと再び下降する機会を自分のものとするのを特に好む（§745）。なぜなら、そうすれば全体と類は一層具体的なもののうちに据えられるからである（§752）。前掲箇所において、いかに小さいものであれ、ともかく抽象されたものにウェルギリウスは直ちに一層限定されたものを結びつける。この一層限定されたものといわば共にあることによって、抽象されたものは心の中で一層生動的なものへと具体化することができる。

「トゥモールスは、クロッカスの香りを、インドは象牙を、柔弱なサバエアはその乳香を送るが、裸のカリュブディスは剣を、ポントゥスはひどく臭う海狸《かいり》香《こう》を、エーピールスはエーリスの馬の棕櫚《しゅろ》を送るのを知らないのか[1]」。

(1) ウェルギリウス『農耕詩』一・五六―五九。

§755

それ故(§752)、下降的比較は抽象的なもののみにおいて区別されるべき部分、例えば測定的理性によって設定された境界内にあり、心の中でのみ悟性によって把握される徴表や指標、類的、更には種的相違、つまり、常に何か未規定の部分を残すようなものよりも、ちょうど未整理の畑におけるような、感性自体によって具体的に観察可能な部分、感性や想像によって同時に正しく理解しうる徴表と指標の方を、他の条件が等しいなら優先させるであろうし、上位類の相違よりも下位類の相違を、類的相違よりも種の相違、種的相違を、そしてそれらすべてよりも個体的相違を、もし美しく思惟しようとするならば、つまり、荒っぽく言えば「このもの性」を特に目指すならば(M、§五一七)、優先させるであろう。

§ 756

実例、帰納、分割と分配（§749）が、下位類を介して上位類を照明するときには良いものであり、種を介するときにはより良いもの、個を介するときには最も良いものである（§755）。オウィディウス『変身物語』三・二〇六に次の言葉がある。

「彼が逡巡する間に犬どもが見た」。

犬には類があり、種があるが、類は無視され、最も限定度の高い種、しかも固有名詞に結びつけられた種のみが列挙される。

「最初にメランプースと鋭敏なイクノバテースが吠え声で合図をした。イクノバテースはクノッソスの、メランプースはスパルタの種族である」。

幾つかの個体的相違を伴ってこれらの名を三五挙げてから、彼はこう付け加えている。

「そしてそれらを数え上げるのは大儀である」（二二五）（§747）。

§ 757

確かに散漫ではない者でさえ古い実例は忘れ去っているのであり、同一の試みをした者は事の難儀さによってそのことを十分知ることになるだろうが、それほど多くの古い実例によって、美しい天性が喚起され、たとえ理論によって心動かされなくとも（§752）、専ら技術において卓越しようと努めることになればよいのだが。我々は実例、分配の他の諸規則へ急がねばならない。実例、分割、帰納及び分配が、それらを介して照明されるべき上位のものよりもよく知られたものを正当にも要求するならば（§739）、美しく思惟しようとする者にとって中心的な人格的対象に相対的に理解された法則のみを我々は認める（§740）。オウィディウスは見事にもその祈願（『悲しみの歌』一・二・三）

「どうぞ、大カエサルの怒りに賛同しないでください」

に、色彩でもある上昇的比較（§745、545）を先ず付け加える。

「或る神が圧迫するとき、別の神が助けをもたらすことがよくある」。

次に、自分の言葉を実例の帰納によって照明する。これらの実例は祈願に似たものになる。

「ヘーパイストスはトロイアの敵に、アポローンはトロイアの側に立った。ウェヌスはテウクロスの民に味方し、パッラスは敵になった。トゥルヌスに近いサートゥルヌスの娘はアエネーアースを憎んだが、彼はウェヌスの加護によって安全であった。猛々しいネプトゥーヌスは用心深いオデュッセウスをしばしば追い求めたが、ミネルウァは彼女の叔父からしばしば彼をもぎ取った。私はそういう者たちからは隔たっているけれども（§737）、或る神が怒っているとき、他の神が私の側に立つことを何が妨げるだろうか」（一二）。

なぜなら、彼の主要な観客にとって、トロイアの出来事と、それを貫く神々の監視以上によく知られたものがあったであろうか（§740）。

§758

一般に古い実例よりも新しい実例、場所の離れた実例よりも近い実例の方がよく知られていると前提しうるから（M、§五一二）、他の条件が等しい場合には、古いものよりも最近のもの、外国のものよりも自国のもの、そして君が特に選び出した観客と同国のものを優先させねばならない（§757）。時にタキトゥスに、時にクインティリアーヌスに帰せられる『弁論家についての対話』（八）は「私は遠く離れた、忘れられた実例よりも、新しい最近の実例を好んで使う」と言っている。そのように古いものが、古臭いもの、忘れ去られたもの、または長期の使用によって陳腐で使い古したものになったと思われうるや否や、それらが新しいものに代えられるのも当然である。それによって新しいものは新しさへの正当な情熱をかきたて、養いうる手だてをも同時に得ることになる（§741）。ウェルギリウスは、田園生活の長所を実例で照明しようとしたとき、ギリシアやアジアやエジプトの例を求めず、専らローマ人のために書いているのであるから、祖国の故事を引く（『農耕詩』二・五三二）。「古《いにしえ》のサビーニー人はかつてこの生を営んでいた。レムスと兄はこの生を営んでいた。こうして、勇猛なエトルーリア人は大きくなり、世界で最も美しいローマは生まれ、七つの高殿を一度に城壁で包み込んだ。……黄金のサートゥルヌスは地上でこの生を営んでいた[1]」。

（1）ウェルギリウス『農耕詩』二・五三二—五三五、五三八。

§759

この法則において、他の条件が等しい場合には、という言葉が付け加えられていることに正しく注目すべきである（§758）。なぜなら、思慮深い著者なら古い実例の方を選び取るべき多くの理由が最近の実例に存在しうることも稀ではないからである。例えば、(1)最近の実例が照明すべきものが、古いものが持っているほどの量の光のなかで際立ってはいない場合、或いは少なくともいまだ死んではいない妬みと、過去の慣習化した賞賛に直面しては、昔のものと同等に扱うことは真実らしさに——少なくとも§486で述べたそれに——反すると判定される場合である。それ故、ウェルギリウスの前掲箇所には、同時代のイタリアの農業についてはかなり深い沈黙がある。同時にしかし、可能ならば、古く、しかも外国の例よりも、昔日のものであれ自国の例をそのような場合には優先させるという配慮もある。彼が幸福な田園生活の同時代の例を引き合いに出そうとするとき、玄関に最も近いものを選ぶことはできないが故に、哲学－詩的恍惚に入るが（四七五、四八五）、しかしあまり離れていないものを選ぶ。

「田園と谷の生き生きした流れが私を喜ばせて欲しいし、名誉とは無関係に川と森を愛したい。おお、平野とスペルケーオス川とラコニアの娘たちが群がるターユゲテーのあるところ。おお、誰が私をハエムスの冷たい山に連れていき、枝の大きな影で包んでくれるだろうか」（四八九）。

§760

最近の実例は時として、⑵危険なことがある。それは、その実例の現実性が憎悪を生むからである。そして、最も有名な名を照明するものではなく、むしろ最も誤った中傷、冒瀆と言われるであろう。

「ケルウィウスは怒ると法と投票箱で、カニーディアは敵をアルブキウスの毒で、トゥッリウスは大きな刑で脅迫する。彼を裁判官としてひとが何かを争うならば[1]」（ホラーティウス『諷刺詩』一・一・四九）。

ここでウェルギリウスの技巧に訴え（§759）、故人とはいえ市民であり、しかも場所の離れていない者たちを攻撃したり、激しく、しかし麗しく立腹することが必ずしも常に許されるわけではない。

「君の味方の一人が君を冷たさで撃つかもしれないからである[2]」。

この理由から諷刺詩人たちは実例を選ぶ際に時として辺境のサウロマタイ人をも越えて詩的世界へ逃げ込むのを好む（§513）。しかし、この詩的世界においては、全く知られていない虚構（§518）よりも類比的なものが優先する（§516）。

(1) ホラーティウス『諷刺詩』二・一・四七―四九。(2) 同書、二・一・六一―六二。

§761

最近の自国の実例が、(3)相対的にもさほど知られていないことがよくある（§757）。それは、例えば指導者たちの当面の施策のように、普通長い時間をかけなければ多くの人の目前に据えられないような性質のものとか、我々の観客のうちの中心的な人々が、外国のものに夢中になって、自国のものを無視したり、最も古いものを掘り起こすのに夢中で、足元にある最近のものに倦んでいるときである。このやり方は最上の趣味には属さないが、美しく思惟しようとする者は、自分の人格的対象の理想のあり方ではなく、現実のあり方、つまり、もし自国のもの、そして

「古《いにしえ》のケテグスたちは聞かなかったもの[1]」

を持ち出した場合、予期と知識欲を欠いている人々に注目すべきである（§484）。

(1) ホラーティウス『詩論』五〇。

§762

実例、分割、帰納、分配は、このようによく知られた、しかも陳腐な使い古しでない照明でなければならないが（§741）、逆に、光と影の美しい分配に反し（§682）自分の上位表象を照明するというよりも、むしろ一層強い光で曖昧化するほど生動的であってもならない。最後の法則では、相違と、下位概念のうちにあって上位概念においては限定されていないものとが、多くの光を受け取り、その結果、比較点、及び、上位概念に和合し、下位概念の具体的なものにおいて一層生動的に描写しようと努力するものが覆い隠され、それだけ実例には不適切であり、言表が解明しようとする対象から離反しているように見えてしまうことがないよう特に用心せねばならない（§670）。相違に触れてはならないというのではない。ただ、実例は光でなく（§686）、あくまで影でなければならない（§684）。実例が、まして帰納や分配が教養の誘惑的な外観のもとに美的地平を越えることがあってはならない（§121）し、また、〈低さ〉や膨張を手に入れてもならない（§329、331）。むしろ、できる限りそこから推論的実例と説得的帰納を形成しうるようなもの、そして実践的、実際的なもの、行為へと駆り立てる系（ポリスマ）をそこから導き出す点で多産なものでなければならない（§731）。

第四五節　対　置

§763

広義の比較（§735）は、(3)対立するものの比較を自己のもとに含む（M、§五四九）[1]。それは文彩（§26）としては対置となろう。対置としては、先ず非相似が挙げられる。これは、照明されるべきものを似ていないものと比較し、前者がこの相違から照らし出されるようにするものである。カトゥッルス、五がそうである。

「太陽は沈んでもまた帰ってくることができる。我々にとっては、ひとたび短い昼が沈んだなら、いつまでも続く一つの夜を眠らねばならない[2]」。

この対照によってホラーティウスは自分の『カルミナ』一・一全体を照明した。また、同じ巻の『カルミナ』七の頭を次の詩行が照明している。

「余人には名高きロードスやミュティレーネー、或いはまたエペソスや二つの海に面するコリントスの城壁、或いはバッコスで知られたテーバイ、アポローンで知られたデルポイ、或いはテッサリアのテンペーを讃えさせるがよい[3]」（四―一〇）。

（1）§735の(1)、§742の(2)を承ける。（2）カトゥッルス『カルミナ』五・四―六。（3）ホラーティウス『カルミナ』一・七・一―四。

§764

次いでこれに属するのは表裏対比である。これは正反並列とも呼ばれ、譲歩の一種で、照明されるべきものの持つ述語のうち、第一義的には対立するように見える幾つかのものを、その第一義ともども影の〔う〕ちに配置することによって、それらの述語の異種の、しかし一層弱い先行表象が、すぐ後に続く異種の、しかし一層大きく、目立つものを輝かしく色どり、新しさの光をいわば周りに溢れさせるものである（§659、683、M、§五四九）。ウェルギリウスの『アエネーイス』第四巻でイアルバスは、それについてふさわしくない、醜いと判断した点をすべて立派さの影で蔽うことによって、ディードーとアエネーアースの人目を忍ぶ恋を、最初は十分敬意をもって記述しているように見える。

「ディードーはアエネーアースを主人として王国に受け入れた」（二一四）。

しかし、それからさほど間を置かず、まるで力を集めたかのように、同じアエネーアースをかなり辛辣に攻撃する。

「そして今やかのパリスは、女々しい取り巻きを連れ、顎と香油滴る髪にマエオニアのターバンを巻き、掠奪を楽しむ」（二一七）。

§765

表裏対比を続けていくと、そこから美しい混和法（クラーマ）が生まれるだろう。これは、非難に混ぜられた賞賛と呼ばれるが、実際は或る種の述語の集積である。それらの述語は少なくとも表面上は対立し、その一方は悪しき集合、他方は良き集合と考えられる。しかし善いものを悪いものに巧妙に混ぜ合わせる者の意図に従い、前者（悪しき集合）が、対立するものの美から醜の増大を獲得したり、後者（良き集合）が、対立するものの醜から美の増大を獲得しつつ、真言、道徳的真理との大きな類似性も得られるという仕方で、上述の述語は配置されている（§731、435）。これは、光と影をうまく分配する技巧（第四〇節）による。オウィディウス『悲しみの歌』第二巻の第一エレゲイアは殆ど全体が、素材の許す限りかかる文彩を形成するよう努力している。つまり、カエサルの一層輝かしい容赦をそれだけ効果的に誘い出すために著者の罪を認めるというやり方である。次の例がある。

「告発されたムーサを、私の罪をなぜ私は繰り返すのか。それとも、ひとたび罰を得ただけでは足りないのか」（四）。

「私から詩業を奪い去れ、そうすればあなたは生き方の罪を奪い去ることになる。有罪なのは私の詩のせいである」（一〇）。

怒りは「確かに正当であり、私がそれに値することをしたことも否定はしない。それほど私は厚顔無恥ではない」（三〇）。

「しかし、一〇〇匹の雄牛の血を流すのと同じくらい、乳香の僅かなお供えによって神の心を得ることができる(1)」。

「敬虔な乳香を私はあなたのために供えた。そして万人の中の一人として、公の祈願を私の祈願で支えた(2)」。

（1）オウィディウス『悲しみの歌』二・一・七五—七六。（2）同書、二・一・五九—六〇。

§766

対句がかなりうまく作られるとき、対置と対句を区別したり、対句内部に幾つかの種を区別する必要はない。そして、対句は「わざとらしくなく」、或る種の自然的「必然性」から生ずるときには大抵うまく作られるのであり、またそうでなければならない（キケロー『弁論家』一六六）。これに対し、もっと苦労して求められたものに夜なべ仕事の臭いがするときには、虚言を弄する者の虚飾となるであろう（§688、M、§五七六）。ペルシウスは実際、ひどくこれを論難している。

「『素敵だ』という軽妙な言葉を聞くのを望むことなしには危険を白い頭から追い払うことができないのが恥ずかしくはないか。『おまえは泥棒だ』と君はペディウスに言う。ペディウスは何と言うだろうか。彼は告発を滑らかな対句にして釣り合いをとる。

彼は巧みに文彩を作ったとして『これは見事！』と讃められる。これが見事だって」（一・八三）（§677）。

「既にイソクラテース以前の古人ら、特にゴルギアースがこの種のものを好んだ」（キケロー『弁論家』一六七）。彼らは確かに対句を喜んだが、それは下手に配置されたものでも、恐る恐るかき集めたものでも、六〇〇回煮られたものでもなかった。それらの猿真似をするのではなく、慎重な模倣者であるように（§714）。

§767

「他方、ちょうど或る種の調味料を振りかけるように、控えめに、事態が要求するときに用いるなら、より快いものになろう。だが、それを偏愛すると多様性という長所そのものを失う[1]」。照明する文彩はすべてそうであるが、この対句も「日常語法の外にある秘められたもの、従って一層高貴なものであるとき、耳をその新しさで刺激するとともに、豊麗さで一杯にする。そして語り手の気に障らず、選り抜きの、すべての部分から抽出され、積み重ねられたものとして現れる[2]」（クインティリアーヌス、九・三）。クインティリアーヌスはこの章で対句にも言及し、それを「対立させて置かれたもの」と呼び、「対比[3]」と呼ぶ人もいると言う。これについては既に我々が読んだ者の判断は特に真である。とりわけ措辞のこの文彩が同時に語の類似性または反復または置換を伴うときにはそうである（§26）。

（1）クインティリアーヌス『弁論家の教育』九・三・四。（2）同書、九・三・五。（3）同書、九・三・八一。

§768

私が既に§145で忠告したことは、ここにも関わる。つまり、語の構えと尋常ならざる態勢ないし構成とは、もし文彩を男らしく使うなら、文彩におけるアクセサリー、いわば偶有性にすぎず、それらが軽視されるべき理由は、措辞の文彩だからということではなく、思惟そのものに特別の洗練を与えるが故にそれらはもはや措辞の文彩とは見做されるべきでないだろう、ということである。こうして、少なからぬ人が、まるで優れた対立は意味ではなく語に属するとでもいうように、対置全体を措辞の文彩に入れている。他の人々は、対置の少なくとも幾つかの種を単なる措辞の文彩に配置するが、これもやはり洗練の公正でない審判者のなせるわざである（§13）。例を挙げよう。

§769

対立する二つのもののいずれにも出現する諸表象の或る種の逆転を伴う対句、つまり交差反復は、対立の両項を表現する語が弁論の途中で一種の逆転をも被ることが生じうるからといって、決して思考の文彩から排除できない（§763）。他方、措辞の文彩にクインティリアーヌス自身「『私は食べるために生きるのではなく、生きるために食べる』のように、語が変化して繰り返されるあの文彩を」入れている。「無知な幸運よりも知ある不運の方がよい」というエピクーロスの言葉はまことに哲学的なものであるが、見事なのは措辞よりもむしろ思考内容である。プルータルコスにある「詩は物言う絵、絵は物言わぬ詩」というシモーニデースの言葉も、素材の限りではこれに属する。マルセイユのサルウィアーヌス[1]の言葉もこれに属する。「自由の装いのもとに奴隷であるよりは、隷属の装いのもとに自由人である方を望む」。最後に、カトーとそれに続くムーソーニウスの言葉がこれに属する。「もし何かを労苦によって正しくなしたならば、労苦は去るだろうが、正しくなされたことは残り続ける。もし何かを快を伴って醜くなしたならば、醜いことは残り、快は消え去る[2]」（ゲッリウス、一六・一）。

（1）五世紀のキリスト教著作家。主著『神の支配について』（四五〇年頃）は、民族移動期の文化状況をよく伝えている。次の引用は、同書、五・二二にある。（2）ゲッリウス『アッティカの夜』一六・一・四。

§
770

美しく思惟されるべきものと、それと混同されやすいがそれとは異なるものを、その違いことである。つまり類義区別、ないし類語区別は対置の一種である。ここで対置されるのは、誤って同義語と見做された語だけでなく、特にまた、本当は異なっているが、それらの異なりが普通注目されず、従ってもし弾みを持つならば、時として優雅にその異なりが指し示されるところの意味である（§768）。「類義区別と私が呼んだあの種も対比（§767）に分類するのが最も都合がよい」[1]（クインティリアーヌス、前掲箇所）。オウィディウスはトミスへ行けと命ずる布告について言う。

「その中で私は『流刑者』ではなく、『亡命者』と呼ばれ、私の運命には控えめな言葉が与えられているのだから」（『悲しみの歌』二・一・一三七）。

「必ずしも常に背反するものが対置されるわけではない」（クインティリアーヌス、前掲箇所）。論理学者が本当の矛盾と呼ぶ真の対立が存在することは対置に必要ではない。見かけの矛盾、対立、下位対立が存在すること、少なくとも美的に、立しあうように見えるだけで十分である。「人間は死なずにいることも死ぬこともできた。今は自然に死なずにいることはできない。しかし死ぬことができなくなる時が迫っている」という言葉の中には何一つ矛盾はないが、それにも拘らず一層優雅に飾り立てられたならば対置を生むことができよう（§763）。

（1）クインティリアーヌス『弁論家の教育』九・三・八二。

§ 771

だが私はどんな名で対義結合を勧めえようか。エンニウスの「正気を失った正気（mentes dementes）[1]」、テレンティウスの「計画的に狂っている[2]」及び「彼の言う『何か』は何物でもない[3]」、キケローの「彼らは沈黙することによって叫んでいる[4]」、ウェルギリウスの「既に捕えられた者たちが捕えられえたであろうか[5]」、ホラーティウスの、ここでもやはり戯れの言葉「愚かな知恵に通じた私は迷う[6]」、オウィディウスの「不正にして正当な[7]」、及び「最初は敬虔な女でも、みな教唆によってすぐ不敬虔になる。そして罪を犯すまいとして罪を犯す[8]」。

これは迷う良心の最も哀れな運命である。

「不敬虔によって敬虔である[9]」。

多くの人の「常によい匂いをさせている人は、よい匂いがしない[10]」。これらすべては、たとえ私が沈黙していても、どれほど多くの権威によって見事な文彩と叫ぶであろうか。しかし私の最も気に入らない思考の文彩のうちにこれが含まれていることを率直に認めよう。その原因は、その極めて興醒めな誤用と陳腐な実例、そしてそれらの周りに響き、この種の逆説に満ちたもの以外の鋭さを知らない、最も陳腐なものの一層悪趣味な改作だと思う。

（1）エンニウス『年代記』一九四―一九五（キケロー『老年について』一六）。（2）テレンティウス『宦官』六三。（3）テレンティウス『アンドロス島の女』三一四。（4）キケロー『カティリーナ弾劾』一・二一。（5）ウェルギリウス『アエネーイス』七・二九五。（6）ホラーティウス『カルミナ』一・三四・一二―三。（7）オウィディウス『変身物語』二・六二七。（8）同書、七・三三九―三四〇。（9）同書、八・四七七。（10）ペトローニウス、断片二四＝マルティアーリス『エピグラム集』一二・一二・四。

§ 772

互いに適合するものが、それらの不等性が照明されるか、それとも、それは譲るにしても、私の人格的対象が大きいと思っているものが小さい、またはその逆であることが明らかにされるか、そのいずれかのために第三のものにおいて比較される場合、これは非相似のもとに（§763）普通包括されるかなり単純な対置に還元されるとはいえ、本当は不等性と呼ぶべきであろう。ロームルスとアウグストゥスのこのような対置がオウィディウスにある。それは前者より後者を上位に置く目的を持つ（『祭暦』第二巻）。

「ロームルスよ、あなたは認めねばならない。この人は防備によってあなたの城壁を大きくする。あなたはレムスが跳び越えうるほどの城壁を与えたのだが。タティウスと小さなクーレースとカエニーナがあなたを実感した。この人の指導のもとでは太陽の両側がローマのものである。あなたは何か少し征服地を持っていた。高い天のもとにあるすべてをカエサルは持つ。あなたは掠奪するが、この人は自分の指導のもとに妻が貞節であるよう命ずる。あなたは森で犯罪を許すが、彼は犯罪を除去する。あなたには力が快く、カエサルのもとでは法が栄える。あなたは主人という名を、かれは統領という名を保持する。あなたをレムスは告発し、彼は敵どもを許す。父親があなたを天の住民とし、彼は父親を天の住民とした」（一四四）。

こうしてキケローは法に通じた人と武器に通じた人を互いに比較し、前者の優越を照明している。

第四六節　狭義の比較

§773

広義の比較（§734）が、類似（§735）でも、部分でも、全体でも、その上位のものでも、下位のもの（第四四節）でも、反対のもの（第四五節）でもない、連結、結合、連関した何らかの観念を照明によって比べ合わせるとき、特有の名を得ていないので、(4)狭義の比較という一般的な名を保持するのがよかろう。そこからして既に明らかなように、これに属する照明の数を計算することも、別々の名称で際立たせることもできない。幾つかの明白な範疇を保存するだけで十分である。麗しい思考の物事を促進するであろうものをそれに閉じ込めることはできないし、既に閉じられ、境界で囲まれた場所に送り込むべきものでもない。それ故、これに例えば、(a)学校では外的と呼ばれる起動因、目的因と結果との比較を数え入れるがよい。なぜなら、大きいものと小さいものの比較が、内的原因つまり質料因と形相因を自己のものとして要求していたからである（§742）。

§774

これには次のものがある。α：起動因による結果の照明。「神的なアルキメドンの浮彫り作品たる盃」（ウェルギリウス『詩選』三・三七）。

β：結果による起動因の照明。「コノーン。そして民に土地全体を、そしてどんな時を収穫者が、どんな時を腰の曲がった耕作家が持つかを杖で記述したもう一人は誰か」（四二）。

γ：目的による手段の照明。「ダフニスの弓と笛を君は壊した。悪いメナルカスよ、それが少年に贈られたのを君が見たとき、君はそれを嘆いた。そして、もし君が何か害を与えなかったならば君は死んでいるだろう」（一五）。

δ：手段による目的の照明。

「私のウェヌスには贈り物が用意されている。なぜなら、高い空の鳩が巣を持つ所に私は自分で注目したからだ。（メナルカス）私にできたのは、森の木から摘まれた一〇個の林檎を少年に送ったことだけだ。明日はもう一〇個送ろう」（七一）。

見よ、君には牧者たちがいる。

幸運にも「物事の原因を認識」できた牧者たちが！

§775

狭義の比較には、(b)記号とその指示対象の比較がある（§773）。そこから、α：その指示対象による記号の照明が生ずる。カエサルの死を予言する記号をウェルギリウス『農耕詩』一・四六四―四八八は記述し、美的真実らしさに従って指示対象から照明している。

「それ故、互いに拮抗する武力をもってローマの軍勢が会戦するのを再びフィリッパイは見た。そしてエーマティアとアエムスの広い平原が二度我々の血によって肥沃になるのは神々にとって不当なことではなかった」（四九二）。

詩人はすぐこの、β：指示対象の、回顧的ないし記憶的、それから未来的記号からの照明を付け加える。

「やがて来るであろう。農業従事者が曲がった鍬でその地区の土地を耕していると、赤い錆に食い荒らされた槍を見付けたり、空ろな兜を重い踵で打ち、墓を掘り起こして巨大な骨に驚くであろう日が」（四九七）。

§ 776

狭義の比較には例えば、(c)精神の情念や変化を照明しようとする人々に身体の諸部分の類縁的観念を提供するものがある。これらの部分は、そのような変化の最中に所与の情念によって特に触発され、かなり密接に接触されるらしいので、精神の中にあるこれらの要素の座と考えられる。こうして天性は頭と脳で、外的感覚は感覚器官で、欲求は心臓で、下位の欲求は肝臓で[1]、慎みは額と口で照明される（§773、752）。

「鳥の言葉を理解し、自分の肝臓よりも他人の肝臓から多くを知る者たちには、従うよりもむしろ耳を傾けるべきだと私は考える[2]」（キケロー『占いについて』第一巻におけるパクーウィアーヌス）。

「我々は慎みを鉄の口で表現することにしよう[3]」（カトゥッルス）。

「君が最大の悪と信じているもの、つまり乏しい私財と醜い猟官失敗を、精神と頭のどれほどの苦労をもって君が避けているのかを知っているか[4]」（ホラーティウス『書簡詩』一・四四）。

（1）§89で引用されたユウェナーリス『諷刺詩』一一・四五参照。（2）キケロー『占いについて』一・一三一。（3）カトゥッルス『カルミナ』四二・一六―一七。（4）ホラーティウス『書簡詩』一・一・四二―四四。

§777

狭義の比較には更に、(d)同じ場所、同じ時に把捉されたものの類縁的観念を介して、場所、時によって何らかの個別的な事件、事実を照明するものがある（§773、752）。

「市民諸君よ、先ず金銭を求めねばならない。徳は財貨の次――ヤーヌスは下から上まで（1）こう説いている。老いも若きも声を合わせてこの文句を唱えている。筆箱と計算表を左腕にぶら下げて（2）」（五五）。

「厳しい冬は春とファウォーニウスの快い巡りによって解きほぐされ、巻き上げ機は乾いた竜骨を海へと引く。そして、もう家畜は小屋を、農業従事者は火を喜ばない。そして草地が霜で白く輝くこともない。月が中天にかかるころ、もうキュテーラのウェヌスはコロスを率い、美しいグラーティアたちはニンフたちと一緒に交互に足で大地を撃つ。それは、灼熱するウルカーヌスが重々しくキュクロープスたちの鍛冶場を訪れる頃である。今や緑のミルテか、それとも緩んだ大地が生む花の輪を輝く頭にかぶせるのがふさわしい（3）」（『カルミナ』一・四）。

(1) フォルムの東側にアーチのある部分が三つあり、それぞれ「上」、「中」、「下」と呼ばれていた。商人たちのたまり場で、「中のヤーヌス」には金貸し業者がいた。(2) ホラーティウス『書簡詩』一・一・五三―五六。(3) ホラーティウス『カルミナ』一・四・一―一〇。

§778

狭義の比較には、(e)或る人の権能のうちにある事物、人物とその主人、指導者、支配者ないし所有者とを比べるものがある。それには、α：所有者、主人、神による事物の照明がある。ウェルギリウスがアエオリアを描写するのに用いている方法である。

「ここで広大な洞窟で王アエオルスは、格闘する風どもと音を立てる嵐どもを王権で抑え、鎖と獄で制御する」(1)(『アエネーイス』一・五八)。

β：それが従属する上位者、指導者、統領、王による或る人物の照明。ウェルギリウスは風を人物に変えたので、その王によって照明される。

「アエオルスは高い砦に座り、王笏《おうしゃく》を手にし、気力を柔らげ、怒りを鎮める(2)」。

「確かな契約によって、手綱を引き締めたり、緩めたりする命令を与えることができるよう(3)」、

ユッピテルに認められて(六七)。

（1）ウェルギリウス『アエネーイス』一・五二―五四。（2）同書、一・五六―五七。（3）同書、一・六二―六三。

§779

所有者と所有物の比較は、γ：所有された事物による所有者の照明を与える。

「海の支配と荒々しい三叉《さんさ》の鉾《ほこ》は彼にではなく私に籤《くじ》で与えられた。彼は巨大な岩と、エウルスよ、汝らの住み処を保持している。アエオルスはその宮殿で力をふるい、風どもの牢獄を閉じて支配するがよい(1)」（一・一四五）。

δ：それに従属する者と人物、その権能のうちに置かれた者による、指導者、統領、支配者、神の照明（§778）。ホラーティウスはアウグストゥスに対してこう語る。

「あなたが地上にいるうちに、既に我々は早まったのでない誉れを捧げ、あなたの神意にかけて誓うべき祭壇を据える。このようなものが生まれることはもうないし、かつてもなかったと告白しつつ。しかし、わが国の指導者たちよりも、またギリシアの指導者たちよりもあなたを上位に置く点では賢明にして正当なるあなたのこの民も、他のことは決して同じような仕方で評価しているわけではない」（『書簡詩』二・一・一二〇）。

（1）ウェルギリウス『アエネーイス』一・一三八―一四一。

第四七節　転　義

§ 780

ここで私が注目する転義とは、(1)「その固有の意味から別の意味への、利点を伴う語、語法の変化[1]」(クインティリアーヌス、八・六)としてのそれにとどまらない。(2)まして、所与の言語においてその固有の語を持たないものを指示せねばならない場合に、必要性と言語の貧しさによって必要となるものでもない。(3)いわんや、語るときに固有のものを知らないが故に捻り出されるものでもない。そうではなくて、一つの表象を他の表象に優雅に置換することすべてを含む。移された語によって指示されるのでも(これは最もよく知られている)、音楽家によって互いに音が置換されるのでも、画家によって色が置換されるのでも、何か他の記号の種類を介して或るものの代わりに他のものを優雅に思惟したと表現するのでもかまわない。

(1) クインティリアーヌス『弁論家の教育』八・六・一。

§ 781

転義の麗しい発生を見てみよう。そうすれば、ファビウス[1]が前掲箇所の序言で述べている「文法学者同士のものは」ともかくも、少なくとも「哲学者同士の転義を巡る論争、つまり、その類が何であり、種が何であり、数がいくつあり、各々に何が包摂されるかという、解きほぐし難い論争は[2]」、僅かな砂を投げつけるだけで[3]収まるだろう。君の美しい思考の一定の箇所で、生動性が或る種の比較（§734）を要請するが、比較の⑴主語、⑵項を（§736）顕在的に思惟すると、その比較が展開された、長い、豊麗なものになり、緊密な短さ（§166）がそれを許さないとする。このとき例外を作る余地が生ずるだろう（§24）。緊密な短さがいかなる損失をもそこから被らないような仕方で生動性を満足させる例外は、ありうる限りで最小の（§24）、しかも確かに悪くない（§25）例外であろう。ところで、もし君が比較の主語を省略し、顕在的に思惟することも、特有の用語で指示することもせず、それに比較の項を代置して、それの代わりに比較の項のみを顕在的に思惟し、比較の項のみを指示し、心の中で比較の主語を思い巡らす仕事を聞き手や観客に残すならば、君は、緊密な短さが何ら損失を受けないような仕方で、比較を要請する生動性を満足させたことになる。なぜなら君は一つの記号や語も付け加えずに、しかも顕在的に思惟されたものの系列を増大させたかからである。ここから、比較の主語の代わりに比較の項をうまく据えること、つまり転義が生ずる（§780）。

(1) クインティリアーヌスのこと。(2) クインティリアーヌス『弁論家の教育』八・六・一。(3) ウェルギリウス『農耕詩』四・八七参照。

§ 782

では転義にはどんな類と種があるか。広義の比較のそれと同じである(§734〜779)。数はいくつあるか。数え切れぬほどある。何が各々に下属するか。隠喩、つまり縮小された類似法(§735〜741)でも、代喩、つまり縮小された、大きいものと小さいものの比較(第四四節)でも、エイローネイア、つまり縮小された対置(第四五節)でもない転義が他ならぬ換喩、つまり縮小された狭義の比較(第四六節)である。ちょうど、神学者とも、法学者とも、医学者とも名付けられない学識者は、それだけで大学では哲学者の列に入れられるようなものである。

§ 783

文彩が転義なのか、転義が文彩なのか。「多くの者は文彩が転義だと考えた。……機能が同一である。つまり、物事に力を付け加え(M、§五一五)、かつ好意を得るからである(§780、26)。しかし転義に文彩の名を付ける者もいる。アルトリウス・プロクルスはその一人である。それどころか、類似が明白なので、それを弁別するのは容易でない程である。……いかに複雑で面倒な議論があるかを私は知っている。……我々が語っている対象は、それが転義と呼ばれようと文彩と呼ばれようと、同じ効果を生むであろう。……しかし同一の思考内容に転義も文彩も集結することがよくあることに注目すべきである。つまり、転義された語からも、固有の語からも文彩は作られる。他方、その名の意味は何であり、類はいくつで、種がどれほど多いかについては、凡庸ならざる著者たちの間にも不一致がある」[1]（クインティリアーヌス、九・一）。

「文法学者たちは論争し、そしていまだ係争中である」[2]（ホラーティウス）。

（1）クインティリアーヌス『弁論家の教育』九・一・一―三、七―一〇。（2）ホラーティウス『詩論』七八。

§ 784

闌《いくさ》に節が求められているように[1]哲学者には見えよう（§781）。必ずしもすべての文彩が転義であるわけではない（§26、780）。クインティリアーヌスの概念よりも転義を少し広く取り（§780）、しかもなお、やむをえない何らかの暗喩や、まして自分の語る言葉を知らぬ者どもの悪趣味な暗喩をそれに含めないならば、あの優れたプロクルスはかなり正しい。私が定義したすべての転義は文彩であるが、しかし置換によって縮小された文彩であるが故に（§782）、その真の姿が直ちには現れない隠蔽的文彩である。

（1）§536註（1）参照。

§785

学校教師たちのうち論理学者たちは、排除的、例外的、限定的など、肯定と否定から隠蔽的に合成されたものを展開可能な命題としている。ラテン語を知る耳に不都合に聞こえないならば、転義を展開可能な文彩と呼びたい。その命題を合成する両部分の真の姿が現れるためには展開を要するが故に、学校はこの荒っぽい名称を命題に与えた。それと同様に、転義も、哲学者ならざる文法学者にもその姿が現れるためには展開を要する。転義において顕在的に思惟され、固有の語で指示される唯一のものである比較の項から、省略され、固有でない語で指示されている比較の主語を掘り起こし、短さへの愛は無視して、それを比較の項との関係で顕在的かつ明白に思惟し、両者を思惟しているということを特有の用語と記号で誰かに解明するならば、転義は展開されている。

§786

隠喩を展開すると、明白な類似法が生ずるであろう（§735）。代喩を展開すると、大きいものと小さいものの比較が見られるであろう。従って、代喩は上昇的か下降的かのいずれかである（§742）。エイローネイアを展開してみるがよい。対置が生ずるであろう（§763）。最後に換喩は、一つの狭義の比較へと分解されることになる（§773、782）。従って、上述の文彩についてこれまでに述べられた一切（§730〜779）を、転義つまり、それらの隠蔽形について繰り返す必要はない。

§787

「全体として隠喩は類似」（明白で顕在的な類似法。§735）「より短い（§781、782）。後者は、表現したいもの」（比較の主語）「に」（顕在的に）「比較されるが、前者は、その当のものの代わりに語られるからである。人間が何かを獅子の如くなした、というのは比較（であり、しかも明白な類似法）である。人間について獅子であると言えば暗喩（であり、しかも隠喩）である」(1)（クインティリアーヌス、八・六）。しかし隠喩は比較より冒険的でもある。それ故、洗練された趣味の持ち主は人間を獅子と比較しえても、あえて人間を獅子とは呼ばない（§313）。隠喩の種には私は触れない。なぜなら、「類を受け取っても種を知ることができないような子供のために我々は規則を立てているのではない[2]」からである。警戒すべきは、(1)「多用すると曖昧にし、不快感で満たす[3]」もの（§731）、(2)「低く、汚く、無様なもの[4]」（§736〜762）、(3)「大きすぎるもの、そして一層よく生ずるものだが、小さすぎるもの」（§737）、ここからは膨張や〈低さ〉が生ずる。(4)「類似していないもの[5]」、つまり比較点自体が類似法の主語と項ではっきりと異なるもの（§736）、(5)「生硬なもの、つまり遠い類似から取られたもの[6]」（§741）である。すべての転義と同様（§781）、「隠喩も、他人の場所へ行くのならば、押しのけた相手より価値あるものでなければならない[7]（§26）」（クインティリアーヌス、同上）。

（1）クインティリアーヌス『弁論家の教育』八・六・八―九。（2）同書、八・六・一三。（3）同書、八・六・一四。（4）同書、八・六・一五。（5）同書、八・六・一六。（6）同書、八・六・一七。（7）同書、八・六・一八。

§788

展開（§786）及び判定（§787）の練習には次の例が役立とう。

「人は、自らの務めを知るなら、人にとって神である[1]」（カエキリウス[2]）。

「学のある人に委ねたと私自身は信じていたが、実は極めて大きな石に委ねていたのだ[3]」（プラウトゥス）。

「皺と頭の雪があなたを醜くするので[4]」（ホラーティウス）。

「或いはウンブリアの豚、或いは太鼓腹のエトルーリア人[5]」。

「そして舵なしで航行する必要があったにせよ、帆なしでだったにせよ、いかなる船の勢いもそれに追いつけなかった[6]」。

「それは後に小舟になったが、以前は繁った森だった。キュトールスの頂きでそれはしばしば、声をたてる葉をさらさらと鳴らした[7]」（カトゥッルス）。

（1）カエキリウス・スターティウス、断片二五七（シュンマクス『書簡』九・一一四）。（2）前一六七年頃に没したローマの喜劇詩人。約三〇〇行の断片のみ現存。（3）プラウトゥス『商人』六三一―六三二。（4）ホラーティウス『カルミナ』四・一三・一二―一三。（5）カトゥッルス『カルミナ』三九・一一。（6）同書、四・三―五。（7）同書、四・一〇―一二。

§789

上昇的代喩（§786）には、(1)部分の代わりに全体をうまく据えるものがある（§780、743）。プラウトゥスは、楡《にれ》の鞭でしばしば打たれる奴隷を戯れに「楡のアケローン[1]」と呼んでいる。

「僅かなものを享受することのできない者は永遠に奴隷のままであろう[2]」（ホラーティウ

ス)。

つまり無窮は永遠の一部にすぎないからである。[3] ウェルギリウスはどこかで象牙、即ち象の歯の代わりに「象[4]」と言っている(§753)。⑵下位のものの代わりに上位のものを据えるもの(§744)。死を思い出したくないとき、死に関わるものを婉曲に書く〈エウフェミズム〉はこれに属する。「もし彼に何か重大なことが起こったならば……」。嘆く者たちへの慰めという代わりに、

「シモーニデースの涙よりも憂愁に満ちた何かごく僅かの呼び掛けを[5]」(カトゥッルス)

と言う。ウェヌスの営みは通常これによって陰影をつけられる。

「私の愚行を許してもらうため私は自発的にあなたのところにやってきた[6]」(プラウトゥス)。

(娘に加えられた凌辱)

(1) プラウトゥス『アンピトルオー』一〇二九。(2) ホラーティウス『書簡詩』一・一〇・四一。(3) 「永遠(aeternitas)」がはじめも終わりもないのに対し、「無窮(aeviternitas)」は、被造物が関与する永遠の部分をいう。(4) ウェルギリウス『農耕詩』三・二六、『アエネーイス』三・四六四、六・八九五。(5) カトゥッルス『カルミナ』三八・七―八。(6) プラウトゥス『黄金の壺』七五二。

§ 790

下降的代喩（§786）には、⑴全体の代わりに部分を麗しく置くものがある（§746）。「プローティウスとウァリウスとウェルギリウスがシヌエッサで加わる。これ以上高潔な魂を大地は生んだことがなく、私以上に彼らに恩を受けている人はいない」[1]（ホラーティウス『諷刺詩』一・五）。

「多分こうして柔らかいカトゥッルスは大ウェルギリウスにあえて雀を送ったのである」[2]（マルティアーリス『エピグラム集』四・一四）。

（雀についての詩が、それを含む巻全体の代わりに置かれている）⑵上位表象の代わりに下位表象を美しく置くもの（§749）。

「どこにいようと運命を締め出すことはできない。死が訪れれば、ティベルの中瀬もサルディニアとなる」[3]（マルティアーリス、六〇）。前者つまりティベルは、最も健康な場所の代わりに、後者つまりサルディニアは、疫病が多いと考えられていた場所の代わりに置かれている。

（1）ホラーティウス『諷刺詩』一・五・四〇―四二。（2）マルティアーリス『エピグラム集』四・一四・一三―一四。（3）同書、四・六〇・五―六。

§ 791

キケローのエイローネイア的嘲笑は、「都市の法務官、神聖にして勤勉な人ウェッレース[1]」及び『クローディウス論駁』の「私を信ずるがよい、君の無欠さが君を浄化し、慎みが奪い取り、過去の経歴が守った[2]」に見られる。また、クインティリアーヌスが正しく指摘しているように、『リガーリウス弁護』の冒頭は嘲笑をも欠いていない。「ガーイウス・カエサルよ、耳慣れぬ、前代未聞の犯罪[3]」。

「メリボエウスよ、もう梨の木を接ぎ枝し、葡萄の木を一列に据えよ[4]」。

「確かにそれが神々にとって苦労の種であり、その心配が心安らかなる者たちを悩ませている[5]」(ウェルギリウス)。

(1) キケロー『ウェッレース弾劾』一・三九。(2) キケロー『クローディウス論駁』断片二九。(3) キケロー『リガーリウス弁護』一。(4) ウェルギリウス『牧歌』一・七三。(5) ウェルギリウス『アエネーイス』四・三七九―三八〇。

§ 792

換喩には次のものがある(§782)。(1)結果の代わりに始動因を麗しく置くもの。

「メントール[1]のない食卓は稀[2]」（ユウェナーリス、八）。

(2)原因の代わりに結果を置くもの。

「蒼白な病と哀れな老年が住む[3]」（ウェルギリウス）。

「活力ある者から白髪が遠い限り[4]」（ホラーティウス、一・九）。

白髪は老年の結果である。(3)目的の代わりに手段を置くもの。

「私にピュッリスを送ってくれ、私の誕生日なのだ、イオラよ[5]」（ウェルギリウス）。

(4)手段の代わりに目的を置くもの（§774）。

「相応の名誉を祭壇に捧げた[6]」（ウェルギリウス）。

（1）前三五〇年頃のギリシアの浮彫り彫刻家。ここでは無論、彼の手になる銀食器の換喩。（2）ユウェナーリス『諷刺詩』八・一〇四。（3）ウェルギリウス『アエネーイス』六・二七五。（4）ホラーティウス『カルミナ』一・九・一七。（5）ウェルギリウス『牧歌』三・七六。（6）ウェルギリウス『アエネーイス』三・一一八。

§793

(5)指示対象の代わりに記号を置くもの。

「父と母親が子供に蒼白になるとき[1]」（ホラーティウス）。

蒼白は恐怖の記号である。(6)記号の代わりに指示対象を置くもの（§775）。

「今、我々は差し当たり大理石であなたを作った。しかし、次の世代が家畜を補給したときには、あなたは黄金製になるように」[2]（ウェルギリウス）。

(7)精神の中で生まれるものの代わりに、通例それと同時に生ずる、身体における現象を置くもの（§776）。

「ああ、ボラヌス、脳の故に恵まれた者よ！[3]」

「おお、馬鹿な私、初春に胆汁を瀉出するとは！[4]」（ホラーティウス）

(8)精神の情念を、それに対応する身体の状態の代わりに置くもの。

「最初の愛が死をもってこの私を欺いて以来、結婚の鎖で自分をどんな男にも結び付けないという、しっかりした不動の決心がもし私の心になかったというのならば、この誘惑にだけは私は抵抗できなかったであろう」（『アエネーイス』四・一九）。

（1）ホラーティウス『書簡詩』一・七・七。（2）ウェルギリウス『牧歌』七・三五―三六。（3）ホラーティウス『諷刺詩』一・九・一一―一二。ここで脳は怒りの座。（4）ホラーティウス『詩論』三〇一―三〇二。ここで胆汁は怒り、立腹のもと。従って「胆汁を瀉出する」とは、いらいらする気持ちを発散すること。

§ 794

(9)その場所または時間に含まれた事物や人物の代わりに、それを含む場所や時代、時間、時刻を置くもの（§777）。

「かくも大きな五つの都市が金敷きを据えて武器を鍛える。有力なアーティーナ、聳え立つティーブル、アルデア、クルストゥメリー、そして、塔を戴くアンテムナエ」（『アエネーイス』七・六三〇）。

「見るがよい、すべてが来たるべき世紀を喜んでいるのを」（『詩選』四・五二）。

⑽時間と場所の代わりに、それらに含まれたものを置くもの。

「今や家畜も影と涼しさを求め、今や緑の蜥蜴《とかげ》も茨《いばら》に隠れる。テステュリスはひどい暑さに疲れた収穫者たちのために、大蒜《にんにく》や麝香草《じやこうそう》などの香草を擦り潰す」（『詩選』二・一〇）。

「君を小カンプスで、君をキルクスで、君をすべての本の中で私は求めた[1]」（カトゥッルス）。

（ここで「本」とは本屋の代わりである）

（1）カトゥッルス『カルミナ』五五・三―四。

§795

⑾主人、指導者、支配者を、所有物、またはその権力下にある人物の代わりに置くもの。

「ケレースとバッコスなしではウェヌスも凍える[1]」。

「すぐ近くではもうウーカレゴーン[2]が炎上する」[3]（ウェルギリウス）。

「そいつはどこにいるのか。もし見付けたなら、すぐ彼[4]を食いつぶすべきだと思うのか[5]」。

「許されるうちに、熱いうちに、食いつぶすのがふさわしい[6]」（プラウトゥス）。

カトゥッルスの前掲箇所と比べ合わせるとよい（§141）。⑿いわば所有者ないし支配者である人に帰属する事物や人物を、その人つまり所有者や支配者の代わりに置くもの（§778）。

「武器はトガに従わねばならない[7]」（キケロー）。

「ロドペーの山々は泣いた。高いパンカエアも戦争の多いレーソスの土地も」（『農耕詩』四・四六一）。

「彼がラティウムの宿敵パルティア人をうち従えて、正しい戦勝行列にひきたてようと[8]」（ホラーティウス『カルミナ』一・一二）。

（1）テレンティウス『宦官』七三二。（2）トロイア陥落の際、その家が焼かれたトロイア人。（3）ウェルギリウス『アエネーイス』二・三一一―三一二。（4）「彼の金」の代わりに置かれている。次の引用でも同じ。（5）プラウトゥス『ロバ物語』三三八。（6）プラウトゥス『プセウドルス』一一二七。（7）キケロー『義務について』一・七七、クインティリアーヌス『弁論家の教育』一一・一・二四。なお、§772末尾参照。（8）ホラーティウス『カルミナ』一・一二・五三―五四。

§796

先行するものと後続するものとの転喩と呼ばれているもの、及び、同時的なものの一方の代わりに他方が据えられるときは、随伴するものの転喩であるが、それが正当、当然にも伴うものは換喩である（§782、773）。なぜなら、互いに連合している表象が置換されているからである。それらの表象は両者とも所与の時間には感覚であったか、一方が想像、一方が感覚であったか、もしくは、一方が感覚で、他方が予見であったかのいずれかである（M、§五七六）。例えば、アタランタ[1]の果実についてのカトゥッルスの婉曲語法においては、後続するものの代わりに先行するものが据えられている。

「長い間結ばれていた帯を解いた[2]」（二）。

また、最も古いものを歌うシーレーノスを物語るときのウェルギリウスにもある（『詩選』六）。

「そのとき彼はパエトーンの姉妹たちを苦い樹皮の苔で包み、すらりとした榛《はん》の木《き》として地面に立てた[3]」。

先行するものの代わりに後続するものを据えるもの。

「医者が笑って、腫れた痔が切られる」（ユウェナーリス、二・一三）。

随伴するものの一方の代わりに他方を据えるもの。

「君たちは羊毛を紡ぎ、出来上がった毛糸を籠で持ち帰る。君たちは細い糸で一杯になった紡錘を、ペーネロペーよりもうまく、アラクネーよりも軽快に回す[4]」(五五)。

(1) 猟師アタランタは求婚者に競歩で彼女に勝つことを条件として課し、もし彼女が追い付いた場合、背後から槍で刺し殺していた。メラニオーン(またはヒッポメネース)は、走る途中に三つの黄金の林檎を落とし、アタランタに拾わせて勝利を得た。(2) カトゥッルス『カルミナ』二b、三。(3) ウェルギリウス『牧歌』六・六二—六三。(4) ユウェナーリス『諷刺詩』二・五四—五六。

§ 797

換称(アントノマシア)とは、個別概念、個別、個物の一層有名で普及した概念、及びその記号——これは言葉の場合、現在では固有名詞と呼び慣らわされているものであるのが普通だが——の代わりに、一つの別の概念、または迂言法と迂説法へと結合された複数の概念——それは、前者と相関的であるか、前者より広いか、狭いかのいずれかであるが——が置かれるものであるから、個の代わりに種や類を置く上昇的代喩であるか(§789)、種や類の代わりに個を置く下降的代喩であるか(§790、786)、本来の描写であるかのいずれかである。この描写は、描写対象より広いものではないから、転義(§780)というよりむしろ明白な文彩(§550、733)である。ウェルギリウス、五にある「心の大きな、アンキーセースの血統[1]」は上昇的換称である。なぜなら、たとえ息子一人、娘一人しかいなくとも、他世界的に可能なるものの王国では、父祖の名による呼称はこれらの個人よりも広く開いているからである。というのも、息子や娘は、より多く存在することが可能だった筈だからである。それどころか、この世界においても、もっと広く開いている。というのも、それは息子や娘だけでなく、そのあとの

「息子の息子、またそれらから生まれてくるであろう者たち[2]」

にも適合しているからである。下降的換称はプラウトゥスにある。

「おまえの妾アルクメーネーをも見られるよう、この道を私と共に進め、私のユーノーよ[3]」。

「偉大な予知されざるプロメーテウス[4]が皿を作らねばならない[5]」（ユウェナーリス、四）。

（しるしの代わり）

「神々の誰も耳が不自由ではないし、また、ティーレシアス[6]でもない[7]」（一四）。

（1）ウェルギリウス『アエネーイス』五・四〇七。（2）同書、三・九八。（3）プラウトゥス『商人』六八九―六九〇。（4）土で人間を作ったプロメーテウスは、ここでは陶工一般の代わりに置かれている。（5）ユウェナーリス『諷刺詩』四・一三三。（6）ティーレシアスは目が見えなかった。（7）ユウェナーリス『諷刺詩』一三・二四九。

§798

麗しさを愛好する多くの者は、とりわけこの下降的換称を気に入った（§797、755）。姉妹に

すら恋をしているクローディウスをキケローは「ローマのユッピテル」と呼んでいる（§756、754）。「ここにどんな策謀があるのか。どのハンニバルが我々と航海するのか」(1)（ペトローニウス）。

「あなたのタナクイル(2)は黄疸の母の遅い死について相談したが、しかしその前にあなたについて相談している」(3)（ユウェナーリス、二）。

プラトーンの周期的巡回のミュートス全体はこの仕方で説明すべきだと思う。ウェルギリウスの次の箇所もそうである。

「そのとき別のティーピュス(4)と選り抜きの英雄たちを乗せるための別のアルゴーがあるだろう。そして大アキレウスは再度トロイアへ送られるだろう」(5)（『詩選』四）。

（1）ペトローニウス『サテュリコン』一〇一・四。（2）タルクイニウス・プリスクス王の妻で、ここでは横柄で野心的な女の代わりに置かれている。（3）ユウェナーリス『諷刺詩』六・五六五―五六六。（4）アルゴーの舵手。（5）ウェルギリウス『牧歌』四・三四―三六。

§799

転義というよりは文彩である換称は、固有の語によるソークラテースの迂説法に見られる（§797）。

「天界の住民プラトーン、そして彼を作り上げた者、つまり、告発されたことによって、アテーナイ人たちを一層よく告発した者」[1]（マーニーリウス）。

「恐ろしい毒人参を飲んで死んだ髭の教師がこれを語っていると考えたまえ」[2]（ペルシウス）。

美しく思惟しようとする人が、いわゆる複数一人称において、好ましいこと、多分自分にだけ適合することを、同時に聞き手や観客にも帰属させ、多分彼らにのみ固有の、不快なことを同時に自分にも帰することがあるが、語法のこの共有を私は上昇的換称に入れる。なぜなら、一定の個人の代わりに、その場に居合わせている人々という種が据えられるからである。

（1）マーニーリウス『アストロノミカ』一・七七四―七七五。（2）ペルシウス『諷刺詩集』四・一―二。

§800

〈エウフェミズム〉、及び〈曲言法で〉物を小さくしつつ（§329）美しく思惟される内容は、固有の転義というよりは、むしろ、それに出会ったなら、物事を露骨に、顕在的に、たまたま最初に思惟者の心に浮かんだように、不粋に懐胎、言表するよりも（§789、796）、或る種の文彩、例えば迂言法や上述の転義のいずれかへ逃げるよう、道徳的なあり方の思惟（§

227）が進めた場合である。かくして、自慢好きの兵士のように自分に関係する物事について語ろうとするのでないならば、全体の代わりに部分を言う代喩が物を小さくするし、他方、自分や自分の身内に帰属させたい美点をそのまま肯定するよりも、その反対を否定する方が、物を小さくする。

「また私はさほど不恰好ではない。最近私は自分自身を海辺で見たばかりだ[1]」。「もし私に何らかの人間的なことが生じたとするならば[2]」は上昇的代喩である（§789）。「生きた[3]」というのは、後続するものの代わりに先行するものを置く転喩（§796）である。これと似た言い回しには、生きること、元気であることを命じるもの[4]、送り出されたとするもの[5]、使いを送る[6]、というものがあるが、これらはいずれも実際にはそのあとに続く否定的行為を意味するものである。

「万物は海の只中になるがよい。生きるがよい（さよなら）、森どもよ[7]」。

§801

（1）ウェルギリウス『牧歌』二・二五。（2）キケロー『ピリッピカ』一・一〇。（3）既に死んでいる、ということの婉曲な表現。（4）ひとを追い払うときの丁寧な表現。（5）解雇、罷免する、の意。（6）離縁する、の意。（7）ウェルギリウス『牧歌』八・五八。

人間に関わるすべてのことと同様、転義も程度の差、大と小を容れる。つまりそれは、(1)外延的に増大しうる。これは、より多くの思惟を顕在的に描写、表示することによって、所与の類の転義を連続させることによる。そして、この転義の連続は寓意を生むことになる。転義は、(2)内包的にも大きくなりうる。それは、転義を介して比較の項が代置されることによって、唯一の直接的な比較の主語が省略、隠蔽されるだけでなく、そこで据えられる一つの比較の項から、先ず、転義を展開することによって一定の比較の主語を掘り起こさねばならず、次いでこの主語は、掘り起こされ、発見されるや否や、突如新たな無言の関係項へ転移し、今度はこの関係項が、展開を繰り返すことによって、中心的に思惟され、転義の外では顕在的に措定され、固有の語で表示されるべきであったあの比較の主語を開きのばす。この転義の内包、いわば内的に二重、または一般に多重に重ねられた転義が多段転義（メタレープシス）である。ただし、§796で述べられた転喩（メタレープシス）を、本当はむしろ換喩と名付けるならば、であるが。

§802

転義の中には、一様に連続するものがある（§801）。例えば、隠喩が集積され、それらの比較項の間にも理性類似者に観察可能な或る種の緊密な連関がある場合とか、同様の仕方で代喩が集積される場合である。エイローネイアも含めて、このような種類の転義にはすべて広義の寓意が認められるだけでなく、連続的系列を成して継起する転義の相異なる種類のクラーマ（混和法）、混合も認められる。例えば、神秘的意味が潜在する寓話がそうである。どれほどの入り口が美的暗闇に対して開いているか、また、遠すぎるところから求められた論証が照明でなく曖昧さに通じないようにするにはどれほどの配慮が必要かは既に明白である（§634、741）。それ故、夜よりもむしろ陰影を望む人々は、純粋の寓意、つまり、比較の主題がすべて省かれたものよりも、むしろ混合された寓意、つまり、比較の主語が顕在的にも思惟されて、鍵のように少なくとも時折挿入されるものの方を高く買う（§736）。

§803

純粋な寓意はキケローの『クインクティウス弁護』にある。「こうして私は槍を払いのけ、傷を癒さねばならず、しかもまだ敵が槍を一本も投げていないうちにそうせざるをえない羽目になる。しかも、その者たちの襲撃を避ける可能性が我々から奪われているのに対して、攻撃する時間が彼らには与えられている。そして、もう彼らにはそうする準備ができていることだが、何か或る事柄において、彼らが何か毒の塗られた槍を投げたとしたら、医術を施す余地はないであろう(1)」。混合された寓意は『ミロー弁護』にある。「なぜなら、ミローは民会のあの大波におけるような他の嵐と強風ぐらいは耐えるべきだと常に私は考えていたからである(2)」。これには寓話（§526）、譬え話（§537）、そして謎、つまり、うまく適合せず、なかなか一つの座、一つの主語には留まらない述語の複合体で、その主語、つまり鍵が語られていないとか、隠されているものが属する。光と影の正しい分配者ウェルギリウスは、神託を模倣し（§671）、下降的換称の寓意を使うのを厭わなかった（§798、801）。

「シモエイスもクサントスもドーリアの陣営もあなたには欠けていなかった。ラティウムにもう別のアキレウスが生まれた。やはり女神を母として[3]」。

（1）キケロー『クインクティウス弁護』八。（2）キケロー『ミロー弁護』五。（3）ウェルギリウス『アエネーイス』六・八八―九〇。

§804

寓意によって広げられる転義に対しては、真剣に用心しないと、多段転義は醜い曖昧さを志向する（§801）。しかし優れたものを見よう。§789の第一の例では、(1)枝の代わりに楡《にれ》を、部分の代わりに全体を言う、上昇的代喩と、(2)すべての木材の代わりに楡の枝を、上位のものの代わりに下位のものを言う下降的代喩が重ねられている。「カトゥッルスの雀」には（§790）、(1)記号の代わりに指示対象、または風袋の代わりに中身を言う換喩と、(2)全体の代わりに部分を言う代喩がある。あの「君の無欠さが君を浄化した」（§791）には隠喩とエイローネイアの複合がある。§794の第一の例では多段転義は、先ず中身の代わりに容れ物を言う換喩を据え、次いで、(キュクロープスたちのように、それらの町々の住民すべてが鍛冶であると判断しない限りは)部分の代わりに全体を言う代喩を据えるものである。今正午である、と言う代わりに「今、家畜どもは冷たさを求める」[1]と言えば、換喩の多段転義がある。つまり、最後の転義を、全体の代わりに部分を言う代喩——具体の代わりに抽象を言う転義もこれに属する——と言うのでない限りは、⑴含まれるもの、つまり田園の現象を、それを含む時間の代わりに言い、そして、⑵含まれている冷たさを、それを含む空気や風の代わりに言うのであるから(§794)。「冷たいユッピテル」[2]。

(1) ウェルギリウス『牧歌』二・八。(2) ホラーティウス『カルミナ』一・一・二五。

§805

不定の田舎女の代わりに「テステュリス」を据えるとき(§798)、それを含む時間の代わりに、含まれた田野の現象を言う換喩の寓意(§794)はいまだ続いているとはいえ(§801)、多段転義を介して下降的換称が近づいている。「熱いうちに、食いつぶすのがふさわしい」と考えられるとき(§795)、被所有物の代わりに所有者を置く換喩に、身体の現象を精神の同時的な現象に置き換える別の換喩が加えられている。風の代わりにユッピテル(§141)を置くのは、管理される事物の代わりに神を置く換喩と、下位の類の代わりに上位の類を置く代喩から合成された多段転義である。なぜなら、天空を統治するのは、もうユーノーではなくユッピテルだが、詩人が示そうとしたのは天空一般ではなく、ひどく荒れた天空だからである。同様に、カトゥッルスのこの箇所で「脚」と言われているのも、隠喩と全体の代わりに部分を言う代喩とを包含する多段転義による。

§ 806

一つの記号が二つの意味を担い、そのいずれもが主要な意味であるように見える場合を人々は異義兼用と呼んで、その多くを多段転義に入れてきた（§801）。

「ネーレウスの娘ガラテーア、ヒュブラの麝香草《じゃこうそう》よりも私には甘い人(1)」（『詩選』七）。人々はここの「より甘い」に異義兼用、つまり、隠喩と類の代わりに種を言う代喩とから合成された多段転義を認めている。もし生硬で、一層遠くから求められた転義をカタクレーシス、誤用と呼ぶとしたら私は誤っているのだろうか。それとも転義が何であるかを十分覚えていないのだろうか（§780）。表象に表象を、固有でない記号を固有の記号に、固有の語に移された語を代置することは、確かにここでは生硬であり、一層遠くから求められているが、しかし一層遠くから求められているというそのことだけでは、必要性自体をもって弁明はできても、決して転義ではなく、しばしば転義とは反対の思惟の醜悪化である。転義についてなお文彩について観察されたことが妥当する（§339）。それは隠蔽的文彩だからである

（§783）。

（1）ウェルギリウス『牧歌』七・三七。

§807

より大きな表象の代わりにより小さな表象を、または、より小さな表象の代わりにより大きな表象を置くことのうちに誇張が潜んでいれば、それも転義たりうる（§339、780）。しかし、すべての誇張が転義であるわけではないし、また、転義の特別の類を成すのでもなく、代喩、つまり大と小、全体と部分の隠蔽的比較（§742、782）に入れられるべきである。まして必ずしもすべての強調を転義と呼ぶわけにはいかず（M、§五一七）、いわんや転義の特別な集合を形成しえない。すべての転義は言うに及ばず、うまく配置され、美しく表示された文彩はすべてそれ独自の強調を伴っている（§26、783）。

第四八節　美的タウマトゥルギア

§808

新しさの光は表象をはっきりと照明する（M、§五四九、五五〇）。新しさの直観、つまり**驚き**は好奇心を呼び起こし（M、§六八八）、好奇心は注目を（M、§六二五、五二九）、注目は生動的に描写されるべき物事に新たな光をもたらす（M、§六二八、五三二）。それ故、美しく思惟されるべきことは、もしそれが照明されるべきであるならば（§730）、驚きを新しさで、一層明瞭に認識したいという意欲を驚きで、一層明瞭に物事を認識したいという気持ちで注目を獲得するとき、うまく据えられる。新しさを、そしてそれによって驚きを、そしてそれによって好奇心を、そしてそれによって注目を獲得することを、我々は短く、**美的タウマトゥルギア**[1]と呼ぶことにしよう。

（1）「タウマトゥルギア（thaumaturgia）」とは、今日では「魔術」、「奇術」の意に用いられるが、本書ではもっと広く、驚きをひきおこすこと一般を指して用いられている。

§809

キケローの『弁論家について』一・一三七におけるクラッススは、自分が新しいことを言おうとしているのではないことが弁明に値すると論述の冒頭ですぐに判断しているが、そのこと自体で彼は我々の記述した法則を暗黙のうちに認めている（§808）。彼は「あなたが私の話を聞き終えたとき、あなたはそれに驚嘆するよりも、むしろそれを聞きたいと思っていたとき、実はそう思う理由はなかったのだと考えることになるだろう。なぜなら、私の言いたいことは専門的なことでもないし、あなたがたの期待に応えるものでもないし、あなたがたが聞いたことのないこと、耳新しいことでもないからである」と言う。羊飼い自身、「ポッリオーは自分でも新しい歌を作る」（『詩選』三・八六）と言うとき、讃めたのである。「ちょうど、ひとを欺かぬ草原に実りが現れるように、新しい友情が希望をもたらすなら（§731）、それは斥けられるべきではない[1]」（キケロー『友情について』七〇）。クインティリアーヌスが、弁論の始まりからあまり離れないうちに「残りの部分の新しさの魅力をすべて早く摘み取りすぎ[2]」ないように勧告するとき、彼は同じことを言っている（四・五）。§249で引用した箇所でのホラーティウスはこれに同意している。「ケクロプスの末裔たるアテーナイの女どもしか[3]」求めない善良なる市民たちは新しい物事、新しい人々を軽蔑するがよい。だが我々は、美しく思惟することの新しい素材、そして思惟の優雅さ自体における快い新しさを正当にも愛することになろう（§808）。

（1）キケロー『友情について』六八。（2）クインティリアーヌス『弁論家の教育』四・五・四。（3）ユウェナーリス『諷刺詩』八・五三。

§810

「進んで耳を傾ける者たちは一層多く注目し、一層容易く信じ、大抵は喜び自体によってとらえられ、時には驚嘆に心奪われる。……キケローは正当にも、ブルートゥス宛の或る書簡(1)の中で、まさに次の言葉でもって書いている。『なぜなら、驚嘆を呼び起こさない雄弁などはないと私は判断しているからである』。アリストテレースも特にそれを求めるべきだと考えている(2)」(クインティリアーヌス、八・三)。しかし新しさによるのでない驚嘆がありうるだろうか(§808)。次のような異議を唱える人があるかもしれない。「決して驚嘆しない、ということこそ優れた、神的な知恵である」(キケロー『トゥスクルム荘対談集』三・三〇)。

「決して驚嘆しないこと、それのみがひとを幸福にし、幸福に保ちうる殆ど唯一のものだ、ヌミーキウスよ(3)」(ホラーティウス『書簡詩』一・六)。

このことから、驚嘆を追求することは、自然な装飾に数え入れられるよりは、むしろ虚飾(§688)と実際には輝かしくない虚偽(§625)へと追いやられるべきだと推論するかもしれない(§622、623)。

(1) この書簡は現存しない。(2) クインティリアーヌス『弁論家の教育』八・三・五―六。(3) ホラーティウス『書簡詩』一・六・一―二。

§ 811

しかし、実はそれはよいものである。哲学者は最も判明に理を説き教えねばならない筈だったのに、転義で逆説を狙い、謎めいた箴言をしばしば語ることによって自由な呼吸を転倒させる（§803）習慣ないし病気を持った人々が昔いた。彼らは、⑴「決して驚嘆しないよう」命じておきながら、それは実は誇張法であって、実際は、日常的な心配事に対する無知で鈍感な、かなり激しい驚嘆のみを避けるように、という趣旨であるか、或いは、⑵先行するものの代わりに後続するものを置く換喩（§796）によって、世間の実状、人間に不可避の盲目を忘れ、驚嘆の母なるすべての無知に汚されない神的知恵を歌い上げたのか、或いは、⑶もしそれを持っているならば、最高の神に対する最も賢明な驚嘆のうちに永遠を過ごすであろう真の、人間に自然な知恵でなく、むしろ偽り、見せかけの知恵を彼らは約束したのかのいずれかである。

§ 812

従って、「未開で粗野な心」だけでなく、一般に人間の「心を驚嘆によって和らげる」[1]ことは、見せかけの知恵でなく、優美の女神たちに正しく仕える知恵には許される（§808）。しかし、新しさの追求にあまりに引きずり去られぬよう、次のような用心をせよ。⑴対象と素材の新しさを、物事と思惟の新しさと無闇に混同しないように（§18）。前者でなく後者が先ずもって求められる（§808）。新しいものについての方が新しいことを思考しやすいことは否定できないし、素材の新しさに魅力や光があることも否めない。しかし、最も古いことについてだけでなく、既に認識されたことについても、「平凡でも脆弱でもない翼によって天空を運ばれるなら(2)」、

「ムーサたちの祭司として、それ以前には聞かれたことのない詩を(3)」心で熟考することができるし、最新の事柄について、それがまだ新鮮なうちにでも、

「拙劣な者は三叉路で葦の茎をぴーぴー鳴らし、哀れな詩を吹きちらす(4)」こともありうる。

（1）クインティリアーヌス『弁論家の教育』一・一〇・九。（2）ホラーティウス『カルミナ』二・二〇・一―二。（3）同書、三・一・二―三。（4）ウェルギリウス『牧歌』三・二六―二七。

§813

(2)絶対的に新しい素材や思惟、つまり、いまだかつて思惟されたことのないものを追い求めようとするな。それらによって君は最狭義の真（§441）のみならず、全く知られていない詩的虚構（§518）からも引き離されてしまい、真実らしさを全く欠いた（§483）醜いユートト

ピア（§514、469）、単なる闇（§638、M、§八八九）にきっと陥ってしまうだろう。パエトーンのことを思い出すがよい。既に相対的な

「物事の新しさに震えている[1]」

のに、絶対的な新しさと驚嘆を熱望するパエトーンに、麗しき天性の共通の父（§82）はこう忠告する。

「おまえの定めは人間の定め、ところがおまえの望みは人間のものではない。しかもその上、神々に許される以上のことをおまえはわけも知らずに希求している。息子よ、用心せよ。そして状況が許すうちにおまえの祈願を修正せよ（§812）。……最後に、豊かな世界が持っているものを何でも見渡してみよ（§513）。そして、天、地、海が持つこれほど多くの、これほど大きな良いもののうちから（§509）何か一つ要請するがよい。いかなる拒絶にも出会うことはない。ただこれだけは止めるがよい。それは本当のところ罰であって、誉れではない（§810）。パエトーンよ、おまえは罰を贈り物として要請しているのだ[2]（§808）」。

（1）オウィディウス『変身物語』二・三一。（2）同書、二・五六―五八、八九、九五―九九。

§814

(3)新しさがひとに供給するのは、そのひとの主要な人格的対象にとって相対的に新しいものである（§813）。そのようなもののうち、一部は選ばれるべき素材であり、一部はその素材について指示されるべきことである。しかし、この両者がこれまで少なくとも部分的には未知であった、ということで満足してはならない。むしろ、これまではぼんやりとしか知覚されていなかったものを今我々が直観するとき、ひとが知へともたらすものが新しさの光と魅力を今初めてそれ自体として受け取り、驚嘆を引き起こすかどうか、ということが最大の関心事でなければならない（§808）。発見者とは、知られざるものの供給者ではなく、かつては知られていなかったものを知られたものにする人のことである。そして、知られざるものに拘泥する者は、それらを新たな光へと繰り広げるよりも、むしろそれらに新たな闇を導入しつつ、それらについての自らの無知を暴露するのみであるから、麗しい知識欲をかき立てることはないし、まして充たすことはなく、また、平均を越えた知恵を持つという驚嘆に値することもないであろう（§627）。結局、照明するすべてを知らぬ未知のことを響かせることによって、いわば

「貪欲な烏を嘲笑する」(1)

かのように無事観客を嘲笑する人がいたとすると、この哀れむべき魔術師は直ちにこう罵倒されるだろう。

「おまえは正気を失っているのか、それとも曖昧なことを歌うことによって、わざと私をからかっているのか」（ホラーティウス『諷刺詩』二・五・五八）。

（1）ホラーティウス『諷刺詩』二・五・五六。

§
815

(4)相対的に新しいもののうち、認識するには実際には値しないもの、或いは少なくとも君の主要な観客には格別の注目に値するとは思われず、従って、自己の資質の賢明な評価者である君が、君の読者の好奇心をそれに向ける力が自分にはないと予見しうるようなものを自分の思惟対象に選ばないようにせよ（§808）。たとえあなたの主要とも思われる観客が、§184で触れられるような、麗しい思惟の劣悪な誘惑に擽《くすぐ》られるのを最も好む耳を持つ者、時期外れにお祭り騒ぎをする、些事の愛好者であるにしても、絶対的大きさの要請、内包する品位（§185、178）という中心的美的法則が、美的光の法則に結局は従属する（§614）、好奇心を考察するという下位法則に（§808）、しかも何の必要もなしに（§617、625）醜く譲歩してはならない。もし、他のすべてのこと、そして何であれ最も軽小なことを予期している観客を、一層大きなことへ導き入れ、道を踏みはずした心を少しずつ、より重大なもの、高貴なものの観想へ誘い、導き、据え付けることができるならば、それは一層大きなこと、そして稀であるだけに一層新しいこと、珍しいこと、驚嘆すべきこと、注目に値することであろう。ホラーティウスはこの技巧を『カルミナ』一・二七で試している。

「楽しみのために生まれた盃で戦うのはトラーキア人のすること。夷狄の習いを捨てよ」。

「おお、気の毒に！　おまえは何と大きな災いの渦と苦闘していることか、もっとよい炎に値する少年よ(1)」。

(1)　ホラーティウス『カルミナ』一・二七・一一—三、一八—二〇。

§ 816

かなり重大なことの取り扱いにおいて君が相対的品位をあまり細心に考察しない方を好んだり、或いは、そもそもかかる重大なことよりも、少なくとも相対的には軽薄なこと（§197～201）を優先させる方を好むような観客を中心的なものとして持つにしても、適意にあまり譲歩してはならない。なぜなら、絶対的、包括的な品位ではなく、結局のところ相対的品位こそが、それを追求することを人々が命ずる（§808～810）あの「驚嘆すべき品位(1)」（§187）だからである。それとも、ホラーティウスが『カルミナ』二・一三で語っているのは敬虔な人々の座でのみ起こることだろうか。

「アエオリアの弦で同国人の娘たちについて嘆くサッポーと、アルカイオスよ、船の難儀、逃亡の難儀、戦の難儀を黄金の撥《ばち》でもっと豊かに歌う君とは、いずれも聖なる沈黙に値することを歌うから、影どもは驚く。しかし大衆は肩を寄せ合って戦いや追放された僭主の方に熱心に耳を傾ける[2]」。

（1）キケロー『ムーレーナ弁護』二三。（2）ホラーティウス『カルミナ』二・一三・二四―三二。

§ 817

しかし、(a)本来人間の注目に最も値する幾つかのものが、しかしたまたま君の主要な観客である人々にとっては、一定の所、時、状況下では物事の重みに見合う心を傾けるほど好ましいもの、時宜を得たものでは実際にないこともありうるし、また、(b)専らその者たちのために君が思惟する別の人々にとっては、そのようなものでないものに見えることもありうる。これは確かに誤りによるのだが、しかし君の所与の力では目下のところ克服しえない誤りである。いずれの場合にも君は君の観客に多分聞いたこともないこと、多分不当に知られていないことを提供することになるが、しかし、驚嘆でなく不快を引き起こすことになる。君は新しいものを思惟しようとしたのに、新しさの恩寵から滑り落ちてしまうだろう（§815）。君が思惟しようとしたものが重大なことであればあるだけ、穀物が発見されたのにどんぐりで栄養を摂る方を好む[1]人々の前にそれを無闇に投げ出して、蔑まれつつ踏みにじられることがないように配慮が必要であろう。

（1）キケロー『弁論家』三一にある言い回し。

§818

(5)賢人たちの信を越え（§424）、要求される論理的及び美的真実らしさ（§431〜439）――これは時に一般的（§440）、時に最狭義、時に他世界的（§441）であるが――を欠いていると君の格別の人格的対象には見えざるをえないだけでなく（§483）、それを必要なだけ美的に真実らしいものにすることは所与の時、所与の人間ないし観客においては自分の力にあまるであろうと君が美的力量計によって（§60）予見することもできるほど未聞であることを追い求めないようにせよ（§555）。そうでないと、君としては新しいものを言表しているつもりでも、それは胡桃《くるみ》の殻[1]、割れガラス[2]、夢の解釈[3]、テッサリアの奇現象[4]、荒唐無稽な作り話[5]、不合理なものであって、君は現代のがらくた買いとなって、嘲笑を伴い、目下のところ決して求められたのではない好奇心や驚嘆しか君の読者から得られないだろう（§808〜810）。君の中心的観客がユウェナーリスの如き人間であり、ヘブライの律法の最大の真実らしさをかかる観客の眼前に据える力も時間も君にはないものとせよ。この場合、私は確実なことは何も言えない。しかし、

「モーセが秘密の書で伝授した一切のこと[6]」（一六・一〇二）

をかかる観客に提示するとせよ。そうすれば彼らに新しいこと、ローマの集会所が聞いたこ

ともないことを多く語ることになるだろう。しかし、それは「安息日を畏怖し、雲と天の意志以外は何も崇拝せず、豚肉と人肉を全く区別せず、七日目毎に仕事を休み、割礼を施す者[7]」には、君の望んだ好奇心も驚嘆も与えることにはならないだろう。

（1）ホラーティウス『諷刺詩』二・五・三六参照。（2）ペトローニウス『サテュリコン』一〇、§597註（1）参照。（3）同所。（4）ホラーティウス『書簡詩』二・二・二〇九、§490参照。（5）ホラーティウス『諷刺詩』二・六・七七参照。（6）ユウェナーリス『諷刺詩』一四・一〇二。（7）同書、一四・九六―九八、一〇五、九九。

§ 819

(6)何人かの観客にとっては、論述対象の全体も部分も、否、多分部分の部分ですら極めて新しいものであり、ほんの少し照明するのさえ、遠くから求められたものによるしかないと予見しうるような場合があるが、麗しく思惟するのが容易いものがこのような観客のためになると期待してはならない（§741）。なぜなら、観客が十分な延長と同時に内包を持つ注目を保持しつつ、君を把握することを諦めず、しかも好奇心と、美しい思考に光と魅力を溢れさせる驚嘆とがすべて一致するのでない限り（§808）、論述は少なくとも面倒なものだと観客には見えるだろうから（§787）。美しく思惟する者は、勧告全体を楽園から始めたり、「トロイア戦争を双子の卵から歌い始めたりせず」、

「それが周知のものであるかのように事柄の中核に聞き手を引き込む[1]」ことができるよう、全体としては新しいものであっても、部分についての一定の予期は聴衆にあり、その部分が新しく創造されるにしても、全体についての或る種のイメージが既に予め精神に懐胎されて現前しているような物事を選ぶ（§484）。

(1)　ホラーティウス『詩論』一四七、一四八―一四九。

§820

絶対的に汲み尽くされた素材、つまり、それ以外の点では美的地平に属するが（§119）、それについて誰かにとって何か新しいことを麗しく与えることはもはやそれ以上人間たちのうちの誰にもできないようなものは殆ど考えられない。他方、一定の天性が一定の主要な人格的対象に対し、それについて何か新しいことを提示することが殆どできないようなものが、相対的に汲み尽くされた素材と思われることはありえよう。それ故、素材の選択が君の裁量下にあるならば、(7)君及び君の観客に関して、正しい歩幅で君を測定する君自身に汲み尽くされたと思われるような主題を向こう見ずに設定しないことを私は勧めたい。しかし、なおもそれを企てたとすれば、何であれ陳腐なこと、六〇〇回語られたことを繰り返すのに甘んじて、§808に反して、新しさの美しい追求を諦めて投げ捨てることになるか、それに固執することによって、確かに新しいが、自然なものではなく（§622、623）、色彩でなく、虚飾（§688）を君の物事に導き入れる大きな危険に陥ることになるからである（§706、324）。

§821

(8)技術と長い労苦を介して天性がもうずっと前に多くの汗をかいて探り当てたものよりも、むしろユッピテルの頭からとびだしたミネルウァのように、突如湧出し、自然な流暢さをもって流れるものの方が、据えられたまさにそのときに、優雅に思惟されたものの持つ快い色彩を多く持っているものであるように思われるが、かかる快い色彩が新しい物事、思惟の頻繁さと密集によって除去されるほど多くの新しさと予期せざるものとを君の思考へ取り集めないように。なぜなら、その場合、新しさは過度の新しさによって疑わしいものになってしまい、鋭く語られた一つ二つのことが新しいものとして喜びを与えたにしても、一息で一〇もそれが吐き出されると、古いもの、用意されたものだと我々は考えるからである（§788）。「突如発見されたもの、家から持ってきたのではなく、語っているうちに物事自体から生まれたものと思われる方が大抵のものは好ましい。この理由で『もう少しでうっかり私は忘れるところでした』や『忘れていました』や『よく思い出させてくれました』という定式は不快ではない[1]」（クインティリアーヌス、四・五）。それ故、名誉の言葉を対面して語る者のやり方と、目下の好意に対する感謝の言葉でありながら、それを家で準備して持ってくるだけでなく、公衆の前で堂々とそれを読む者のやり方は区別するがよい。それは、いまだ祈願が聞き届けられていないのに、もう自分は感謝したと思い込む者がいないようにである。

（1）クインティリアーヌス『弁論家の教育』四・五・四。

§ 822

しかし特に自分の作に魅力的な新しさを与えようとする者は、(9)その約束を果たすには、大道商人が市場で使う雄弁が大抵は必要になるような新しいことや未聞のことはすべてあまり簡単に約束しないように全力で警戒せねばならない。なぜなら、〈エイコス（ありそうなこと）〉のためには、未知のものに既知のものを混ぜる必要がある（§819）から、少なくとも傲慢さの外観を伴いつつ、彼らがこれまで有用なものを全く知らなかったといって、隠さずに自らの主要な観客を告発し、腹を立てた彼らをこれほど多くの厳しい裁判官、批評家にしてしまうことは危険だからである。彼ら批評家は先ず、

「この約束をした者はこれほどの大口に見合う何を持ち出すだろうか[1]」

と考え、次いで、〈ありそうなこと〉を無視するのでない限り、自らの新しいものに多くの既に知られたものを織り込むという約束を守らなかったといって、大いなる真実らしさをもって非難することができるだろう。また、もし彼らの中にたまたま君にあまり知られていな

い者がいて、物事の真実の故にか、または少なくとも傲慢さを見せた罪として、自分はもうそんなことは皆、そこで言表されているよりよく知っているといって、喝采の代わりに批判を投げかけ、しかもそれが真実らしさを伴っているとしたらどうだろうか。

「何事も不適切にはしない者の方がいかに正しいことか[2]」。

クラッスス（§809）は、未聞のことは何一つ約束せず、かつ、既に知られたことのみを聞き手の心に想起させようとしているだけだと思わせることによって、逆に新しさに対する関心を密かに喚起したのである。つまり、あまりよく知らず、今言表されているような仕方ではいまだかつて懐胎したことのないことを約束したことによって、たまたま既に知っているこ とでも進んでそれに耳を傾け、新しいものが不意に現れたのを認め、しかも、真に新しいものを開示しつつも、聞き手の無知を慎み深く隠すが故に、なお一層進んで耳を傾けるようにする狙いがあったのである。

（1）ホラーティウス『詩論』一三八。（2）同書、一四〇。なお、§895参照。

§823

美的タウマトゥルギア、ただし冷静なそれは、あの「『私は驚くべき詩を作る』と言っただけでは十分でない[1]」（§822）

と考えを同じくする。従って、

「私は呆然自失し、髪は逆立ち、声は喉に詰まった[2]」

とか、カトゥッルスに見られるように、一層艶やかな恍惚が心を奪うといった驚嘆の段階に必ずしも常に苦労して進むことはない（§87）。自分が驚嘆するよりも、むしろ些かなりと新しさを、そしてそれに釣り合った直観、少なくとも多少の驚嘆、賛嘆への何らかの刺激を自分の観客に語ろうとするならば、(1)最も古いものをも時には心で再考し、それがしかし不当にも殆ど打ち捨てられていたと伝えるよう配慮するのは効果的であろう。古風なものでも、良く、正しく配されたときには固有の新しさを伴うし、普段心に再起したに違いない、昔から知られていることも、いわば帰郷権によって一層明瞭に心に呼び戻されるならば、たとえ繰り返されたものであっても、それを殆ど忘れた者を固有の新しさで震憾せしめ、そのこと自体に驚嘆させることになる。(2)はっきり言えば新しくないものに、新しい光を与えることを考えているのならば、素材や対象の新しさは無視、否、はっきりと否定し（§812）、自分たちが何度も思惟してきた物事と素材が、この仕方で方法、筋道を、この系列、結合[3]を与えられると、自分たちがこれまで決して考察しなかったものであるというそのこと自体が何がしか驚嘆すべきことであるように思われるような仕方で、古臭いと思われることを今持ち出し、君の観客の眼前に据えるというそのことのみに専心するようにせよ。そのとき、十分知られたことについての新しい考え方が一層自然に近づき、容易で、流暢で、誰にでも手に入りうるように思われれば思われるほど、君は大きな驚嘆を手に入れることができよう。

（1）ホラーティウス『詩論』四一六。（2）ウェルギリウス『アエネーイス』二・七七四。（3）ホラーティウス『詩論』四八参照――"notum si callida verbum reddiderint iunctura"（「既知の語も、巧みな結合で新しいものになるならば」）。ただし、バウムガルテンでは、結合に与る要素は語のレベルよりも、むしろもっと上位の言語単位もしくは思考単位である。

§ 824

(3)既に知られた素材に携わる者は、それが新しい光に値することを麗しい思考の発端で賢明にも直ちに示唆し、かくも知られたことのうちに、そのような物事を解明するかくも珍しく、かくも異常な仕方があり、それは最上ではないにせよ、決して無視、軽視するには値しないものであることに自ら驚嘆するであろう。そして、その仕方に次には彼自身が進んで思考するのである（§823）。(4)(a)あまり真実らしく見えないことは、そう見えないとしばしば容認し、(b)疑う理由が欠けていれば、それも付け加え、(c)こうして、今はそう見えないものが、この取り扱いの後では真実らしいだけでなく、真実とも見做すべきものとなり、所与の素材に反して、古い疑いから心を新たに解放するという期待のうちへと少しずつ聞き手を導き入れることもふさわしい。

§825

(5)たとえ君の部分的表象が既知のものであっても、君はそこから新しい全体を適切に構成しさえすればよい。そうすれば君は新しさの誉れから外れることはない。大抵の人にとって色や花ほど既知のものがあろうか。けれども我々の美のどれほど多くの新しい持ち前が、また、

「青年たちに向けて研ぎすまされた爪を持つ鋭い[1]」

少女たちのどれほど多くの新しい冠がそこから生ずることか。(6)たとえ全体は既に知られたものであっても、何かそのどこかの部分、何らかの位相ないし側面が他の部分、位相、側面より考察されてこなかったかどうかを熟視すべきであり（§815）、目ですべてを検査する者にその姿を示さないかどうか見回してみるがよい。最もよく知られた物事のこの部分、位相、ないし側面を相対的な闇から引き出せ。この最も有力な点への視線を君の観客にうえつけよ。そして他のものはこの中心点と密接ないし疎遠に結ばれるという仕方で付け加えよ。少し離れた北部からは六〇〇回私が見た町を、南部から初めて眺めるように提示する人がいたならば、見る場所がふさわしく選ばれている限り、その人は私に新しい光景を提示し、喜ばせたように思われるだろう（§823）。そのとき、昔から知っている古い塔、宮殿、屋敷を再認しても、それらが別の側面、別の結合を我々の目に示しているので、喜びは減らず、むしろ増えることになろう[2]。

（1）ホラーティウス『カルミナ』一・六・一八。（2）これはライプニッツが好んで用いた例である（『モナドロジー』五七ほか）。

§826

(7)取り扱うべきもののうちには、まだ耕されていない新しい土地が多く残っていることを——ただし、自慢することなしに——示すことができるなら、それは有効である。つまり、それほど多くのもののうちから特に何を選んでよいのかという心配を示す方向が、そこから幾つかの新しいものをかき集められることよりも敬虔である。文学の国における既知及び未知の土地、そしてそれらの境界と未知の土地の少しずつ耕されるべき広大な地とを知るための美しい教養が麗しい天性にとっていかに必要であるかはここからも推論できるだろう（§63）。(8)実際に少数の者によってしか取り扱われたことのないものを自分の対象に選ぶこと、少なくとも慎重にホメーロスのあとで『イーリアス』を、ウェルギリウスのあとで『アエネーイス』を書くこと、或いは、汲み尽くされたと思われるものが今の時点でそういう仕方で、しかも我々の関わるこの状況では実際はそうでなく（§820）、収穫のあとにも豊かで新しい落ち穂拾いをかなり約束するものである理由を、やがてくる聞き手に解明することを考えてもよいであろう。

§827 それを守ることができた者にとって、新しさを得る最上の忠告は結局、次のものであろう。⑼自分がもう正しく洞察した（§639）ことについて豊かな気質がかつて学習し、いわば暫定的に自分でも省察したことを、今はもう美の自然的諸規則に従い、もう自分で思惟、配置、表現する方が、盲目の模倣者として祖型に従う（§714、715）よりもよい。なぜなら、そのときこの気質は不適切でなく、より小さな諸民族の幾つかの本性にとっては模範であり、かつ独創的なもの、自己の自然な、自己に固有の特質に従うもの、美の永遠の諸法則にのみ拘束され、他の点では自由なものとなるであろう。それは、

「そこを出発点として歩を進めるのを恥じらいと作品の法則が不可能にするような狭いところへ、模倣しようと跳びおりる[1]」

ことはなく、むしろすべての主体と客体においてかなり異なっている本性の、不自然でもなく、わざとらしくもない天性によって、あたかも何か別のことをすることによってであるように、不安な気遣いもなく、新しさを十分なだけ得ることになる（§823）。既に技術で作られた人間生活の絵でなく、誰かの筆によってもう再現された或る過去の世紀の実例でなく、物事の本性自体と、彼の生きている自分の世紀の

「生活と性格の模範を顧みるよう、そしてそこから真の声を導くよう私は博識の模倣者に命じるだろう[2]」（§613）。

それらは同時にまた新しいものでもあるだろう。なぜなら、「太陽の下に新しいものは何もない」[3]（§813）けれども、世紀の舞台は絶えず変化するから。

（1）ホラーティウス『詩論』一三四―一三五。なお、§129参照。（2）同書、三一七―三一八。（3）『コーヘレト書』一・九（一〇）。

§828

新しさへの配慮のあと、タウマトゥルギアのもう一つの配慮は観客や聞き手の好奇心であろう（§22、26）。これについては以下で触れる。好奇心へと動かす論証がそれを獲得することになろう（§808）。この二つが措定されれば驚嘆が生ずるだろう。つまり、多分古いものが君の思考において生ずるだろうが、古臭いものとは思われず、新しいものが象徴的にそのようなものだと認識、聴取されるだけでなく、君の人格的対象はそのようなものとして直観もするであろう（M、§六二〇）。ここから君は、自然な美にとって君の主要な人格的対象の一層徹底的な認識がいかに有用であるかも推論するがよい。なぜなら、一人の人間にとって最も驚嘆すべきことが、必ずしも別の人の驚嘆を常に、かつ確実にもたらしうるわけではないからである（§679～681）。

第四九節　美的説得性

§829

中心的なものにおける思惟の美（§113、177、423、614）の第五のものを挙げよう（§22）。それは感性的確実性、真理と真実らしさの理性類似者にも獲得可能な意識と光、説得性[1]、ただし美的なそれである（§22、M、§五三二）、これは時折行為への誘因、刺激を内包することもある。とはいえ、理論的なものにおいても場所を持ち、個々のものを正しく考量する人々は、次の部分で注目されるべき認識の生命からこれを有意義に区別するだろう。この生命の条件が先行する説得性であるが、説得性の方が後続するものとして措定されることも時折ある（§796）。

（1）「説得性」とここで訳した原語“persuasio”は、⑴説得という作用、⑵この作用を条件づける、事物に備わった属性、⑶この作用の結果、被説得者の心のうちに生じた状態、の三者を指す場合がある。それぞれ、「説得」、「説得性」、「得心」と訳し分ける。

§830

「プラトーンはディオニューシオスのところでは大きな権威を持ち、雄弁も有力だったので、僭主制を終結し、シュラクーサイ人に自由を返すよう説得した」[1]。説得性（§829）が内在していた。もっともディオニューシオスは「ピリストスの勧告でこの意図から離れ、多少残酷になり始めた」（ネポース『ディオーン』）。現在何人かの論理学者は得心を確実性の誤った思いなし、我々が誤って確実だと考える精神状態と呼んでいる。語のこの多義性の故に、説得に適した弁論をすべて真の美よりもむしろ誘惑と虚飾に数え入れ始める人々がいる。事実、上記の誤りに陥っている人が「得心している人」と呼ばれるのが稀でないことも否定できない。キケローの『神々の本性について』一・六一に例がある。コッタは「公の祭式と宗教を最も実直に守るべきだと考えられている大僧正自身、神々が存在するという、この第一のことを、人々の意見だけでなく、真理に合致したものとして得心したいと思っている」。ウェルギリウスにもある。

「また、北風が吹いて凍て付いた土地を柔らかにするよう、誰か賢い書き手が君を説得することがないように」（『農耕詩』二・三一六）。

(1) コルネーリウス・ネポース『英雄伝』「ディオーン」三・三。

§831

「その前歴に何か汚点がある場合、そういう評価を受けるようになったのは、誤り、または何人かの人の妬み、或いは嫉妬、或いは誤解によると言うがよい。或いはまた、それはうっかりしたのだとか、やむをえなかったのだとか、若気に説得されたのだとか、何か悪意を含まない精神の情念に帰するがよい」（キケロー『発想論』二・三七）。ここでも説得には悪しき意味があることを否定する者がいるだろうか（§830）。けれども、その同じキケローが一・六で「弁論能力の仕事は、説得という目的にふさわしく語ること、措辞によって説得すること」であり、この弁論能力には「万物の調節者たる知恵が伴わねばならない」[1]（四）と言っているのだから、説得は決して他人の誤りを狙うものではないことになる。他方、この最後の箇所でキケローがホラーティウス『談論』一・六・八にあるような真の説得を目指していることを誰が見ないだろうか。

「トゥッリウスの支配と不名誉な王国の前には、何でもない先祖から多くの男たちが生まれ、正しい生涯を送り、高い地位にのぼったことがしばしばあると君は得心しているが、それは真実だ」。

（1）キケロー『発想論』一・五。

§832

他方、§831で引用した箇所でキケローが「若気に説得された」ことと呼んだものの例をクインティリアーヌス、二・四が挙げている。つまり、「即興的饒舌」から「無知な両親の空虚な喜びを」、そしてまた若者たちにある、「仕事に対する軽蔑、慎みを欠く額、最も悪しく語る習慣、悪事の訓練、そして大いなる成果をもしばしば駄目にしてきた傲慢な得心[1]」を導き出している。第一巻が扱う得心もやはり良いものではない。彼は「いろはを越えて少し進んだだけなのに、学に対する誤った得心を身につけた者ほど悪いものはない[2]」と言う。従って、両義性を除去する容易な方途を我々は持っている。真理の判明な意識が確信であり、非判明で感性的な意識が得心である。真理のこの判明ならざる意識は、すべての認識と同様、真であるか偽であり、前者が真なる得心（§831）、後者が偽なる得心である[3]。

（1）クインティリアーヌス『弁論家の教育』二・四・一五―一六。（2）同書、一・一・八。（3）木幡一九八四、一八―二〇頁（『美意識の現象学』三〇一―三〇四頁）参照。

§833

得心一般は、ちょうど旅人が新

「月を見た、或いは見たと考える[1]」ように、自分は真理を知覚したと考える精神の現象である。クインティリアーヌス（一・二）が、「個人的得心の故に」公の教授者のところへ行くという「殆ど公的なこの習慣に賛同しないような人々もいることを隠すべき[2]」ではないと言うとき、彼が念頭に置いているのはかかる現象である。つまり、ここで彼は得心を、実践と経験で恒常化したものとして措定している。しかるのち、彼はそれが真か偽かを検討しようとする（§832）。しかし公の学校を避ける者たちを検討することによって、彼が「密室によって心は弱くなったり、暗所に置かれたもののようになるか、それとも逆に、中身のない得心によって脹れ上がる[3]」と主張するとき、彼は、単に中身がないということではなく、明確かつ厳密な意味で中身のない得心、即ち偽なる得心のことを想起しているのである（§832）。

（1）ウェルギリウス『アエネーイス』六・四五四。（2）クインティリアーヌス『弁論家の教育』一・二・二。（3）同書、一・二・一八。

§ 834

我々は美学を力として、または学として、または経験として、または技術として求めているが、美しく思惟しようとする人々に説得一般でなく（§833）、美的説得を要求し（§829）、またそれを修辞学のみの目的とするのではなく、かなり麗しく思惟されるべきすべてのものの中心的領域における目的ともするとき（§5）、修辞学の側からのいかに多くの論争と攻撃を、体を僅かにかわすだけで避けることができるかは、クインティリアーヌス、二・五をよく読むときに明らかになろう。[1] また、修辞学も、その母である美学も「技術の頽落態、即ち〈カコテクニア（悪しき技術）〉」[2] ではない。両者は「説得を作り出すもの、〈ペイトーのデーミウルゴス〉」であり、また、もしエンニウスにならってそう呼んでよければ「説得の女神の精髄」[3] だからである。

（1）キケロー『カティリーナ弾劾』一・一五。（2）クインティリアーヌス『弁論家の教育』二・一五・二。（3）エンニウス『年代記』三〇八。

§835

プラトーンのようにそれを「技術ではなく熟練」とするのでなく、熟練でもあり「優美さと快の或る種の」技術でもある（§1）とすれば、君は「プラトーンがレートリケーを」記述したほど不適切に美学を記述したことにはならないだろう。つまり、美学はあらゆる説得ではなく、ふさわしい、良い、真に好ましい説得を作り出すものであり、「アテーナイオスがレートリケーをそう呼んだように、『ごまかしの技術』[1]」ではない（§830）。なぜなら、美学はかかる技術ではないし、(1)たとえこの名称によって「アリストテレースがすべてのことを弁論家に下属せしめたように見える」にせよ、「いかなるものについても何が説得的たりうるかを語」り、思惟する「力」[2]たることを修辞学に命じているわけでもない（第九章）。ソフィストの中には、すべてのことについてのみならず、それぞれのことについて対立するいずれの側にも、聴衆に対する等しい説得性をもって、自分の心を示すことを大道商人のように約束する者がいるが、美学はかかる者たちの空虚な自慢には背を向ける（§818）。

（1）クインティリアーヌス『弁論家の教育』二・一五・二四。（2）同書、二・一五・一六。

§836

美学はまた、(2)「遊女、おべっか使い、誘惑者どもが自分の望む方向へ口説いたり、導いたりする」ような仕方で自ら説得することはないし、母親の助言をしっかり守る修辞学[1]（§835）がそのように説得するのを許しもしない（第一五、一六、一三節）。他方、(3)「ペリパトス派のクリトラーオスの弟子アリストーンは、修辞学とは、大衆に対する説得性を持つ弁論を介して、市民間の問題において知識を得、行為する学」であると言うが、もし「大衆に対する説得性を、教養人を説得することを全く考えない技術である、と一層軽蔑的に[2]」解釈するならば、美学はかかる学に留まるものではないし、また、修辞学がかかる学に留まることを許しもしない。美学は一層高く、市民間の問題を越えて一層崇高なもの（第二一節）、そして、気紛れな大衆的人気（§397）や低俗な群衆（§396）を越える、説得における気宇壮大さへと登っていき、自らの修辞学をも背後に引き連れていくのである（第二六節）。

（1）美学が修辞学の母であると§834で述べられている。従って、§835という参照指示は、§834の誤記であろう。（2）クインティリアーヌス『弁論家の教育』二・一五・一九—二〇。

§837

美学は、(4)たとえ一層容易に信頼を得んがために、時に或る真理より（§429、430）、真でもあり、同時にあの〈エイコス（ありそうなこと）〉（§484）をも示す別の真理を優先させることがあるとはいえ、「信じうることを真に優先させる」[1]（第二七、三四節）ような仕方で説得的なものを追求することは自らもしないし、自分の修辞学がそれをすることも認めない。なぜなら、説得しようとする美的主体も、美的主体のアカデーメイア出身の「弁論家」にも、真理が何であり、いくつあるかを知っている人間はごく少数しかいないのだから（第二九節）、自分が発見したものを、真なるものと呼ぶよりも、その本質的な部分からいえば真実らしいものと慎み深く呼ぶ方を好むにせよ（§483）。「コルネーリウス・ケルススの言葉にある」ように、「真実に似ているだけのものを求める(2)」のではなく、真理そのもの、それもしばしば最狭義の真理を求めるからである（§566、第三五節）。美学はまた、(5)「虚飾を色彩と、空虚な脂肪を真の強さと偽るようないんちき商人(3)」のような仕方で説得的なものを追求することはないし、自分の修辞学がそうするのを認めることもない（第四一、四二節）。

（1）クインティリアーヌス『弁論家の教育』二・一五・三一。（2）同書、二・一五・三二。（3）同書、二・一五・二五。

§838

それ故、論理学者は当然、偽なるものの持つ、または偽なるものについての偽なる説得性を斥けるがよい（§830）。けれども、美しい天性は真なるものまたは真実らしいものの持つ（§837）美的な（§834〜837）真の説得性（§831）、及びその持ち前、つまり、俗衆の間をさまようのではなく（§831〜837）、美的な（§829）説得の女神を愛することになろう。つまり、あの「金回りのよい者を飾る説得の女神や美の女神(1)」（ホラーティウス『書簡詩』一六・三六）ではなく、「ペリクレースの唇に常に宿っていたとエウポリスが書いた」（キケロー『ブルートゥス』五九）ものである。

説得の女神よ、「我々はあなたを女神とし、天に据えよう」。

(1) ホラーティウス『書簡詩』一・六・三八。

§839

美的に説得しようとする者は自分の作品に、(1)真実らしさ（§423〜613）及びそれに必要な光（§624〜824）を与えることができるであろう。なぜなら、この両者が与えられれば、求められる説得性（§829）も与えられるからである。少なくとも絶対的な（§617）、単純に明白な光（§625）を持つ、真理の絶対的追求が常に要求する（§555）量の真実らしさは、美的なものにおける絶対的説得性を示すであろうし、他方、真理の相対的追求が所与の思考において要求するであろう量の真実らしさは（第三五節）、釣り合いよく輝くものであり（§625）、相対的説得性を示すであろう。両者を全体の美が要求するだけ精密に得る者は美的に堅固な者であり、また、それを無視する者、或いはそれを軽視していると告発された者は美的に皮相な者である。

§840

精神的身長の低い（§359）種類の人々がいて、彼らは時に自分を哲学者、時に数学者と考え、自分たちのものが、ただし自分たちのもののみがすべてだとしている。ちょうどウェルギリウス、六にある冥府の門のように。

「いかなる英雄の力も、天界に住む者ですら、剣で撃ち砕けないように、堅固な鋼で柱はできている。鉄製の塔は空高く聳え立つ[1]」。

彼らは自分たちの天性に充溢して生きるがよいが、我々は、所を得た論理的堅固さを最も高く評価するのであるから、

「しっかりした中核からウェヌスのミルテは[2]」花咲かねばならない。

自らの法則に一層正確に従うものが精密なものであり、精密に証明する者が堅固な者である。それ故、真実らしさの規則に照らした場合よりも正確に、美的主体にふさわしくこの光の規則に照らして精密に真理を提示する者は、その類において、その領域と地平においてなぜ堅固でないことがあろうか。

(1) ウェルギリウス『アエネーイス』六・五五二―五五四。(2) ウェルギリウス『農耕詩』二・六四。

§ 841

自分のもののみが堅固だと思っているあの哲学者たち、または擬似哲学者たち、或いは数学者たちに対し、真に麗しい者たちが槍を投げ返すことを私は望まない。かかる哲学者の例としては、キケローの『善と悪の究極について』一・六一におけるあのエピクーロスの徒が

挙げられる。彼は「愚かな人は誰一人幸福でなく、賢人は皆幸福である、ということを、自分はストア派よりよく、より真実に」洞察すると言う。つまり「ストア派は、あまり堅固でなく、輝きだけの名をもって道徳的善と彼らが呼んでいるところの何か影のようなもの以外に善はないと言っているからである」。同じトルクワートゥスは、ストア派にないとした堅固さは詩人や数学者たちにもないと言う（七一）。「私とトリアーリウスがあなたの勧めに応じてしたように、あのエピクーロスが何の堅固な有用性もなく、幼稚な娯楽にすぎない詩人を読むことに時間を浪費するだろうか。或いは、プラトーンのように音楽、幾何、代数、星で自分を消耗させるだろうか。これらは偽なる始まりから出発したが故に真たることができず、またたとえ真であったとしても、より快適、つまり、よりよく生きるためには何の寄与もしないだろう」。

§842

しかし、教養あるソフィストどもが、自分が敵として選んだ者の内容には何ら堅固なものが内在しないと互いに異議を申立て合うのを、真理が許し、中立の観客も、ちょうど医者たちの論争の間に息を引き取る病人のように、殆どすべての真なることについて真に厄介な動揺のうちへ分散するという事実はどう考えたらよいのであろうか。哲学者には哲学者の、数学者には数学者の堅固さがある。しかしまた、歴史家、弁論家、詩人には（§423、424）、別の種類のものではあるが（§829）、提示すべき真理があり、また、この真理の周りに溢れさせるべき光がある（§614、617）ように、これらから結果として生ずる確実性がある。これは、論理的確信と悟性的確信を産み、美的説得を生み出しつつ作者の堅固さを証明することになろう（§839）。

§843

美的説得は、(1)完全にして学問的な確実性がそれについては与えられており、作者は多分それについて――しかも有効に――知性的確信をも持つべきようなもの、否、それどころか、かかる素材から成る厳密、厳格に証明する論証に関わる。ただし、それらが同時に説得的でもあり（§425、617、829）、論理的地平と美的地平に共通なものとして（§125）、後者を超越しない限りにおいてである（§121、485）。ここからするならば、例えば聖なるもののように、哲学的なもの、そして物の本性から求められた証明が弁論家にふさわしいかどうか、という何度も論じられた問題は、簡単に否定も肯定もすべきでないと判定するのが最善ということになる。なぜなら、十分容易な説得性を容れるものも哲学的問題と議論において生ずる一方、説得には適さないものも理性には含まれるし、学問的確信へ向かうときと同じ方法、仕方ですべてのことを与えても、凡庸な聴衆の群れに対して空しく声を張り上げるだけのことになってしまうからである。

§ 844

美的説得は、⑵論述されるべきものの感性的確実性を直接には志向しつつ、部分については説得することによって、間接的に、美しい悟性と理性の鋭敏さとに対し、全体を確実なものとして、確信をも伴いつつ提示することもあるだろう（§428、617）。この場合、かかる確信は、内包的に一層判明で学に一層適した確信よりも外延的に一層大きいこともあるだろうし、徴表の数において一層強いこともありうるだろう（M、§五三二）。しかしながら、美的主体がそれを志向するのは、第一義的には、それが確信である限りにおいてではなく、諸部分に特に必要な説得性によって我々がその確信に導かれた限りにおいてである。ホラーティウスによれば「トロイア戦争の作家は、

何が美しく、何が醜く、何が有用で、何がそうでないかをクリューシッポスやクラントールよりも平明、立派に語る(1)」。

我々は比較に留まることはしない（§842）。道徳的証明の対象は詩人の対象でもあるという一例で十分である。道徳的証明がそれについての確信を与えるような主題について説得する者は、道徳的証明がそれについて純粋悟性と理性の堅固さの確信を得た主題について、結局、美しい悟性と理性の鋭敏さの確信を得る（M、§六三七、六四五）。

（1）ホラーティウス『書簡詩』一・二・一、三—四。

§ 845

美的説得性は、(3)美的に蓋然的なもの——それが同時に論理的にも蓋然的なものであろうと、そうでなかろうと——に関わる（§485）。ただし、すべての蓋然性を破壊することによってすべての美的説得性をも同時に取り去るほど大きな論理的非蓋然性が聴衆の心に現存していないという条件下で、である（§486）。ホラーティウス『カルミナ』一・三にある船についての説得的な論証がこれに属する。

「このようにキュプロスの有力な女神が、このようにヘレーナの兄弟たる輝く星々が、そして風どもの父が西風以外の他の風を閉じ込めて統治するように[1]」。

良き祈願と言葉によって船が動き、船の守護神が船を統治し、吉兆の如く船乗りたちのところにあるあの双子の火がヘレーナの兄弟であり、明るい星であり、風どもの父であるというのは論理的には非蓋然的である。しかしながら、受動的及び能動的説得性が帰属するニンフたちを船から作り出すほど神話に通じていた詩人ウェルギリウスにとって、上述のことは美的に非蓋然的ではなかった（§836）。

（1）ホラーティウス『カルミナ』一・三・一—四。

§846

美的説得はタウマトゥルギア（§824）のために、⑷聴衆にとっては美的にも疑わしく非蓋然的ではあったけれども、それにも拘らず、それについては、美的に確実だと聴衆に思わせる力が自分にあると知っている場合には、そのようなものにも極めて喜んで取り組む（§818）。大方の練習用弁論の朗読者たちはこの仮設を顧みないが故に、逆説を追い求める彼らのやり方をユウェナーリス『諷刺詩』一は自分自身について嘲笑している。

「私もまた、公職から引退して、深い眠りを得るようにという助言をスッラに与えた」[1]。

他方、判決と罰によってすら矯正されえない習俗の退廃は美的に非蓋然的なものであるが、それについて同じ諷刺詩はかなりうまく説得している。

「身を売る孤児から搾取する者や、実効なき判決で有罪とされた者が、取り巻きの群れで人々を圧倒する。というのも、財貨が無事なら、汚名が何だというのだ。マリウスは追放されても第八時から飲み、神々が怒っても享楽を尽くしている。然るに、勝利を得た属州よ、おまえは泣いている[2]」。

（1）ユウェナーリス『諷刺詩』一・一五―一七。（2）同書、一・四六―五〇。

第五〇節　美的明証性

§847

美的な説得の女神（§838）が感性的明白さ（§618）をその周りに溢れさせることによって、このような真実らしいこと（§843〜846）からは感性的明証性（M、§五三一）が生まれる。これは、知性的に確信を与える証明の類似者として、目に対する証明、感性に対する証明、手で触れうる証明とも呼ばれよう。論証のみによって生みだされるべき明証性は、特に悟性に確信を与えるものであるが、それよりも感性的明証性の方が優先させられることも稀ではない。それは直接的、直観的、そして自ずから明らかな明証性と大多数の人は判断するからである。大多数の人の意見をキケローの『神々の本性について』三・九でコッタが述べている。「それについては万人の一致があるところの」（感性的に）「明証的なことが何かあるならば」（――というのも、悟性に明証的なすべてのことについて必ずしも万人の一致があるわけでもないし、また、それについて万人が一致していると言われるすべてのことが、必ずしも悟性的に明証的であるわけではないからである――）「私は法廷において普通論証しない。なぜなら」（感性的）「明白さは論証によって減少するからである」。（悟性的明白さがむしろ志向されるときに）「法廷的事例で私がもしそれをするにせよ、この精妙な言葉遣いで同じことはしないだろう。……しかし君が望むほどそれが明白であることに君は自信が持てなかったので、多くの論証で神々が存在すると君は説きたかったのだろう。ところが私にとっては、我々の先祖がそのように我々に言い伝えたというそのことだけで十分だった。しかし君はすべての権威を軽蔑し、理屈で抗論している。だから私の理が君の理と争うのを許してくれ。君は、神々がなぜ存在するかというこれらの論証すべてを持ち出して、私の考えでは全く疑いのない事柄を論証で疑わしいものにしている」。

§848

ルーキーリウス、二・四は同じ考えに向けて自分の弁論を企てた。彼は「我々が空を見上げ、天体を観想したとき、最も卓越せる知性を持つ何らかの神が存在するということほど明白、明瞭なことがあろうか。……それを疑う者は、太陽があるのか、それともないのかをなぜ疑うことがありえないのか、全く私にはわからない。これほど明証的なことがあろうか」と言う。彼ら（ルーキーリウスとコッタ）は、人間に神が現前することは感性的にも明証的である点で一致し、他方、ルーキーリウスがこの明証性を悟性的明証性に結びつけようと努めているのは悪くないのに対し、コッタが論証の明証性を斥けているのはあまりうまくないという点では両者は一致していない（§841、847）。

§849

他方、何人かの人は、自分は悟性的明証性を介して数学的に確信を得ているが、また、偽なる説得によって確信を得ることもあったと思っている。従って、真の感性的明証性を偽なる明証性から区別する必要がある（§832）。美学は、偽なる説得性が少なからず混ざった（§830）明証性へ人間的な誤りによって導くことも時にはありうるとはいえ、真の感性的明証性を追求する（§835、838）。リーウィウス、八・九は、このことの見事な例を〈偏見なしに〉示し、「デキウスは軍団のために自らを犠牲にし、ガビーニアの帯を巻いて、敵の真っ只中へ身を投じる」と語っている。なぜなら、観客の偽なる説得性から幾つかのものを取り上げたあと、こう続ける。「そのことが最も明証的であるのは、彼が馬に乗って行くところならどこでも人々はまるで病をもたらす星にあてられたかのように震え戦《おのの》いたが、彼が槍に襲われて倒れたときには、ラティウム人たちの軍団はもはや殆ど疑いもなく驚愕し、逃走して、あとに広い荒地を残した、ということが理由になっている[1]」。

（1）リーウィウス『ローマ建国以来の歴史』八・九・九。

§850

この理由からキケローは『トピカ』九七で、「平明で、簡潔で（§170）、明証的で、信じられうるものであり、節度があり、品位を持ったものであるという自己の目的を陳述は顧慮するよう」要求している。「これらの資質は弁論全体」（すべての麗しい思考）「になければならないが、陳述には一層本来的である」。ここで平明な信頼性は明証性の多くの部分を形成するであろう（§847）。キケローは更に『友情について』二七で、「友情は、それがどれほどの利益をもたらすかを考えることによってよりも、むしろ心と或る種の愛の感情との或る種の結びつきから生まれるものである。それがどういうことかは、幾つかの動物でも認められるが、人間では一層明証的に認められる」と言うとき、一層真実で、一層明瞭で、従って感性そのものにとって一層確実でもあるものを、一層明証的なものという名によって包括している。

§851

それ故、ここで扱う美しい明証性が麗しい思考に与えられるのは、(1)我々の真（§423～613）にそれ自身の光を与えることによるか（§614～828）、(2)この真に対立する偽と誤りから真の虚飾を剝ぎ取ることによる（§763）。「明白で明証的な物事に背を向ける二つの原因があるから、これらの対抗して準備すべき援助は同じ数だけある。先ず第一に背反する原因は、明白であるものに精神を集中、志向することがあまりないので、それの周りにどれほど多くの光が溢れているかを認められない、ということである。もう一つの原因は、偽りの、詭弁論法的尋問に取り囲まれ、欺かれるので、それらを解きほぐすことができずに真理から離れる、ということである。従って、明白さを弁護しうるものを準備しておき、かつまた尋問に対抗し、詭弁法を払い落とすことができるように武装していなければならない[1]」（キケロー『アカデーミカ』四・四六）。

（1）キケロー『アカデーミカ』二・四六。

§852

キケローにとって明白と明証的はしばしば同義語である。つまり、別の人物に身を隠しつつ（一七）、「ギリシア人たちの〈エナルゲイア〉を、もしよければ我々は明白さ、または明証性と呼び、もし必要なら新語を作りだすことにしよう[1]」と言う。他方、哲学者たちには同義語は必要ないから、真なるものの明白さだけを明証性と我々は呼ぶ。つまり、「〈エナルゲイア〉より明瞭なものは何一つないのだから」、明証的なものはすべてまた明白でもあることを我々は認めるが、だからといってそれだけで明白なものがすべてまた明証的でもあると認めるわけにはいかない（§614）。「〈エナルゲイア〉とは、キケローが照明、明証性と呼ぶものだが、語るというよりはむしろ示すことであるように思われる」[2]（クインティリアーヌス、六・二）。我々も、「明証性自体より明白な言葉は見出しえないと考える」のだから、明証性がすべて照明するものであることは否定しないけれども（§730）、すべての照明にそれなりの明証性が内在しているとは認められない（§731）。「明証性または〈エナルゲイア〉とも呼ばれる再現は明瞭性」と照明「以上のものである。我々の語る物事を明瞭に、そして」経験の持つ習慣化された確実性をもって「見分けているように言表することは大きな徳である」[3]（クインティリアーヌス、八・三）。

（1）キケロー『アカデーミカ』二・一七。（2）クインティリアーヌス『弁論家の教育』六・二・三二。
（3）同書、八・三・六一―六二。

§ 853

より明瞭に、ただし感性的に（§614）であるから、より生動的に（§619）、より多くの、より大きな真理を説得することによって人格的対象の心の目の前に据えれば据えるほど、説得性は一層大きくなり、一層大きな明証性がそれに伴うようになる（M、§八八〇）。それ故、最大の明証性を手に入れようとするなら、できるだけ真なる主題を選ぶ義務が麗しい天性には新たに生ずる。なぜなら、他の諸条件が等しいならば、或るものが真であればあるだけ、それは説得的なものとなり、明証的に示されうるだろうから（§555）。

§854

論理的説得と同様に美的説得にもまた二種あって、先ず、⑴直接的で証示的なものとは、我々の据えるものが真、もしくは真実らしいものであることを明証的に解明する際、それに対立する偽にはあまり注目しないときのものである。他方、⑵間接帰謬法的[1]で、間接的に進むもの、つまり、美的に偽であるものや偽に似たもの、または不適合なものへと導くものとは、我々の据えるものの周りに真理と真実らしさの光を与える際、それに矛盾するものが偽であることを開示するという仕方によるものである（§851）。

（1）テクストには“apogogica”とあるが、“apagogica”の誤りと思われる。

第五一節　強化

§ 855

直接的、証示的説得は強化であり、間接帰謬法のように、対立するものが偽であることを説得するものは、論理的論駁の類似者として反駁である。後者はまた反対のものの弱化と言ってもよかろう。キケローは『占いについて』二・三八で説得のこの二つの道を結び付けている。彼は言う。「君は確かに運命の類似性で犠牲の場合を強化するのではなく、犠牲との対照で運命を弱化する」。それどころか、技術なしでも、既に自然そのものがこの二つの能力が結びついていると判断している。なぜなら、「志向するものを強化し、反論を論駁しうるように我々は生まれついている」（『弁論家について』一・九〇）からである。修辞学者たちは同じことをなかんずく「論証と理由で我々の論点を強化し、次いで、対立する主張を論駁する」よう「命じている」と語っている（二・八〇）。

§ 856

説得することは弁論家に劣らず詩人の仕事でもある（§829）。それ故、たとえ不成功に終わろうとも、ルクレーティウスは説得しようとして、先ず反駁する（二・一七四）。

「神々は人間のために万物を整備したと想像することによって、真なる理からすべての点で著しく外れてしまったように見える」。

次いで、彼はそれを強化する（一七七）。

「なぜなら、私は事物の始源が何であるかは知らないけれども、しかし次のことだけは天の理法そのものから立証し、他の多くのことから説明したい。つまり、これほど多くの欠陥を備えている宇宙は我々のために神によって創造されたのでは決してない、と。私は、メンミウスよ、これをあとで君に明らかにしよう。……思うに今はこれらのことについて、いかなる物体も自力で上方へ動きもしないし、上方へ登っていくこともないということを君に立証する場所である。炎の粒子が君にこの点で誤りを与えないように」。

こうして彼は論駁をもって進んでいく。

§857

もし何かを志向するなら、それを「疑いなしに強化せねばならない[1]」ということが先ずここで要求されている。充実した説得性にはどうも幾つかのものが欠けていることは理性類似者にすら明らかでありうるにせよ、不確実性をすべて取り去ることは必ずしも常に可能ではないことがある。しかし、この場合でも、対立するもののいずれの側にも対等、同等の理由があるように思う状態を先ず自分の、次に聞き手の精神から抹消せねばならない。もしも説得の試みが効果を上げないのを嘲笑されたくないならば。或る種の確実性が或る種の不確実性と共存することはありうるが、いかなる確実性、説得性、明証性、強化も、疑う者の全面的不確実性と共存することはありえない。それ故、包括的懐疑の擁護者たち自身、ひとをこの賭けごとに見事に引き込もうとするや否や、すべてのことについて疑うべし、ということについては最も少なく疑うほど自らの勧告を忘れるのが常である。

（1） キケロー『ブルートゥス』二五。

§ 858

次に、それについてはもう十分直接的に確実だと聞き手が得心している理由や論証については、決してこれを強化しようと企ててはならない（§847）。エピクーロスは説得的に、「何故快を欲求し、苦を回避せねばならないのかについては、理由も議論も必要としないと言っている。そのことは、火が熱く、雪が白く、蜜が甘いのと同じように、感覚されるものである。そういったものはいずれも、特に捜し出された理由によって強化されるべきものではなく、それに注意を喚起するだけで十分である。なぜなら、理性による論証、結論と、普通の注目、注意喚起とは異なる。一方は、隠され、いわば包み込まれたものを開示し、他方は、目の前にあるもの、明白なものを指し示す、と彼は考えている」（§851）（キケロー『善と悪の究極について』一・三〇）。論理的に証明する者が論証不可能な個体をそれ以上の論証によっても作りださせないように、説得性を強化しようとする者は、自分の聞き手の感性ないし理性類似者にそれ自体明証的と思われるような判断で満足し、それ以上の証明は気にかけない。

§859

更に、強化したいことを理由で納得させねばならないなら、優雅に説得しようとする者は、それが可能である限り、ア・プリオリに求められた論証にア・ポステリオリな理由を優先させるか、少なくとも付加せねばならない。神占はア・プリオリに強化されうるが、ただし説得に一層ふさわしい方法によってである。「クラティッポスは真なる予言、夢の例から次の方法で結論を引き出すのが常である。耳の働き、役割は目なしではありえないが、他方、目がその役割を果たさないことが時にありうるならば、真なることを見分けるように目をひとたび用いた者は、真なるものを見分ける者の目の感覚を持っている。更にまた、神占の働き、役割が神占なしではありえず、他方、ひとが神占を有していても時に誤り、真なることを見分けることができないことがあるならば、何も偶然に生じたのではないように思われる仕方で何かをひとたび占ったということは、神占の存在を立証するのに十分である。然るに、この種のものは無数にある。従って、神占が存在することを認めねばならない」（キケロー『占いについて』一・七一）。

§ 860

思考において、⑴何か普遍的で抽象的なもの、⑵一層限定されたもの、個別的、個的なものが、論証の何らかの強化をも許すとしても、この両者即ち⑴と⑵を強化することは時と所が許さないなら、前者⑴を悟性的諸学科から補助定理としていわばノートに取り、後者⑵を証明することに努力を費やすようにし、その逆はしてはならない（§677、752）。プリーニウス（第三七巻）は序において「自然の威光が凝縮されたものとして宝石を」[1]取り、「疑いなく（§857）、その技術で最も名高いピュルゴテレース以外の者が自分の像を宝石に彫刻するのを禁じたアレクサンドロス大王の布告によって、イスメニアの時代にはエメラルドに彫刻がなされるのが普通であったということを強化している」[2]。

（1）大プリーニウス『博物誌』三七・一・一。（2）同書、三七・四・八。

§861

完全な確実性を示す論法は必然的であり、それが与える多少不確実なものにおいて不完全な確実性を示すもののみが蓋然的論法である。なぜなら、疑わしく、遥かに非蓋然的な論法は、何ら確実性、説得性、強化を伴わないことは既に見たとおりだからである（§857、485）。それ故、「すべての論法は蓋然的であるか、必然的であるかのいずれかである筈である」とキケロー『発想論』一・四四が言うのは正しい。それに続く「語られているのと別の仕方では生起することも、証明されることもありえないものは、必然的に証明されている」という、必然的論法の記述に誤りはないにしても、付け加えられた例「もし子供を生んだのならば、男と寝たのだ」においては少なくとも間違いを犯している。

§862

優雅に強化しようとするとき、必然的な論法、即ち論理学の定式に照らしても正確であり、形式の完全な確実性を悟性に差し出すような論法にも触れるのが許されることがあったとしても、この合法的形式の麗しい隠蔽をあまり避けない方がよい。なぜなら、学問的論証の、理性類似者にも十分明証的な真実らしさを与えるだけで十分なものでありうるからである（§483、829）。然るに後者には、形式の完全な確信は要求されない。それ故、キケローは、

「必然的（§861）証明（§847）に関わる種類の論法」も、「特にコンプレクシオー」つまり暗示推論法 - 隠蔽的ディレンマ、「または列挙」つまり否定 - 肯定式選言三段論法――ただし十分隠蔽的なもの――、「または単純なコンクルーシオー」――これの例は肯定式の暗示推論法的仮言三段論法であるが――「を介して扱う[1]」よう勧めている（四五）。

(1) キケロー『発想論』一・四四。

§ 863

キケローはこう付け加えている。「そして、この種類のものが何らかの仕方で論駁されえないよう、強化はそれ自身のうちに論法の様態、及び必然的コンクルーシオーとの或る種の類似性を持ってはならないが、しかし論法自体は必然的関係から成り立っているように熱心に見守るべきであろう[1]」。しかし、公正な解釈者は、(1)論理学者たちの数学的精密さではなく、美的法廷で課せられた注意深さを要求すべきであり、(2)説得的な強化のみが志向されるのであるから、警戒すべきは、論理的精妙さと純粋理性の最も緊張した力によって論法が論駁されることではなく、反駁されうること（§855）、つまり、感性にとって、そして理性類似者の法廷に直面して、何か美的偽が（第二八節）その中に容易く発見されることであり、(3)いかなる説得力も内在せず、確実性の空虚な外観のみが内在する誤謬推理や単なる詭弁は斥けられるが（§837）、必然的関係から論法が成り立っていればキケローには十分で、この十分な理由全体が論証の間できる限り明白に理性自体の洞察に従うことは彼は要求していないことに気付くであろう（§802、843）。

（1）キケロー『発想論』一・四五。

§864

優雅に思惟しようとすると、論理学者たちが証明的と呼び、学による証明を要するような判断に出会うことがある。これは、聞き手にとって、全員の一致がある、公認されたものに関わり、しかもその上、一種の必然的論法すら手近にあるが、しかしながら、切り落とすわけにはいかない連鎖の全体または一部が聞き手にはその結論ほど明白、明証的になりそうもないことを予見しうるようなものである。この場合、進んでその必然的論法全体を省くがよい。そして証明的な、しかし同時にそれ自体もう十分明証的な判断への普通の注目で満足するがよい（§858、847）。この規則はまた、物事から優雅に強化しようとする人が論証の分析において第一前提を介して上昇してもよい限度、限界をも規定するであろう。

§865

論証の強化を要すると正しく予見しうる一方、必然的論法が手近にあり、なおまた、単に蓋然的にしかすぎない別の論法も手近にあるような証明的命題に美的思考において出会うことがある。しかし、そのとき主要な人格的対象たる聞き手は、証明の要点自体において、いわばゴルディウスの結び目のようなものに直面したかの如く、あの必然的論証には欠けているであろう相対的な全面的または部分的感性的明証性に留まり、悟性的明証性は目下のところ聞き手の地平を越えてしまうことを精神が予告するとする。他方、もう一つのこの蓋然的で平明な証明は聞き手にとって明晰で、理性類似者自体にとってすら極めて明証的になる見込みがあるとする。この場合、必然的論法より蓋然的論法を優先させるがよい。確実なものより不確実なものを、確実に真であるものより信じうるものの方をか、と問う人があろう（§837）。確かにそのとおりである。しかし、その理由は、不確実なものを優先させるべきである、ということではなく、そちらの方が、聞き手が現状では理解できない悟性的に確実なものよりも感性的に確実である、ということである。信じうるものが確実に真なるものではないからではなく、現状では聞き手を越える明証性を持つ確実に真なることよりも、この蓋然的なものの方が信じられうるからである（§839）。

§866

「蓋然的なこととは、通例生じうることである[1]」(§484)とキケローが言うとき(四六)、彼は〈エートス〉の第四の種を考察する機会を提示している(§195、495、698)。この種のものによって道徳的性格を与えられたあり方の思惟(§226)は、(1)何か他のことをしているかのように暗黙のうちに作者の正しい徳性について次第に深く聞き手を説得し(§227)、思惟者の人格と道徳的性格が絶対的に愛すべきものであるばかりでなく、素材、対象、及び自らの自然的力量計に釣り合いよく自らを描写しようとするのに応じて(§462)、或るときは単純に立派な、或るときは高貴な、或るときは壮大なものであると聞き手が自分の力で明証的に認知したと思うようにしなければならない(§213)。

(1) キケロー『発想論』一・四六。

§867

説得的〈エートス〉(§866)は、(2)「自らの性格に適合しているもの以外は正しいと考えないであろう[1]」人々——そういう人々は、知ってのとおり少なからずいるが——のことを忘れず、説得したいことがそれらの性格に合致している場合には、父祖の習俗と慣習化した神聖な儀式、諸民族の習慣そのもの、そして道徳的な人々の長期に亙る経験を推奨することによって、それを誇らかに示すことになろう。説得すべきことがそれらに一致しないように思われる場合には、仮設下にでない限り、それを自らの論述対象には選ばない（§846）。(3)最も優れた性格の最も真実の美について、悪徳の真の醜さについて、両者の最も自然的な色彩を介して深く聞き手を説得するよう努める（§574）。(4)最狭義で真の徳性において、小舟を小舟と言う[2]だけでなく、悪徳から小綺麗な仮面を、徳から醜悪な仮面を美しく剝ぎ取りうるときには、それを強化もするのである（§580）。

（1）コルネーリウス・ネポース『英雄伝』序・二。（2）ルーキアーノス『歴史をいかに叙述すべきか』四一にある諺。

§868

説得的〈エートス〉は、(5)それについて疑いうる徳性と行為を、§435、467で述べた道徳的真理の諸法則に従って、蓋然性、少なくとも美的蓋然性を伴いつつ、時に良い方に、時に悪い方に解釈する。それはまた、やはり右記の諸法則に従って、(6)それがどのようにしてなされたかはわからないにせよ、我々が他の仕方ではなされえなかったことを得心し、信用しているという誓言をも辞さないような蓋然性を、歴史的に創作されるべき徳性と行為の周りに与えるであろう（§509）。説得的〈エートス〉は、(7)道徳的なものの詩的創作表象においてすら、詩的世界との類比（§511、513）及びそれら創作の内的真実らしさから結果として生じてくる確実性を考察するであろう（§589）。そして聞き手を説得して、なるほど実際に生じたことではないにしても、生じるべきようなこと、他世界的なことが最も真実に語られていると思わせることになろう（§586）。(8)道徳的なものの隠れなき真理を描写する際、常に光と影を調節するであろう（§666）。つまり、それが充溢した光のうちに照り映えるときもあるし（§625）、示唆されるのみで、大部分は観客の思惟すべきものとして残されるときもあれば（§654、662）、最狭義の真が理性類似者と歴史的信にとって明らかなときもなければならない（§441）。また、うまく配置されたタウマトゥルギアによって（§808）、観客が作り話においてすら真理が支配しているのを（§556）生動的に感じつつ、同時に輝かしい嘘の驚嘆へ[1]（§477）引き込まれることもなければならない。

（1）ホラーティウス『カルミナ』三・一一・三五の暗示引用。

§869

更にまた、「蓋然的なもの」とはキケローにとって「通念となっているもの」（『発想論』一・四六）のことである。我々としては、それが真実らしいもの（§484）であることは認めるが、それに一般に蓋然性を帰属させるわけにはいかない。美的蓋然性すら必ずしも常に帰属させるわけにはいかない（§485）。キケローの例はこうである。「不信心な者には冥府での罰が用意されている。哲学に専念する者たちは、神々が存在しないと考えている」。第一のものは今でも多数者の通念であるが、何人かの聞き手、即ち、この世のあとに生ずる一切を否定することは何か重大なことだと性急に思いなしている人々に対しては、冥府から求められた論証では美的蓋然性すら獲得しえないだろう。また、別の人々に対してシーシュポスの岩やタンタロスの逃げる水で脅かしても、さほど強化の効を挙げることはできないだろう。これらの冥府の罰は、彼らの通念の中で、それ以上の重みを持っていないからである。第二のものは、もし神々とかなり正確に哲学する者たちについて語るならば、極めて真実な思いなしである。だが、もし無神論を哲学者たちに帰すならば、かかる告発をもっともだとはもはや思わないような多くの聞き手が今は見出せるだろう。

§870

我々にとって不確実なものに与えられた我々の同意が、我々の思いなしである。その者たちに対して専ら思惟するところの者たちに同一の思いなしが同時にない限り、強化のために或る人が自分の思いなしを説得しようとする相手に押し付けたとしても無駄であろう。従って、通念の使用においては、それが主要な人格的対象の思いなしなのか、もしかすると他の人々の思いなしにすぎないのかを先ずもって見なければならない。我々は同意への理由を計量せずに予断的思いなしを抱くこともあるし、時には論理的に、時には少なくとも美的に蓋然的な思いなしを抱くこともある。また、それが許されているとか、道徳的必然であると考えるが故に、我々にとって疑わしい思いなしにも、否、それどころか非蓋然的な思いなしにすら同意することもある。また、蓋然的かどうかが一層はっきりするまで、いわば一時的、暫定的に、我々にとって真実らしいものと措定することもある。聞き手たちの心の中にある一定の思いなしがいずれの集合に属するのかがあまり確かでないときには、強化のために持ち出しうるものが聞き手の思いなしの中にあるかどうかに注意したあと、聞き手の思いなしが、語り手たる自分の考えからして誤りであるかどうかに注意することが一層大事であろう。これは§574に従って判断できよう。

§871

キケローに従って、習慣と思いなしに「一定の類似性を有するもの、反対のもの、同等のもの、同じ理由のもとに含まれるもの」の一切を「蓋然的なもの」と呼ぶ（『発想論』一・四六）とすると、真実らしいものと蓋然的なもの、そしてもし獲得したらのことであるが、明白なものと明証的なものがしばしば混同されはしないかと私は恐れる（§852）。もし輝かしく、しかも一見したところは目を眩ませるものを明証的なものから区別することが博識な者のなすべきことであるならば、最も雄弁な者（キケロー）から選り抜かれた範例においてすら、かなり小さな説得力しか理性類似者には認められないとしたら私は誤っているだろうか。しかし少なくとも蓋然的な強化を常に与えるわけではない小トポスでも（§132）、時にはそれを供給することもあろう。

§ 872

これに続く(四八)蓋然的なもののトポス、つまり「しるし、信じうること、判定されていること、比較可能なこと」も同じほどの値打ちである。「しるしとは何かを指示するもの」だとキケローは言う。この限りでは誰も反対すまい。しかし彼がしるし一般について「それは証言と一層重い強化を要する」と付け加えるとき、すべてのしるしについて私はそれを認める気にはなれない。というのも、(1)例えば全身の化膿から死の確実性が示されるように、幾つかのしるしからは完全な説得性が得られるのだから、必ずしもすべてのしるしが蓋然的なものに留まるわけではないし、また、(2)たとえ蓋然的であっても、語られることが真に蓋然的であれば、一層重い強化を必ずしも常に要するわけではないからである（§861、865）。その蓋然的な診断において病気のすべてのしるしが集められているのに、証言と一層重い強化を常に要する医者の息子たちの何と哀れなことか！

§873

「信じうること」とは「証人なしでも聞き手の思いなしによって強化されること」というよりも（§869、870）、むしろ、証人たちの権威があまり洞察されていないときでも、それ自身の内的蓋然性の故に説得するものである。キケローによれば「判断されていることとは、或る人または何人かの人々の同意もしくは権威もしくは判決によって承認されている事柄」であり、「宗教的なこと、公共的なこと、承認されたこと」である。彼はまた「比較可能なこと」を「像、対照、範例」[1]に分けている（§871）。

（1）キケロー『発想論』一・四八—四九。

§874

これらのこと（§861〜873）及びこれに似たことを叙述したあと、キケロー（四九）はこう結論する。「しかし強化の源泉は、能力が許す限り明白であり、事柄が許すのと同等に明晰に証明するであろう」（§639）。しかし、彼がすぐ後に「目下のところは論証の数と様態と部分だけを混雑に、混然と私は撒き散らしただけだ」と付け加えるとき、彼は自分に満足していないように思われる。だから私は事のありようを述べることにしよう。あらゆることについての強化の源泉を開示するのは、何らかの一般的トピカではなく、徹底的に認識された主題の本性と、能う限り明瞭に洞察された強化対象の真理であろう。美しく思考しようとする者の学問的確信と厳密に証明するという持ち前ですら、もしも理性の力を調節し、論証を輝かしく照明する力をかきたてるすべを心得ているならば、それに大いに役立つだろう。そして、かくも多様なこれらの源を証明するのは、修辞学者でも美学者でもなく、むしろ美しい教養（§63）と経験である。この経験は事実において現存を最も蓋然的なしるしによって提示する用法を供給する。上に記述された源から汲む人々に或るトピカがたまたま或る手掛りを与えることもあろうが、もしそうでなければそれは美的に堅固な強化の土台でなく、砂にすぎないだろう（§839）。

§875

「論証の発見」のあとキケローは「論法の完成」の規則を立て（五〇）、それが「帰納または推論によって」なされると考えている。今では、論理学者になって一学期しか経たない者ですら帰納が推論の一種であることを知っている。「推論」についてのキケローの記述（五七）そのものをとっても、それは納得されうる。「それが提示され、それ自体によって認識された場合に、自らの力と理によって自らを強化する何か蓋然的なことを物事そのものから引き出す弁論である」。しかし、帰納を推論から、まるで何か反対のもの、全く異なるものであるかのように切り離す誤りが長い間あった。つまり、推論と、その一つの類で通常の三段論法に一層近づくものとが、殆ど現代まで混同されてきた。我々は美しい論法の形式についてあまり力を注がないことにしよう。美的なものにおけるそれについて説明する、もっとふさわしい場があるのだから。

§876

キケローが帰納について考えていること（五一―五六）、そして単純及び連鎖的な麗しい推論についての論述は、美しい推論を正しく形成することに関する美学の箇所で研究すべきものとして、そこへ追いやることにしよう。その論述から明らかになるであろうが、単純な推論は三部から成り立つことが可能かつ通常であるとはいえ、必ずしも常にそれだけの数から成り立つわけではない。連鎖推論は三部だけでも可能だが、普通は四つまたは五つの部分で完成される。もっとも、それより多くの分肢を持つことも恐れないが。キケローが前掲書、五七―七六で扱っている論争はここから判定されるだろう。目下のところは、「それについて確実な」（論理的）「体系が組み立てられている」（〈感性的には〉。§631）「曖昧な多くのこと」、即ち「哲学で論法を取り扱う方法は、弁論家の使用からは」（従って、詩的使用、一般に美的使用からは）「離れている」(1)と見做すキケローの判断に注目するだけにしておこう。

（1）キケロー『発想論』一・七七。

§877

つまり、これは§862、863で認められた自由に明瞭な制止勧告を付け加える機会を与えるからである。その勧告とは、論理学の体系に従えば正当である形式が、いかなる隠蔽も、いかなる飛越も、いかなる付加、変容もなく保持されていることが、論理学に通じている人々には直ちに明らかであり、論理学者たちが形式的と呼ぶ推論を、麗しい強化においては用いるな、というものである。論理学に通じていない人々にこのような三段論法が他のものより大きな何らかの確実性を与えるという経験を私は一度もしたことがないし、正しい仕方で説得的なものと比べた場合、ア・プリオリにも確信できない。他方、論理学に通じている人々は、このような推論のどれか一つを、理性の一層大きな形式的確実性においても観想することを努力に値すると判断することもあるだろうし、そのときには自分で論理的形式をそれに着せることができるだろう。或いはまた、当面はかかる確実性を要求しないときもあるだろうが、その場合には、美的主体は彼らに寄与したり、格別の喜びを与えたりすることはないであろう。しかし、自分の地平を越えたり（§121）、欠陥品（§159）、美的〈エートス〉を無視するもの（§193、194）、軽薄なもの（§232）、乾燥したもの、貧弱なもの、干からびたもの、生気のないもの、貧しいもの（§246）、所を得ない真理追求を美的真実らしさの追求に優先させ（§555、561）、美的に曖昧なもの（§633、636）は思惟しているが、美的に堅固な者だとは判断されないだろう（§840、842）。

§878

第一二節に従い、むしろ自分の証明の素材に気を配りつつ強化しようとする者が一種の質料、論法のいわば森として、⑴強化されるべきものに、その各々は十分美しく結合されているが、それら同士は互いにかなり独立しているように見えるような多くの同位的なもの、⑵強化のために展開された系列全体、総体はさほど多くはないが、それらの系列の各々に多くのいわば更なる論証が集結し、多数の証明肢のかなり長い連鎖へと凝固しうるような仕方で互いに従属関係にあるもの、そのようなものを発見しうることが時としてあるであろう。もし短さが幾つかのものを捨てるよう命じたなら、⑴で記述されたものよりも、⑵の方を切り落とす方が麗しいだろう。なぜなら、理性類似者の忍耐を越えて一つの論証を延長するよりも、次々に新しい論証を数多く、いわば積み重ねる方が魅力と生動性を多く持つだろうから。後者⑵の方が真理の大きな内包的意識、鋭敏さに快い理性の確実性を示すことは認めよう。しかし前者⑴の方が豊かに証明するように見えるし、今、理性類似者の追求すべき、一層大きな真理の外延的意識、感性的明証性を約束する（§847）。

けれども論証を強化しようとする者ならば、単に数を数えるだけでなく（§878）、明晰に証明する力が全くないか、或いは無限に小さい（§839、191）浅薄なことを斥け、光と影の正しい分配に従って個々のものをふさわしい関係に配置しながら適用できるように（§666）判断しつつ（M、§六九七）、強化することの真と真実らしさが各々のものからどのくらい現れうるかを計量もするだろう（§177）。そして、その浅薄なものが（少なくとも影としては）一層重いものを伴うことは無闇に期待しないだろう（§661）。なぜなら、もしこのような一つの証明の影から驚くべき弱さが広がり、明証的に眼前に据えられるとしたら、説得にとって全くふさわしくないだろうから。そのときには、他の最も優れたものにも単なる軽蔑と忘却の闇とがふりかかってくるだろう（§665）。「些細なこと、浅薄なこと、明らかに偽なることをもって被告人を攻撃するよりは、その経歴を罵倒するのを控えた方がよい。なぜなら、爾余の部分から信頼性が奪われるからである。そして何一つ非難しない者は、悪口をいわば無用として省いたと信じられる。空しいものを積み重ねる者は、経歴について沈黙するよりもむしろ敗れる方を欲したのだから、それに存する論証が空しいものであることを自分で認めているのである」[1]（クインティリアーヌス、第七巻、第二章、推定について）。

§879

（1）クインティリアーヌス『弁論家の教育』七・二・三四。

§880

強化しようとする者が、論証を選ぶときに真実らしさ（§483）のみを照明する（§730）ものに満足したとするならば、少なくとも私が裁判員ならば、彼は目下の義務を果たしたことにはなる（§839、855）。けれども、彼が約束した、或いは物事や彼の人格的対象が特に注目するよう正当にも要求した真実らしさの種や段階を照明するように自然そのものによって彼は命ぜられているのだから（§104）、求められているのとは異種の真実らしさ、もしくはその段階より小さい真実らしさのみを照明するような論証は全く省略するか、少なくとも影のうちに投げ込み、要請されただけの質と量の真実らしさを示すもののみを光にとっておくであろう（第三五節）。実例と（§730）一層限定された諸規則が一般法則を説明するだろう。

§881

或る対象の自然的（§432）または広義の道徳的可能性（§433）が問題なら、絶対的可能性のみを強化する論証には何の場所もないか、影の中にしか場所はない（§431、880）。もし或る対象の道徳的真理が問題なら（§435）、その広義の道徳的可能性（§433）のみを強化する論証には何の場所もないか、影の中にしか場所はない（§880）。行為、所、時の仮設的統一（§

439）が問題なら、普遍的なものの絶対的統一を強化する論証には何の場所もないか、せいぜい影の中にしか場はない（§880）。独一的対象の真理または現存が問題なら、対象をそのもとに包摂する一般的なものの真理のみを専ら強化する論証には、何の場もないか、影の中にのみ場がある（§440、880）。何かが最狭義で真であるかどうかが問題ならば、その何らかの可能性または他世界的真のみを解明する論証には、何の場もないか、影のみが場である（§441、880）。

§882

最狭義で真なる虚構（§506）を強化しようとする者が狭義の歴史的虚構（§509）、または詩的虚構（§511）のみを説得のために持ち出すとしたならば、たとえ前者が我々の世界に、後者が詩人たちの世界に矛盾しないように見え（§513）、また類比的虚構（§576）や、全く未知の虚構（§518）や、破格的虚構（§520）がユートピアを知らなくとも（§514）、もしかかる虚構に最も強い光を溢れさせたとしたら、彼は雨漏りがしないよう嘘で嘘を被い隠していると考えられても当然であろう（§881）。

§883

もし所与の対象の最狭義の真実らしさが問題なら（§530）、強化しようとする者は、狭義の蓋然的なもの（§532）におけるとき、または、最狭義の真が架空のものに混ざって含まれていることを（§526、527）少なくとも美的には蓋然的なものにすることができる陳述（§533）におけるとき以外は、物語（§526）、詩的な物語（§527）は無論のこと、歴史的な物語も省かねばならない。或いは少なくともあまりそれに執着してはならない（§881）。この最狭義の真が混ざっている陳述の場合に強化しようとする者は、物語と呼ばれる陳述において最狭義に真実であることを十分証示した（§485、847）ものに訴えるのであるから、この論証が沈黙または陰影づけられる原因を一般に持っていない（§880）。

§884

美－学理的なものを強化しようとする者は、目下の義務を果たすならば、たとえ学理的な真実らしさを（§577）明晰に与えること（§839）以上のところへ上昇しなくとも、論理的には恐らく疑わしいか、もしくは非蓋然的であるが、美的には蓋然的であって、一定の輝きの中にすら据えられうる説得的論証、或いは、自分がかかる蓋然性へとうまく引き出しうる論証を叙述するのを躊躇する理由は一般的にはない（§486）。真なるものと堅固なものを追求する狭義の美－歴史的あり方の思惟は、自分のものを強化せんとする者が、何らかの可能性の理由（§881）や輝かしく描写されるべき何らかの詩的真実らしさの内部に留まることを許さないだろうし(§880)、また、信用性、証人の権威、曖昧な箇所の解釈、見掛け上の矛盾の判定、地誌学、年代学、系譜学などについての理性的計算と論議へ上昇することも許さないだろう(§580、583)。批評家たちの論理的精密さと同時に麗しい堅固さ(§839)も手に入れようとする歴史家のこれほど多くの緒論、註釈、傍注、付録などはここから生まれてきたのである(§584、847)。

§885

強化しようとする者は説得の論証を十分多く持つように。それらのうち、浅薄なもの、求められた真実らしさを約束しないものを捨て去るだけでは十分でない。顕在的に思惟されるものの各々に十分な光、生動性、外延的明瞭性(§618)をもそれらの品位に応じて溢れさせねばならない。そして、それによって、説得のために用いられる物事自体が、証明の核心を含むようなその部分、側面、位相において専ら明るくなるようにせねばならない。ここでいう証明とは、これらの物事を措定することによって必然性を容認し、同時に真理性を強化することである(§855、839)。それ故、各々のものを緊密な短さを介して十分それ自体の光に曝しうるより多く、同位的(§878)で、しかも§879〜884に照らせば不適切でない理由が説得的論証の材料の中にいまだ残っている場合には、それらすべてを積み重ねすぎ、各々のものを厳密に、かつ切り詰めて、しかし不当に短く提示し、それらによって主要な聴衆を押しつぶし、煩わし、真の説得ができないようになるよりも（§839、634）、むしろそれらのうちで美的に強固なものを幾つかその自然な輝き全体において言表し（§625、622）、たとえ最も花やかなものであれ（§693）、真の色彩を無視せずに（§688）、なしうるなら凡庸ならざるタウマトゥルギアにまで至る（§808）方が優っている。

第五二節　反　駁

§886

反駁が、間接的証明を介して心の中でのみ強化されるべきものの定立を試みることも時にはありうるが（§854）、我々はここで、我々が強化すべきものと反対のもの、それに対立するもの、そして我々の定立の反定立が我々の主要な対象には何らかの、または多くの真理を含んでいるように見えるかなり重大な場合における反駁を考察することにしよう（§855）。なぜなら、自分の結論を厳密に証明して反論する人に論駁、反駁することは論理的証明者にとって必要であるが、考えを異にする人々を美的に論駁または反駁することは、美しく思惟する人々にとって一層必要だからである。なぜなら、(1)（いかなる様態、程度であるかはともかく）確実とは思われないという異議が何に対して多く浴びせられうるかは、たとえ予断にせよ多数者の思いなしにかかっているからである（§870）。

§887

(2)実際、論理的であれ、美的であれ、すべての蓋然性もまた、自分の考えのために戦ってくれる理由が増えることによってだけでなく、それに反論したかもしれない理由が減少し、解消されることによっても増大し、強くなる（§485）。それ故、疑う理由を弱くすることや、反論者の偽を知性に提示することは、完全、数学的と呼びうる証明にとってよりも、論理的蓋然性にとって必要である。(3)美的蓋然性の秤は論理的蓋然性の秤ほど軽いモーメントでは望む方に傾かないし、いずれの側の理由の方が重いかを知性によるほど鋭くは感性によって見分けられない。それ故、残存すべき部分に重みを付け加えるだけでなく、かなりはっきりと弱められるべき部分から重みを奪うことも美的説得性の役に立つ。後者が一層偽らしく思われれば、それだけ一層前者は感性的に真実らしく思われるであろう（§483、489）。

§888

コルメッラ[1]が「もし正しいものに至る道を示さないならば、誤りを犯している者を非難しただけで事足りるわけではない[2]」と言ったのは真であるし、美しく思惟しようとする者が両者を結びつけねばならないということは正しいが（§854、855）、他面（§886、887）これは次の事実を部分的にせよ理解させうる理由を我々に与えてくれるように思われる。その事実とは、感性的認識の圏においては、父親よりも教育者の方が、また、いまだ脇道に逸れたことのない者を真っ直ぐに最善なるものへの愛に導くような者たちよりも、

「破滅に向かうものをとどめうる[3]」

かどうかを試す者たちの方が、要するに勧奨者よりも諷刺詩人の方が見つけやすいということである。最善のことは、アリスティッポスの快が我々の感覚を魅了する場合に、キケローが徳に帰している働きである（『アカデーミカ』一・一三九）。つまり、実践的であれ、理論的であれ、類似の場合に、優れた人の説得が「呼び戻す、或いはむしろ手で引き戻す」ことである。「その感情（快）は動物のものだとその説得は言う。その説得は人間を神に結び付ける[4]」（§829、838）。

（1）ルーキウス・ユーニウス・モデラートゥス・コルメッラ。一世紀中頃のローマの著述家で、その『農業論』（六〇年頃）は、古代農業を知るのに重要である。（2）コルメッラ『農業論』一一・一・九。（3）ルクレーティウス『事物の本性について』六・五六九。（4）キケロー『アカデーミカ』二・一三九。

§ 889

反駁に泉を開くことはそれだけ必要性が少ない。もしもサッルスティウスがカエサルにあてて書いていることが真実ならば。「他人の言行を攻撃することに対してはすべての人の心が燃え上がる。胸中で考えていることを吐き出すためには、いくら口を大きく開いても、舌が流暢でも、十分でないように思われる」(1)。けれども、キケロー『発想論』一・六一は「それによって論証することで論敵の立証を（§886、855）解消したり、弱めたり、無効にするもの」と定義するや否や（§887、854）、直ちに強化が用いるのと同じ源をそれに当てている（§62）。強化の源については§861〜873、そして特に§874で論じた。つまり、最も真実に語られたことは、同時にまた反駁の源泉にも適合しているのである（§65）。

(1) サッルスティウス『カエサル宛書簡』一・八・九。

§ 890

しかし反駁をしようとする人々に対する忠告としては次のものがあろう。(1)論証と前提だけでなく、主に攻撃すべき結論が偽であることも色どるようにせよ（§839）。それは論理的論駁においても有効である。ここでは一層それが必要だと私は判断する（§887）。なぜなら、たとえ性急な結論、またはあまり適切でない前提からの結論でも、ともかく或る結論がここまでに証明されたと暗黙のうちに決めてかかるのが我々の多くの者の性状だからである。つまり、その結論はいまだ偽ではないのだから十分真でありうるし、我々のまだ知らない理由で既に正しく証明されているか、或いは我々より学のある人がまもなく証明しうるものと考えるのである。多くのひとのさほど偽ではないこの思いなしが、反駁の所与の例においてその実質を奪い去られるのは、我々が反定立の論証を廃棄することに留まらず、この結論そのものも美的に偽であることを解明し（第二八節）、もって、我々の主要な対象をして、与えられたものだけでなく、多分幾つかの支えを発見してもその結論は支えうる見込みがないと思わしめる場合である（§455）。

§891

この助言（§890）を満足させるものの一つは既に強化自体であるが、もう一つは、採用された当の結論と反定立そのものから明晰に、或いは輝かしく導出されてはいるが、結局はそれの偽と不適合を期せずして理性類似者の眼前に据えるものを、我々の嚮導された証明と、反定立の前提の証明形式またはそれら両前提の転覆とに結び付ける技巧である（§853、884）。キケロー『発想論』一・六三「あらゆる論法は、前提に取られたものの一つまたは幾つかが容認されない場合（前提否定）、または、それらを容認しても、それらから連結が成立しないとする場合、または論法の種類そのものが誤っていると示す場合（確実な、或いは正当な形式の否定）、または、安定した論法に対しては別の同等に安定した、或いは一層安定した論法が据えられる場合に反駁される」[1]。

（1）キケロー『発想論』一・七九。

§892

キケローによって措定された選言の複数の分肢が、同一の反駁において互いに補い合うことも可能である（§891）。ただし、その条件として、⑵敵の武器に対立する武器が常に用意され、この武器は相手のものより多くの真なる光に溢れているように見え、我々の方の一層大きな光が相手の光を曖昧化する、ということがある（第四〇節）。同等に安定した論法は一層安定した論法ほど望ましくはない（§891）。後者に属するのは、反駁されるべきものに潜む先入主を剔抉《てっけつ》すること（§870）、他の偽なる前提とともに、一層明証的な実例を介してそれを無効にすること（第五〇節）、その前提が明証的であっても、明らかに偽なる結論を与えるものとの比較によって、反駁すべきものの誤謬推理を失効させること（第二八節）、不当な飛越と充塡の不可能性とを眼前に据えることなど、論理学者が教えることを優雅に理性類似者の尺度に合わせて実行することである（§844）。

§893

特に、⑶反駁する相手個人に対する論証と呼ばれるもの、つまり敵自身の武器で敵を攻撃することは有効であろう。なぜなら、自己自身に矛盾している人間にいわば真理の権威者として従うことを自分に納得させうるような人は殆どいないから。それ故、美的には少なくとも堅固なものとして反定立の擁護者のために戦いえた筈の権威の先判断は、この仕方で確実に崩されるであろう（§839）。「自己自身に矛盾する、或いは矛盾しているように見えるものを敵の論に見出すことは技術者の仕事である」[1]（クインティリアーヌス、五・一三）。この章全体がここで読むに値する。⑷精神の情念をかきたてるすべてのものから身を引き離すことを論理学者のように美学者が勧めることはできないし（§22）、時に激しく、しかし決して怒らずに論ずるのは難しいだけに（§722～725）、十分ふさわしいあり方の思惟（§223）には、それだけ一層気を配るようにせよ。

（1）クインティリアーヌス『弁論家の教育』五・一三・三〇。

§894

最後に品位の勧め（§182）であるが、徳と敬虔がこれを要求する（§183）限りにおいてのみならず、ここでも、いわば優雅に思惟することの根源そのものから（§866）流れでてくるものとして考察して欲しい。少なからぬ古人が猥褻なものにおいて自分に許したのに（§184）似た奔放さを、反駁においては殆ど大多数が選び取った。その結果、今日それを模倣する者が多くの、他の点ではかなり知られた例でそれを容易に弁護すればするほど、それだけ一層、この古いが、しかし悪しき性向が理性に矛盾するのが必然的であるように思われる。ホメーロスにおいて英雄が英雄をどう攻撃するかを知らない者がいようか。しかし既にこの点でウェルギリウスの『アエネーイス』はいかに道徳的になっていることか。「すべての語の重みを注意深く計量するこの人（デーモステネース）においてすら、アイスキネースは幾つかの点を反駁、論難し、いたずらに生硬なもの、嫌悪を催させるもの、耐え難いものだと言っている。つまり、アイスキネースにはデーモステネースですらアッティカ式に語ってはいないように見えるのである」（キケロー『弁論家』二六）。「獣」というこの反駁に対して赤面すべきは誰か。デーモステネースか、それともむしろアイスキネースか。

§895

プランキウスとその弁護人キケローに対してカッシウスは不公正なことは「何一つしていないのだから、いかに正しいことか[1]」。しかしながら、そのキケローは、カッシウスがキケローの「退去をしばしば嘆いていたのに、今は」キケローに「助けが欠けていたのではなく、助けに」キケローが「欠けていたと言って、まるで反駁し、告発めいたことをしようとした」ことが、既に「重要、重大なこと」であるように思われる（キケロー『プランキウス弁護』八六）。もしプランキウスの告発者がプランキウスの弁護人に対して、抑えた語り方を美しく（§893）示さなかったならば、その退去は「攻撃される」だけでなく、「生硬で、嫌悪を催させ」、キケローには「耐え難い」と思われたであろう言葉で戯れにしたとかしなかったといって「論難さ」れえたであろうことを知らない者がいようか（§725）。願わくばそのキケロー自身、検査官たる男ピーソーに対しては、アントーニウス自身に対しては、優雅な穏和さで激しさを緩和して欲しかった（§722〜724）。

（1）ホラーティウス『詩論』一四〇。なお、§822参照。

§896

アルキロコスの短長格でなく、カトゥッルスの一一音節でなく、オウィディウスの『イービス』、或いは他の点では麗しいその他のものでなく、立派な道徳的なあり方の思惟を無視

したために醜く非難する者たちの

「リュカンベースの血で濡れた投げ槍を私は食い止める」[1]（§893、186）。

もし行くべきところへ行かないなら、美的荘重さは行くところへ行くべきではない（§189）。人格的なもの、或いは一層荒っぽく人格性と呼ばれるもの、反論相手たる個人、その祖国、生まれ、天性、性格、履歴、若年期、その他そういうものに密接に触れるもの、そういったものすべてから身を引き離すことを、美しく非難しようとする人々一般に対する規則として立てる気はまだ私にはない（§752〜757）。しかし、もし優美の女神たちの恩寵を得たい人がいたならば、たとえ論敵自体においてであっても、最も低俗で卑しい対象を探ることからは信念をもって離れているように私は命ずる（§195）。なぜなら、狭義の道徳的なあり方の思惟（§227）、または絶対的にのみ道徳的なあり方の思惟（§228）によっては、それらはそもそも提示しえないからである（§224、225）。

（1）オウィディウス『イービス』五四。

§897

私が諫止《かんし》した誤りを、よりによって自分が犯すことのないよう、一目見ただけで卑しい実例を喜んで持ち出すことはすまい。クラウディウスに対するセネカの『アポコロキュントーシス』[1]だけで十分としよう。そこで、かのストアの徒は、貪欲ほどは陳腐でないが、おそらくまた貪欲ほどは除去されるべきでない欠点を自分の徳の賞賛に刻印している。誰が信じようか。セネカほどの哲学者が、サルディニアに追放の身になると、クラウディウスの解放奴隷ポリュビウスに対する愁訴、嘆願へと降りていき、その中で十分すぎるほどクラウディウスの叡智に媚びているが、邪悪というよりは単純なそのクラウディウスに呼び戻され、多くの好意を与えられると、彼の名でなされたことが彼から発することができた限り、彼の死後、彼を自分の司令官としてネローの口でその叡智のゆえに賞賛し、その挙げ句聞き手の笑いをさそっている。しかし同じセネカが同じ時に、何の政治的理由に強いられたわけでもないのに、毒で殺されたと極めて辛辣に嘲笑《あざわら》い、次の冗談によっても緩和されえないほどである。この冗談を私はかつて憤りなしに読んだことはない。「もっと話しやすい部分で彼がもっと大きな音を立てたとき、人間界における彼の最後の声が聞こえた。『ああ！　どうやら私は糞まみれになった[2]』」。セネカのあとでは、こう書くのは殆ど恥である。

（1）セネカの書の題名。「瓢箪への変容」の意。（2）セネカ『アポコロキュントーシス』四・三。

§898

単純な名誉すら傷つける言語的不正は、崇高なものの威厳を守るべき（§317）反駁において最も醜いものだが、礼儀正しさと高度の名誉の性格とを既に要求する中間的なあり方の思惟においてもかなり醜い（§278）ものであり、簡素なあり方の思惟においてすら醜さを欠くわけではない（§262）。このような泥でその前に攻撃されていて、攻撃者にそれを投げ返すのを控えないならば、自分自身に対して、観客に対して、そして美的気宇壮大さそのものに対して負債を背負うことになる（§189、275、第二四―二六節）。この試金石で、嫉妬による論証、諸帰結の集積、不適切または節度を欠いた嘲笑を計量することにしよう。その際、民族と時代を忘れてはならない（§867）。一方が耐えるべきように思われることでも、他方には〈エートス〉を傷つけると判断されよう（§213、212）。

§899

(5)あなたの考えに反対して語られたものや語られうるものすべてをあなたは反駁すべきではなく、もしあなたが反駁しないならば、あなたの主要な人格的対象には真実らしいものに思われ、かつ、あなたが反駁したあとでは、あなたの主要な人格的対象によって美的に偽なるものと見做されるのを期待しうるもののみを反駁すべきである、ということが自分に対して語られたものだとあなたが考えるならば、あなたは、良き性格により容易に耳を傾け、空しい努力を費やすのを、より容易に思いとどまることになるだろう（§887）。あなた及びあなたのものに対する他人の反駁に向けられた返答のあり方も同様である（§886、898）。「弁護しえないようなものは、もしそれが判事の言表しようとする点であるならば、沈黙に紛らすべきだという規則が最も馬鹿げている」[1]が、他方、「細心さのあまり」、反論しうると考えられる「あらゆる語や、取るに足らない寸鉄にすら答えるべきだと考える人々もいる。これは際限のない、無用のわざである」[2]（§171）。「答えるべき相手がいるにせよ、あまりに用心深く、すべての契機に関して争い合うという誤り」[3]を警戒せよ（クインティリアーヌス、五・一三）。キケローが『善と悪の究極について』第一巻の冒頭に置いた、兜をかぶったあの序文[4]が、どれほど多くの書物に不粋に適用されえたろうか。

（1）クインティリアーヌス『弁論家の教育』五・一三・九。（2）同書、五・一三・三七。（3）同書、五・一三・五〇―五一。（4）「兜をかぶった序文」とは、だれでもかぶることができる兜のように、すべての書に付けることができるような序のこと。つまり、異議を先取りして答える必要のない書物まで、そのような答弁の序を持っていることをバウムガルテンは非難している。

第五三節　説得的論証

§900

その（唯一の、または一層本質的な、または今特に考察すべき）力が、所与の表象に感性的確実性を与えることであるのが、説得的論証である（§829）。従って、生動的に証明し（第三三節）、美しい真実らしさを照明する（第三三節）論証、文彩はすべて説得的であろう（§26）。証明する論証を特に照明し、色づける論証を美的真理に捧げるならば、あなたの論証の効果を優雅に強める手掛かりが得られる（§142）。なぜなら、その場合、前者は証明するだけでなく、後者は輝きをもたらすのみでなく、両者とも同時に説得もすることになるからである（§143）。かくして外見上の剰語では、働きなしに措定された方が、実はもう一方の仮設、限定、或いは一般に中項を与えるという働きはしているのであり、強化の機能を果たすことになる（§145、855）。例えば「この目で私は見た[1]」がそれである。ここで「この目で」というのは一見余分のようだが、実は次のような言葉に対しては強化の効があるのである。「私は見たのだろうか。それとも恋をする者たちが自分で作り上げる夢なのか[2]」。

（1）テレンティウス『兄弟』三二九。（2）ウェルギリウス『牧歌』八・一〇八。

§901

同じ技法によって、同義法、または多面みがきと思われるようなものは、いわば等価なものとして結合されうる。しかし、それらの一層鋭い読者ないし聞き手ならば、優雅なものにおいては一方が他方の十分な理由であることを見るであろう（§900、146）。強化しようとする者（§878〜885）、満足させようとしつつ反駁する者（§899）、証明、論駁する幾つかのものを影のうちに投げ入れようとする者は、時に暗示黙過に訴えるのも麗しいだろう（§148）。また、**設問法**をここに持ち出したり（§332）、或いは誰かが或る物事の真理についての自分の意識を語ったり、思惟したりしているという内容の隠蔽的解明を我々が選んでも後悔はしない。なぜなら、主要な人格的対象が、それ以上の説得性が付け加えられなくとも、全く固守または拒否すると予見しえたことを尋ねないよう賢明に用心するならば、一つの適切な問いで多くを手に入れることになるだろう。つまり、聞き手などが、⑴あなたの持ち出す物事についての理論のうち、既に自分の知っているものがあれば、それを思い描き、⑵更には心に呼び起こし、同時にまた、⑶自分の知識の少なからぬ部分を話し手が考察していることに自ら進んで気付くことによって、話し手に好意を抱くのも稀ではなく（§840）、時には、⑷自己の内部に降りていって、精神の内的感覚を精査し、今善いものまたは悪いものと言われているものが、自分にはもう以前から確実なものであったのを認めるよう誘われることによって、一層感性的に動かされることもある（§142）。

§902

語句反復はその多くの種と共にここでもう一度反復することにしよう。それは単に説得するだけでなく（§333）、大きな説得力を持っているからである。ただし、何か無内容なもの、同語反復ではなく、一種の緊密な短さのうちへ縮約された格別の理由づけの反復法である（§545）。なぜなら、生動的に思惟された理由づけはすべて説得的論証であるが（§839）、それらのうち、それなしでは説得が完成しえないように思われるものを、古人にならって勝義の理由と呼び、理由づけまたは理由のうち最も強いものを補強物と呼ぶことにしよう（キケロー『発想論』一・一八、一九参照）。理由または理由づけのうち、同一の、またはほんの少し湾曲させた思惟の様態によって、短く、しかし繰り返し思惟対象を据えることは、論証において最も頼りになる人格的対象の精神に一層しっかり固着するという効果を説得に対して有している（§342〜345）。説得の誘いをもって『ウェヌスの徹夜』はこれほど多く反復している。

「恋を一度もしたことのない者は今こそ恋すべし。恋をしたことのある者も今こそ恋すべし」[1]。

（1）作者不明『ウェヌスの徹夜』の各詩末に付せられたリフレイン。§611参照。

§903

この論証において推挙されるのは、証明の漸層法、及び最も確実な部分によって全体を一層確実なものとし、金細工師の秤でなく、一般人用の或る種の秤で計量されたように思われる（§250、879）あの段階法であろう（§334）。証明において逆漸層の影を警戒しようとするならば、先行させる気にはなれない一層弱い論証を一層強い論証の間に挿入するように勧める者たちの忠告を容易く納得しないようにせよ[1]（§879）。もしかするとピュッローン的冗談の場合は除いて、一層確実なものから一層不確実なものへの落下が麗しいことがかつてあったろうか。強化する者の誇張においては、例えば「正午の太陽より明るい」のように、また、反駁する者の誇張においては、例えば「太陽に抗して語った」のように、隠蔽形を優先させるように。隠蔽形とは、確実性と非蓋然性を割り当てることの境界を越えているので、それが生じたことが殆ど、或いは全くわからないようなもののことである（§339）。

(1) キケロー『弁論家について』二・三二四参照――「従って、弁論家では最も優れた者が最初に来るように、弁論でも最も強いものが最初になければならない。けれども、いずれの場合も、優れたものが終結部にも取っておかれるようにせねばならない。もしも何か並のものが（劣ったものについて述べないのは、それには決して場があるべきではないからである）あったなら、それは中間の大群と一団へと集めるように」。

§904

私はクインティリアーヌスの次の規則を否定はしない（§903）。「弁論家」（美しく説得しようとするすべての者）「は自信を示し、いわば事例について最もよく思惟している」（自らの説得すべき対象について正しい得心を持っている）「かのように語らねばならない[1]」（表示すべきものを思惟せねばならない）（五・一三）。ただ私としては、過度の確実性を見せつけて信用を失わないよう忠告する。それ故、私は特に、そこから明証性の見事な白状へ麗しく移るならば、逡巡――つまり、或る考えを弁護して戦う理由と、それに反対して戦う理由の両者を勘定に入れるとき、この両者が対等と見做される精神状態の陳述ないし偽装――が、強化や反駁のために美しく適用されうるような場合があることを認める（§349、第五〇節）。

（1）クインティリアーヌス『弁論家の教育』五・一三・五一。

解　説

I　バウムガルテンの生涯

アレクサンダー・ゴットリープ・バウムガルテンは一七一四年六月一七日、牧師ヤーコプ・バウムガルテンを父としてベルリンで生まれた。七人兄弟の五人目である。三歳で母を、八歳で父を失った彼は、マルティン・クリストガウの個人授業を受け、特にラテン語で詩を作ることに熱中した。『省察』の序文によれば「詩なしですごす日は殆どなかった」ほどである。一七二七年、ハレの孤児院の学校に入学。一七三〇年、ハレ大学に入学して神学と哲学の研究を始めた。特に熱中したのは、当時無神論と非難されていたクリスティアン・ヴォルフ（一六七九―一七五四年）の哲学である。時折イェーナへ行ってヴォルフの講義を聴講したりもしている。また、孤児院の学校の教師をしていた長兄ジークムント・ヤーコプ（一七〇六―五七年）の勧めで、そこの上級ラテン語学級の授業を行なった。一七三五年、マギステルの学位を取得。同年、処女作『省察』によって大学教授資格を取得、ハレ大学で講師として講義を開始した。一七三七年からハレ大学助教授として哲学を教えていた彼は、一七四〇年、オーデル河畔のフランクフルト大学へ教授として移り、哲学、神学、法学、美学などを講じた。一七五一年、喀血があり、その後ついに健康をとり戻せず、一七六二年五月二七日、オーデル河畔のフランクフルトで没した。四七歳であった。

II 『美学』の成立史

一七四〇年にフランクフルト大学へ移ってまもなく、一七四二年にバウムガルテンは哲学史上初めて「美学」の講義を行なった。一七四五年、この講義草稿を入手した弟子のゲオルク・フリードリヒ・マイアー(一七一八—七七年)は、それをもとにその年の冬学期から美学の講義を行ない、あわせてバウムガルテンの美学を祖述する著『すべての藝術の基礎』全三巻を一七四八年から五〇年にわたって刊行した。わかりやすいドイツ語で書かれたこの書は、バウムガルテン自身の『美学』より遥かに広く読まれることになる。マイアーは確かにバウムガルテンの思想を皮相にしかとらえなかったが、それが後世に大きな影響を及ぼしたのは、専らこのマイアーの書を介してである。他方、バウムガルテン自身は彼の講義草稿になお修正を加え、その一部を一七五〇年に公刊した。これが我々の『美学』第一巻である。それに付された序言は、『美学』出版に至る以上のような経緯について簡潔に語っている。

次いで一七五八年に第二の部分が公刊されたが、その論述は第一章のf「美的説得性」の途中で中断している。この結果、f「美的説得性」の一部、g「認識の美的生命」、第二章「配列論」、第三章「記号論」、及び、第II部「実践的美学」は、遂に日の目を見ぬままにおわった。この間の事情については一七五八年の序言が語ってくれる。それによれば、一七五〇年に第一の部分を公刊して以後バウムガルテンは残りの部分に着手したが、翌一七五一年に発病し、もはや当初の構想を実現することは不可能になった。そこで、執筆された分を既に印刷していた出版者は、とうとう完成を待ちきれなくなり、一七五八年に、その時点までに書かれていた分だけをとりあえず出版したので、前述のような中断された形をとるに至ったのである。

Ⅲ 『美学』の内容

1 三つの思考素材

美学の生みの親として歴史に名をとどめるバウムガルテンの主著『美学』は、しかしそう読みやすい書物ではない。難解なラテン語で書かれていることはひとまずおくとしても、内容的にもそれほどわかりやすくはない。その原因の一つは、この書が三つの別々の出所からの思考素材（用語と思考形式）によって織りあげられていることによる。したがって、それぞれの出所の素材が理論構成に寄与する仕方を明らかにすることで、『美学』の内容を多少なりとも見通しやすく描くことができよう。

さて、『美学』には思考素材の供給源が三つある。ライプニッツ＝ヴォルフ学派の哲学、同時代のレトリック理論、ローマ法の知識である。これらはいずれもバウムガルテンにとって自家薬籠中のものであった。第一のものは、哲学者としてのバウムガルテンが属していた学派の哲学であり、第二のものは、一八世紀の知識人として身につけていた教養の中核であり、第三のものは、バウムガルテンが講義を行なえるほど通暁していた分野だったからである。

これらが何を供給したかを順次見ていこう。

2 ライプニッツ゠ヴォルフ学派の哲学

この学派が供給した概念には「感性的認識」、「感性的認識の完全性」、「判定」、「理性類似者」などがある。

(1)「感性的認識」

「感性的認識」は美学の対象を規定するときに役立つ概念である。「感性的」という形容語句は、能力の観点から認識を規定する。つまり、関わる能力が知性であるか、感性であるかによって、知性的認識と感性的認識は区別される。そして、後者が美学の対象とされる（§1）。これに認識自体の明瞭度からの規定が対応する。つまり、判明／混雑が知性的／感性的にそれぞれ対応する（§17）。一般的に言えば、判明とは、ある事態のわけを説明できる場合であり、混雑とはそれができない場合である。例えば、時計製作者が時刻を表示するメカニズムを説明できるとき、その認識は判明である。これに対し、時計が時刻を表示すること自体は認識できるが、そのわけは説明できない場合の認識が混雑である。

以上が哲学学派から提供された概念規定であるが、では『美学』における「感性的認識」とは何であろうか。この概念になじみがない読者には、藝術作品の「表現内容」のことであると言えば、わかりやすいだろう。というのも、『美学』では藝術作品としての感性的認識だけが、しかも感性的認識の諸部分のうちでも「思惟内容」だけが扱われているが、これは今日の用語法では藝術作品の「表現内容」と言い換えることができるからである。

(2)「感性的認識の完全性」

「感性的認識の完全性」の概念は美学の目的の位置を占める（§14）。この「完全性」もバウムガルテンはライプニッツ＝ヴォルフ学派から受容した。この完全性をライプニッツ＝ヴォルフ学派は事物一般について考えた。例えば、時計の完全性とは、それが時刻を正しく表示することである。(1) これに対して『美学』では「感性的認識」についてその完全性を考える点にオリジナリティーがある。(2) さて感性的認識とは作品の表現内容のことであった。従って、感性的認識の完全性とは、表現内容の卓越性であることになる。

(3)「判定」

ライプニッツ＝ヴォルフ学派によれば、完全性を認識することが「判定」である。例えば時計製作者は、作るべき時計がどんな機能を果たすべきかを製作開始前に把握せねばならないし、製作中も、製作後も、製品がその完全性にかなっているかどうかをチェックするのが普通である。さて『美学』では判定という認識の対象は感性的認識であった。ここに認識の認識というメタ構造が成立する。

感性的認識の完全性とは作品の表現内容の評価であるから、作品を制作する者、つまり藝術家は、時計製作者の場合と同じように、表現内容の生産とともに、生産された表現内容の評価、つまり批評も行わねばならない。

(4)「理性」と「理性類似者」

ライプニッツ＝ヴォルフ学派は、その明瞭度によって判定の能力を二分する。つまり判定の対象である感性的認識だけでなく、判定自体にも判明／混雑という明瞭度の区別が適用されたのである。さてバウムガルテンの創意は、判定の対象として感性的認識自体を考える点にあった。したがって判定対象の明瞭度と判定行為の明瞭度の間に相関関係があるかどうかが問題となる。バウムガルテンの答えは、感性的認識についての判定は感性的にも知性的にも行われる、というものである。

では、どんな場合に判定は知性的で、どんな場合に感性的なのか。バウムガルテンによれば、作品の部分についての判定は感性的であり、作品の全体についての判定は知性的になる傾向がある。例えば英雄アエネーアースを直喩で叙述する表現「ちょうど、妙手が象牙に花やかさを加えたり、銀やパロスの石が黄金に包まれるときのようにである」(§662) がなぜ美しいかのわけは言えないが、美しいことはわかる。この場合の判定は感性的である。それに対して、この表現が含まれる『アエネーイス』という作品全体を部分に分け、それらの各々が美しいという判定を積み重ねることは、全体を美しいと判定するわけを逐一挙げることになるから、知性的な判定となる(3)。

そして知性的に判定を行う能力が理性であり、感性的に判定する能力が「理性類似者」の一種としての「趣味」である。「理性類似者」という名称は、それが結果的に理性と同じように判定をするが、理性とは異なり、その判定のわけを説明できないことに由来する。

3　同時代のレトリック理論

時計の完全性くらいなら、その判定の規準は「時を正しく表示すること」だと簡単に答えられるだろう。だが藝術作品の判定となると、一筋縄にはいかない。そもそも判定について有意義に語り得るのか、語り得るとしても規準などというものがあるのか、といった予備的設問をクリアーしても、判定基準は一つか複数か、またその内容は何かなどについては、星の数ほど様々な考えがある。例えばド・ピールの採点表は、構図、デッサン、色彩、表現という四つの規準、ダリのそれは技術、霊感、色彩、主題、天才、構成、独創性、神秘性、真実性という九つの規準のそれぞれで採点し、最後に合計して画家の優劣を決める。バウムガルテンの考えも多少これに似たところがある。つまり彼は作品の表現内容の卓越性として、認識の豊かさ、大きさ、真理、明らかさ、確かさ、生命という六つの美的質を考える（§

22)。

この美的質の考えを、その豊富な作品実例とともに供給したのが、『美学』に近い時期に公刊され、広く普及していたレトリックのテクストである。バウムガルテンに時期的に近い一七―一八世紀には、おびただしい数のレトリックのマニュアル、教則本、ハンドブックの類が出版されていた。それらはフィギュール（文彩）の美的質の分類および体系化として、様々なタイプのものを提示している。そのなかでも、フリードリヒ・アンドレアス・ハルバウアー（一六九二―一七五〇年）の『ドイツ語弁論改善指南』(4)は、バウムガルテンと同じ六つの質を挙げている。この書の公刊は一七二五年であり、バウムガルテンが一〇歳の頃であるから、読んだ可能性は十分考えられる。仮にハルバウアーを読んでいなかったとしても、他の多くの理論で挙げられている質をすべて合わせれば、優にバウムガルテンの六つの質を供給できる。(5)従って、『美学』が作品判定の規準として挙げる六つの質という考え方と、その豊富な実例の供給源として、バウムガルテンに近い時期のレトリック理論を挙げることができる。

4　ローマ法

判定の対象、能力、規準などについての考え方は他の二つの源から供給されたが、判定という行為そのものの性格や構造を説明する作業も『美学』には必要であった。さて判定、つまり批評の何たるかを説明する場合、法廷での判決をモデルないしメタファーとして使うという古代ギリシア以来の伝統がある。藝術愛好家としてバウムガルテンは批評論にも関心を持っていたことが容易に考えられるから、そこにある法廷モデルの存在に気づいていた可能性は小さくない。しかし彼による法廷モデルの使用が、伝統的使用と比較して遥かに充実したものであることは、このモデルを批評論の伝統から受取ったということからだけでは説明がつかず、彼が自分で構築したと考える方が自然である。

そこでわれわれは批評論以外のソースを探さねばならない。ここに浮上するのがローマ法、『美学』の思考素材の第三の供給源である。というのも、ローマ法は法廷での判決をめぐる様々なことについて詳細に説明しており、判決として批評を考える際に、用語・思考形式の、他には代えがたい豊かな供給源たりうるからである。バウムガルテンはすでに若い頃、ハレで法学を学んでいるし、マイアーは『バウムガルテン伝』（一七六三年）でバウムガルテンが法学の講義を行なったことを伝えている。(6) また、『美学』でローマ法が参照される箇所（例えば、§450、451）からは、バウムガルテンがローマ法を知悉していたことがうかがわれる。それゆえ、バウムガルテンが藝術作品の判定がどんな行為であるかを説明するために法廷モデルを構築するとき、このローマ法に最適の準拠点を見出したということも理解できる。

彼は作品批評を「美的法廷」（§464、863）における判決と呼ぶ。批評が法廷での判決に擬せられたことから、『美学』全体を通じて法廷用語が頻出することもうなずけよう。作品評価を記述、説明するために使われた法廷用語は、「判決」、「判事」、「告発」、「被告人」、「弁護」、「弁護士」、「証拠」、「弁明」、「異議」、「予審」、「審査」、「追放」などなど、数え上げればきりがない。さらに多く使用される、「判定」、「判定者」と訳した“iudicium, iudex”も、当時の文脈では法廷用語として「判決」、「裁判官」という意味を強く響かせていたことは、ボイムラーの言う通りである。(7) また、判定によって批評や作品に認定された正当性＝権利（ius）もしばしば語られる。

この“ius”は「法」という意味でも使われている。つまり判決の正当性の規範である。また、「規則」、「法則」という概念は『美学』全体にわたって出現するが、それらが法をモデルに考えられていることは、例えば美的規則の衝突への言及が、法の衝突からの着想であるという一事をとってみてもうなずけよう。従って『美学』は美的法廷のためのユスティニアヌス法典のような性格を持っていると言っても過言ではない。

さて、判決が美的質の程度の測定と見做されていることは、美的質に関して「計算」、「程度」、「尺度」、「段階」という概念が多用されていることからわかる。美的質について、測定用具としての「秤」、「天秤」が語られるのも、そのためである。天秤は裁判では、証拠のそれぞれの重みによって次第に傾いていく状況のメタファーである。刑事裁判で、被告人は開廷時には有罪度はゼロ、つまり天秤は完全に無罪の方に位置している。検察は被告人の有罪の証拠を一つずつ皿に載せていく。そして最終的にどのくらい被告人の有罪が蓋然性を持つかどうかが決まる。これが作品の判定という場面に転用されると、判定とは、作品ないしその部分がどの程度の美的質を持っているかを、それに重みを付け加える証拠を積み重ねることによって測定する行為と見做されることになる。裁判での天秤と同じように、作品ないしその部分について、判定以前には天秤は一方の側に完全に傾いている。つまり美的質はゼロと見做される。判定者は、反対側に美的質の存在の証拠を一つずつ載せて、最終的にどのくらいそちらに傾くか、つまりどの程度の美的質をそれが持つかを測定する。このように、証拠の考量に関する部分は、判定の説明にとって特に重要な位置を占めている。

かくして、判定を法廷での判決と見做す思考形式は、『美学』の根本思想を規定していると言える。(8)

5　結　び

以上三つの思想が『美学』の理論構築に際して素材を供給したことをこれまで見てきた。これらはそれぞれ用語を——ということはその用語に含意された思考形式を——供給することによって、『美学』の理論構築のそれぞれの持ち場で役割を果たしている。そのように見れば、『美学』は、西洋思想の三つの精華を出所とする思考素材によってしっかりと織りあげられた、壮大な構えの体系であることが理解されよう。そしてこの体系は、これら三つの思考素材をこの仕方で組み合わせることによってのみ可能になったもので、彼以前にはもちろん例がないし、彼以後にも繰り返されるべくもない、まさに一回限りの形態を持っているのである。

注

（1）ヴォルフ『考察』一五二。

（2）これについては以下の拙論参照。「完全性の美学の帰趨――バウムガルテンとカント」、廣松渉・坂部恵・加藤尚武編『講座ドイツ観念論』第一巻、弘文堂、一九九〇年、三二四頁。

（3）これについては以下の拙論参照。「カントのバウムガルテン批判」、『美學』第五〇巻第四号、二〇〇〇年三月、一一―一二頁。

（4）Friedrich Andreas Hallbauer, *Anweisung zur Verbesserten Teutschen Oratorie*, Jena, 1725.

（5）この点については以下の拙論参照。「バウムガルテンの『美学』の基本構造の淵源としてのレトリック」、『弁論術から美学へ――美学成立における古典弁論術の影響』（平成23～25年度科学研究費補助金研究(C)研究成果報告書）（研究代表者：渡辺浩司）、二〇一四年、八一―九一頁。

（6）武藤 一九八六、一一六頁。

（7）Baeumler 1923, S. 85.

（8）法廷の隠喩（法廷モデル）が『美学』の成立に果たした役割については以下の拙論参照。「レトリックにおける法廷メタファーが近代美学の成立に果たした役割」、『弁論術から美学へ――美学成立における古典弁論術の影響』（平成23～25年度科学研究費補助金研究(C)研究成果報告書）（研究代表者：渡辺浩司）、二〇一四年、一〇二―一一六頁。

文献一覧（主要なもののみ）

『美学』の翻訳

Baumgarten, Alexander Gottlieb, *Ästhetik*, 2 Bde., übersetzt, mit einer Einführung, Anmerkungen und Registern herausgegeben von Dagmar Mirbach, Hamburg: Felix Meiner, 2007.（全訳）

Baumgarten, Alexander Gottlieb, *Theoretische Ästhetik: die grundlegenden Abschnitte aus der "Aesthetica" (1750/58). Lateinisch-Deutsch*, übersetzt und herausgegeben von Hans Rudolf Schweizer, Hamburg: Felix Meiner, 1983.（抄訳）

二次資料

Baeumler, Alfred 1923, *Das Irrationalitätsproblem in der Ästhetik und Logik des 18. Jahrhunderts bis zur Kritik der Urteilskraft*, Halle an der Saale.

Franke, Ursula 1972, *Kunst als Erkenntnis: die Rolle der Sinnlichkeit in der Ästhetik des Alexander Gottlieb Baumgarten* (*Studia Leibnitiana supplementa*, Bd. 9), Wiesbaden: F. Steiner.

Jäger, Michael 1980, *Kommentierende Einführung in Baumgartens "Aesthetica": zur entstehenden wissenschaftlichen Ästhetik des 18. Jahrhunderts in Deutschland* (*Philosophische Texte und Studien*, Bd. 1), Hildesheim: Georg Olms.

Juchem, Hans-Georg 1970, *Die Entwicklung des Begriffs des Schönen bei Kant: unter besonderer Berücksichtigung des Begriffs der verworrenen Erkenntnis*, Bonn: H. Bouvier.

Linn, Marie-Luise 1967, "A. G. Baumgartens 'Aesthetica' und die antike Rhetorik", *Deutsche Vierteljahrschrift für Literaturwissenschaft und Geistesgeschichte*, 41, S. 424-434.

Nivelle, Armand 1960 (1971), *Kunst- und Dichtungstheorien: zwischen Aufklärung und Klassik*, Berlin: Walter de Gruyter.

Paetzold, Heinz 1983, *Ästhetik des deutschen Idealismus: zur Idee ästhetischer Rationalität bei Baumgarten, Kant, Schelling, Hegel und Schopenhauer*, Wiesbaden: F. Steiner.

Schweizer, Hans Rudolf 1973, *Ästhetik als Philosophie der sinnlichen Erkenntnis: eine interpretation der "Aesthetica" A. G. Baumgartens mit teilweiser Wiedergabe des lateinischen Textes und deutscher Übersetzung*, Basel: Schwabe.

木幡順三 一九七〇「詩と論理——バウムガルテンの詩学」、今道友信編『美学史研究叢書』第一輯、東京大学文学部美学藝術学研究室、一二五—一四五頁。

——一九八四「レトリック——その光と影」、『美意識の現象学——美学論文集』慶應通信、二七七—三二三頁（初出『文化伝統における芸術的象徴の問題』（昭和53年度文部省科学研究費補助金研究報告書)、一九七九年)。
松尾大　一九八五「バウムガルテンの外延的明瞭性の概念をめぐって」、『前カント的・非カント的美学の射程』(科学研究費補助金(総合研究A)研究成果報告書　昭和58・59年度)、五八―六七頁。
武藤三千夫　一九八六「G・G・マイエルによる『A・G・バウムガルテン伝』」、東京芸術大学美学研究室編『美学・芸術学の現代的課題』玉川大学出版部、一〇八―一二三頁。

学術文庫版訳者あとがき

今日我々が用いる「美学」という語は、明治時代にドイツ語“Ästhetik”の訳語として作られたが、そのもとになったラテン語“aesthetica”は、バウムガルテンによって作られたものである。この命名のもとにバウムガルテンが「美学」という一つの学科を独立させたのは周知のことであるが、その主著である『美学』は、晦渋なラテン語ゆえに、公刊時から現在に至るまで、名のみ高く、通読した人が少ない書であり続けている。従って、翻訳によって本書を現代の読者にとって多少でも容易に接近できるものにすることは、学問に進んだ者の義務であろう――そう考えて、一九八〇年に、当時玉川大学の教授であった利光功氏からの翻訳のお誘いをお受けした。そうして一九八七年に出版された訳書が、この文庫版のもととなった玉川大学出版部版である。

このたび講談社の互盛央氏から「学術文庫」への収録の話があったとき、直ちにお引き受けしたが、それは、さらに多くの人にとって接近容易なものにしたいという気持ちからである。

翻訳の改訂にあたっては、三〇年近くの訳者の研究の進展によって得られた洞察があるので、それに基づいて「解説」を大幅に書き直し、訳文にも細かく手を入れた。特に法律、法廷関係の用語は、そうであることがわかるような訳語に変更した。「解説」に書いたように、バウムガルテンのテクスト生成の根幹に法律、法廷のイメージが関わっているからである。その他、文意のとりにくい箇所を訂正し、文法上の誤りを取り除いた。さらに、もとの訳書では巻末にまとめてあった註を、各節ごとに分配するとともに、あらたにいくつかの註を追加した。また、「人名・作品名索引」を加え、読者の便宜を図った。

これらの作業では、互氏に様々な仕方で助けられた。氏の存在なくしてこの文庫版は存在しなかったであろう。深く感謝したい。また有益な助言をいただいた校閲部の方々にもあつくお礼申し上げる。

二〇一五年一〇月　　　　松尾　大

ヤ 行

ラ 行

マ　行

ナ　行

ハ　行

タ　行

サ　行

カ　行

人名・作品名索引

・本文および訳註に登場する人名および作品名を対象とした。
・神名、作品の登場人物名など、実在しないものについては対象としなかった。
・出現箇所は「§」の番号を示す。

ア　行

KODANSHA

本書の原本は、一九八七年に玉川大学出版部から刊行されました。

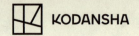

アレクサンダー・ゴットリープ・バウムガルテン

1714–62年。ドイツの哲学者・美学者。1750年に公刊された本書で「美学（aesthetica）」の概念を創始した。

松尾　大（まつお　ひろし）

1949年生まれ。東京藝術大学名誉教授。専門は，美学。著書に，『レトリック事典』（共著），訳書に，ダントー『ありふれたものの変容』など。

講談社学術文庫

定価はカバーに表示してあります。

美《び》　学《がく》

アレクサンダー・ゴットリープ・バウムガルテン

松《まつ》尾《お》　大《ひろし》 訳

2016年1月8日　第1刷発行
2024年8月2日　第6刷発行

発行者　森田浩章
発行所　株式会社講談社
東京都文京区音羽 2-12-21 〒112-8001
電話　編集（03）5395-3512
販売（03）5395-5817
業務（03）5395-3615
装　幀　蟹江征治
印　刷　株式会社広済堂ネクスト
製　本　株式会社若林製本工場
本文データ制作　講談社デジタル製作

ISBN978-4-06-292339-2

「講談社学術文庫」の刊行に当たって

これは、学術をポケットに入れることをモットーとして生まれた文庫である。学術は少年の心を養い、成年の心を満たす。その学術がポケットにはいる形で、万人のものになることは、生涯教育をうたう現代の理想である。

こうした考え方は、学術を巨大な城のように見る世間の常識に反するかもしれない。また、一部の人たちからは、学術の権威をおとすものと非難されるかもしれない。しかし、それはいずれも学術の新しい在り方を解しないものといわざるをえない。

学術は、まず魔術への挑戦から始まった。やがて、いわゆる常識をつぎつぎに改めていった。学術の権威は、幾百年、幾千年にわたる、苦しい戦いの成果である。こうしてきずきあげられた城が、一見して近づきがたいものにうつるのは、そのためである。しかし、学術の権威を、その形の上だけで判断してはならない。その生成のあとをかえりみれば、その根は常に人々の生活の中にあった。学術が大きな力たりうるのはそのためであって、生活をはなれた学術は、どこにもない。

開かれた社会といわれる現代にとって、これはまったく自明である。生活と学術との間に、もし距離があるとすれば、何をおいてもこれを埋めねばならない。もしこの距離が形の上の迷信からきているとすれば、その迷信をうち破らねばならぬ。

学術文庫は、内外の迷信を打破し、学術のために新しい天地をひらく意図をもって生まれた。文庫という小さい形と、学術という壮大な城とが、完全に両立するためには、なおいくらかの時を必要とするであろう。しかし、学術をポケットにした社会が、人間の生活にとってより豊かな社会であることは、たしかである。そうした社会の実現のために、文庫の世界に新しいジャンルを加えることができれば幸いである。

一九七六年六月

野間省一

西洋の古典

2509
物質と記憶
アンリ・ベルクソン著／杉山直樹訳

フランスを代表する哲学者の主著――その新訳を第一級の研究者が満を持して送り出す。簡にして要を得た訳者解説を収録した文字どおりの「決定版」である本書は、ベルクソンを読む人の新たな出発点となる。

電P

2519
科学者と世界平和
アルバート・アインシュタイン著／井上　健訳（解説・佐藤優／筒井　泉）

ソビエトの科学者との戦争と平和をめぐる対話「科学者と世界平和」。時空の基本概念から相対性理論の着想、統一場理論への構想まで記した「物理学と実在」。平和と物理学、それぞれに統一理論はあるのか？

電P

2526
中世都市　社会経済史的試論
アンリ・ピレンヌ著／佐々木克巳訳（解説・大月康弘）

「ヨーロッパの生成」を中心テーマに据え、二十世紀を代表する歴史家となったピレンヌ不朽の名著。地中海を囲む古代ローマ世界はゲルマン侵入とイスラーム勢力によっていかなる変容を遂げたのかを活写する。

電P

2561
箴言集
ラ・ロシュフコー著／武藤剛史訳（解説・鹿島　茂）

十七世紀フランスの激動を生き抜いたモラリストが、人間の本性を見事に言い表した「箴言」の数々。鋭敏な人間洞察と強靱な精神、ユーモアに満ちた短文が、自然に読める新訳で、現代の私たちに突き刺さる！

電P

2562・2563
国富論（上）（下）
アダム・スミス著／高　哲男訳

スミスの最重要著作の新訳。「見えざる手」による自由放任を推奨するだけの本ではない。分業、貨幣、利子、貿易、軍備、インフラ整備、税金、公債など、経済の根本問題を問う近代経済学のバイブルである。

電P

2564
ペルシア人の手紙
シャルル＝ルイ・ド・モンテスキュー著／田口卓臣訳

二人のペルシア貴族がヨーロッパを旅してパリに滞在している間、世界各地の知人たちとやり取りした虚構の書簡集。刊行（一七二一年）直後から大反響を巻き起こした異形の書、気鋭の研究者による画期的新訳。

電P

西洋の古典

2566

全体性と無限

エマニュエル・レヴィナス著／藤岡俊博訳

特異な哲学者の燦然と輝く主著、気鋭の研究者による渾身の新訳。二種を数える既訳を凌駕するべく、原書のあらゆる版を参照し、訳語も再検討しながら臨む。次代に受け継がれるスタンダードがここにある。

電P

2568

イマジネール　想像力の現象学的心理学

ジャン＝ポール・サルトル著／澤田　直・水野浩二訳

「イメージ」と「想像力」をめぐる豊饒なる考察――ブランショ、レヴィナス、ロラン・バルト、ドゥルーズなどの幾多の思想家に刺激を与え続けてきた一九四〇年刊の重要著作を第一級の研究者が渾身の新訳！

電P

2569

ルイ・ボナパルトのブリュメール18日

カール・マルクス著／丘沢静也訳

一八四八年の二月革命から三年後のクーデタまでの展開を報告した名著。ジャーナリストとしてのマルクスの舌鋒鋭くもウィットに富んだ筆致を、実力者が達意の日本語にした、これまでになかった新訳。

電P

2570

レイシズム

R・ベネディクト著／阿部大樹訳

レイシズムは科学を装った迷信である。人種の優劣や純粋な民族など、存在しない――ナチスが台頭しファシズムが世界に吹き荒れた一九四〇年代、『菊と刀』で知られるアメリカの文化文類学者が鳴らした警鐘。

電P

2596

イミタチオ・クリスティ　キリストにならいて

トマス・ア・ケンピス著／呉　茂一・永野藤夫訳

十五世紀の修道士が著した本書は、『聖書』についで多くの読者を獲得したと言われる。読み易く的確な論しに満ちた文章が、悩み多き我々に安らぎを与え深い瞑想へと誘う。温かくまた厳しい言葉の数々。

電P

2677

我と汝

マルティン・ブーバー著／野口啓祐訳（解説・佐藤貴史）

経験と利用に覆われた世界の軛から解放されるには、全身全霊をかけて相対する〈なんじ〉と出会わねばならない。その時、わたしは初めて真の〈われ〉となるのだ――。「対話の思想家」が遺した普遍的名著！

電P

西洋の古典

2700
方法叙説
ルネ・デカルト著／小泉義之訳

われわれは、この新訳を待っていた――デカルトから出発した孤高の研究者が満を持してみずからの原点に再び挑む。『方法序説』という従来の邦題を再検討に付すなど、細部に至るまで行き届いた最良の訳が誕生！

電 P

2701
永遠の平和のために
イマヌエル・カント著／丘沢静也訳

哲学者は、現実離れした理想を語るのではなく、目の前の事実から出発していかに「永遠の平和」を実現できるのかを考え、そのための設計図を描いた――従来の邦訳が与えるイメージを一新した問答無用の決定版新訳。

電 P

2702
国民とは何か
エルネスト・ルナン著／長谷川一年訳

「国民の存在は日々の人民投票である」という言葉で知られる古典を、初めての文庫版で新訳する。逆説的にもグローバリズムの中で存在感を増している国民国家の本質とは？　世界の行く末を考える上で必携の書！

電 P

2703
個性という幻想
ハリー・スタック・サリヴァン著／阿部大樹編訳

対人関係が精神疾患を生み出すメカニズムを解明し、いま注目の精神医学の古典。人種差別、徴兵と戦争、プロパガンダ、国際政治などを論じ、社会科学の中に精神医学を位置づける。本邦初訳の論考を中心に新編集。

電 P

2704
人間の条件
ハンナ・アレント著／牧野雅彦訳

「労働」「仕事」「行為」の三分類で知られ、その絡み合いの中で「世界からの疎外」がもたらされるさまを描き出した古典。はてしない科学と技術の進歩の中、人間はいかにして「人間」でありうるのか――待望の新訳！

P

2749
宗教哲学講義
G・W・F・ヘーゲル著／山﨑　純訳

ドイツ観念論の代表的哲学者ヘーゲル。彼の講義は人気を博し、後世まで語り継がれた。西洋から東洋までの宗教を体系的に講じた一八二七年の講義に、一八三一年の講義の要約を付す。ヘーゲル最晩年の到達点！

西洋の古典

2750
ゴルギアス
プラトン著／三嶋輝夫訳

練達の訳者が初期対話篇の代表作をついに新訳。代表的なソフィストであるゴルギアスとの弁論術をめぐる対話が展開される中で、「正義」とは何か、「徳」とは何かが問われる。その果てに姿を現す理想の政治家像とは？ 電P

2751
ツァラトゥストラはこう言った
フリードリヒ・ニーチェ著／森　一郎訳

ニーチェ畢生の書にして、ドイツ屈指の文学作品である本書は、永遠回帰、力への意志、そして超人思想に至る過程を克明に描き出す唯一無二の物語。「声に出して読める日本語」で第一人者が完成させた渾身の新訳！ 電P

2752・2753
変身物語（上）（下）
オウィディウス著／大西英文訳

ウェルギリウス『アエネイス』と並ぶ古代ローマ黄金時代の頂点をなす不滅の金字塔。あらゆる領域で後世に決定的な影響を与え、今も素材として参照され続けている大著、最良の訳者による待望久しい文庫版新訳！ 電P

2754
音楽教程
ボエティウス著／伊藤友計訳

音楽はいかに多大な影響を人間に与えるのか。音程と旋律、オクターヴ、協和と不協和など、音を数比の問題として捉えて分析・体系化した西洋音楽の理論的基盤。六世紀ローマで誕生した必須古典、ついに本邦初訳！ 電P

2755
知性改善論
バールーフ・デ・スピノザ著／秋保　亘訳

本書をもって、青年は「哲学者」になった。デカルトやベーコンなど先人の思想と格闘し、独自の思想を提示した本書は、主著『エチカ』を予告している。気鋭の研究者が最新の研究成果を盛り込みつつ新訳を完成した。 電P

2777
天球回転論　付　レティクス『第一解説』
ニコラウス・コペルニクス著／高橋憲一訳

一四〇〇年続いた知を覆した地動説。ガリレオ、ニュートンに至る科学革命はここに始まる――。地動説を初めて世に知らしめた弟子レティクスの『第一解説』の本邦初訳を収録。文字通り世界を動かした書物の核心。 電P